# A Sociedade de Corte

Norbert Elias

# A Sociedade de Corte
*Investigação sobre a sociologia da realeza
e da aristocracia de corte*

Tradução:
Pedro Süssekind

Prefácio de Roger Chartier
Tradução: André Telles

6ª reimpressão

ZAHAR

Copyright © 1969 by Hermann Luchterhand Verlag
Copyright © 1996 by The Norbert Elias Stichting, Amsterdã
Copyright do Prefácio de Roger Chartier © 1985 by Flammarion

Tradução autorizada da primeira edição alemã publicada em 1983
por Suhrkamp Verlag, de Frankfurt, Alemanha

*Grafia atualizada segundo o Acordo Ortográfico da Língua Portuguesa de 1990,
que entrou em vigor no Brasil em 2009.*

*Título original*
Die höfische Gesellschaft

*Capa*
Sérgio Campante

*Ilustração de capa*
Pierre Patel, *Vue du Château et des Jardins
de Versailles, prise de l'Avenue de Paris*, 1668

CIP-Brasil. Catalogação-na-fonte
Sindicato Nacional dos Editores de Livros, RJ

---

Elias, Norbert, 1897-1990

E41s     A sociedade de corte: investigação sobre a sociologia da realeza e da aristocracia de corte / Norbert Elias; tradução, Pedro Süssekind; prefácio, Roger Chartier. — 1ª ed. — Rio de Janeiro: Zahar, 2001.

Tradução de: Die höfische Gesellschaft.
Anexos
ISBN 978-85-7110-615-4

1. Aristocracia (Classe social). I. Título.

|  | CDD: 305.52 |
|---|---|
| 01-0960 | CDU: 316.342.2 |

---

[2021]
Todos os direitos desta edição reservados à
EDITORA SCHWARCZ S.A.
Praça Floriano, 19, sala 3001 — Cinelândia
20031-050 — Rio de Janeiro — RJ
Telefone: (21) 3993-7510
www.companhiadasletras.com.br
www.blogdacompanhia.com.br
facebook.com/editorazahar
instagram.com/editorazahar
twitter.com/editorazahar

# SUMÁRIO

*Prefácio*, Roger Chartier  7

|      |                                                                                                      |
|------|------------------------------------------------------------------------------------------------------|
| I    | Introdução: sociologia e história  27                                                                |
| II   | Observação preliminar sobre a formulação do problema  61                                             |
| III  | Estruturas de habitação como indicadores de estruturas sociais  66                                   |
| IV   | Particularidades da figuração aristocrática de corte  85                                             |
| V    | Etiqueta e cerimonial: comportamento e mentalidade dos homens como funções da estrutura de poder de sua sociedade  97 |
| VI   | O rei prisioneiro da etiqueta e das chances de prestígio  132                                        |
| VII  | A formação e a transformação da sociedade de corte francesa como funções de deslocamentos sociais de poder  160 |
| VIII | Sobre a sociogênese do romantismo aristocrático no processo de curialização  219                     |
| IX   | Sobre a sociogênese da Revolução  267                                                                |

*Anexo 1*  274
*Anexo 2*  281
*Notas*  291
*Índice remissivo*  307

Para Ilja Neustadt e todos os meus amigos e colegas do
Departamento de Sociologia da Universidade de Leicester.

Sou especialmente grato a Volker Krumrey, que me auxiliou
diligentemente na preparação do manuscrito.

*Norbert Elias*

# PREFÁCIO

Roger Chartier

## Formação social e economia psíquica: a sociedade de corte no processo civilizador

### I

Pode parecer paradoxal caber a um historiador a tarefa de apresentar este livro de Norbert Elias, que começa com uma crítica radical do procedimento histórico. Em sua introdução, Elias opõe, com efeito, termo a termo, a sociologia tal como a concebe e pratica — produtora de um saber seguro, rigoroso, acumulável — e a história, perdida nos caminhos sem saída do relativismo. Para ele, a abordagem histórica dos fenômenos revela três fraquezas fundamentais: ela supõe em geral um caráter único para os acontecimentos que estuda; postula que a liberdade do indivíduo é fundadora de todas as suas decisões e ações; e remete as evoluções principais de uma época às livres intenções e aos atos voluntários daqueles que têm força e poder. A história assim praticada reproduz de fato, em um processo que se pretenderia de conhecimento, a ideologia das sociedades que ela estuda e que colocava como central a vontade do príncipe ao qual tudo deve obedecer, e todos se submeter. Mesmo apoiada na prática documental e nas exigentes técnicas da erudição, essa maneira de agir só é capaz de produzir um saber arbitrário, constituído por uma sucessão de juízos contraditórios, todos reflexo dos interesses e *partis pris* dos historiadores que os emitem.

É contra tal procedimento que Elias define seu projeto, qualificado de socio-lógico. Sua diferença em relação à história não se deve absolutamente à situação cronológica dos fenômenos considerados: a sociologia não consiste, ou pelo menos não exclusivamente, no estudo das sociedades contemporâneas, mas deve dar conta das evoluções de longa, até mesmo de muito longa, duração, as quais permi-tem compreender, por filiação ou diferença, as realidades do presente. Seu objeto é plenamente histórico, no sentido em que se situa (ou pode se situar) no passado, mas seu procedimento em nada é histórico, já que não diz respeito a indivíduos, supostamente livres e únicos, mas às posições que existem independentemente deles e às dependências que regulam o exercício de sua liberdade. Estudar não um rei em particular mas a função de rei, não a ação de um príncipe mas a rede de pressões na qual ela está inscrita: eis, segundo Elias, o próprio princípio da análise sociológica e a especificidade primordial que a distingue fundamentalmente da abordagem histórica.

Decerto as características que Norbert Elias atribui à história, considerada um procedimento único, sempre idêntico a si próprio, não são aquelas pelas quais os historiadores desses últimos vinte ou trinta anos gostariam de ver caracterizada sua prática. Com os *Annales*, mas não somente isso, a história de fato se afastou bastante dos credos clássicos lembrados e criticados por Elias. O estudo das séries, sejam elas demográficas ou econômicas, deslocou a atenção do acontecimento único para o fato repetido, da excepcionalidade da ação política ou militar para os ritmos cíclicos dos movimentos conjunturais. A análise das sociedades, por seu turno, propôs uma história das estruturas que não é mais aquela dos indivíduos e na qual são levados em conta, a princípio, as posições dos grupos uns em relação aos outros, os mecanismos que asseguram a mobilidade (ou a reprodução) social, os funcionamentos não percebidos pelos sujeitos sociais e sobre os quais sua ação voluntária não tem controle. A evolução da problemática histórica mais recente foi como ao encontro de Elias, que estudou com rigor as determinações impostas aos destinos pessoais, fenômenos que nenhuma vontade — mesmo a do príncipe — seria capaz de transformar. Os reis foram assim destronados das preocupações históricas, e com eles a ilusão da onipotência das intenções individuais.

Significaria isso que a proposta introdutória de Elias perdeu toda pertinência, e que, atualmente, a sociologia que ele pratica e a história tal como é são uma coisa só? Isso provavelmente seria exagerar e desperdiçar a lição sempre atual de uma obra cujo vigor inovador o tempo não apaga. Peguemos o próprio tema do livro: ele pode ser compreendido como o estudo da corte dos reis da França entre Francisco I e Luís XIV. Um tema histórico portanto, bastante clássico, e até mesmo algo arcaico em relação aos recentes interesses dos historiadores, em sua maioria preocupados com as sociedades provincianas, as existências populares. Mas por trás dessa aparência o projeto de Norbert Elias é completamente outro. Não se trata para ele de apreender apenas, ou prioritariamente, a corte como lugar ostentatório de uma vida coletiva, ritualizada pela etiqueta, inscrita no fausto monárquico. O objeto do livro é a sociedade de corte — no duplo sentido do termo. Por um lado, a corte deve ser considerada como uma sociedade, isto é, uma formação social na qual são definidas de maneira específica as relações existentes entre os sujeitos sociais e em que as dependências recíprocas que ligam os indivíduos uns aos outros engendram códigos e comportamentos originais. Por outro lado, a sociedade de corte deve ser entendida no sentido de sociedade dotada de uma corte (real ou principesca) e inteiramente organizada a partir dela. Constitui portanto uma forma particular de sociedade, que deve ser tratada do mesmo modo que outras grandes formas, como a sociedade feudal ou a sociedade industrial. A corte desempenha aí o papel central, uma vez que organiza o conjunto das relações sociais, como o fazem os vínculos vassálicos na sociedade feudal ou a produção manufatureira nas sociedades industriais. A proposta de Elias, portanto, é compreender a sociedade do Ancien Régime a partir da formação social que pode qualificá-la: a corte.

Portanto, não a corte, mas a sociedade de corte. E é preciso acrescentar, não uma sociedade de corte particular — mesmo se a análise é conduzida a partir do exemplo francês que, sob Luís XIV, propõe a forma mais acabada da corte do Ancien Régime. Para Elias, o estudo de caso permite atingir o essencial, ou seja, o esclarecimento das condições que tornam possível a emergência e perpetuam a existência de uma tal forma social. Daí a dupla estratégia de pesquisa aplicada no livro. Por um lado, trata-se de considerar uma situação histórica específica, portanto de pôr a prova dados empíricos, factuais, um corpo de hipóteses e de conceitos. "As teorias sociológicas que não se comprovam por um trabalho de sociologia empírica de nada servem", escreve Elias, tomando assim distância em relação a uma sociologia mais tentada pela construção de taxinomias de validade universal do que pela "análise intensiva" de casos históricos determinados. À tipologia weberiana das formas de poderes, ele opõe um outro procedimento, que estabelece as leis de funcionamento das formas sociais a partir do exame minucioso de uma de suas atualizações históricas.

Mas, para fazer isso, uma segunda exigência deve ser cumprida: a da comparação. Esta deve ser entendida em três escalas. A primeira permite distinguir funcionamentos diferentes da mesma forma social no interior de sociedades comparáveis e contemporâneas. É assim que, por diversas vezes, Elias confronta à sociedade de corte da França do Ancien Régime as situações inglesa, em que a corte real não é o centro único da autoridade social (p.86-7, 113)*, ou prussiana, em que o emprego dos nobres como funcionários de Estado impede o florescimento da cultura de corte praticada na França por uma nobreza sem atividade profissional (p.196-7). Mas as cortes reais não são próprias da sociedade ocidental do período entre os séculos XVI e XVIII, e Elias esboça outras comparações mais distantes — por exemplo, a que aproxima o papel desempenhado pelas cortes das sociedades asiáticas e o que desempenham as cortes europeias. Aqui, o importante é mostrar os efeitos idênticos da mesma forma social no interior de sociedades bastante afastadas no tempo e no espaço. A curialização dos guerreiros, ou seja, a transformação de uma aristocracia militar em nobreza de corte, é um dos fenômenos engendrados por toda a parte pela existência das cortes reais, e que em toda parte parece estar na origem do "processo civilizador", entendido como a pacificação das condutas e o controle dos afetos. (*La dynamique de l'Occident*, p.225-7). Enfim, comparar para Elias é também contrastar as formas e os funcionamentos sociais. O contraponto da sociedade de corte é dado assim pela sociedade burguesa dos séculos XIX e XX, que difere dela pelo ethos econômico (p.85-6), pela atividade profissional de seus membros e pela constituição de uma esfera do privado separada da existência social (p.129-30). As divisões atualmente consideradas evidentes (por exemplo, entre vida pública e vida privada), as únicas condu-

---

* Os números de página referem-se a esta edição da *Sociedade de corte*, salvo quando indicado outro título.

tas consideradas racionais (por exemplo, a adequação das despesas familiares às receitas disponíveis), podem assim ser despojadas de sua suposta universalidade e remetidas ao status de formas temporalmente circunscritas, instiladas por um equilíbrio social novo que não era o das sociedades de corte.

## II

É portanto para justificar o que pode ser o estudo sociológico de um fenômeno usualmente considerado como histórico que Norbert Elias redigiu o prefácio de seu livro, sob encomenda, esclarece, dos diretores da coleção em que ele foi publicado em 1969.[1] Mas essa data não deve enganar: *A sociedade de corte* é um livro que foi elaborado, pensado e, essencial, concluído bem antes, quando Elias era assistente de Karl Mannheim na Universidade de Frankfurt — cargo que ocupou a partir de 1930. O trabalho constitui sua tese de habilitação, uma tese jamais defendida em virtude da tomada do poder pelos nacional-socialistas e da partida de Elias para o exílio, para Paris primeiro, e depois para Londres.[2] Somente trinta anos depois de sua redação o livro foi publicado, acrescido do prefácio.

Embora frequentemente esquecida pelos comentadores, a data do livro — ou seja, início dos anos 30 — tem grande importância para sua compreensão. Ela explica antes de tudo sua base referencial, perceptível através dos autores discutidos e das obras utilizadas e citadas. Na *Sociedade de corte*, as referências pertencem a três registros diferentes. Há, em primeiro lugar, os textos franceses dos séculos XVI, XVII e XVIII, que constituem o material documental analisado. Na linha de frente, Saint-Simon, citado umas vinte vezes, ora em francês, ora em tradução alemã; a *Enciclopédia*, cujos verbetes e ilustrações consagrados à hierarquia das residências fornecem, com as obras de Jombert e Blondel, a matéria do capítulo "Estruturas de habitação como indicadores de estruturas sociais" (em alemão "Wohnstrukturen als Anzeiger gesellschaftlicher Strukturen"); La Bruyère; Marmontel pelo verbete "Grands" da *Enciclopédia*; Gracián na tradução francesa de Amelot de la Houssaie; Brantôme; *L'Astrée* e os poetas renascentistas estudados no capítulo VIII.

Segundo conjunto de referências: os clássicos da historiografia francesa do século XIX e do primeiro terço do século XX. A informação sobre a qual Elias trabalha é tirada daí, das grandes sínteses da história nacional, os instrumentos de trabalho, os estudos de história social. As *Origens do Ancien Régime*, de Taine, e os volumes do Lavisse, redigidos por Lemonnier, Mariéjol e o próprio Lavisse para o reinado de Luís XIV, pertencem à primeira categoria; o *Dicionário das instituições*, de Marion, publicado em 1923, à segunda; o livro de Avenel, *Histoire de la fortune française* (1927), o de Sée, traduzido em alemão em 1930 sob o título *Französische Wirtschaftsgeschichte*, os de Norman sobre a burguesia do século XVII e de De Vaissière sobre os fidalgos camponeses, à terceira. Algumas obras históricas alemãs completam essa bibliografia, a mais citada sendo, de longe, a *Französische Ges-*

*chichte*, de Ranke. Desses trabalhos históricos, todos anteriores a 1930,[3] Elias aproveita apenas breves análises, sempre parciais, utilizando-as sobretudo como cômodas coletâneas de textos antigos que permitem complementar aquelas exploradas anteriormente.

Para organizar os dados históricos coletados ao longo de suas leituras, Elias constrói um modelo de interpretação sociológica que pretende se diferenciar daqueles que dominavam a sociologia alemã do início dos anos 30. As referências permitem identificar quem são seus interlocutores privilegiados. Quem está mais presente é, evidentemente, Max Weber: seu livro *Wirtschaft und Gesellschaft*, publicado em Tübingen em 1922 é citado em quatro ocasiões, e Elias discute ou enriquece diversas de suas teses centrais, seja a teoria dos tipos ideais, a oposição entre os modos de racionalidade ou a tipologia das formas de dominação, que distingue e opõe dominação patrimonial e dominação carismática (p.135-6). Elias pensa também com e contra Werner Sombart — do qual retoma a intuição quanto à importância política e cultural das cortes (p.64) mas critica a interpretação fragmentária de sua constituição (p.173) — e Thorstein Veblen, cuja obra de 1899, *Theory of the Leisure Class*, lhe parece não alcançar seu objeto ao avaliar a ética econômica da aristocracia pelos critérios da sociedade burguesa (p.86). Weber, Sombart, Veblen: eis as referências sociológicas de Elias em 1933, ao menos aquelas que lhe parecem importantes e que é preciso discutir. Acrescenta-se aí, de passagem, uma alusão a Marx, de quem Elias critica a maneira, totalmente hegeliana segundo ele, de identificar as descontinuidades históricas em termos de passagem do quantitativo ao qualitativo (p.234-6).

Por conseguinte, por sua redação, por suas referências, por sua informação, *A sociedade de corte* é um livro antigo, que atingiu sua forma quase definitiva em 1933. Isso é importante para se compreender em que universo intelectual foi concebido, o de uma sociologia dominada pela figura de Weber e de uma história que ainda é a do século XIX. Tem sua importância, também, para situá-lo dentro da própria obra de Norbert Elias. Embora publicado apenas em 1969, *A sociedade de corte* é de fato um livro anterior à obra capital de Elias, *O processo civilizador*, publicada em 1939 em Basileia.[4] É preciso portanto tomar *A sociedade de corte* como uma primeira formulação dos conceitos e teses que os dois tomos de 1939 desenvolverão em ampla escala. Porém, em contrapartida, compreender plenamente o livro supõe o conhecimento da problemática global que lhe dá sentido e que inscreve a corte como figura central tanto da constituição do Estado absolutista como do processo civilizador que transforma radicalmente a economia psíquica dos homens do Ocidente entre os séculos XII e XVIII. Ler Elias como se deve ler, ou seja, articulando uma à outra suas duas obras principais e relacionando-as à época de sua concepção e redação — a Alemanha de Weimar para *A sociedade de corte*, o exílio para *O processo civilizador* — supõe colocar ordem em suas traduções, tardias e dispersas. As duas obras publicadas separadamente em francês sob os títulos *La civilisation des moeurs* (1973) e *La dynamique de l'Occident* (1975) consistem de fato nas duas partes indissociáveis do mesmo livro, *O processo civili-*

## 12 A sociedade de corte

*zador.*[5] *A sociedade de corte*, traduzido em 1974, é, vimos, ao mesmo tempo anterior por sua redação e posterior por sua publicação aos dois tomos do *Processo civilizador.*[6]

Inscrito intelectualmente em sua época, por suas referências, o livro o é também de uma outra maneira. É de fato difícil ler as páginas em que Elias opõe a dominação do rei absoluto à do líder carismático (p.135-40) sem pensar que foram escritas no exato momento em que um desses líderes se aproximava do poder e o tomava. A caracterização do "grupo central carismático" como lugar de uma possível promoção social, sua definição como grupo necessariamente unificado em torno de um objetivo comum (a tomada do poder), a insistência quanto à importância da autoridade e da iniciativa individuais do líder, que não dispõe de nenhum aparelho de dominação fora de seu próprio grupo: inúmeros vestígios que podem dar conta do nacional-socialismo em seu período de ascensão. Assim como a corte de Luís XIV é um lugar privilegiado para se reconhecer as propriedades genéricas das sociedades de corte, também parece que Elias identificou implicitamente no partido hitlerista aquelas que caracterizam a dominação de qualquer líder carismático "quando o observamos durante seu período de ascensão" — a situação da Alemanha no início dos anos 30. Em um anexo redigido após a leitura de um artigo que o historiador Hans Mommsen publicou em *Der Spiegel* em março de 1967, Elias se volta, explicitamente dessa vez, para a ditadura nacional-socialista. Sob o título "Sobre a noção de que pode haver um Estado sem conflitos estruturais", afirma que as concorrências e tensões existentes no Estado hitlerista constituem um mecanismo necessário à perpetuação do poder ditatorial — e não, como pensam frequentemente os historiadores, um sinal de sua incoerência ou o indício de seu fracasso. Instalando-se no poder, o líder carismático deve, ao mesmo tempo, manter uma unidade ideal, consolidada na fase de ascensão e transferida do grupo de seus fiéis para a nação inteira, e usar rivalidades efetivas que perpassam o círculo dirigente que governa o Estado. Trata-se, portanto, de distinguir bem a ideologia unificante da ditadura e sua realidade social, que perpetua necessariamente os conflitos entre aqueles que a exercem.

### III

Situar a obra de Elias em sua época não é atenuar sua força inovadora, ainda intacta, muito pelo contrário. Esta se deve em primeiro lugar aos conceitos fundamentais postos em ação na análise e cuja lista Elias indica rapidamente (p.215). Trata-se das noções, que "ainda hoje nos parecem estranhas", de figuração [*Figuration*], interdependência [*Interdependenz*], equilíbrio das tensões [*Spannungsgleichgewicht* ou, em outros trechos, *Spannunglsbalance*], evolução social [*Gesellschaftsentwicklung*] ou desenvolvimento das figurações [*Figurationsentwicklung*]. É o manejo dessas diferentes ferramentas intelectuais que permite pensar o próprio objeto da sociologia: "Uma das questões centrais da sociologia, talvez *a* questão central, seja saber de que modo e por que os indivíduos estão ligados entre si, constituindo, assim, figurações dinâmicas específicas." (p.213) E é com uma formulação idêntica que Elias, em *O que é sociologia?*, livro publicado em 1970 (portanto contemporâneo da *Sociedade de corte* e da redação do importante prefácio para a reedição do *Processo civilizador*), definiu "o objeto de estudo da sociologia": a saber, as "redes de inter-relações, as interdependências, as figurações e os processos formados pelos homens interdependentes."[7]

O conceito primordial é portanto o de *Figuration*. Em *O que é sociologia?*, Elias explicita sua significação: uma *Figuration* é uma formação social, cujas dimensões podem ser muito variáveis (os jogadores de um carteado, a sociedade de um café, uma classe escolar, uma aldeia, uma cidade, uma nação), em que os indivíduos estão ligados uns aos outros por um modo específico de dependências recíprocas e cuja reprodução supõe um equilíbrio móvel de tensões (*Qu'est-ce que la sociologie?*, p.154-61). Podemos perceber que as noções de *figuração, interdependência* e *equilíbrio das tensões* estão estreitamente ligadas umas às outras, permitindo deslocar diversas oposições clássicas, herdadas da tradição filosófica ou sociológica, e em primeiro lugar a estabelecida entre liberdade e determinismo. Ao recusar o terreno da metafísica, que só deixa escolha entre a afirmação da absoluta liberdade do homem ou a de sua total determinação, segundo o modelo de uma causalidade física indevidamente transferida para o plano histórico, Elias prefere pensar a "liberdade" de cada indivíduo como inscrita na cadeia de interdependências que o liga aos outros homens e que limita o que lhe é possível decidir ou fazer. Contra as categorias idealistas do indivíduo em si [*Individuum an sich*] ou da pessoa pura [*reine Person*], contra uma representação atomística das sociedades, que as considera apenas a agregação de sujeitos isolados e a soma de comportamentos pessoais, Elias coloca como centrais as redes de dependências recíprocas que fazem com que cada ação individual dependa de toda uma série de outras, porém modificando, por sua vez, a própria imagem do jogo social. A imagem que pode representar esse processo permanente de relações em cadeia é a do tabuleiro de xadrez: "... como em um jogo de xadrez, cada ação decidida de maneira relativamente independente por um indivíduo representa um movimento no tabuleiro social, jogada que por sua vez acarreta um movimento de outro indivíduo — ou, na realidade, de muitos outros indivíduos ..." (p.158)

Para Elias, é a modalidade variável de cada uma das cadeias de interdependências — que podem ser mais ou menos longas, mais ou menos complexas, mais ou menos coercitivas — que define a especificidade de cada formação ou figuração social, quer ela se situe na escala macroscópica das evoluções históricas (por exemplo, a sociedade de corte ou a sociedade feudal), quer naquela, mais simples, das figurações de dimensões diversas, situadas em uma mesma sociedade. Daí a possibilidade de transcender a oposição entre o homem considerado como indivíduo livre e sujeito singular e o homem considerado como ser em sociedade, integrado nas solidariedades e comunidades múltiplas. Daí também uma maneira de pensar as relações intersubjetivas não através de categorias psicológicas que as supõem invariáveis e consubstanciais à natureza humana, mas em suas modalidades historicamente variáveis, diretamente dependentes das exigências próprias de cada figuração social. Daí, enfim, a abolição da distinção que em geral designa como "concretos" ou "reais" apenas os indivíduos de carne e osso e trata como abstrações as formas sociais que os ligam uns aos outros. Para Elias, uma tal divisão não é admissível, e, para explicar isso, utiliza o exemplo de um jogo de cartas: o jogo não tem existência própria salvo para os jogadores que o jogam, mas, corolariamente, o comportamento individual de cada um dos jogadores é regulado pelas interdependências acarretadas por essa formação ou figuração específica que é o jogo de cartas. Daí a conclusão:

> Nem o "jogo" nem os "jogadores" são abstrações. Ocorre o mesmo com a figuração que os jogadores formam ao redor da mesa. Se o termo "concreto" tem um sentido, pode-se dizer que a figuração formada por esses jogadores, e os próprios jogadores, são igualmente concretos. O que é preciso entender por figuração é a imagem global sempre mutante que formam os jogadores; ela inclui não apenas o intelecto deles, mas toda sua pessoa, as ações e as relações recíprocas. (*Qu'est-ce que la sociologie?*, p.157)

Contra uma concepção empobrecedora do "real" frequentemente encontrada entre os historiadores, que leva em conta apenas o concreto de existências individuais bem-referenciáveis, Elias propõe outra maneira de pensar que considera igualmente reais as relações, evidentemente invisíveis, que associam essas existências individuais, determinando assim a natureza da formação social em que se inscrevem.

Em cada formação, as interdependências existentes entre os sujeitos ou os grupos se distribuem em séries de antagonismos, instáveis, móveis, equilibrados, que são a própria condição de sua possível reprodução. Segundo Elias, existe aí uma propriedade universal, estrutural, de todas as formações sociais — mesmo que, é claro, o equilíbrio das tensões tenha um desenho totalmente específico em cada uma delas: "No centro das figurações móveis, ou seja, no centro do processo de figuração, se estabelece um equilíbrio flutuante das tensões, um movimento pendular de equilíbrio das forças, que oscila ora para um lado, ora para o outro. Esses equilíbrios de forças flutuantes incluem-se entre as particularidades estruturais de qualquer figuração" (*Qu'est-ce que la sociologie?*, p.157). Eis por que é preciso identificar seus termos tanto na sociedade de corte francesa do século XVII como no Estado ditatorial do nacional-socialismo. Quando o equilíbrio das tensões que permitia a perpetuação de uma formação social se encontra rompido, seja porque um dos adversários-parceiros se tornou muito poderoso, seja porque um novo grupo recusa sua exclusão de uma partilha estabelecida sem ele, é a própria formação que se vê em perigo e finalmente substituída por uma outra, que repousa em um novo equilíbrio das forças e em uma figura inédita das interdependências. Nos primórdios da sociedade de corte, foi uma ruptura do primeiro tipo que remodelou toda a organização social a partir da preeminência conquistada pelos reis, que se tornaram soberanos absolutos à custa de seus concorrentes feudais. Em seu final, na França pelo menos, foi a pressão das camadas excluídas das posições de dominação por um equilíbrio de tensões petrificado em uma forma antiga que produziu a Revolução, instauradora de uma nova figuração — a da sociedade burguesa.

A tarefa do sociólogo é portanto, antes de tudo, identificar e compreender as diferentes formações sociais que se sucederam ao longo dos séculos: é o trabalho que Elias designa com a expressão *Figurationsanalyse*. Seu quadro de referência é dado pela distinção operada entre três modos e ritmos da evolução das sociedades humanas: a evolução biológica [*biologische Evolution*], a evolução social [*gesellschaftliche Evolution*] e a evolução vivida na escala da história individual [*Geschichte*, para Elias]. A cronologia própria da análise sociológica é aquela da evolução social, caracterizada pelo encadeamento de formações sucessivas que são temporárias, comparadas à estabilidade da organização biológica da espécie humana, mas que parecem imutáveis pelos critérios das existências individuais. Essa distinção de três "correntes de evolução" não tem por função constituir em suas diferenciações um conceito operatório da temporalidade histórica. Ela pretende sobretudo marcar duas propriedades fundamentais, estruturais, das formações sociais: inicialmente, que as posições e relações que as especificam existem independentemente dos indivíduos que sucessivamente ocupam as primeiras e se acham inseridas nas segundas; depois, que, contrariamente às sociedades animais, as sociedades humanas se transformam sem que haja por isso modificação obrigatória da constituição biológica dos indivíduos, o que enfatiza o problema das razões mesmas pelas quais uma figuração social aparece ou cede o lugar a outra. O propósito de Elias não é portanto articular em uma análise sincrônica, como um historiador, os três tempos que ele identifica, mas situar a duração e os ritmos próprios da evolução das formações sociais, uma duração e um ritmo que não são perceptíveis pelos sujeitos de uma formação dada. A sociedade deles lhes parece de fato um sistema mais imóvel e imutável na medida em que sua escala existencial da mudança é impotente para medir — salvo talvez em tempos de crise — as modificações do equilíbrio social.

Ora, são justamente estas últimas as única que podem dar conta da reprodução ou da extinção das formações — e não a ação voluntária dos indivíduos, mesmo que dotados de um poder absoluto. Pensar corretamente os mecanismos que explicam o desenvolvimento das figurações sociais implica portanto uma exigência conceitual que deve se traduzir em um léxico. Eis por que Elias recusa toda uma série de noções que lhe parecem obliterar o essencial, ou seja, a exposição das interdependências conflituais e das tensões em equilíbrio que caracterizam de maneira própria cada formação social. O antigo vocabulário da história intelectual, por exemplo a noção de "espírito do tempo" [*Zeitgeist*] trabalhada por Burckhardt, o léxico mais recente da história social que emprega expressões como "condições sociais" e aquele de uma sociologia do comportamento que utiliza "ação" ou "interação" lhe parecem igualmente condenáveis. Seja porque supõem uma dissociação entre os indivíduos e a sociedade, como se esta fosse um "meio" ou um "ambiente" existindo em si mesmo, e não constituído pela rede das posições ocupadas por estes; seja porque relacionam implicitamente as evoluções sociais à ação voluntária de um ou vários indivíduos, ao passo que essas evoluções são o resultado do equilíbrio instaurado, perpetuado ou rompido entre os diferentes grupos de uma sociedade, e isso justamente em virtude das interdependências obrigatórias que os unem. Ao modelar um certo número de novos conceitos, a serem entendidos num sentido rigoroso, Elias propõe de fato uma maneira inédita de apreender as formas sociais — qualquer que seja sua escala — e as evoluções históricas, criadoras ou destruidoras dessas figurações sucessivas.

IV

Essa figuração formada pela sociedade de corte está indissoluvelmente ligada à construção do Estado absolutista, caracterizado por um duplo monopólio do soberano: o monopólio fiscal, que centraliza o imposto e dá ao príncipe a possibilidade de retribuir em dinheiro, e não mais em terras, seus fiéis e servidores, e o monopólio sobre a violência legítima que atribui exclusivamente ao rei a força militar, portanto tornando-o senhor e avalista da pacificação de todo o espaço social. Essa monopolização fiscal e militar, que despoja a aristocracia dos antigos fundamentos de seu poder, obrigando-a a viver na proximidade do soberano dispensador das rendas, pensões e gratificações, resulta de dois processos estudados em detalhe por Elias no segundo volume do *Processo civilizador*.

Em primeiro lugar, a afirmação do poder do rei absoluto marca o desfecho de uma competição plurissecular opondo, em um dado espaço, diversas unidades de dominação. A hegemonia da mais poderosa entre elas implica, com efeito, a eliminação progressiva de todos os seus concorrentes potenciais, reduzidos ao estado de dependentes. Elias formula a lei que rege esse primeiro mecanismo da monopolização [*Mechanismus der Monopolbildung*] a partir das evoluções econômicas do século XX:

> Quando, em uma unidade social de certa extensão, um grande número de unidades sociais menores, que por sua interdependência formam a grande unidade, dispõem de uma força social quase igual e podem, por esse motivo, livremente — sem ser incomodadas por monopólios já existentes — rivalizar pela conquista das oportunidades de poder social, em primeiro lugar dos meios de subsistência e de produção, a probabilidade é grande de que uns saiam vencedores, os outros vencidos nesse combate [*Konkurrenzkampf*] e que as oportunidades acabem por cair nas mãos de um pequeno número, enquanto os outros são eliminados ou caem sob a dependência de alguns. (*La dynamique de l'Occident*, p.31)

Elias aplica essa lei às unidades políticas em luta pela hegemonia ali onde as condições territoriais conferiram ao processo de monopolização sua forma mais "pura": a França do período entre os séculos XI e XVI. A livre competição reduz aí progressivamente o número dos pretendentes: no início do século XIV, eles não são mais que cinco — o rei da França, o rei da Inglaterra, os duques da Bourgogne e da Bretanha, o conde de Flandres. Com a consolidação do poder dos Capeto, depois dos Valois, essa primeira concorrência se duplica em uma outra, no próprio seio da casa reinante, que opõe o rei a seus parentes, fortalecidos pelo desmembramento do domínio real em terras de usufruto. Depois da eliminação de seu rival inglês e da redução de seus concorrentes familiares, o rei da França estabelece finalmente sua dominação territorial e política, e isso desde o começo do século XVI.

À medida que subjuga seus concorrentes, externos ou internos, a unidade de dominação tornada hegemônica se transforma a partir do interior: o senhor central [*Zentralherr*], qualquer que seja seu título (rei, príncipe, autocrata etc.), se apodera pessoalmente do monopólio de dominação. Um tal confisco não depende, nem unicamente, nem fundamentalmente, de sua vontade política mas muito antes do equilíbrio instituído entre os grupos sociais mais poderosos no Estado:

> A hora de um poder central forte em uma sociedade de alto nível de diferenciação se aproxima quando a ambivalência dos interesses dos grupos funcionais mais importantes é tão marcada, quando os centros de gravidade se distribuem de maneira tão equivalente entre si que não pode existir, seja de que lado for, nem compromisso, nem combates, nem vitória decisiva. (*La dynamique de l'Occident*, p.115)

É assim que na França, entre a aristocracia e o judiciário, entre a *noblesse d'épée* e os titulares da burocracia, o equilíbrio das tensões é tal que constitui a condição mais favorável para a construção do poder absoluto. Suficientemente interdependentes e solidários para não colocar em perigo a formação social que assegura sua dominação, os dois grupos dominantes são ao mesmo tempo suficientemente rivais para que seja impossível sua aliança contra o soberano. Mais frágil que o conjunto da sociedade caso esta se coligasse, o rei é portanto sempre mais forte que cada um dos grupos tomados isoladamente. Daí sua vitória:

> Um equilíbrio tão marcado por tensões, que concedia às duas ordens direitos quase iguais e não permitia a nenhum dos grupos antagonistas prevalecer sobre o outro, oferecia a um rei legítimo, mantendo-se aparentemente a uma distância igual de uns e de outros, a oportunidade de agir como pacificador, de garantir a calma e a paz tão desejadas aos partidos em questão. (p.181-2)

O antagonismo existente entre os grupos sociais dominantes é portanto, em primeiro lugar, o resultado da diferenciação das funções sociais que reforçou o poder de uma burguesia burocrática e administrativa ao lado daquele, tradicional, da aristocracia financeira e militar. Mas essa rivalidade, condição mesma do poder absoluto, pode e deve ser perpetuada pelo soberano que, jogando permanentemente um grupo contra o outro, reproduz "o equilíbrio de tensões" necessário à forma pessoal do monopólio de dominação. Daí, num primeiro tempo, a consolidação paralela do Estado monárquico e da burguesia de toga, a quem são reservados os encargos da justiça e das finanças para fazer frente às pretensões da nobreza. Daí, em seguida, a vontade real de proteger e controlar ao mesmo tempo a aristocracia, contrapeso indispensável do poder burocrático. Para fazê-lo, a corte se torna a instituição essencial: de um lado, ela garante a vigilância pela proximidade, assegurando portanto o controle do rei sobre seus mais perigosos concorrentes potenciais; por outro lado, permite, pelo jogo dos favores monárquicos, consolidar as fortunas nobiliárias, colocadas em perigo não apenas pela depreciação monetária mas por uma ética econômica que regula as despesas não em função das receitas, mas em função das exigências da condição — o que Elias designa como *status-consumption-ethos*. A corte é portanto uma peça fundamental na estratégia monárquica de reprodução das tensões:

> O equilíbrio entre os diferentes grupos sociais de força social quase equivalente e a atitude ambivalente de cada um desses grupos face ao senhor central, atitude que decorre desse equilíbrio, tudo isso certamente não é a criação de determinado rei. Mas quando o jogo das interdependências e das tensões sociais deu lugar a uma situação desse gênero, é do interesse vital do senhor central mantê-la em sua instabilidade. (*La dynamique de l'Occident*, p.148)

Ao preservar a aristocracia como grupo social distinto submetendo-o ao príncipe, a corte constitui o principal mecanismo que permite aos reis franceses perpetuar seu poder pessoal. O monopólio fiscal, o monopólio militar e a etiqueta de corte são portanto os três instrumentos de dominação que, conjuntamente, definem essa forma social original que é a sociedade de corte.

Tal análise pode suscitar dois comentários. Ela enfatiza que as relações entre os grupos sociais não devem ser compreendidas exclusivamente como lutas de classes (p.187-8). Mantendo distância tanto em relação à historiografia liberal do século XIX quanto em relação ao marxismo, Elias pretende mostrar a ambivalência de cada relação social: a rivalidade existente entre a nobreza e os burocratas supõe o interesse comum de ambos em manter uma figuração social que lhes assegure posições privilegiadas; o apoio da monarquia sobre a burguesia judiciária implica ao mesmo tempo que seja preservada a superioridade aristocrática, e a proximidade entre a nobreza de corte e o rei, primeiro dos fidalgos, não acontece sem a submissão da segunda ordem ao soberano absoluto. Assim é recusada qualquer perspectiva que faria do Estado absolutista o simples instrumento de uma classe designada como dominante — no caso, a aristocracia. A "monarquia absoluta" o é precisamente porque o rei não é de modo algum dependente de um grupo social dado, mas se encontra em posição de manipular o equilíbrio das tensões que está na própria origem de seu poder.

Essa manipulação de antagonismos, os quais ele não criou, é justamente o que define o espaço próprio deixado à ação pessoal do soberano, o exercício pelo qual ele pode individualizar, bem ou mal, a função de rei. Assim, aqui é esboçada uma problemática promissora sobre a influência recíproca existente entre as características próprias desta ou daquela posição social e as propriedades específicas dos diferentes indivíduos que a ocupam, ou, em outros termos, entre o posto e seus atributos estruturais, entre o habitus e suas disposições particulares. É assim que a "mediocridade" conservadora de Luís XIV é tratada por Elias como uma propriedade totalmente pertinente a um papel que, naquele momento da evolução da monarquia, exigia apenas, mas necessariamente, que fossem perpetuadas e reguladas as tensões existentes (p.140-3) e que o rei aceitasse ele próprio as regras coercitivas do instrumento de dominação de corte instaurada para manter e significar sua dominação absoluta (p.149-51).

V

A instauração do poder absoluto do príncipe, que é ao mesmo tempo o resultado e o princípio de um novo equilíbrio social, é acompanhada de evoluções mais significativas, designadas por Elias como constitutivas do processo civilizador. No Ocidente, entre os séculos XII e XVIII, as sensibilidades e os comportamentos efetivamente se modificaram profundamente por dois fatos fundamentais: a monopolização, pelo Estado, da violência que obriga ao controle das pulsões e assim pacifica o espaço social; e o estreitamento das relações interindividuais, que implica necessariamente um controle mais severo das emoções e dos afetos. A progressiva diferenciação das funções sociais, condição mesma da formação do Estado absolutista, multiplica as interdependências e portanto suscita os mecanismos de autocontrole individual que caracterizam o homem ocidental da idade moderna. Elias assim enuncia o que é provavelmente a tese essencial de toda a sua obra:

> À medida que se diferencia o tecido social, o mecanismo sociogenético do autocontrole psíquico [*Selbstkontrollapparatur*] evolui igualmente rumo a uma diferenciação, uma universalidade e uma estabilidade maiores. ... A estabilidade particular dos mecanismos de autocoerção psíquica [*Selbszwangapparatur*] que constitui o traço típico do habitus [*Habitus*] do homem "civilizado" está estreitamente ligado à monopolização da coerção física e à solidez crescente dos órgãos sociais centrais. É precisamente a formação dos monopólios que permite a instalação de um mecanismo de "condicionamento social" graças ao qual cada indivíduo é educado no sentido de um rigoroso autocontrole. Aí está a origem do mecanismo de autocontrole individual permanente cujo funcionamento é em parte automático. (*La dynamique de l'Occident*, p.193-4)

O processo civilizador consiste portanto, antes de tudo, na interiorização individual das proibições que, antes, eram impostas de fora, em uma transformação da economia psíquica que fortalece os mecanismos do autocontrole exercido sobre as pulsões e emoções e faz passar da coerção social [*gesellschaftliche Zwang*] à autocoerção [*Selbstzwang*].

Nesse processo de longa duração, que ao menos tendencialmente concerne a todos os indivíduos das nações ocidentais, a sociedade de corte — entendida aqui em seu sentido de figuração social específica, distinta do resto da sociedade — constitui um dispositivo central, ao mesmo tempo laboratório de comportamentos inéditos e lugar de elaboração de novas normas. Nesse papel das cortes, Elias localiza dois momentos essenciais: o século XVII, que dá uma forma acabada, na França pelo menos, à sociedade de corte monárquica, organizada para e pelo rei absoluto; e o século XII que marca, com a constituição das grandes cortes feudais, uma primeira etapa no processo civilizador. A primeira figuração é o próprio objeto deste *A sociedade de corte*, a segunda fornece a matéria de algumas páginas no segundo volume do *Processo civilizador*.[8] Nestas Elias mostra como a *courtoisie* designa um primeiro conjunto de transformações nos comportamentos, expresso pela poesia dos *Minnesänger* e dos trovadores e caracterizado pelo respeito a convenções mais coercitivas, um controle mais rígido das condutas, das relações menos brutais entre homens e mulheres. No interior de uma sociedade guerreira ainda pouco pacificada e policiada, as cortes feudais, que conhecem uma primeira diferenciação das funções de governo e uma primeira intensificação das interdependências, constituem portanto ilhas de "civilização" onde se esboça um novo habitus.

Sua forma definitiva supõe uma outra etapa da evolução social e do processo civilizador — a da sociedade de corte que caracteriza o Estado absolutista — e exigências mais severas quanto ao controle dos afetos — as da *civilidade*. Elias desmonta em primeiro lugar os fundamentos dessa nova formação social. Eles podem ser enunciados como três princípios paradoxais. Inicialmente, a sociedade de corte é uma figuração em que a maior distância social se manifesta na maior proximidade espacial. Acontece assim no *hôtel* aristocrático onde se esbarram e cruzam as vidas dos senhores e dos criados. Acontece assim com a própria corte, onde o rei afirma a absoluta distância que o separa de sua nobreza, vivendo, a cada instante, em meio a ela. Daí um dos traços fundamentais e originais da sociedade de corte: a saber, a confusão existente entre vida privada e vida pública, ou antes a ausência de uma tal distinção nas práticas e nos pensamentos. Para o rei em sua corte, como para o nobre em sua residência, todos os gestos e todas as condutas que serão considerados na formação social burguesa como pertencentes à esfera do íntimo, do sigiloso e do privado são vividos e manipulados como signos que permitem ler a ordem social — uma ordem em que as formalidades públicas indicam o lugar de cada um na hierarquia das condições.

Daí o segundo princípio da sociedade de corte: o ser social do indivíduo é totalmente identificado com a representação que lhe é dada por ele próprio ou

Prefácio    21

pelos outros. A "realidade" de uma posição social aí é apenas o que a opinião julga que ela é: "Era o reconhecimento pelos outros da qualidade de membro dessa sociedade que, em última análise, determinava essa própria qualidade" (p.113). Essa "representação da posição pela forma" tem diversas implicações importantes: funda uma economia aristocrática da ostentação que regula as despesas segundo as exigências da posição que se pretende manter; constitui as hierarquias da etiqueta como o modelo das diferenças sociais; faz dos diferentes papéis e lugares no cerimonial de corte a condição essencial da competição social. Em uma tal formação, a construção da identidade de cada indivíduo está sempre no cruzamento da representação que faz de si mesmo e da credibilidade concedida ou recusada pelos outros a essa representação. Nesse jogo, o rei tem mais peso, uma vez que, ao modificar as posições no cerimonial, pode não apenas jogar com um equilíbrio de tensões favorável à sua dominação, mas também determinar a posição social "efetiva" — isto é, percebida e recebida — de cada cortesão. A disputa pelos signos do prestígio é, assim, ao mesmo tempo, uma luta pelos atributos e vantagens do poder social — o que Elias chama *Machtchancen*.

Último fundamento paradoxal da sociedade de corte: a superioridade social nela se afirma pela submissão política e simbólica. É apenas aceitando sua domesticação pelo soberano e sua sujeição às formalidades coercitivas da etiqueta de corte que a aristocracia pode manter a distância que a separa de sua concorrente pela dominação: a burguesia burocrata. A lógica da corte é portanto a de uma distinção pela dependência: "Com a etiqueta, a sociedade de corte procede à sua autorrepresentação, cada pessoa singular distinguindo-se de cada uma das outras e todas elas se distinguindo conjuntamente em relação aos estranhos ao grupo, de modo que cada uma em particular e todas juntas preservam sua existência como um valor autossuficiente." (p.120). O rei não escapa a essa lógica, e é apenas porque ele próprio se submete à etiqueta que impõe aos cortesãos que ele pode utilizá-la como um instrumento de dominação. O que explica o título dado por Elias a um de seus capítulos, "O rei prisioneiro da etiqueta e das chances de prestígio" (capítulo VI), que pretende marcar como o rei se vê ele próprio prisioneiro, ligado à "mecânica" (a palavra está em Saint-Simon) que assegura seu poder.

Inscrevendo assim a distinção na proximidade, a realidade na aparência, a superioridade na dependência, a vida de corte requer daqueles que dela participam propriedades psicológicas específicas, que não são comuns a todos os homens: assim, a arte de observar, aos outros e a si mesmo, a censura dos sentimentos, o domínio das paixões, a incorporação das disciplinas que regem a civilidade. Uma tal transformação não modifica apenas as maneiras de pensar, mas toda a estrutura da personalidade, a economia psíquica que Elias designa sob um nome antigo, *Habitus* (p.246). O processo de curialização é também um processo de remodelagem da afetividade [*Affektmodellierung*] que submete o homem de corte a uma rede cerrada de autocontroles automáticos que refreiam todos os impulsos espontâneos, todos os movimentos imediatos. Esse habitus inédito produz uma forma de racionalidade totalmente específica, chamada *höfische Rationalität*, que deve adequar exatamente cada conduta à relação em que ela se inscreve e ajustar cada comportamento ao objetivo que ele deve permitir atingir.

Ele incide também sobre o que Elias designa com a expressão "romantismo aristocrático" e que é a valorização nostálgica ou utópica de uma vida nobiliárquica antiga, livre, independente, natural. No antepenúltimo capítulo deste livro, ele estuda com cuidado e brio as diferentes etapas e expressões dessa idealização de uma existência cavaleiresca e pastoral, que enuncia a resistência da nobreza em relação a novas dependências e novas coerções impostas pela vida de corte. Nessas páginas, em particular as consagradas a uma leitura de *Astreia*, compreendidas como exprimindo simultaneamente a aceitação das regras inéditas da civilidade e a recusa da sociedade de corte que as forjam, Elias esboça o que poderia ser uma tentativa de relacionar formas estéticas e estruturas psicológicas. Entre umas e outras, é possível estabelecer correspondências, mas sob a condição de que seja identificada a formação social específica que produz as propriedades que lhes são comuns. São portanto as exigências próprias da sociedade de corte que fundam os parentescos entre a tragédia clássica e a racionalidade cortesã (p.127). São em primeiro lugar os modos de existência de uma nobreza "já curializada pela metade", mas ainda ligada aos valores e comportamentos da cavalaria, que fazem do romanece pastoral ou sentimental, como *Astreia*, a expressão das frustrações sociais e afetivas de um grupo que perdeu a partida face ao rei (p.247-51). São a urbanização e a curialização crescentes da aristocracia, separada fisicamente e mais ainda mentalmente do campo, que transformam o papel da paisagem na pintura francesa "de Poussin a Watteau" (p.233) — Watteau que é apreciado por Norbert Elias, que lhe consagrou um estudo inédito. Discretamente, propõe-se assim uma leitura histórica das obras que, acima de tudo, visa decifrar em suas formas os traços de uma configuração psicológica específica, portanto inscrevê-las na formação social que gera essa economia psíquica.

*A sociedade de corte* é portanto um livro consagrado essencialmente a estudar a gênese e as propriedades, tanto sociais como psicológicas, de uma formação que tem seu delineamento na Idade Média, nas grandes cortes feudais, que define progressivamente suas formas no Renascimento antes de encontrar no século XVII suas características definitivas — a saber, a fixação de uma ampla população em um lugar único, uma diferenciação e uma hierarquização rígidas das funções de corte, a constituição de uma cultura nobiliária específica, depurada de todo elemento feudal. O problema deixado de lado na obra é o da difusão nas outras camadas sociais dos modelos de comportamento e dos dispositivos psicológicos elaborados na sociedade de corte. Existe aí uma questão central caso admitamos que o processo civilizador consiste justamente na generalização, para toda a sociedade, das proibições, censuras e controles por um tempo peculiares à maneira de ser dos homens de corte. Pensar esse processo é portanto um ponto essencial no projeto integral de Elias, e ele consagra a isso o antepenúltimo capítulo da longa conclusão de seu livro de 1939, intitulado "Esboço de uma teoria do processo civilizador" (*La dynamique de l'Occident*, p.281-303).

Nessas páginas, Elias constrói uma interpretação absolutamente original da circulação dos modelos culturais, que coloca em seu centro a tensão entre distinção e divulgação. A generalização dos comportamentos e coerções inicialmente próprios da sociedade de corte não deve ser compreendida como uma simples difusão, ganhando progressivamente todo o corpo social a partir da elite que o domina. É bem antes o resultado de uma luta de concorrência que faz com que as camadas burguesas imitem as maneiras de ser aristocráticas e que, em contrapartida, obriga a *noblesse de robe* a aumentar as exigências da civilidade a fim de lhe restituir um valor discriminante. Essa competição pela apropriação ou, ao contrário, o confisco perpétuo da distinção é o motor principal do processo civilizador, uma vez que leva a aumentar as sofisticações do *savoir-vivre*, a multiplicar as proibições, a intensificar ainda mais o limiar das censuras.

A circulação dos modelos de comportamento, reprodutora das diferenças culturais no próprio seio de um processo de imitação e de difusão social, deve ser pensada no mesmo horizonte conceitual que a "circulação das coerções" evocada por Elias no final da *Sociedade de corte* (p.265). Aqui também se trata de evitar todas as noções — por exemplo a de poder [*Herrschaft*] ou de autoridade [*Autorität*] —, deixando supor que a coerção social só existe do topo para a base da sociedade. Da mesma maneira que a atração exercida pela civilização de corte nas camadas inferiores da sociedade não existe sem tornar mais exigente essa própria civilização, as coerções que os grupos dominantes impõem ao resto do corpo social não ocorrem sem produzir reações, que reforçam nos poderosos os dispositivos de autocoerção. Caracterizando cada formação ou figuração social a partir da rede específica das interdependências que aí ligam os indivíduos uns aos outros, Elias compreende diretamente em sua dinâmica e sua reciprocidade as relações mantidas pelos diferentes grupos e, com isso, evita as representações simplistas, unívocas, petrificadas, da dominação social ou da difusão cultural.

Na França, a luta de concorrência entre aristocracia de corte e burguesia burocrática só dura na medida em que dura a formação social que lhe dá existência. Eis por que Elias fecha *A sociedade de corte* com um último capítulo, "Sobre o sociogênese da Revolução", onde esboça o processo que conduziu à destruição da sociedade absolutista de corte. Dois traços fundamentais caracterizam-no. O equilíbrio de tensões mantido e manipulado por Luís XIV se congela assim como se esclerosa o cerimonial de corte: perdendo toda a maleabilidade, o dispositivo de dominação não pode mais agregar novos parceiros sociais, mas apenas repetir os conflitos entre os antigos — a saber, o rei, a aristocracia de corte, os parlamentos. Ora, no final do século XVIII, a consolidação social de camadas burguesas até então excluídas da partilha da dominação instaura uma ruptura entre a distribuição aparente do poder, confiscado pelas elites tradicionais, e a realidade do novo equilíbrio das forças. Daí a impossível conservação da formação social antiga, e também sua impossível reforma. Daí a instauração, pela força, de uma nova

24     A sociedade de corte

figuração traduzindo a nova distribuição das posições sociais. Esse esboço, forço-
samente rápido, tem um duplo mérito: não reduz o processo social concluído pela
Revolução a uma simples oposição entre nobreza e burguesia, já que estas, em suas
formas de Ancien Régime, são tão solidárias como rivais (e solidárias justamente
porque rivais); e não interpreta a Revolução como a simples vitória de uma das
camadas dominantes da antiga sociedade, mas como a instalação de uma formação social inédita, onde o que mudou não foi apenas a identidade dos dominantes,
mas a própria imagem do equilíbrio das tensões entre os grupos e as cadeias de
interdependência entre os indivíduos. É preciso portanto pensar em termos novos
a última etapa do processo civilizador: a empreendida nos séculos XIX e XX por
uma sociedade marcada pela obrigação geral do trabalho, uma estrita separação
entre o foro privado e a vida pública, uma hierarquia dos valores que confere o
primado ao êxito econômico.


# VI

Em seu livro publicado em 1939, Norbert Elias designava a constituição de uma
ciência que ainda não existe como "psicologia histórica" (*La dynamique de l'Occident*, p.256). Ele define seu objeto contra a história das ideias e contra as pesquisas
psicanalíticas, uma vez que esse deve ser "o habitus humano em seu conjunto", "o
todo da economia psíquica", isto é, ao mesmo tempo os controles conscientes do
eu, produtor das ideias claras e dos pensamentos experimentados como tais, e os
controles inconscientes, automáticos, das pulsões. À história das ideias Elias critica antes de tudo o fato de acreditar que as transformações que afetam as próprias
estruturas da personalidade humana se reduzem a transformações ideológicas,
expressas em plena consciência pelos próprios sujeitos. Aí reside sua crítica fundamental contra Burckhardt e seus sucessores (p.246), acusados de confundir indevidamente as inovações identificáveis nos conteúdos dos pensamentos e as
modificações das disposições psicológicas dos indivíduos.

À psicanálise, e a Freud jamais nomeado, ele critica por constituir um incons-
ciente "sem história" como instância dominante e invariável da estrutura psíquica.
Ora, para ele, não existem categorias nem economia universais do psiquismo, mas
dispositivos variáveis, modelados em sua própria definição e articulação pelas
relações de interdependência originais que caracterizam cada formação social. Ele
enuncia em um texto fundamental onde marca sua distância em relação ao léxico
e aos conceitos freudianos:

> O que determina o homem tal como nos aparece concretamente não é o isso [*Es*], o eu
> [*Ich*] ou o supereu [*Überich*], mas sempre e fundamentalmente o conjunto das rela-
> ções que se estabelecem entre as camadas funcionais do autocontrole psíquico, cama-
> das das quais algumas se combatem reciprocamente, enquanto outras conjugam seus
> esforços. Ora, essas relações no interior de cada ser humano e com elas a estrutura de

seu controle pulsional, de seu eu e de seu supereu, evoluem conjuntamente ao longo do processo civilizador em consequência da transformação específica das inter-relações humanas, das relações sociais. (*La dynamique de l'Occident*, p.261)

Daí o programa definido em 1939: "Proceder ao exame simultâneo da mudança das estruturas psíquicas e das estruturas sociais em seu conjunto" (ibid., p.262).

A partir de 1933, no que diz respeito a uma formação social específica, a sociedade de corte, Elias conduzira a contento um tal empreendimento, aplicando as duas abordagens combinadas que darão seu subtítulo ao livro de 1939, ou seja, a abordagem *sociogenética*, que visa situar os mecanismos de formação e os princípios de estruturação de uma figuração social dada, e a abordagem *psicogenética*, que tenta circunscrever a modelagem e a economia do habitus psíquico engendrado por essa figuração. Em ambos os casos, trata-se de analisar a totalidade de um dispositivo, social ou psicológico; em ambos os casos, trata-se de apreender um processo com seus equilíbrios instáveis e suas tensões móveis.

Vemos, por trás da noção de "psicologia histórica", que Elias define um objeto que excede amplamente aquele proposto ordinariamente, o que se convencionou chamar história das mentalidades. De fato, a história tal como se encontra atualmente, tanto em suas aquisições dos últimos cinquenta anos como em suas pesquisas atuais, não tem mais muito em comum com aquela que Elias conhecia, criticava ou utilizava no início dos anos 30. Devemos concluir daí que seus livros perderam sua força inovadora, sua virtude provocativa? É claro que não, e por duas razões. Em uma época em que a história reduziu as dimensões de seus campos de estudo, privilegiando a monografia, o estudo de caso ou a "micro-história", eles lembram, ao lado de alguns outros, que certas evoluções fundamentais são compreendidas apenas em ampla escala, na longa duração da sucessão das formações sociais e das transformações das estruturas psicológicas. E em uma época em que a história fragmentou suas abordagens, fechou seus objetos, a obra de Elias salienta o risco de um tal despedaçamento colocando como problema essencial o vínculo existente com as formas sociais, os habitus psíquicos, as produções estéticas. *A sociedade de corte*, praticamente concluída há mais de cinquenta anos, é portanto um livro que ainda tem muito a nos ensinar. É preciso lê-lo, como os clássicos, inscrevendo-o em seu tempo e, ao mesmo tempo, escutando-o no presente.

# I Introdução: sociologia e história

1. A corte real do Ancien Régime e as formações sociais características associadas a ela constituem um campo fértil para a investigação sociológica. Assim como nas etapas precedentes do desenvolvimento do Estado, em que a centralização ainda não havia alcançado o mesmo grau — em terras onde um príncipe reinava excluindo amplamente as assembleias, isto é, nas terras de regime absolutista — a corte real do Ancien Régime sempre acumulou duas funções: a de instância máxima de estruturação da grande família real e a de órgão central da administração do Estado como um todo, ou seja, a função de governo. As tarefas e relações dos governantes, dos príncipes e de seus ajudantes, tanto as pessoais quanto as profissionais, ainda não eram diferenciadas e especializadas de modo tão preciso e exato como passariam a ser posteriormente nos Estados nacionais industriais. Nesses Estados nacionais, os órgãos de controle público — na forma do parlamento, da imprensa, da justiça ou dos partidos políticos concorrentes — forçam uma crescente separação, cada vez mais definida, entre os interesses pessoais e oficiais, mesmo nos casos dos homens e mulheres mais poderosos no Estado. Nas sociedades de Estado dinásticas, com suas elites de cortes, a unidade relativamente grande entre interesses pessoais e oficiais ou profissionais ainda é, em larga escala, algo evidente, que faz parte da vida social. A princípio, a ideia de que era possível ou necessário separar tais domínios apareceu de forma esporádica e bastante rudimentar. Ela não tinha o caráter de um ethos oficial ou profissional, mas originou-se, no melhor dos casos, do sentimento de obrigação pessoal em relação a um homem mais poderoso, ou do temor diante dele. Alianças e rivalidades familiares, amizades e inimizades pessoais agiam como fatores normais no tratamento dos assuntos de governo, assim como em todos os outros assuntos oficiais. As investigações sociológicas da sociedade de corte evidenciam portanto, a partir de um ângulo determinado, um estágio anterior no desenvolvimento da sociedade de Estado europeia.

Certamente não foi apenas na evolução das sociedades europeias que houve cortes e sociedades de corte como figurações sociais centrais do Estado. Sociedades conquistadoras ou ameaçadas de conquista do período pré-industrial — nas quais uma população já bastante diferenciada em suas funções, ocupando um território relativamente vasto, era governada a partir de um mesmo ponto central — mostravam em geral uma forte tendência a concentrar o poder em uma única posição social, a do monarca, que sobrepujava amplamente todas as outras posições. E onde quer que fosse esse o caso, nos grandes reinos da Antiguidade em que o governo era centralizado, na China, na Índia, assim como na França pré-revolucionária de tempos mais recentes, a corte dos monarcas e a sociedade de gente da corte constituía uma formação de elite poderosa e cheia de prestígio.

Portanto, corte real e sociedade de corte são figurações específicas, constituídas por pessoas, e que precisam de elucidação tanto quanto as cidades ou fábricas. Investigações e acúmulo de material histórico acerca de determinadas cortes existem em profusão. Faltam investigações sociológicas. Enquanto os sociólogos também se ocupavam das sociedades feudais e industriais, a sociedade de corte — que surge das primeiras e deriva nas posteriores, pelo menos no desenvolvimento europeu — foi praticamente esquecida.

2. A ascensão da sociedade de corte sem dúvida está ligada ao impulso da crescente centralização do poder do Estado, à crescente monopolização das duas fontes decisivas de poder para aqueles senhores em posição central: as taxas sociais, os "impostos", como nós chamamos, e o poderio militar e policial reunidos. Contudo, raramente se coloca uma pergunta fundamental nesse contexto que permaneça sem resposta: a questão da dinâmica de desenvolvimento da sociedade, de como e por que se forma, durante determinada fase do desenvolvimento do Estado, uma posição social que concentra nas mãos de um único homem uma abundância de poder extraordinária. É necessário reorganizar a nossa percepção para enxergar o significado dessa pergunta. Com isso, ocorre uma mudança da perspectiva histórica para a sociológica. A primeira põe em evidência, claramente, indivíduos singulares, que nesse caso são reis singulares; a segunda evidencia ao mesmo tempo posições sociais, nesse caso, então, o desenvolvimento da posição do rei. Em sociedades que se encontram nessa fase de desenvolvimento, em Estados dinásticos, é possível observar que determinado detentor da posição autocrata-monárquica sempre corre o risco de ser assassinado ou destronado, e o mesmo vale para toda uma dinastia. No entanto observa-se também que o caráter da sociedade, como Estado dinástico governado por soberanos autocráticos ou por seus representantes, permanece inalterado. Normalmente, o rei deposto ou assassinado é substituído por outro rei; a dinastia expulsa, por outra dinastia. Só com a crescente industrialização e urbanização da sociedade restringiu-se, com algumas oscilações, a regularidade com que, no lugar de um senhor real destronado, de uma dinastia destituída, mais cedo ou mais tarde uma outra dinastia ascendia, um outro senhor herdava o trono, com a mesma abundância e centralização de poder. Um problema fundamental com que se depara a investigação sociológica da sociedade de corte é a questão de como se constituiu a figuração de homens interdependentes que tornava não só possível, mas também aparentemente necessário, que milhares de pessoas se deixassem governar durante séculos ou milênios, repetidamente e sem nenhuma possibilidade de controle da situação, por uma única família ou por seus representantes. Contudo, quando se pergunta como era possível que, durante determinada fase no desenvolvimento da sociedade organizada

pelo Estado, a posição social do monarca absoluto, que designamos com palavras como "imperador" ou "rei", voltasse sempre a se restabelecer, então levanta-se tacitamente o problema de por que essa posição encontra-se em vias de desaparecer nos nossos dias.

3. As investigações que se seguem tratam detalhadamente apenas da sociedade de corte de uma época bem-determinada. Mas a investigação sociológica das estruturas sociais dessa época determinada seria sem sentido se não tivéssemos em vista que, durante uma longa fase do desenvolvimento social, as sociedades de corte aparecem em muitos Estados, e que a tarefa da investigação sociológica, ao tematizar uma sociedade de corte particular, inclui o estudo da evolução de modelos que possibilitam a comparação entre as diversas sociedades de corte. A questão já colocada — da figuração de homens interdependentes que possibilitou, a indivíduos singulares, e seu pequeno círculo de ajudantes, manter a sua dominação e de sua dinastia como soberanos absolutos, ou quase absolutos, sobre uma maioria esmagadora de súditos, muitas vezes por um longo período — indica que a investigação de uma certa sociedade de corte do passado também oferece uma contribuição para o esclarecimento de extensos problemas sociológicos acerca da dinâmica social. Como será mostrado, mesmo nos tempos do assim chamado absolutismo, o poder do soberano individual não chegava a ser tão irrestrito e absoluto como o termo "absolutismo" sugere. Mesmo Luís XIV, o Rei Sol, frequentemente apresentado como exemplo máximo do soberano absoluto, irrestrito, onipotente, num exame mais detido aparece como um indivíduo que, em virtude de sua posição como rei, fazia parte de uma rede muito específica de interdependências. Ele só podia manter o espaço de atuação de seu poder com auxílio de uma estratégia muito bem-articulada, prescrita pela figuração particular da sociedade de corte, em sentido estrito, e da sociedade francesa como um todo, em sentido mais amplo. Sem a análise sociológica da estratégia específica que um soberano como Luís XIV usava para preservar a liberdade de ação e a margem de manobra da posição de rei, sempre ameaçadas, e sem a elaboração de um modelo da figuração social específica dos homens que tornavam possível e necessária a estratégia do indivíduo singular na posição de rei, caso este não quisesse perder o grande jogo, o procedimento do soberano individual permanece incompreensível e inexplicável.

Com isso, a relação entre as questões colocadas pelo sociólogo e pelo historiador torna-se um pouco mais clara. Em conexão com uma investigação sociológica, que pode ser facilmente tomada por uma investigação histórica segundo hábitos pré-dominantes de pensamento, uma tal clareza deve ser útil. O questionamento histórico se dirige sobretudo, como foi bastante destacado, para séries de acontecimentos únicos do passado. Quando ele se ocupa da corte francesa dos séculos XVII e XVIII, os feitos e traços de caráter de determinados indivíduos, especialmente do próprio rei, constituem o problema central.

30    A sociedade de corte

4. A investigação sistemática de problemas do tipo indicado pelas observações precedentes — de problemas que concernem à função social do rei, à estrutura social da corte na sociedade francesa dos séculos XVII e XVIII — vai além do plano do "acontecimento único", para o qual a historiografia esteve dirigida até o presente. Essa renúncia do historiador a uma investigação sistemática das posições sociais, como a do rei — e com isso também a uma investigação das estratégias e possibilidades decisórias prescritas para o rei singular por sua posição —, conduz a uma abreviação e restrição características da perspectiva histórica. Isso que é chamado de história muitas vezes parece simplesmente uma acumulação de ações isoladas de homens isolados, sem conexão entre si. O plano das conexões e dependências humanas abarca as estruturas e processos que, a longo prazo, se repetem continuamente e que são designados com os conceitos de "estado" ou "ordens", sociedades "feudais", "de corte" ou "industriais". Como esse plano normalmente permanece fora ou, de qualquer modo, à margem da esfera tradicional de investigação histórica, os dados singulares e únicos que tais investigações colocam em posição central carecem de um quadro de referências passível de verificação e elaborado cientificamente. O nexo dos fenômenos singulares permanece, em larga escala, a cargo de interpretações arbitrárias e, muitas vezes, de especulações. É esse o motivo pelo qual não há propriamente, na ciência histórica como é compreendida hoje em dia, nenhuma continuidade de pesquisas. Ideias acerca do nexo dos eventos vêm e vão. Entretanto, consideradas a longo prazo, cada uma delas parece tão certa e tão improvável quanto qualquer outra. Ranke já observara:

> A história está sempre sendo reescrita ... Cada época, com sua orientação principal, apropria-se dela, impondo-lhe seus pensamentos. Em seguida, o louvor e a censura são distribuídos. Assim, isso vai até o ponto em que não é mais possível reconhecer a própria coisa. Nada mais se pode fazer, nesse caso, a não ser voltar à informação inicial. Mas será que a estudariam sem o impulso do presente? ... Será possível uma história inteiramente verdadeira?[1]

5. Sempre utilizamos a palavra "história" tanto para aquilo sobre o que escrevemos quanto para o escrito em si. A confusão é grande. À primeira vista, pode ser que "história" pareça um conceito claro e sem problemas. Um exame mais atento mostra quantos problemas se escondem por trás dessa palavra aparentemente simples. Aquilo sobre o que escrevemos, o objeto da pesquisa, não é nem verdadeiro nem falso; apenas aquilo que se escreve a respeito dele, o resultado da pesquisa, pode ser verdadeiro ou falso. Trata-se, então, de perguntar qual é propriamente o objeto da historiografia. O que é, segundo a afirmação de Ranke, a "coisa" que não é mais possível reconhecer, em meio a todos os louvores e censuras, nos textos da historiografia?

O próprio Ranke, diante dessa questão candente, não conhecia nenhuma outra saída senão a referência à informação original, à fonte da época tematizada. Essa insistência no estudo das fontes, na documentação cuidadosa, foi de grande

Introdução: sociologia e história 31

proveito.[2] Ela deu um impulso muito forte à pesquisa histórica em geral. Sem esse impulso, em diversos campos de estudo, não seria possível adentrar no plano sociológico dos problemas.

Contudo, justamente quando se destaca a importância da documentação cuidadosa como fundamento da historiografia é que se coloca realmente a questão acerca da tarefa e do objeto da pesquisa histórica. Será que os documentos, as fontes originais de informação, constituem a substância da história?

Eles são, ao que parece, a única coisa confiável. Tudo mais que os pesquisadores da história têm a oferecer são, por assim dizer, interpretações. Que se diferenciam no decorrer das diferentes gerações. Elas dependem tanto do direcionamento cambiante dos interesses de cada época como dos louvores e censuras por parte de quem escreve a história, e que estão ligados a tais interesses. Ranke aponta o núcleo do problema: o historiador distribui louvores e censuras. Ele não se restringe a relatar cuidadosamente o que está nos documentos — ele avalia o que encontra; ele distribui luz e sombra segundo critérios próprios, e costuma fazer essa distribuição como se fosse óbvia, conforme os ideais e os princípios de visão de mundo pelos quais opta de acordo com os *parti-pris* de sua própria época. As situações vigentes contemporâneas determinam a maneira como ele vê a "história". Ele faz sua escolha entre os acontecimentos do passado à luz daquilo que aparece de imediato como bom ou ruim no presente.

É evidentemente a isso que Ranke alude, quando fala que a própria "coisa" é encoberta por meio de "louvor e censura". E, de fato, continua sendo assim. O cuidado na documentação, a confiabilidade das referências a fontes históricas e o acúmulo de conhecimento dessas fontes cresceram consideravelmente. Nisso se encontra uma certa justificação — a única, pode-se dizer — do caráter científico da historiografia. Entretanto as fontes históricas são fragmentadas. Na historiografia há uma tentativa de restabelecer o nexo dos acontecimentos, partindo desses vestígios fragmentários. Porém, ao passo que as referências às fontes são verificáveis, a reunião e interpretação dos fragmentos permanece submetida, em larga escala, ao arbítrio do pesquisador individual. Falta a elas o apoio firme que é dado aos pesquisadores individuais, no caso das ciências mais maduras, pelos modelos de conexão, denominados hipóteses ou teorias, cujo desenvolvimento está ligado ao do conhecimento de dados singulares por um restabelecimento contínuo de contato. Graças a esse contato, a forma do questionamento, a seleção dos dados singulares e o desenvolvimento dos modelos de conexão têm, nas ciências mais maduras, uma autonomia comparativamente maior diante da polarização de valores enraizada em considerações extracientíficas. Na historiografia, os agrupamentos extracientíficos, os partidos e ideais com os quais o pesquisador se identifica dentro de sua sociedade determinam, de modo considerável, o que ele vai trazer à luz a partir das fontes históricas, o que deixará mergulhado nas sombras e como verá o nexo dos eventos. O procedimento lembra o de homens que erguem suas casas a partir das ruínas de construções de épocas anteriores, fazendo-as no estilo de sua própria época. Nisso reside o principal motivo por que a "história

32    A sociedade de corte

está sempre sendo reescrita", como Ranke observou. Cada geração seleciona ruínas do passado e, juntando-as de acordo com seus próprios ideais e valores, faz delas casas características de seu tempo.

6. É nessa autonomia restrita da pesquisa científica, frente às tensões e conflitos inerentes às sociedades de Estado em que se produz e se consome "história", que se deve procurar o principal motivo do caráter de ciência recente, ou caráter quase científico, de grande parte da historiografia atual. Baseia-se nessa falta de autonomia uma das características mais decisivas que distingue a pesquisa histórica dos domínios mais maduros de pesquisa científica: falta aos trabalhos da primeira a continuidade específica de desenvolvimento que destaca o trabalho das segundas. Nessas últimas, não só a extensão e a certeza do saber individual aumentam no decorrer das gerações como também, em estreita conexão com elas, a extensão e a certeza do conhecimento dos nexos de dados singulares. Na primeira, na historiografia, eventualmente há um aumento contínuo do conhecimento de dados singulares, mas não há nenhuma continuidade no crescimento do que se conhece no plano das conexões. Nas ciências mais antigas e mais maduras, a importância de hipóteses e teorias anteriores sobre a natureza das conexões é preservada, seja numa região específica, seja no conjunto do universo, como uma etapa no caminho para hipóteses e teorias posteriores, uma vez que esses passos não teriam sido possíveis sem os anteriores. Os passos posteriores conduzem para além dos anteriores, mas a importância destes é preservada como elo na corrente contínua do trabalho de pesquisa. Sem Newton, não se pode compreender Einstein de modo satisfatório. O progresso contínuo da ciência não condena necessariamente os modelos de compreensão de etapas anteriores à categoria de sobras de papéis velhos, o que de fato acontece tão mais raramente, quanto mais assegurado e autônomo é o progresso do trabalho científico. No domínio da pesquisa histórica, os esforços dos pesquisadores que trabalharam há três ou mais gerações permanecem como livros mortos nas bibliotecas — e isso ainda é muito mais a regra do que a exceção. Entretanto surgiria aqui um mal-entendido se não acrescentássemos que, nesse aspecto, existe no máximo uma diferença de grau entre a pesquisa histórica e a sociologia. Nos dois casos, as avaliações e ideais de curta duração, provenientes de conflitos agudos do presente, servem como substitutos para as teorias relativamente autônomas, para os modelos de correlação passíveis de verificação, que são considerados em conjunto com a aquisição de novos conhecimentos singulares. Mas a pesquisa sociológica difere da histórica, entre outras coisas, por compreender que mesmo a formulação e seleção dos problemas singulares ficam submetidas ao arbítrio do pesquisador individual, ou às convicções convencionais heterônomas de determinados grupos de pesquisadores, a não ser que exista um mínimo de empenho em desenvolver modelos de conexão mais adequados e autônomos do que os precedentes, modelos que, restabelecendo continuamente o contato com o desenvolvimento dos dados singulares, não sejam influenciados pelas oscilações e flutuações do pensamento da própria época. Até onde se

Introdução: sociologia e história    33

pode ver, a pesquisa histórica carece do esforço nessa direção, e mesmo da compreensão de que a seleção de dados singulares a partir da abundância de documentação, sem o desenvolvimento de modelos de conexões relativamente mais autônomos, de teorias mais autônomas, fica submetido a convenções de pesquisa efêmeras e sem controle. Na composição deste livro, por exemplo, é possível ver prontamente e com clareza a importância dos modelos de interpretação como algo que determina a formulação e seleção dos problemas. Conforme os modelos de interpretação tradicionais e normalmente pouco questionados que determinam a seleção e a avaliação dos problemas na disciplina da ciência histórica, muitos problemas com que essa investigação sociológica se ocupa, assim como os documentos que lhe são necessários, têm no máximo um papel marginal. A investigação da organização espacial dos palácios ou dos detalhes da etiqueta da corte, para mencionar apenas alguns exemplos, pode parecer mera curiosidade quando avaliada pela medida dos historiadores. Mas, como será mostrado aqui, a investigação de como eram os aposentos e, em geral, a arquitetura das habitações em que as famílias de uma determinada sociedade viviam oferecem uma explicação, bastante confiável e ao mesmo tempo passível de verificação, sobre as formas fundamentais da relação matrimonial característica das pessoas daquela sociedade, e, além disso, sobre sua inter-relação com outras pessoas no âmbito do intercâmbio social. Quando se atribui à sociedade de corte uma autonomia de constituição, então a etiqueta da corte — que pode parecer algo sem importância, talvez ridículo, um mero aspecto "exterior", segundo os padrões de referência da sociedade industrial-burguesa — evidencia-se como um indicador altamente sensível e um instrumento de medida bastante confiável do prestígio e valores dos indivíduos em sua estrutura de relações.

Em geral, pode-se dizer que a escolha da sociedade de corte como objeto de uma investigação, por si só, já não está de acordo com os esquemas de valores atualmente predominantes e populares que são tematizados com frequência nas pesquisas históricas. Soberanos dinásticos e suas cortes perdem cada vez mais sua importância no momento atual do desenvolvimento da sociedade. Eles estão incluídos entre as formações sociais em vias de extinção atualmente. Embora ainda existam nos países mais desenvolvidos, perderam uma parte considerável do poder e prestígio que possuíam antes. Em comparação com o tempo de seu florescimento, as sociedades de corte dos nossos dias não têm senão um caráter epigonal. Os representantes das formas sociais ascendentes costumam observar esses vestígios de uma época passada com sentimentos confusos.

É compreensível que a avaliação negativa em curso contribua para obstruir a visão da sociedade de corte em sua particularidade, como uma forma social que possui um caráter distinto e bem-definido, assim como, por exemplo, o das elites feudais ou o das elites partidárias de sociedades industriais. Estas últimas podem chamar muito mais atenção hoje em dia, por se tratarem de tipos sociais do presente pelos quais a maioria das pessoas se interessa. Aquelas primeiras, as elites feudais, são relativamente bem-definidas e bastante tematizadas como objetos de

34 A sociedade de corte

investigações históricas e sociológicas, talvez porque se possa observá-las com frieza e distanciamento como formas ancestrais e contraposições das figurações do presente. Trata-se evidentemente de algo que se passou há muito tempo, no caso das formas feudais de sociedades; em geral, não nos encontramos numa posição defensiva em relação a elas; chegamos até a atribuir-lhes aspectos positivos, romanticamente embelezados. O reconhecimento de que a sociedade de corte também possui propriedades estruturais específicas, que podem ser expostas como tais sem que isso dependa de a considerarem boa ou não, é dificultado pelo fato de ainda haver formas epigonais dessa formação social atualmente. Diante dos grupos de elite da corte pouco a pouco destituídos do poder, dos descendentes das formações de elite, antes as mais poderosas de muitos estados europeus, muitas vezes se conservou uma atitude defensiva e uma avaliação negativa, por parte das elites ascendentes das nações industriais, como um eco das confrontações frequentes e acirradas que ocorreram em dias nem tão remotos. Também nesse caso, do ponto de vista da ciência histórica e social, fazem-se perceptíveis grandes valorizações e afetos na escolha daquilo que é considerado historicamente relevante ou não. A investigação e mesmo a concepção da sociedade de corte permanecem à sombra de tais avaliações populares.

Não é fácil, de maneira alguma, demonstrar a importância de afirmar a necessidade de um empenho consciente tanto na escolha quanto na formulação de problemas sociológicos, quer digam respeito ao presente ou ao passado, para lhes assegurar maior autonomia frente aos valores populares, que são tomados como evidências inquestionáveis. Mas isso é um exemplo. Quando se coloca a tarefa de contribuir para o esclarecimento e a compreensão dos diversos modos como os indivíduos se relacionam uns com os outros, então todas as figurações formadas pelos indivíduos, todos os agrupamentos sociais são equivalentes. Nesse caso nos deparamos de novo, num sentido mais abrangente, com a ideia expressa por Ranke, quando se refere à equivalência fundamental de todos os períodos da história. Ele também procurou, a seu modo, indicar que os pesquisadores interessados na compreensão das relações humanas têm o seu acesso barrado quando se deixam conduzir pelas avaliações preconcebidas de seu próprio tempo. Não é possível imaginar nenhuma formação social, nenhuma conexão humana, seja grande ou pequena, pertencente a tempos remotos ou ao presente, cujo estudo objetivo e rigoroso, comparado ao de qualquer outro, possa contribuir em maior ou menor grau para ampliar e aprofundar nosso conhecimento do modo como os indivíduos se relacionam mutuamente, em todas as situações, no pensamento como no sentimento, no ódio como no amor, na atividade como na inatividade. A variabilidade dessas conexões humanas é tão grande e diversificada que, pelo menos em termos das dimensões restritas e das lacunas de nosso saber atual, não se pode imaginar nenhuma investigação objetiva de uma figuração humana ainda não pesquisada, e de seu desenvolvimento, que não traga nada de novo para a compreensão do universo humano, para a compreensão que temos de nós mesmos.

Introdução: sociologia e história 35

7. Quando se aborda a questão da relação entre historiografia e sociologia, o problema da singularidade dos acontecimentos históricos, mencionado com frequência, desempenha um papel central. A ideia de que a singularidade e a unicidade dos acontecimentos é um traço distintivo da história humana, do objeto da pesquisa histórica, costuma acompanhar lado a lado a ideia de que essa "singularidade" é fundada na natureza dos objetos, ou seja, na própria coisa, independente de todos os juízos de valor dos pesquisadores. Mas não é realmente assim. O fato de normalmente se compreender isso que, no presente, é objeto da pesquisa histórica como uma coleção de dados singulares baseia-se na compreensão dos acontecimentos, singulares e sem repetição, como o essencial nas cadeias de eventos a serem pesquisados. Em outras palavras, baseia-se em uma avaliação específica que pode parecer algo evidente. Mas talvez seja melhor examinar sem mais delongas essa avaliação, pondo à prova sua validade.

Pois singularidade sem repetição não existe só nas cadeias de eventos que os pesquisadores da história escolhem como objetos de seu trabalho. Há singularidades sem repetição em toda parte. Não só cada ser humano, cada sentimento humano, cada ação e cada vivência são singulares, mas também cada morcego e cada pulga. Cada espécie animal extinta é singular. Os dinossauros não retornarão. Nesse sentido, o *homo sapiens*, o gênero humano como um todo, é singular. E o mesmo pode ser dito a respeito de cada poeirinha, do nosso Sol, da nossa Via-Láctea e, em certo sentido, de todas as outras formações: elas vêm e vão, e, quando partem, não voltam mais.

Portanto, o problema da singularidade e unicidade é mais complicado do que parece nas divagações teóricas da ciência. Há singularidades e eventos únicos de diversos níveis, e o que é singular e único nos moldes de um nível pode aparecer, visto a partir de outro nível, como repetição, como eterna repetição do mesmo. Para a espécie humana, em sua existência transitória, o nosso Sol singular e a Terra onde vivemos, que se transforma lentamente, aparecem como formas eternas. Em relação à espécie humana singular, os próprios indivíduos são repetições de uma mesma forma, eternamente igual, e as diferenças entre eles apresentam-se como uma variação do esquema fundamental recorrente.

Mas é justamente a essa variação, essa diferenciação e singularidade do indivíduo nos limites do esquema fundamental recorrente que se atribui um valor especialmente elevado em determinadas sociedades e, dentro de tais sociedades, em determinados ramos de pesquisa. Por sua vez, a própria atribuição de valores está ligada à estrutura particular dessas sociedades, e sobretudo à sua grande diferenciação e individualização. É essa estrutura que se expressa na historiografia de tais sociedades. A explicação é complicada, e não há necessidade aqui de acompanhar em detalhes essa rede muito ramificada de conexões. Seja qual for a adequação, ou inadequação, de uma teoria histórica que põe em primeiro plano somente o singular e individual dos nexos históricos, com certeza se reflete nessa ênfase uma forma específica da consciência humana, caracteristicamente social. Não só estimamos aquilo que pode ser reconhecido de fato como diferenciador, como singular e único, mas também, conforme a transmissão específica da característica social que vai marcar o indivíduo, é comum observar a tendência geral dos indivíduos de desenvolver em si mesmos a versão mais pessoal, mais singular e única possível da comunidade humana, como um ideal por que vale a pena aspirar. O direcionamento da atenção para singularidades e eventos únicos, específicos do processo marcado pelos acontecimentos — que é o determinante, em alto grau, na teoria e na prática da pesquisa histórica —, seria impensável sem o valor especialmente elevado que se atribui à singularidade e unicidade dos indivíduos naquelas sociedades em que a história é escrita de acordo com tal orientação.

Em consequência disso, precisamos questionar a relativa heteronomia ou autonomia desse modo de avaliação, no que diz respeito às cadeias de acontecimentos, que tentamos descobrir quando pesquisamos a "história". O princípio condutor do pensamento teórico, na historiografia, fundamenta a avaliação do evento singular e único na cadeia de acontecimentos como o aspecto mais significativo do conjunto de inter-relações, especialmente no caso da singularidade de determinados personagens e seus feitos trazida para o primeiro plano. Tratar-se-ia de uma ênfase com base numa análise crítica, e sem concepções prévias, do próprio conjunto de relações e que, nesse sentido, seria objetiva? Ou trata-se de uma tendência ideológica do questionamento e das observações pela qual os pesquisadores da história, tomando como fundamento suas características sociais específicas, projetam valores e ideais externos, de curta duração, nas cadeias de acontecimentos que estão sendo pesquisadas?

Seria mais fácil se pudéssemos responder essas perguntas por um simples "ou isso ou aquilo", com "sim" ou "não". Mas as sociedades humanas são diferentes das sociedades animais, não humanas. A dificuldade é que, na história de sociedades humanas — e, como depois se discutirá mais precisamente, no que diz respeito ao que é pesquisado sob o nome de "história", trata-se sempre da "história" de determinados agrupamentos sociais humanos —, os aspectos singulares e individuais das cadeias de acontecimentos estão ligados de tal maneira a aspectos sociais recorrentes que se torna necessária uma investigação cuidadosa, na qual não é possível chegar a uma fórmula simples.

8. Como e por que os aspectos singulares e únicos desempenham um papel especial na história das sociedades humanas é algo que se percebe com bastante clareza, mesmo numa observação passageira, quando se compara a história humana com a das sociedades de animais. Para colocar o problema sob a ótica certa, é praticamente indispensável essa comparação. Considerando as formas de relação, as interdependências de formigas, abelhas, cupins e outros insetos sociais, vemos que, quando se trata da mesma espécie, a estrutura de suas sociedades pode se repetir por milhares de anos, renovando-se sem nenhuma alteração. Isso acontece porque as formas sociais, as relações e as dependências mútuas encontram-se amplamente inscritas na estrutura biológica dos organismos. Exceto por variações mínimas, em termos comparativos, as formas sociais desses insetos e, com dife-

Introdução: sociologia e história     37

renças de nível relativamente pequenas, as de todos os outros animais que constituem figurações sociais específicas entre si só sofrem mudanças quando se altera a estrutura biológica desses animais. É uma peculiaridade, específica das sociedades formadas pelos homens, a possibilidade de alteração da sua estrutura, da forma das interdependências entre indivíduos, sem que se altere a estrutura biológica dos seres humanos. Os representantes individuais da espécie *homo sapiens* podem formar entre si as sociedades mais distintas sem que haja uma alteração da própria espécie. Em outras palavras, a constituição biológica da espécie torna possível que o modo de sua convivência social se desenvolva sem que haja um desenvolvimento da própria espécie. Na passagem do Ancien Régime para o *régime* pré-industrial do século XIX, na passagem de uma sociedade predominantemente agrária, formada por aldeias, para uma sociedade mais urbanizada, o que se expressa é um desenvolvimento social, e não um desenvolvimento biológico.

A dificuldade de toda a discussão sobre os problemas fundamentais da relação entre sociologia e história é que, até hoje, mesmo nas investigações científicas, em geral não há um esforço para definir clara e distintamente a diferença e os pontos de contato entre a evolução biológica, o desenvolvimento social e a história. Certamente existiram alterações biológicas e evolucionárias das interdependências e figurações dos nossos antepassados. Sabemos pouco sobre esse lado da evolução dos hominídeos, provavelmente porque problemas biossociológicos como esses despertaram pouca atenção entre os especialistas na pré-história humana. Todavia, as alterações na convivência humana que se encontram no campo de visão de historiadores e sociólogos têm lugar dentro dos limites de uma mesma espécie. Quer se estudem as relações sociais e históricas dos antigos sumérios e egípcios, dos chineses e hindus, dos iorubá e ashanti, ou de americanos, russos e franceses, o tema sempre está relacionado a homens do tipo *homo sapiens*. Portanto, se ocorrem alterações na figuração da convivência de organismos individuais, sem alterações na constituição biológica, inata e herdada, dos próprios organismos, isso se baseia no fato de que a tendência dos comportamentos de organismos da espécie humana pode, numa medida que excede de longe a de todos os outros organismos conhecidos, ser moldada pela experiência do organismo singular, pelo aprendizado individual — e de fato não só pode como *precisa* ser moldada dessa maneira. Portanto, essa característica biológica da constituição humana, inata e herdada — o fato de as tendências de comportamento dependerem em alto grau da experiência do indivíduo singular desde a infância —, é a condição para que as sociedades humanas, diferenciando-se assim das sociedades de formigas, tenham aquilo que denominamos "história" ou, dando uma outra ênfase, "desenvolvimento social".

A diferença entre o desenvolvimento das sociedades humanas (o desenvolvimento sociológico) e a evolução biológica mostra-se pelo fato de a primeira, ao contrário da segunda, poder ser reversível em determinado aspecto. Apesar de todas as brincadeiras que lemos sobre o assunto, é possível afirmar com grande segurança, a partir do conhecimento biológico disponível, que a espécie "*homo sapiens*" pode até extinguir-se, mas não pode ser transformada novamente em uma espécie de macacos ou de répteis. Quando os antepassados das baleias, que eram animais terrestres, passaram a ser animais aquáticos, eles não se tornaram peixes, mas continuaram sendo mamíferos. Em contrapartida, é perfeitamente possível que Estados nacionais fortemente centralizados desintegrem-se, e que os descendentes de seus integrantes passem a viver em simples tribos nômades. É esse o sentido de dizer que as figurações formadas pelas abelhas e formigas são determinadas geneticamente, num grau muito elevado, enquanto as figurações dos homens, por comparação, são determinadas de modo muito restrito. A modificação das figurações humanas liga-se estreitamente à possibilidade de transmitir as experiências de determinadas gerações, como um saber social adquirido. Essa acumulação social contínua do saber contribui para a modificação da convivência humana e para que se alterem as figurações formadas pelos homens. Mas a continuidade da acumulação de saber e de sua transmissão pode ser rompida. O aumento do saber não leva a nenhuma modificação genética do gênero humano. Experiências adquiridas socialmente podem ser perdidas.

9. É necessário esclarecermos esses fatos fundamentais a fim de compreender a relação entre os aspectos das mudanças sociais que se repetem e os que não se repetem. Como se vê, as cadeias de acontecimentos aos quais nos referimos conceitualmente sob os nomes de evolução biológica, desenvolvimento social e história constituem três camadas diferentes, mas inseparáveis, de um processo que engloba a humanidade como um todo, e cujo ritmo de modificação é diversificado. Medidos de acordo com a duração e o ritmo de modificação da vida humana, os desenvolvimentos sociais costumam ocorrer tão lentamente, ao longo de extensos períodos, que parecem permanecer parados. É possível que as figurações sociais formadas pelos homens alterem-se tão pouco, durante uma sequência de gerações, que sejam encaradas por quem toma parte nelas como inalteráveis, como formas de sociedade que permanecem sempre iguais. Assim, durante muito tempo, no desenvolvimento social da Europa, os indivíduos voltaram sempre à figuração "cavaleiro-pagem-padre-servo". Assim, atualmente, depois de um certo número de gerações, indivíduos continuam a estabelecer relações como as de "trabalhador-empregador-chefe", ou "funcionário de alto-médio-baixo escalão" nas sociedades industriais. Como se vê, a interdependência funcional dessas posições, assim como de todas as outras, dentro de uma determinada sociedade traz consigo uma certa exclusividade. Cavaleiros e servos não poderiam ser inseridos numa figuração industrial.

Cada um dos indivíduos que formam tais figurações é singular e único. Mas a própria figuração pode se manter, ao longo de muitas gerações, com um ritmo de modificação relativamente limitado. Figurações quase idênticas, ou que em todo caso se encontram num processo de modificação bem lento, podem no entanto ser formadas por diversos indivíduos que se sucedem rapidamente. Vistas da perspectiva dos indivíduos únicos e singulares que se modificam com rapidez, as figurações que esses indivíduos formam aparecem como fenômenos repetidos, mais ou menos inalteráveis.

O que causa confusão a respeito desse estado de coisas é quando os modelos conceituais das figurações são explicados como estruturas artificiais, impostas aos homens que estão sendo investigados pelo pesquisador. Trata-se aproximadamente da mesma ideia que Max Weber exprimiu ao apresentar seu modelo de figurações determinadas, que se encontram em movimento num fluxo lento, como "tipos ideais". Os modelos da burocracia, da cidade, do estado ou da sociedade capitalista que ele procurou trabalhar não dizem respeito a nexos humanos, a figurações de indivíduos interdependentes introduzidas em seu material de observação exclusivamente por ele, como pesquisador, a fim de trazer ordem para algo desordenado. Tais figurações são tão reais como os homens singulares que as formam. Hoje em dia, o que parece ainda mais difícil de compreender conceitualmente é o fato de que essas figurações, formadas pelos homens, podem ter um ritmo de transformação mais lento do que o dos homens singulares que as formam.

Quanto à relação entre o ritmo de mudança das figurações sociais e o dos fenômenos sociológicos, ocorre algo semelhante. Vistos a partir daquelas primeiras, estes se modificam tão lentamente que a evolução parece imóvel. Nesse caso, temos a imagem da humanidade como um rio com três correntezas, cujos ritmos de mudança são distintos. Considerados em si mesmos, os fenômenos de cada um desses níveis são únicos e não se repetem. Mas no âmbito dos diferentes ritmos de mudança, os fenômenos do nível que evolui num ritmo mais lento facilmente se apresentam, à vista do nível que evolui num ritmo mais rápido, como imutáveis, como a repetição eterna do mesmo. De acordo com a cronologia biológica, dez mil anos são um período bastante curto. As alterações ocorridas na constituição biológica da espécie *homo sapiens* ao longo dos últimos dez mil anos são relativamente limitadas. De acordo com a cronologia sociológica, dez mil anos são um período bastante considerável. Comparativamente, as modificações da organização social ocorridas em diversos setores da humanidade, durante os últimos dez mil anos, são imensas. Em muitas sociedades, no decorrer desse período, as aldeias se desenvolveram, tornando-se cidades, as cidades se tornaram cidades-estado, as cidades-estado se tornaram Estados territoriais, que por sua vez deram lugar aos pequenos e grandes Estados dinásticos e, finalmente, aos Estados nacionais industrializados. E o ritmo de mudança de tais sequências de desenvolvimentos foi se acelerando consideravelmente. Mas, no que diz respeito à cronologia individual, ao ritmo de crescimento dos indivíduos desde a infância até se tornarem homens e mulheres velhos, as mudanças sociais de longa duração continuam a se realizar muito lentamente. É por esse motivo que, pelo quadro de referência da vida humana e do ritmo de modificação dos homens singulares, com frequência elas não são percebidas como tais, como mudanças estruturais das figurações sociais, mas sim como figurações estagnadas, ou seja, como "sistemas sociais".

40    A sociedade de corte

10. No domínio da pesquisa que hoje em dia denominamos pesquisa histórica, talvez não se questione com a devida precisão se, e em que medida, a cronologia baseada na duração e no ritmo de modificação da vida individual é própria, como quadro de referência, para pesquisar sequências de desenvolvimento social de longa duração. O homem singular se coloca facilmente como medida de todas as coisas, como se isso fosse natural. Na principal corrente da historiografia produzida até hoje, acontece o mesmo com um grau maior ou menor de consciência e consistência, como se fosse evidente. A lente de aumento da observação é dirigida, antes de tudo, para as alterações que ocorrem com os indivíduos singulares, ou para aquelas que podem ter sua origem atribuída a eles, segundo os pesquisadores.

No próprio desenvolvimento da ciência histórica, essa atenção concentrada em indivíduos singulares, de perfis bem-definidos, liga-se estreitamente a formas específicas da distribuição do poder na sociedade. Não se pode esquecer isso. Com frequência, a atenção dos historiadores se dirigiu, em primeiro lugar, para aqueles indivíduos considerados especialmente significativos, em virtude de suas realizações para um determinado Estado, ou para qualquer outro agrupamento humano. Em geral, tratava-se de pessoas em uma posição social de grande poder, sobretudo de imperadores, reis, príncipes, duques e outros membros das casas reais. De fato, aos olhos dos historiadores, eles se sobressaíam da massa dos homens, em virtude do poder concentrado em suas posições, como indivíduos especialmente destacados. Graças à particularidade de suas posições sociais, a margem de manobra desses indivíduos era muito grande em comparação à de outros, e as peculiaridades de sua individualidade saltavam aos olhos. Eles eram únicos e excepcionais. O costume de pensar nos tempos de reinado de determinados soberanos, falando por exemplo da "Prússia de Frederico, o Grande" ou da "época de Luís XIV", conservou-se até hoje como uma forma convincente de divisão do curso da história.

Fato semelhante ocorre no caso de outras pessoas que ocupam posições de poder, por exemplo os grandes líderes de exércitos cujas vitórias ou derrotas tiveram muita importância para a "história" de um determinado vínculo social, ou no caso de ministros de Estado e outros auxiliares dos governantes que articularam o surgimento de novas instituições ou se opuseram à ascensão do novo. À medida que o poder se deslocava nas próprias sociedades, essa ênfase também se deslocou na historiografia ao longo do tempo. Ao lado dos indivíduos que pertenciam às elites detentoras de poder ou prestígio, alguns grupos de homens menos destacados em termos individuais, e menos poderosos, também passaram a ser incluídos no campo de observação das investigações históricas. Contudo, na visão mais geral dos historiadores acerca de seu próprio empreendimento, o indivíduo como tal, especialmente aquele que se distingue pelo poder ou por sua obra, conservou a posição e o valor como quadro de referência primário para a interpretação das cadeias de acontecimentos observados e como símbolo representativo da singularidade e excepcionalidade dessas cadeias. Mesmo quando a historiografia política, que concentrava seu olhar nos governantes ou nas elites no poder,

Introdução: sociologia e história 41

ampliou pouco a pouco seu campo, por meio da inclusão de outros aspectos do desenvolvimento de uma sociedade — aspectos econômicos, intelectuais, religiosos e artísticos —, a historiografia continuou a se orientar em grande medida pelas elites comparativamente muito individualizadas. Com poucas exceções, como por exemplo as que se encontram nos estudos econômicos e na história social, em geral são escolhidos, como quadros de referência para a análise dos nexos históricos, as obras e os feitos individuais de homens que pertencem a determinadas elites sociais, sem com isso incluir na investigação o próprio problema sociológico da constituição de tais elites. A estratégia e a problemática da seleção de problemas e evidências absolutamente não são tematizadas nas discussões sobre a natureza da historiografia. É comum contentar-se com a referência à grandeza da ação individual em si, e ao homem singular que é sua fonte, para além da qual não é possível buscar novas explicações. Aqui, ao que parece, o esforço de um esclarecimento das cadeias de acontecimentos a serem pesquisadas chega a seu fim. O problema colocado parece resolvido quando se encontra um ator individual para determinado fenômeno histórico. Se ainda restam fios soltos no vazio, nesse modo de amarrar os eventos, eles são tratados como os outros fenômenos históricos — que não podem ser esclarecidos pela referência a grandes atores singulares, a nomes conhecidos —, como aparições difusas em segundo plano. Mas quando se procura o esclarecimento final dos nexos históricos em algo misterioso, não mais passível de explicação, no mistério de uma "individualidade em si", então não é fácil evitar a interpretação automática do prestígio social de uma pessoa, de suas realizações, características e manifestações, como valor pessoal de um indivíduo singular, como grandeza pessoal. O exemplo mais simples dessa interpretação é o atributo "o Grande" como epíteto de reis hereditários. O que diremos a seguir sobre Luís XIV ilustra o problema. Provavelmente ainda existem historiadores e estudantes que continuam aceitando a designação de grandeza dos indivíduos, proveniente de uma determinada tradição social. No domínio da história, para avaliar a grandeza humana, utiliza-se uma escala de valores convencional que não é confiável do ponto de vista científico, nem é posta à prova. Desconhecendo as estruturas sociais que oferecem a um homem singular suas oportunidades e possibilidades de ação, arriscamo-nos facilmente a apresentar indivíduos sem grande mérito pessoal como grandes, e vice-versa.

Muitas vezes os historiadores dizem: não estamos interessados em sociedades, mas em indivíduos. Contudo, observando com mais atenção, constata-se que a historiografia não se interessa por qualquer indivíduo, mas exclusivamente por indivíduos que desempenham um papel nos grupos sociais e para grupos sociais de um tipo determinado. Podemos ir adiante e afirmar que ela se interessa por esses indivíduos *porque* eles desempenham um papel nas unidades sociais de um tipo ou de outro. Naturalmente, também seria possível incluir entre os objetos da historiografia a "história" de um cão qualquer, de um canteiro de flores, ou de alguém escolhido ao acaso. Cada ser humano tem sua "história". Mas quando se fala de "pesquisa histórica", utiliza-se a palavra "história" em um sentido muito

42   A sociedade de corte

restrito. No fim das contas, seus quadros de referências sempre formam unidades sociais bem específicas, às quais se atribui uma importância particular. A cada vez, há uma escala de valores dessas unidades sociais, ordenada hierarquicamente — que determina quais delas ocupam um lugar mais alto ou mais baixo — como quadros de referências da investigação. Assim, em geral, investigações históricas cujo quadro de referência social é uma cidade dentro de um Estado ocupam um lugar mais baixo, na escala, do que aquele ocupado por investigações cujo quadro de referência é um Estado inteiro. Atualmente, os Estados nacionais ocupam a primeira posição nessa escala de valores. Sua história constitui, hoje em dia, os critérios principais para a seleção dos indivíduos e dos problemas que estão no centro da pesquisa histórica. Em geral não paramos para pensar por que, atualmente, essas unidades sociais como "Alemanha", "Rússia" ou "Estados Unidos" servem como quadro de referência primário na seleção dos indivíduos que são trazidos para o primeiro plano, considerados "personalidades históricas". Carecemos de uma tradição de pesquisa em cujo âmbito se estude, sistematicamente, a linha de correlação entre os atos e realizações de atores da história, conhecidos por seus nomes, e a estrutura dos grupos sociais em que eles ganham sentido. Se isso fosse feito, não seria difícil mostrar como a seleção dos indivíduos, cujos destinos ou ações são objetos da atenção dos historiadores, frequentemente relaciona-se com o fato de eles pertencerem a minorias específicas, a grupos que se encontram no poder, ou que estão em ascensão, ou em declínio, mas fazem parte da elite de determinada sociedade. Pelo menos em todas as sociedades estratificadas, a "oportunidade de grandes realizações" individuais, que atrai os olhares de historiadores, dependeu durante muito tempo do fato de um indivíduo pertencer a grupos de elite específicos, ou da possibilidade de encontrar uma via de acesso a esses grupos. Sem a análise sociológica que leva em conta a estrutura de tais elites, praticamente não é possível julgar nem a grandeza nem o mérito das figuras históricas.

11. A sociedade de corte, objeto deste livro, é uma formação de elite desse tipo. Encontram-se nesta investigação alguns exemplos que ilustram o que foi dito. Indivíduos que, no reinado de Luís XIV, não faziam parte da sociedade de corte ou não acharam uma via de acesso para ela, tinham relativamente poucas oportunidades de demonstrar e realizar seus potenciais individuais por meio de ações que pudessem aparecer como historicamente relevantes, no sentido da escala de valores tradicional. Além disso, com auxílio de uma investigação detalhada dessa elite, é possível mostrar com bastante segurança de que modo sua estrutura fornecia ou obstruía, para os homens singulares, suas possibilidades de realização. Por exemplo, segundo a estratégia adotada no reinado de Luís XIV, o duque de Saint-Simon, pela sua posição social específica de membro da alta nobreza que não pertencia à casa real, tinha seu acesso aos cargos do governo obstruído; com isso, não podia almejar nenhuma posição de poder político oficial. Ora, foi exatamente por tais posições que ele lutou durante toda a sua vida. Assim esperava alcançar êxito

como estadista, político e governante. Ocupando tais posições, pretendia realizar algo grandioso. Como, por seu posicionamento na estrutura de poder da corte, essa possibilidade estava fora de seu alcance enquanto Luís XIV vivesse, ele tentou, além de tomar parte no jogo de intrigas nos bastidores da corte, lograr êxito por meio de uma atividade literária que correspondia ao uso e ao gosto da nobreza da corte: a redação de memórias que registravam a vida na corte em suas particularidades. Desse modo, excluído do poder político, o duque de Saint-Simon entrou para a história, como se costuma dizer, pela grandeza de sua realização como escritor memorialista. Tanto o desenvolvimento de sua individualidade quanto o seu comportamento como escritor são incompreensíveis sem referência a um modelo sociológico da sociedade de corte e sem conhecimento do desenvolvimento de sua posição social no interior da estrutura de poder dessa sociedade.

No debate tradicional sobre o papel dos indivíduos na história, muitas vezes parte-se do pressuposto de que é irreconciliável e inevitável a oposição entre aqueles que, na investigação de nexos históricos, concentram sua atenção nos "fenômenos individuais", e aqueles que se concentram nos "fenômenos sociais". Mas trata-se aqui de uma antinomia irreal. Ela só pode ser esclarecida no contexto de duas tradições políticas e filosóficas, uma das quais considera a "sociedade" algo extraindividual, enquanto a outra considera o "indivíduo" algo extrassocial. Ambas as representações são fictícias, como se vê aqui. A sociedade de corte não é um fenômeno existente fora dos indivíduos que a constituem; os indivíduos que a constituem, seja o rei ou o camareiro, não existem fora da sociedade que formam em sua convivência mútua. O conceito de "figuração" serve para expressar esse estado de coisas. Pelo uso linguístico tradicional, temos dificuldade em falar sobre indivíduos que formam juntos uma sociedade, ou de sociedades que se constituem de homens singulares, embora seja exatamente isso que se pode observar de fato. Quando usamos palavras um pouco menos carregadas, pelo menos torna-se possível expressar com clareza e precisão o que efetivamente observamos. É esse o caso quando falamos que homens singulares formam entre si figurações de tipos diversos, ou que as sociedades não são nada mais que figurações de homens interdependentes. Hoje em dia, utiliza-se com frequência, nesse contexto, o conceito de "sistema". Mas enquanto não pensarmos em sistemas sociais como sistemas de indivíduos, o uso desse conceito nos leva a flutuar no vazio.

12. Olhando em retrospectiva, podemos perguntar de novo se a avaliação dos aspectos únicos, singulares e exclusivos como essenciais na cadeia de acontecimentos a que se dá o nome de história está fundada no próprio caráter de tal nexo. Ou se ela é uma avaliação heterônoma, exterior, condicionada ideologicamente, que os pesquisadores da história trazem para esse nexo de acontecimentos. Com tais considerações, somos levados alguns passos adiante no caminho para uma resposta. É possível enxergar melhor que, na interpretação da "história" como um nexo de fenômenos únicos e singulares, estão em jogo ao mesmo tempo os dois tipos de avaliação, ou seja, tanto as avaliações objetivas quanto as ideológicas. Uma

44    A sociedade de corte

análise abrangente desse amálgama de avaliações autônomas e heterônomas é um empreendimento de vulto. Temos de nos contentar, aqui, com o esclarecimento de alguns aspectos dessa questão, com referência aos problemas que desempenham um papel considerável nas investigações que serão feitas.

A corte de Luís XIV foi algo único. O próprio Luís XIV foi um fenômeno singular e exclusivo de seu tempo. Mas a posição social que ele ocupava, de rei, não era uma posição singular, ou, em todo caso, não era singular no mesmo sentido da singularidade de seu ocupante de então. Houve reis antes e depois de Luís XIV. Todos eles eram reis, mas eram pessoas diferentes.

Em termos comparativos, reis como Luís XIV têm um raio de ação extraordinariamente grande, que lhes possibilita experiências únicas e exclusivas. É a primeira coisa que se pode dizer, no caso de Luís XIV, sobre a realidade de seu caráter único e excepcional. Comparado ao de homens que ocupavam outras posições sociais, o escopo da individualização de que Luís XIV dispunha, por tratar-se de um rei, era especialmente grande.

Mas, ao mesmo tempo, a esfera de ação da individualização do rei também era especialmente grande, em outro sentido, por tratar-se de um homem. É a segunda coisa a dizer sobre essa margem de manobra de suas ações. Em comparação com as formas de vida não humanas, as possibilidades de individualização e de aperfeiçoamento de cada ser humano, a partir da natureza, são extraordinariamente grandes. Mesmo nas sociedades humanas mais simples que conhecemos, as possibilidades de individualização dos organismos singulares são muito maiores do que as das mais complexas sociedades de animais, de seres não humanos.

Quando os historiadores contemplam justamente esse nível, em meio à diversidade do universo humano, no qual o que distingue o homem, sua individualidade, desempenha um papel preponderante, quando procuram demonstrar que contribuição indivíduos singulares deram, em função da unicidade de seus dons e de sua conduta, aos acontecimentos significativos para a história de determinados grupos sociais, então seus esforços de pesquisa podem ser inteiramente apropriados. Pois as diferenças na elaboração individual da estrutura biológica fundamental dos homens, que se repete no tempo, podem ter realmente um papel de maior ou menor importância naquelas alterações dos grupos sociais, que os homens chamam de sua "história", dependendo da estrutura desses grupos. Assim, um historiador que se ocupa da época de Luís XIV, por exemplo, pode apontar com razão o quanto o brilho de sua corte e, em sentido mais amplo, a política da França em seu reinado deviam-se aos dons e também às limitações específicas do rei, resumindo, à sua individualidade única.

Mas a investigação é insuficiente se interrompida nesse ponto. Sem uma investigação sistemática da posição do rei como tal, como uma das posições constitutivas da figuração da corte e da sociedade francesa, não é possível entender a relação entre a pessoa individual e a posição social do rei. A primeira se desenvolvia no interior da segunda, que também, por sua vez, encontrava-se em desen-

Introdução: sociologia e história    45

volvimento, e consequentemente em movimento, tanto na estrutura estreita da elite da corte quanto na estrutura mais ampla da sociedade francesa como um todo. Nesse caso, não é preciso entrar em detalhes quanto às correlações entre o desenvolvimento pessoal do rei e o desenvolvimento social da posição de rei, mas o esclarecimento conceitual a que esse modelo do desenvolvimento do rei conduz é muito importante. Os conceitos de "indivíduo" e "sociedade" geralmente são usados como se dissessem respeito a duas substâncias distintas e estáveis. Por esse uso das palavras, é fácil ter a impressão de que elas designam objetos não só distintos, mas absolutamente independentes em sua existência. Mas na realidade designam processos. Trata-se de processos que de fato se diferenciam, mas são indissociáveis. O desenvolvimento da pessoa do rei e o de sua posição caminham de mãos dadas. Como essa última possui uma elasticidade específica, pode ser direcionada, até certo grau, de acordo com o desenvolvimento da pessoa de seu ocupante. Porém, em virtude da interdependência com outras posições da articulação social de que faz parte, cada posição social, mesmo a do próprio rei absolutista, alia à sua elasticidade uma força autônoma extraordinária, em comparação com a força individual de seu ocupante. Pela estrutura de sua posição, o raio de alcance da atuação desses ocupantes ganha limites rigorosos, que, exatamente como a elasticidade de uma mola de aço, se fazem tanto mais sensíveis quanto mais distendem a flexibilidade de sua posição social, testando-a por meio de tendências individuais de comportamento. Assim, se por um lado o desenvolvimento pessoal do detentor do poder passa a exercer influência, dentro de limites determinados, sobre o de sua posição, por outro lado o desenvolvimento da posição social influencia o desenvolvimento pessoal de seu ocupante, como representante direto do desenvolvimento geral da sociedade de que faz parte.

Nesse ponto, nota-se prontamente o quanto a hipótese teórica da singularidade e excepcionalidade do objeto da ciência histórica é incompleta e obscura. Contemplado puramente como pessoa, Luís XIV foi único e excepcional. Mas a "pessoa pura", o "indivíduo em si", não passa de um produto artificial da capacidade de imaginação filosófica, assim como a "coisa em si". O desenvolvimento das posições sociais que um indivíduo ocupa, desde a infância, não é único e excepcional no mesmo sentido da singularidade do indivíduo que as ocupa. Como o desenvolvimento da posição do rei se efetuava em um ritmo diferente do de seus sucessivos ocupantes, como essa posição persistia após a morte de um ocupante, podendo passar para outro, então ela tinha o caráter de um fenômeno que se repetia no curso do tempo, ou que, em todo caso, não era um fenômeno único, segundo a medida da unicidade e excepcionalidade do indivíduo singular. Por isso, no sentido tradicional, a pesquisa histórica só pode ser rotulada como ciência que trata de fenômenos únicos e individuais sob a condição de não incluir problemas sociológicos como esses em seu campo de investigação. Como se vê, a determinação da singularidade, mesmo no caso de um rei, permanece fragmentária e incerta sem a investigação da posição do rei, que não é singular e individual no mesmo sentido.

## 46 A sociedade de corte

Com isso, categorias como singularidade e repetição no tempo são, enfim, apenas sintomas de propriedades estruturais dos nexos de acontecimentos a que esses conceitos se referem. Quando passamos da camada dos acontecimentos individuais e singulares para a camada mais abrangente que abarca também as posições e figurações sociais dos indivíduos, então abrimos caminho para um tipo de problema que fica oculto e inacessível, caso nos limitemos a problemas históricos individualistas.

Com auxílio de uma investigação sistemática das figurações, é possível mostrar, por exemplo, que um homem na posição de rei, mesmo no tempo de Luís XIV, não exercia de forma alguma um poder "absoluto", se entendemos por essa designação que suas ações e seu poder não tinham nenhum limite. O conceito de "soberano absoluto" dá uma falsa impressão, como se verá. Considerada sob essa ótica, a investigação da posição social de um rei absoluto pode contribuir para o esclarecimento de problemas mais abrangentes, que já foram mencionados em parte: como é possível que um único homem, decidindo direta ou indiretamente o destino de centenas de milhares, talvez até milhões de homens, consiga conservar por anos a fio sua posição como soberano e o grande raio de alcance de suas decisões proporcionado por essa posição? Que desenvolvimento de uma estrutura formada por indivíduos interdependentes, que figuração de indivíduos permite que se defina uma posição central com tal margem de manobra, a que chamamos "absolutismo" ou "poder autocrático"? Sob que condições formam-se tais posições sociais de poder autocrático, que concedem a seus ocupantes possibilidades tão amplas de exercício do poder quando comparadas àquelas ligadas a outras posições sociais? Por que centenas de milhares de pessoas efetivamente obedecem a um único indivíduo, não só numa situação crítica, mas no decorrer da vida social comum, em sua rotina normal? E, no caso dos reis, não só a um único indivíduo durante sua vida, mas talvez a seu filho e seu neto, ou seja, aos membros de determinada família, ao longo de várias gerações?

13. Foi na obra de Max Weber que a sociologia do poder encontrou até agora sua elaboração mais frutífera. Suas considerações abrangentes[3] representam uma mina de insights sociológicos, ainda pouco explorada. Porém, comparado ao que adotamos aqui, seu procedimento foi extensivo, e não intensivo: ele se empenhou em elaborar modelos — "tipos ideais", em sua terminologia própria — que se baseavam em comparações cuidadosas do maior número possível de fenômenos, ou de todos os fenômenos históricos de um determinado tipo conhecidos na época. Em consequência disso, reuniu uma grande quantidade de dados para construir um modelo de um tipo de poder ao qual se pode atribuir a forma de que tratamos aqui. Ele é encontrado no seu estudo do "patrimonialismo". Em seus termos, a forma de poder de que tratamos aqui talvez possa ser classificada como um poder tradicional, que leva do patrimonialismo ao sultanismo[4], ou também como uma das "burocracias patrimoniais fortemente centralizadas"[5], sobre as

quais Weber tem razão em dizer que, contrariamente ao feudalismo, caracteriza-se por um fator que sempre passa desapercebido pela ciência: o comércio.

Mas justamente porque Weber procurou elaborar uma quantidade tão extraordinária de observações singulares, o modelo daquilo que ele denomina patrimonialismo é construído de modo muito frouxo. Ameaçava desfazer-se em suas mãos. Como base para o desenvolvimento posterior do tema, mostrou-se até agora menos frutífero, de modo geral, que o modelo bem-estruturado da dominação carismática. Esse tipo nos fornece um modelo para a crise da dominação autocrática. Trata-se, como sabemos, do soberano que tenta se impor, com a ajuda de outros, em geral de grupos até então marginalizados, contra a rotina existente e os grupos estabelecidos no poder, que a preservam. Em muitos aspectos, os grupos centrais da autocracia absolutista, que serão investigados a seguir, representam a antítese da autocracia carismática. O modelo que será desenvolvido aqui diz respeito a uma dominação autocrática que se tornou uma rotina solidamente estabelecida. O material em que ele se baseia é muito mais limitado que o usado por Max Weber na elaboração de seu modelo dos tipos tradicionais de dominação não carismática. Frente à utilização extensiva de provas, a investigação intensiva de um regime em particular parece oferecer algumas vantagens para a construção do modelo sociológico de uma autocracia não carismática. Nessa investigação, é possível elaborar, em detalhes, o estudo da distribuição de poder e das rotinas específicas que possibilitavam a um único indivíduo, ao longo de sua vida, conservar-se na poderosa posição de soberano, sempre arriscada e cheia de ameaças. O mecanismo da realeza, como será desenvolvido em seguida, constitui o cerne da resposta dada, nessa investigação, à pergunta acerca das condições de uma tal dominação autocrática.

Todavia, se quisermos evitar a aridez teórica, é preciso mostrar, com auxílio de investigações particulares e exemplos, como funciona esse mecanismo na prática da rivalidade dos grupos no poder; portanto, temos que tentar observá-lo diretamente, em ação. Foi o que aconteceu aqui. Para um rei, até mesmo a rotina de acordar pela manhã e ir para a cama à noite pode servir como instrumento de dominação. Entender isso não é menos importante para a compreensão sociológica desse tipo rotineiro de dominação autocrática do que para a percepção mais genérica da estrutura do "mecanismo da realeza". Somente aprofundando a análise desses paradigmas específicos chega-se a uma imagem clara daquilo que antes foi formulado com certa precisão teórica. Pois teorias sociológicas que não se confirmam no trabalho sociológico empírico são inúteis. Quase não merecem o status de teorias. Por exemplo, é só por essa verificação que se chega a uma compreensão mais profunda do perigo permanente e do risco essencial que pesam sobre a dominação autocrática, mesmo a mais poderosa, e também das medidas institucionais com que o soberano e seus grupos centrais procuram responder à pressão desse risco, frequentemente sem uma consciência explícita dele. Só quando percebemos esse estado de coisas é que se abre a possibilidade de enxergar claramente as relações entre a posição, prescrita pela respectiva figuração, e a pessoa de um rei que se desenvolve nessa posição. Só então temos uma base suficientemente firme para provar até que ponto um modelo da dominação autocrática que se torna rotina pode contribuir para a compreensão de outros fenômenos sociais do mesmo tipo, ou de tipos semelhantes. (Por exemplo, até que ponto o modelo de uma autocracia real nos moldes de uma estrutura social dinástica e pré-industrial, que desenvolvemos aqui, pode contribuir para a compreensão de uma autocracia ditatorial nos moldes de um Estado nacional industrial.) Até hoje, como sabemos, na imagem que se faz de uma dominação autocrática, justamente porque nesse caso um único homem é dotado por sua posição social de um poder extraordinário, toda a atenção se dirige à pessoa do ocupante de tal posição. Nos traços pessoais de caráter do soberano autocrata, costuma-se procurar muitas vezes, mesmo em investigações científicas, o esclarecimento básico, senão o único, para o caráter e o desenvolvimento do regime. O que talvez possa ajudar, também nesse contexto mais amplo, é a elaboração de um modelo mais rigoroso e preciso da dominação autocrática, com o qual podemos entender melhor como e por quê, mesmo no âmbito de uma posição social extremamente poderosa, fazem-se perceptíveis a todo momento as fronteiras da elasticidade e da margem de manobra que essa posição confere a seu ocupante. Assim como outras posições sociais, a do soberano autocrata também precisa de uma estratégia de conduta muito bem-planejada, caso seu ocupante pretenda manter todo o poder que o trono lhe confere por um longo período, assegurando-o para si mesmo e, no caso de um rei, para a sua família. Justamente por serem tão grandes, nesse caso, a elasticidade dessa posição e a margem de manobra para decisões que ela permite, é grande a possibilidade de condutas arbitrárias, desvios de rumo, escolhas erradas, que posteriormente podem conduzir à restrição do poder e da dominação. Nessa posição, com todas as tentações que ela oferece a seu ocupante, é necessário ter a segurança e a destreza de um equilibrista para sistematicamente tomar medidas a fim de que a concentração de poder à disposição do soberano não se reduza. Só em conexão com a análise do desenvolvimento e da estrutura de uma posição como essa pode-se chegar a uma imagem mais clara do papel que as peculiaridades únicas da pessoa de seu ocupante desempenham no desenvolvimento da posição e na exploração da elasticidade de sua margem de decisão. Só então é possível achar o caminho para fora do labirinto das avaliações heterônomas, no qual a discussão costuma vagar com bastante frequência, enquanto os elogios e as críticas de seus participantes à pessoa do soberano servem como um substituto para o esclarecimento acerca da dominação autocrática. Nesse sentido, portanto, uma investigação da elite no poder em um determinado regime autocrático, orientada consistentemente para a autonomia das avaliações, também pode ser desenvolvida como modelo para outras investigações da relação entre a dinâmica da posição social e a dinâmica individual. No caso de Luís XIV, fica bem claro em que medida ele manteve em consonância, por meio de uma rigorosa disciplina pessoal, seus passos e inclinações individuais e as condições da posição de rei — isso num sentido muito determinado, no sentido da conservação e otimização de suas possibilidades no exercício do poder. Seja o que for a "grandeza" de Luís XIV, como costumamos chamar, a relação da grandeza do poder com a grandeza individual permanece obscura enquanto não levamos em consideração a convergência, ou divergência, entre as inclinações e objetivos pessoais e as exigências da posição de rei.

14. Em outras palavras, quando se insiste em procurar a origem do brilho do século de Luís XIV, ou talvez até a origem da corte real e da política do Estado francês, na individualidade singular e exclusiva de determinadas pessoas, chega-se a uma imagem dos nexos históricos não só insatisfatória, mas também distorcida. A tendência ideológica que faz com que se considerem as ações e os traços de caráter únicos e excepcionais de certos personagens como o essencial do processo histórico consiste, entre outras coisas, em tomar o que constitui no máximo um aspecto parcial — em um nível bem-delimitado do que se está buscando explicar — como uma visão global da história, como a história em si. Por si só, a imagem tradicional da individualidade do homem singular, que se encontra na base da historiografia centrada nas individualidades, já encerra certas suposições passíveis de verificação e que precisam ser postas à prova. Trata-se da imagem de um ser que existe por si mesmo, autocentrado, um indivíduo isolado, não propriamente um homem singular; um sistema fechado, não um sistema aberto. Mas o que se observa de fato são homens que se desenvolvem nas e pelas relações com outros homens. Em contrapartida, a tradição individualista da historiografia pressupõe, no fundo, indivíduos que não mantêm relação alguma. Como muitas representações atuais, é evidente que a da historiografia, voltada primordialmente para os "indivíduos em si", também padece do medo de que o valor único dos indivíduos possa ser diminuído ou até suprimido a partir da abordagem baseada na noção de que indivíduos que dependem de outros, e dos quais os outros dependem — ou seja, de indivíduos em dependência recíproca, e cujas interdependências podem ser determinadas por meio de uma investigação. Mas esse pensamento está ligado, por sua vez, à ideia enganadora de que a palavra "indivíduo" se refere a aspectos humanos que existem fora das relações de homens entre si, fora da "sociedade", e assim, consequentemente, à ideia de que a palavra "sociedade" se refere a algo que existe fora dos indivíduos, como se fosse um "sistema de papéis" ou um "sistema de ações".

A elucidação conceitual geral da relação entre a individualidade e a posição social de um rei, em conexão com a investigação detalhada dessa relação, que faremos em seguida, pode contribuir para a substituição da imagem de tal dicotomia (cujo papel ainda é decisivo no que diz respeito ao uso atual das palavras "indivíduo" e "sociedade") por conceitos que estão em estreita conexão com os fatos observáveis.

O que foi dito aqui indica a orientação geral do desenvolvimento. Não é possível colocar o problema como se a individualidade de Luís XIV fosse algo que se desenvolveu de forma independente da posição social assumida por ele, primei-

50  A sociedade de corte

ro como herdeiro do trono, depois como rei; também não é possível colocar o problema como se o desenvolvimento dessa posição social, por sua vez, fosse totalmente independente do de seu ocupante. Mas, no plano social desse desenvolvimento, trata-se de uma cadeia de acontecimentos que possui outra magnitude, exigindo uma outra medida de tempo, diferente daquela usada para o plano individual. Em referência ao ritmo de desenvolvimento da pessoa individual do rei, a posição social do rei se apresenta como algo que muda mais lentamente. Trata-se de um fenômeno de outra magnitude (em comparação com o pessoal) porque é parte de uma figuração constituída por centenas de milhares de homens. A própria magnitude de sua posição social impõe limites ao poder individual, mesmo no caso do mais poderoso soberano autocrata. Quando se considera à distância o desenvolvimento de tal posição, não é difícil enxergar que ela, assim como o desenvolvimento do Estado francês de que faz parte, também tem seus aspectos únicos e singulares. Nas investigações históricas, o fato de normalmente não se elaborar suficientemente nem a diferença, nem a relação entre a singularidade dos homens individuais — com seu ritmo de mudanças comparativamente rápido — e a singularidade das figurações formadas por esses homens — que costumam mudar muito mais lentamente, deixando assim que elas se confundam — é um sintoma dos fatores ideológicos que invadem a historiografia.

15. A parcialidade da suposição segundo a qual a camada dos eventos únicos, e especialmente os atos, decisões e os traços de caráter únicos de indivíduos, é o aspecto mais importante das cadeias de acontecimentos, tema central da pesquisa dos historiadores, mostra-se já no fato de os próprios historiadores, na prática de seu trabalho, quase nunca se limitarem com rigor à apresentação dos eventos e ações. Eles não podem nunca, como quadro de referência de sua seleção de eventos individuais, abrir mão de conceitos que se relacionam à camada social do processo histórico, com seu fluxo mais lento. Tais conceitos podem ser definidos de um modo relativamente objetivo, como é o caso, por exemplo, quando se fala do desenvolvimento econômico, do povoamento, do governo, dos empregos, ou mesmo de sociedades como a Alemanha e a França. Ou podem ser definidos de modo mais especulativo e desarticulado, como por exemplo quando se fala do "espírito do tempo de Goethe", do "ambiente do imperador", do "pano de fundo do nacional-socialismo", ou do "*milieu* social da corte". O papel e a estrutura do fenômeno social geralmente permanecem indefinidos, no âmbito da historiografia, porque a própria relação entre o indivíduo e a sociedade permanece indefinida. Sua elucidação é dificultada, e muitas vezes impedida, por juízos e ideais preexistentes, tomados como evidências que não são postas à prova, mas que conduzem a mão e o olhar de quem escreve na escolha e avaliação do material histórico.

Com isso, os fenômenos sociais, as figurações que muitos indivíduos singulares formam em sua convivência, são tratados frequentemente em muitas formulações históricas, embora não mais em todas, como bastidores, diante dos quais

Introdução: sociologia e história    51

indivíduos isolados agem como os autênticos atores dos eventos históricos. É essa forma da percepção histórica — a ênfase em eventos singulares e figuras históricas individuais, como um primeiro plano bem nítido, diante dos fenômenos sociais, como um segundo plano visto de modo relativamente desestruturado — que obstrui em grande medida o caminho de uma formulação clara da relação entre pesquisa histórica e sociologia. A tarefa da sociologia é trazer para o primeiro plano justamente aquilo que costuma aparecer na pesquisa histórica como segundo plano desestruturado, tornando tais fenômenos acessíveis à investigação científica como o nexo estruturado dos indivíduos e de seus atos. Nessa mudança de perspectiva, os homens singulares não perdem, como às vezes tendemos a considerar, o seu caráter e valor enquanto homens singulares. Porém eles não aparecem mais como indivíduos isolados, cada um totalmente independente dos demais, existindo por si mesmo. Não são mais vistos como sistemas totalmente fechados e vedados, cada um contendo o esclarecimento final acerca de um ou outro evento histórico, constituindo um começo absoluto. Na análise das figurações, os indivíduos singulares são apresentados da maneira como podem ser observados: como sistemas próprios, abertos, orientados para a reciprocidade, ligados por interdependências dos mais diversos tipos e que formam entre si figurações específicas, em virtude de suas interdependências. Mesmo os grandes homens, no sentido de juízos de valor de ordem especificamente sociológica, mesmo os homens mais poderosos têm sua posição como membros nessa cadeia de interdependências. Também no caso deles, não é possível compreender essa posição, o modo de alcançá-la e de chegar a realizar suas obras e feitos no âmbito de seu raio de ação, se a própria figuração não é submetida a uma cuidadosa análise científica, em vez de ser tratada como algo desestruturado, em segundo plano. Na maior parte das vezes, as figurações que os indivíduos formam em sua convivência mudam bem mais lentamente do que os indivíduos que lhes dão forma, de maneira que homens mais jovens podem ocupar a mesma posição abandonada por outros mais velhos. Assim, em poucas palavras, figurações iguais ou semelhantes podem muitas vezes ser formadas por diferentes indivíduos ao longo de bastante tempo; e isso faz com que tais figurações pareçam ter um tipo de "existência" fora dos indivíduos. O uso errôneo dos conceitos de "sociedade" e "indivíduo", que dá a entender que se trata de dois objetos separados com substâncias diferentes, está ligado a essa ilusão de ótica. Todavia, quando sintonizamos com maior rigor o nosso modelo de pensamento com aquilo que pode ser observado de fato, percebemos que a situação em si é bastante simples, podendo ser compreendida conceitualmente sem nenhuma ambiguidade. Aqui e agora, os indivíduos singulares que formam uma figuração social específica entre si podem de fato desaparecer, dando lugar a outros; entretanto, seja como for essa substituição, a sociedade, e com isso a própria figuração, será sempre formada por indivíduos. Figurações têm uma relativa independência em relação a indivíduos singulares determinados, mas não aos indivíduos em geral.

A maneira pela qual certos historiadores concebem seu trabalho leva a pensar que eles se ocupam exclusivamente de indivíduos e, muitas vezes, aliás, de indivíduos sem figuração, de homens que são totalmente independentes uns dos outros, em todos os sentidos. A maneira pela qual certos sociólogos concebem seu trabalho leva a pensar que eles se ocupam exclusivamente de figurações, e de figurações sem indivíduos, de sociedades ou "sistemas" que são totalmente independentes dos homens singulares, em todos os sentidos. Essas duas concepções levam ao erro, como vemos. Observando com mais atenção, notamos que essas duas ciências estão somente dirigindo a atenção de seus olhos para diferentes camadas, ou níveis, de um mesmo processo histórico.

Nesses níveis, as formas das cadeias de acontecimentos se diferenciam em muitos aspectos. Por conseguinte, as categorias de pensamento e os métodos de pesquisa usados para explorá-las exigem uma certa especialização. Entretanto, como os próprios níveis são simplesmente inseparáveis, nesse caso a especialização sem coordenação significa um erro de direcionamento do trabalho de pesquisa e um desperdício de energias humanas, o que ocorre com muita frequência.

Hoje em dia, o esforço para alcançar uma coordenação frutífera entre a pesquisa histórica e a sociológica ainda fracassa pela falta de uma obra teórica unificadora, modelar, que seja referência para o trabalho de ambas. Sem um quadro de referência desse tipo, é fácil ter-se a impressão de que existe a tentativa de reduzir o trabalho feito num dos planos, ao que se faz no outro. O que foi dito nesta introdução acerca da relação entre as duas disciplinas constitui um primeiro passo rumo a essa obra teórica unificadora e modelar, o que certamente cria a expectativa — a longo prazo — de uma considerável reorientação comum das duas disciplinas não coordenadas, mas não significa o fim da especialização.

Poderia se argumentar que tal empreendimento, juntamente com uma investigação sociológica limitada, põe todo o peso do estudo sobre questões teóricas fundamentais. Inicialmente, o impulso para realizá-lo veio dos editores desta série, que certamente tinham razão em estimar que, na situação atual do pensamento e do saber, a investigação sociológica de uma época passada, com isso classificada como "histórica", carecia de um esclarecimento sobre a relação entre pesquisa histórica e pesquisa sociológica. Além disso, como talvez se possa ver adiante, revelou-se de muita utilidade o empenho em associar um trabalho empírico limitado a considerações teóricas fundamentais. É possível compreender as particularidades da investigação empírica de modo muito mais rico em referências quando se percebe sua significação teórica, assim como é possível assimilar melhor o rumo dos procedimentos teóricos quando os dados empíricos aos quais eles se referem encontram-se disponíveis.

Mas a tarefa de escrever uma introdução confere a essas reflexões sobre sociologia e história limites bastante estreitos. Certamente seria proveitoso levar em conta os diferentes tipos de pesquisa histórica e sociológica em sua relação mútua. No entanto, tivemos que nos contentar aqui em fazer um apanhado de alguns problemas fundamentais da pesquisa histórica que são especialmente significativos em consequência de sua relação com problemas da sociologia. Sua discussão mostra de que maneira, e por quê, as investigações sociológicas dão uma nova

Introdução: sociologia e história 53

orientação à pesquisa histórica como foi entendida até hoje. Pode ser útil extrair dos argumentos encadeados nessa introdução três pontos importantes para uma elaboração conjunta das disciplinas e merecem uma consideração mais detalhada.

16. Investigações históricas costumam sofrer da heteronomia de seus juízos de valor. Muitas vezes vigora um alto grau de imprecisão em distinguir entre aquilo que parece importante para o pesquisador, com base na escala de valores de seu próprio tempo, especialmente em função de seus próprios ideais, e aquilo que é importante no contexto da época pesquisada — por exemplo, o que ocupava posição superior ou inferior na escala de valores de quem estava vivo naqueles dias. A escala de valores pessoal do historiador, condicionada por seu tempo, geralmente leva vantagem. Ela define em grande medida o modo de colocar as questões e a seleção das fontes. A investigação sociológica exige uma contenção mais rigorosa dos sentimentos e ideais de ordem pessoal por parte do pesquisador, ou, em outras palavras, maior autonomia de avaliação. Nos dois campos, os pesquisadores não podem continuar com seus trabalhos, permanecendo atolados no pântano das incertezas, caso apliquem sobre a época a ser pesquisada, sem uma postura crítica, as avaliações ideológicas, políticas e religiosas de sua própria sociedade, como se esses valores fossem óbvios — em vez de visarem, já na própria escolha e orientação dos problemas, não só as vinculações específicas, mas também, e especialmente, as escalas de valor específicas dos agrupamentos humanos que são pesquisados.

No presente estudo, há muitos exemplos de tal subordinação dos valores de nossa época àqueles da formação social que constitui o objeto da investigação. Como já mencionamos, a escolha do tema, o próprio fato de nos ocuparmos com a sociedade de corte, é um exemplo disso. No sentido da escala de valores dominante em nossa época, do ponto de vista político e social, a sociedade de corte constitui uma formação social cuja importância não é considerada muito significativa, e cujo valor de mercado é baixo. Por isso, em termos comparativos, as investigações sistemáticas sobre cortes reais ocupam uma posição inferior na hierarquia dos temas históricos. Atualmente, nas tentativas de classificação sociológica dos diferentes tipos de sociedade, a sociedade de corte praticamente não figura como um tipo autônomo. Consideradas como objetos de pesquisa, a partir das próprias cadeias de acontecimentos, as cortes reais e as sociedades de corte certamente não têm uma importância menor, enquanto figurações humanas específicas, do que outras formações de elite a que se dá grande atenção, graças a sua atualidade, como é o caso dos parlamentos e partidos políticos, por exemplo.

O mesmo vale para fenômenos parciais, característicos das sociedades de corte. Cerimonial e etiqueta ocupam um lugar relativamente inferior na escala de valores das sociedades burguesas. Em consequência disso, carecemos de investigações sistemáticas de tais fenômenos. Mas nas sociedades de corte atribuem-lhes um significado muito grande. Assim, praticamente perde-se a esperança de entender a estrutura dessas sociedades e dos indivíduos que as constituem, se não

54     A sociedade de corte

formos capazes de, ao investigá-las, subordinar a nossa própria escala de valores à que era vigente na época. Ao fazermos isso, logo nos encontramos diante da questão de saber por que os homens dessa outra formação social atribuíam um significado elevado às tradições cerimoniais e às etiquetas, e qual significado esses fenômenos tinham na estrutura da sociedade. Quando tais questões são colocadas ou, em outras palavras, quando se mantém a atenção voltada com rigor e precisão para a autonomia do objeto de pesquisa já na própria formulação das questões, não é difícil determinar a função da etiqueta e do cerimonial na estrutura desse outro tipo de sociedade. Eles se mostram, entre outras coisas, como importantes instrumentos de dominação e distribuição do poder. Investigando-os, temos acesso aos problemas estruturais da sociedade de corte e dos indivíduos que a constituem, problemas que permaneciam inacessíveis e encobertos no caso de uma avaliação heterônoma.

17. O segundo ponto diz respeito às ideias fundamentais acerca da independência e dependência dos homens. Sem que isso seja expresso com clareza, tende-se a ver, no tipo de pesquisa histórica centralizada em torno da singularidade e da individualidade, um atestado da derradeira independência e liberdade do indivíduo. Em contrapartida, na sociologia, que por sua vez é orientada para as sociedades, tende-se a ver um atestado da sua derradeira dependência e de seu determinismo. Mas essa interpretação das duas ciências e de sua relação está longe de ser uma investigação científica. Trata-se de suposições que surgem de um círculo de ideias políticas, religiosas, filosóficas e, em todo caso, não cieníficas. Pois, quando se faz uso de palavras como "liberdade" e "determinismo" nesse sentido, não se procura colocar abertamente um problema que pode ser solucionado de uma maneira ou de outra, por meio de uma pesquisa sistemática, e na realidade tais palavras são usadas como símbolos de convicções preestabelecidas. A margem de decisão de um rei ou de um escravo pode ser mostrada, quando se faz um esforço para isso, por meio de cuidadosas investigações empíricas, e o mesmo vale para a rede de interdependências de um único indivíduo. Assim, quando se fala de "liberdade" e "determinismo" do indivíduo, o plano de discussão passa a operar com afirmações que não estão ao alcance de nenhuma confirmação ou refutação pelo trabalho científico, e com isso também pela verificação sistemática do material empírico de prova. Apesar desse caráter não cienífico, as convicções desse gênero não têm um papel insignificante nem na fundação da ciência histórica nem na discussão de sua relação com a sociologia. O historiador, que em seu trabalho concentra toda a atenção especificamente nos indivíduos como quadros de referência primários do curso da história, costuma fazer isso supondo que defende a liberdade do indivíduo; então, é fácil que o esforço do sociólogo para esclarecer os nexos sociais se mostre para ele como negação da liberdade, como um esforço que ameaça suprimir a individualidade do homem singular.

Tais ponderações são compreensíveis na medida em que há a crença de que os problemas científicos podem ser formulados e solucionados com base em preconcepções políticas e metafísicas. Mas, na realidade, quando se faz isso os problemas permanecem insolúveis. A determinação é alcançada antes de iniciada a investigação. Se temos o propósito de chegar mais perto de uma solução desses problemas por meio de investigações que associam e integram o plano teórico e o empírico, em vez de tomarmos por base determinações prévias e dogmáticas, a questão que costuma ser indicada com o uso de palavras como "liberdade" e "determinismo" ganha outro sentido.

O que foi dito até agora nessa introdução, assim como algumas das investigações empíricas que virão a seguir, mostram o novo sentido do questionamento. Um homem poderoso como Luís XIV nunca foi livre, em qualquer sentido absoluto da palavra. Da mesma maneira, nunca foi "absolutamente determinado". Quando existe uma referência a dados empíricos, torna-se insustentável, na forma de uma contraposição entre liberdade absoluta e determinismo absoluto, a compreensão conceitual do problema que intervém no debate da relação entre ciência histórica e sociologia graças ao uso de tais palavras. É preciso que haja modelos teóricos consideravelmente diferenciados para que o problema seja colocado de modo a capturar melhor os nexos de fatos que podem ser comprovados.

Como acabamos de mostrar, o âmago do problema que se encontra diante de nós reside no entrelaçamento de interdependências, dentro do qual se abre para o homem singular um espaço para decisões individuais, ao mesmo tempo em que isso impõe limites à sua margem de decisão. A elucidação conceitual desse estado de coisas oferece dificuldades sobretudo porque muitas de nossas formas de pensar e de nossa maneira de construir conceitos formulam exclusivamente nexos entre fenômenos físicos inanimados. Quando colocamos o problema das interdependências humanas de forma tradicional, como a oposição entre determinismo absoluto e indeterminismo absoluto, ou "liberdade", no fundo ainda nos movemos num nível de discussão em que se encontram contrapostos os modos de pensar correspondentes à observação de simples eventos físicos e os modos de pensar isomorfos e metafísicos. Os representantes de uma facção tratam o homem simplesmente como um corpo físico, tanto quanto uma bola de bilhar, afirmando que seu comportamento é determinado exatamente no mesmo sentido que o da bola quando se põe em movimento devido ao choque com uma outra bola. Os representantes da outra facção se expressam, no fundo, apenas de forma negativa. Dizem que o comportamento do indivíduo singular *não* é determinado da mesma maneira que o de uma bola de bilhar; que ele *não* é determinado de modo causal, no sentido da representação clássica de causalidade física. A esse enunciado está ligada, ao mesmo tempo, a ideia de que o homem é absolutamente livre em cada momento de sua vida, senhor de suas decisões, totalmente independente. Mas essa ideia não é menos fictícia que a anterior.

Quando nos aprofundamos no estudo dos problemas que vêm à tona no próprio trabalho de pesquisa da sociologia e da história, não vamos adiante nesse questionamento com conceitos extraídos primordialmente de relações físicas, tampouco com as suas antagonistas tradicionais, as concepções metafísicas. Começamos a nos dar conta da inadequação desse tipo de conceito para o esclarecimento de problemas históricos e sociológicos quando tentamos enunciar, por exemplo, que em muitos casos a "liberdade" de um indivíduo é um fator do "determinismo", uma vez que delimita a liberdade de ação de um outro indivíduo. Enquanto a discussão extracientífica, metafísica e filosófica em geral tem como ponto de partida *o* homem, como se só houvesse um único homem sobre a face da Terra, uma discussão científica sobre "liberdade" e "determinismo", visando algo mais do que meras assertivas, só pode partir do que se observa de fato: uma pluralidade de homens que, em suas relações recíprocas, são mais ou menos dependentes e ao mesmo tempo mais ou menos autônomos uns dos outros, orientando seu próprio rumo. Enquanto uma pessoa está viva e com saúde, mesmo tratando-se de um prisioneiro ou de um escravo, ela possui um grau de autonomia, uma margem de manobra de seus atos, dentro da qual pode e precisa tomar decisões. Mas até a autonomia e a margem de manobra do rei mais poderoso têm limites rígidos; até ele está envolvido numa rede de interdependências cuja estrutura pode ser determinada com alto grau de precisão. Com o auxílio de observações empíricas desse gênero, chega-se a um modelo que leva em conta a pluralidade dos indivíduos como um dos elementos fundamentais para uma reflexão sobre *os* homens. Nesse contexto, é fácil mostrar que o aumento da margem de manobra de um determinado indivíduo, ou de um determinado grupo de indivíduos, pode levar à diminuição da margem de manobra de outros indivíduos, à diminuição de sua "liberdade". Assim, o aumento da margem de decisão e do poder dos reis franceses e seus representantes no século XVII, por exemplo, significou uma restrição da liberdade e da margem de decisão da nobreza francesa. Afirmações desse tipo podem ser comprovadas e verificadas. Afirmações sobre a liberdade absoluta e o determinismo absoluto dos indivíduos são especulações que não podem ser postas à prova, e por isso praticamente não valem o esforço de uma discussão séria.

Aqui deve ser suficiente indicar, resumidamente, a via para o questionamento a partir do qual é possível transformar a discussão extracientífica sobre "liberdade" e "determinismo" *do* indivíduo — que não deixa de ter um papel considerável por trás dos debates sobre a relação da história com a sociologia — numa discussão científica sobre a relativa autonomia e a relativa dependência dos homens em suas relações recíprocas. A estrutura de interdependências que liga os indivíduos entre si, tanto no caso de cada homem singular quanto no de grupos inteiros de homens, é acessível a uma progressiva investigação empírica. Com ela podemos chegar a resultados que se apresentam sob a forma de um modelo de interdependência, um modelo de figuração. Só com auxílio de tais modelos é possível verificar o espaço de decisão de um único indivíduo dentro de sua cadeia de interdependências, o âmbito de sua autonomia e a estratégia individual de suas tendências de comportamento, o que nos aproxima de um esclarecimento. Esta abordagem no questionamento também evidencia mais claramente, ao mesmo tempo, o caráter extracientífico e ideológico da ideia de que uma pesquisa histórica, dirigida para fenômenos individuais, é o porta-estandarte da liberdade humana, enquanto a sociologia, por sua vez dirigida para fenômenos sociais, é o porta-estandarte do determinismo.

Uma das tarefas para a qual a investigação a seguir procura contribuir é o desenvolvimento de modelos de figuração que tornam mais acessíveis à pesquisa empírica a dependência entre os indivíduos e a esfera de sua atuação. Em parte, as investigações orientam-se para a elaboração das interdependências de indivíduos que constituem uma sociedade de corte, mostrando em alguns casos específicos, especialmente no caso do próprio Luís XIV, como um único homem aproveita, na estratégia de sua conduta pessoal, o espaço decisório que lhe confere sua posição no seio de uma figuração específica.

A teoria sociológica que se desenvolve no curso desta e de outras investigações se diferencia sensivelmente, como se vê, do tipo das teorias sociológicas predominantes hoje em dia, cujo representante mais eminente é Talcott Parsons. Nesse caso, deve ser suficiente deixar que a dupla marcha de nosso estudo argumente por si mesma, no plano teórico e no plano empírico. Mesmo sem um debate explícito, ela demonstra de modo bastante claro como e por que o questionamento sociológico é levado a um contato mais direto com as tarefas empíricas da sociologia quando passamos de uma teoria sociológica da ação e do sistema — que, como a de Talcott Parson, implica um abismo imaginário entre o indivíduo e a sociedade e ao mesmo tempo não cria nenhum modo de atravessá-lo — para uma teoria sociológica da figuração, que supera a ideia desse abismo.

Quanto à pesquisa histórica, um outro ponto ainda merece referência, mesmo que breve. Como dissemos antes, pelo fato de os historiadores muitas vezes partirem da ideia de que as cadeias de acontecimentos que procuram revelar não passam de uma acumulação das ações de homens singulares, as quais no fundo não têm nexo algum, os eventos relevantes do ponto de vista sociológico costumam apresentar-se, aos olhos do historiador, como fenômenos desestruturados, que ficam em segundo plano. A investigação sociológica da sociedade de corte é um exemplo da reorientação da problemática, da seleção de provas e, na realidade, de toda a percepção que se torna necessária quando esses fenômenos que ficam em segundo plano na pesquisa histórica tradicional são trazidos para o primeiro plano como fenômenos estruturados. Certamente a corte de Versailles, assim como a vida social dos cortesãos, é um tema bastante frequente nas investigações históricas. Mas elas geralmente se limitam a acumular particularidades, nas formulações da historiografia. Isso a que os sociólogos se referem quando falam de estruturas e processos sociais aparece muitas vezes, para os historiadores, como um produto artificial da capacidade de imaginação da sociologia. Investigações sociológicas empíricas como esta oferecem a oportunidade de pôr à prova essa ideia. No interior da própria pesquisa histórica percebe-se hoje em dia uma forte tendência a contemplar, ao lado daquela camada do universo humano visível quando a observação se dirige para as ações de indivíduos singulares e efêmeros, a camada das figurações constituídas pelos indivíduos, que se move mais lentamen-

58    A sociedade de corte

te. Mas ainda carecemos de uma fundamentação teórica para essa ampliação da perspectiva social e histórica, em parte porque os próprios historiadores pretendem realizar seu trabalho de pesquisa sem uma fundamentação teórica explícita. A longo prazo, é improvável que se interrompa a complementação do método de trabalho histórico pelo sociológico. Mas, na prática, pouco importa se essa ampliação da perspectiva histórica vai se realizar pelo esforço de especialistas na disciplina sociológica, na disciplina histórica ou por um trabalho conjunto das duas.

18. Por fim, o terceiro ponto que podemos destacar, também de modo resumido, encontra-se em estreita conexão com os dois primeiros. De início, foi formulada a questão de saber quais particularidades da historiografia produzida até hoje são responsáveis pelo fato de a história ser sempre reescrita. A resposta dada para essa questão indicava a diferença entre dois padrões: por um lado, na ciência histórica, o alto nível de documentação de detalhes, e o alto grau de certeza que é possível alcançar, sobre peculiaridades históricas, com base nesse padrão; por outro lado, o nível comparativamente bem inferior, na mesma ciência histórica, da interpretação das conexões desses detalhes, e com isso o grau inferior de certeza sobre tais conexões. O fundo de saber histórico singular e seguro aumenta, mas o aumento do saber acerca das relações entre os detalhes não o acompanha. Como não há, para o historiador tradicional, nenhuma base segura para a apresentação dessas relações históricas, ela fica submetida em larga escala ao arbítrio do pesquisador. As lacunas desse saber acerca das conexões entre as particularidades bem-documentadas são sempre preenchidas por interpretações determinadas por valores e ideais efêmeros do pesquisador. Por sua vez, esses valores e ideais acompanham a mudança das grandes questões litigiosas da época. A história está sempre sendo reescrita porque a maneira como o pesquisador vê o nexo das particularidades documentadas obedece à atitude que ele assume com relação às polêmicas extra-científicas de sua época.

Praticamente não é preciso mencionar a urgência da tarefa de assegurar ao trabalho de pesquisa histórica e social, pelas gerações sucessivas, uma continuidade mais regular do seu progresso, como a que caracterizou o trabalho de pesquisa em outros campos, e sem a qual esse trabalho perde muito de seu significado. A princípio, o que foi dito aqui pode ser suficiente para indicar que, sem uma atitude reservada, sem a abstração dos valores e ideais de curta duração, ou seja, sem a substituição dos valores heterônomos, que ainda prevalecem, por valores autônomos nas investigações dos nexos históricos, o esforço para atingir uma maior continuidade do trabalho de pesquisa não pode ser bem-sucedido.

Eis por que pode ser útil pôr à prova, nesse sentido, modelos sociológicos de processos mais duradouros, como o do processo civilizador e o da formação do Estado,[6] ou modelos de figurações específicas dentro de tais processos, como por exemplo o modelo da sociedade de corte. Todos eles provêm do esforço de seguir a pista dos nexos que se encontram nas próprias coisas. Eles são uma tentativa de elaborar modelos sociológicos de conexões nos quais a autonomia do objeto de pesquisa não é obliterada por juízos preconcebidos e convicções ideológicas ligadas à época do pesquisador. Eles não têm a pretensão de ser os modelos definitivos, a última palavra, absoluta, sobre os processos e figurações pesquisados. Nenhuma teoria e nenhum modelo, em qualquer campo de pesquisa, pode ter a pretensão de ser definitivo e absoluto. E, nesse caso, é certo que se trata antes de um começo que de um fim. São modelos que podem continuar sendo elaborados, sejam quais forem as flutuações a que se submetem os ideais passageiros, temporários e extracientíficos do pesquisador, contanto que no próprio empenho da pesquisa haja um esforço de manter em seu devido lugar, na medida do possível, esses valores estranhos a ela, dando prioridade à elaboração das conexões como elas eram realmente. Certamente não se pode chegar a uma tal moderação do pesquisador quando os tempos são de inquietação, as tensões são imensas, os conflitos são exacerbados. Mas quando, no decorrer das gerações, as angústias da crise e as ameaças dos homens deixam de ser tão grandes, não vemos nenhuma razão pela qual, com o tempo, não se possa assegurar o progresso contínuo que ainda hoje falta à ciência histórica, por meio da abertura de uma outra dimensão, a dimensão sociológica.

# II Observação preliminar sobre a formulação do problema

1. A corte real do Ancien Régime não oferece, para o sociólogo, menos problemas do que qualquer das muitas outras formas sociais de figurações constituídas por indivíduos, como a sociedade feudal ou a cidade, que já foram objeto de investigações sociológicas minuciosas. Nesse tipo de "corte" havia centenas, muitas vezes milhares de indivíduos reunidos e associados num mesmo local para servir, aconselhar ou acompanhar reis que acreditavam governar seus países sem restrição alguma. Devido a obrigações peculiares de parte a parte, exercidas por eles e por forasteiros, o destino de todos esses homens, sua posição na escala social, sua ascensão ou decadência, seu divertimento dependiam em certa medida, e dentro de certos limites, da vontade do rei. Uma ordem hierárquica, que podia ser muito ou pouco rígida, e uma etiqueta rigorosa os ligavam entre si. A necessidade de se impor e de se manter dentro de tal figuração conferia a todos eles uma marca característica, justamente o cunho do cortesão. Qual era a estrutura do campo social em cujo centro uma tal figuração podia ser constituída? Qual era a distribuição de poderes, quais as exigências criadas socialmente, quais as relações de dependência em jogo para que os indivíduos desse campo social viessem a renovar ao longo de gerações sucessivas essa figuração, convivendo na corte, numa sociedade de corte? Que exigências eram transmitidas, a partir da construção da sociedade de corte, para aqueles que desejavam prosperar ou apenas manter-se dentro dela? Essas são, a grosso modo, algumas das questões que a forma social da corte e da sociedade de corte no Ancien Régime propõe para o sociólogo.

2. Não era simplesmente o livre-arbítrio das pessoas que as mantinha juntas na corte, e que unia da mesma maneira tanto os pais e as mães quanto, posteriormente, as filhas e os filhos. Também não era a ideia genial de um homem singular, como por exemplo o rei, que dava essa forma ao agrupamento humano. Em quase todos os países europeus, a partir da Renascença, a corte ganhou uma importância cada vez maior. E muito embora a corte francesa, principalmente a de Luís XIV, tenha se tornado exemplar, em larga escala, para a estruturação das cortes europeias dos séculos XVII e XVIII, a "corte" desse período expressava por si própria uma situação social bem-definida, formada por indivíduos interligados, e que não é planejada, desejada ou almejada por nenhum indivíduo em particular, nem por um grupo em particular, assim como a igreja, a cidade, a fábrica ou a burocracia — para designar alguns outros tipos de figurações — não são frutos de um

62     A sociedade de corte

planejamento individual. Tampouco se pode entender a estrutura de nossa sociedade ocidental, e das unidades nacionais em que ela se divide, sem investigar o processo em cujo curso cada vez mais homens, saindo do seu campo social, cristalizaram-se na forma de "cidades". Da mesma maneira, não se pode entender a época anterior sem tornar compreensível, a partir da construção social que a caracterizava, o que a "corte" produzia, em outras palavras, o que sempre voltava a dar impulso à união dos homens desse campo social, mantendo a figuração da corte e da sociedade de corte.

3. Dentro de cada campo social, existem órgãos mais representativos e outros menos representativos, órgãos centrais e outros menos centrais. A cidade, por exemplo, sobretudo a cidade grande, é um dos órgãos mais representativos de nossa sociedade. Em nosso campo social, ela é a matriz que tem, de longe, o efeito mais abrangente. Suas consequências e influências não podem ser evitadas nem mesmo pelos habitantes dos campos na periferia, apesar de toda resistência. O tipo humano determinante, exemplar, mais influente de nossa sociedade vem da cidade, ou pelo menos é marcado pela matriz urbana. Nesse sentido, os homens da cidade são representativos para a nossa sociedade. A "corte real" como órgão especial na cidade — enquanto continuar existindo — certamente ainda tem um significado na Europa ocidental, sobretudo na Inglaterra, sendo capaz de modificar a matriz urbana; todavia, nos dias de hoje, ela não é mais representativa, como a própria cidade é, para o campo social do Ocidente.

Era justamente isso, um significado central e representativo, que a corte tinha para a maioria dos países da Europa ocidental nos séculos XVII e XVIII. Nessa época, ainda não era a cidade, mas sim a "corte" e a sociedade de corte que formavam a matriz com o efeito mais abrangente. A cidade, como diziam no Ancien Régime, era apenas o "macaco" da corte[1]. Isso vale especialmente para a corte francesa.[2] Como foi mencionado na introdução, uma ressonância da oposição burguesa contra a corte, e contra os indivíduos marcados pela vida na corte, ainda hoje costuma encobrir a visão do significado representativo das cortes e da sociedade de corte nos séculos anteriores, impedindo que se investigue sua construção sem ressentimento, sem ânimos exaltados. Assim fica impedida também a observação de sua maneira de funcionar, como um objeto que está tão distante das repreensões e acusações quanto a "vila", "fábrica", "horda", "corporação", ou qualquer outra figuração que os indivíduos formem em sua relação recíproca.

Característica de tal consideração temperamental da corte é a tese de Franz Oppenheimer, que citamos aqui, pois contém, numa forma bem-definida, um juízo típico e muito abrangente sobre a corte do Ancien Régime:[3]

> As cortes pré-capitalistas, muito suntuosas e extravagantes, sobretudo a dos Stuart na Inglaterra e a dos Bourbon na França, mas também as dinastias alemãs e eslavas, numa escala mais reduzida, dispunham em abundância de todos os meios de conforto rudimentar, graças à extensão de suas propriedades e aos tributos naturais dos "agri-

cultores da coroa", provenientes daquelas terras. Mas tais cortes cobiçavam as satisfações do gosto refinado e do luxo pervertido, por isso tinham interesse antes de tudo em fomentar uma produção artesanal forte no próprio campo e, além disso, em obter dinheiro em espécie. Essa riqueza era usada para manter a corte e sua pompa de refinamento, para sustentar os nobres parasitas que não tinham nenhuma outra fonte de subsistência a não ser suas pensões, e para levar adiante as guerras intermináveis em que se envolviam os reinos, misturando a necessidade de glórias, os interesses familiares das dinastias e as superstições confessionais.

Isso é a essência do que Oppenheimer vê acerca da "corte" como formação social em sua obra que pretende resumir toda a variedade das formas sociais. No que diz respeito à França, não há nada propriamente falso nesse juízo em relação aos fatos mencionados, caso não levemos em conta os agricultores da coroa que fornecem recursos naturais considerados base primária da corte real dos Bourbon.[4] Mas a perspectiva de onde surgem o juízo e a avaliação acerca desses fatos encobre totalmente o contexto geral que os produz, e a partir do qual eles podem ser compreendidos.

Max Weber foi mais perspicaz quando disse: "O 'luxo', no sentido de uma recusa da orientação racional e propositada do consumo, não é algo 'supérfluo' para a camada dominante do feudalismo, mas um dos meios de sua autoafirmação social."[5]

Entretanto, com essa breve observação Max Weber somente aludiu a um dos problemas da corte. Pôr à prova essa visão, a fim de ver se ela está correta, dando mais alguns passos rumo à solução do problema que ela coloca, é uma das tarefas desta investigação.

4. Existe uma tendência de atribuir importância aos estratos funcionais de épocas passadas que têm um papel destacado no presente. Assim, é comum que se pergunte em primeiro lugar pelas concepções e arranjos econômicos da época da corte, da qual tratamos aqui. A partir dessa perspectiva, ela é denominada época do mercantilismo. Coloca-se a pergunta acerca da estrutura do Estado, e a partir dessa perspectiva ela é denominada época do absolutismo. Pergunta-se pelo tipo de dominação e de administração, e a partir desse ponto de vista ela é denominada época do patrimonialismo. Como vemos, tudo isso são planos de integração que têm um significado importante em nossa própria sociedade. Será que, nesse caso, justamente uma incisão através delas encontra as linhas de estrutura e as formas de integração decisivas da época passada? Ou trata-se de um caso em que existem planos de integração e formas de associação ascendentes e descendentes, de tal maneira que um plano de integração bastante irrelevante para nós talvez tenha formado, naquele tempo, as camadas reveladoras, centrais, e em contrapartida uma camada central hoje em dia talvez fosse periférica antigamente?

Max Weber faz a incisão através do Ancien Régime no plano da burocracia antes de qualquer outra coisa; assim, o fenômeno da burocracia e o modo de

64    A sociedade de corte

dominação que se expressa nos diferentes tipos de burocracia ocultam para ele o fenômeno da corte. Por isso, Max Weber diz muitas coisas esclarecedoras, bastante detalhadas e baseadas nos fatos, a respeito da estrutura de poder da corte e da sociedade de corte; mas a própria "corte" não se inclui entre os tipos de socialização que ele discute expressamente.[6]

5. Hoje em dia, quando a corte é compreendida como fenômeno social, o que interessa aos pesquisadores de nossa sociedade é um determinado aspecto: o luxo da corte. Trata-se de um fenômeno muito importante e característico por si só, mas que evidencia apenas uma diferença, especialmente destacada, entre o comportamento dos cortesãos e o comportamento socialmente aceito em nosso tempo. Com isso não se considera a estrutura social da corte como um todo, embora o fenômeno particular do luxo só possa se tornar compreensível tendo em vista essa estrutura.

Em outras palavras, apesar de hoje conseguirmos algumas vezes, pelo menos dentro de certos limites, investigar a estrutura de uma simples tribo como uma figuração humana autônoma, com notável abstração dos nossos próprios valores, um tal distanciamento ainda é muito mais difícil em relação a formas sociais bem mais próximas da nossa, classificadas como "históricas". E isso ocorre justamente porque a forma predominante da pesquisa histórica ainda preserva o prestígio dos juízos heterônomos.

Que não se entenda mal tal constatação. Ela não é uma nova "censura", mas procura atingir a estrutura imanente do processo de pesquisa, no decorrer do qual um objeto pesquisado, que também é o tema de nossa investigação, só lentamente e superando resistências inevitáveis torna-se acessível à nossa observação em sua autonomia.

Além do mais, com certeza a visão heterônoma não é necessariamente infrutífera. Sombart, por exemplo, para quem o fenômeno da corte é relevante precisamente na sua qualidade de "foco de luxo", em conexão com o surgimento do capitalismo moderno, formula antecipadamente, e com precisão, o problema da corte em geral. O parágrafo que ele dedica sobretudo às cortes, intitulado "As cortes reais como ponto central do desdobramento do luxo"[7], começa com as seguintes reflexões:

> Uma importante consequência, e também uma causa decisiva das modificações pelas quais a constituição do Estado e os assuntos militares passaram, no início da Idade Média, é o surgimento de grandes cortes reais, no sentido em que usamos essa expressão hoje em dia. Nesse terreno, como em muitos outros, os pioneiros, e modelos do desenvolvimento posterior, também foram os príncipes da Igreja. Talvez Avignon tenha sido a primeira "corte" moderna, pois nesse caso, pela primeira vez, dois grupos de pessoas encontraram-se juntos por um longo período, dando o tom que nos séculos seguintes formou aquilo que chamamos de sociedade de corte: nobres, sem nenhum outro emprego a não ser o interesse de servir à corte, e belas damas, "*souvent*

*distinguées par les manières de l'esprit"*, que realmente imprimiam sua marca na maneira de viver e agir.

... Os outros príncipes da Itália rivalizavam com as cortes dos papas. Para a história da corte, entretanto, o que teve um significado decisivo foi a formação de uma corte moderna na França, país maior e mais poderoso, que se tornou o padrão incontestável, desde o fim do século XVI e durante os dois seguintes, em todos os assuntos que diziam respeito à vida da corte.

Este breve resumo, de muita serventia também para o propósito do presente trabalho, dá pelo menos uma indicação do que significou a formação social da corte, assim como dos problemas que ela coloca: em determinado nível do desenvolvimento das sociedades europeias, indivíduos agruparam-se na forma de cortes, imprimindo-lhe um cunho específico. O que os mantinha unidos, o que os caracterizava, justamente dessa maneira?

Essa característica humana está entre os ancestrais mais importantes da que predomina hoje em dia. Como uma figuração central daquele nível de desenvolvimento, a sociedade aristocrata de corte foi suplantada, numa longa disputa, de modo abrupto ou gradual, pela sociedade profissional-burguesa-urbana-industrial. Mas o cunho civilizatório e cultural desenvolvido por aquela sociedade foi preservado, em parte como herança, em parte como antítese, pela sociedade profissional-burguesa, na qual esse cunho característico continuou a ser desenvolvido. Por meio do questionamento acerca da estrutura da sociedade de corte, e com isso da compreensão de uma das últimas grandes figurações não burguesas do Ocidente, temos acesso, indiretamente, a um entendimento mais abrangente da nossa própria sociedade profissional-burguesa-urbana-industrial.

# III Estruturas de habitação como indicadores de estruturas sociais

1. Isso que designamos como "corte" do Ancien Régime não passa de uma vasta extensão da casa e dos assuntos domésticos do rei francês e de seus dependentes, incluindo todas as pessoas que fazem parte daquela casa, de modo mais ou menos restrito. As despesas com a corte, com esse imenso domicílio do rei, superam as do reino da França como um todo, sendo encontradas nos registros sob a rubrica característica de "Maisons Royales".[1] É importante recordar os primórdios dessa estrutura do domicílio real, para ver a linha evolutiva que levou a ela. A corte do Ancien Régime é uma descendente, muito diversa, daquela forma de dominação patriarcal cujo "germe deve ser procurado na autoridade de um senhor da casa, dentro de uma coletividade doméstica".[2]

A autoridade do rei como senhor da casa em meio à sua corte tem um correlato no caráter patrimonial do Estado na corte, isto é, do Estado cujo órgão central é formado pelo domicílio do rei em seu sentido amplo, portanto pela "corte".

> Quando o príncipe, diz Max Weber,[3] organiza seu poder político ... segundo os mesmos princípios do exercício de seu mando doméstico, então falamos de uma formação patrimonial de Estado. A maior parte dos grandes reinos continentais conservou um forte caráter patrimonial até o início dos tempos modernos, e mesmo durante a época moderna.
>
> Em sua origem, a administração patrimonial é feita sob medida para satisfazer as necessidades domésticas do senhor, seus assuntos pessoais e privados. A obtenção de um domínio "político", ou seja, o de *um* senhor sobre os outros,[4] não submetidos a seu poder doméstico, significou a incorporação, a esse poder, de relações de dominação que diferem, do ponto de vista sociológico, quanto ao grau e conteúdo, mas não quanto à estrutura.

Também é por esse lado que se deve entender a designação, feita anteriormente, da corte como "órgão representativo" no campo social do Ancien Régime. A dominação do rei sobre o país não passava de uma extensão, algo que era incorporado à autoridade do príncipe sobre a casa e a corte. O que Luís XIV (que marca tanto o ponto culminante quanto o ponto de virada desse desenvolvimento) empreendeu foi, por conseguinte, a tentativa de organizar o seu país como uma propriedade pessoal, como extensão da corte em que morava. Só é possível entender isso quando nos damos conta de que a corte representava para ele — e talvez num grau mais forte do que para os reis que ainda lutaram pessoalmente contra os inimigos, no comando de seus exércitos — o espaço de atuação primordial e imediato, enquanto o país era o espaço secundário e indireto.

Tudo o que vinha das vastas possessões reais, de todas as partes do reino, tinha que passar pelo filtro da corte antes de chegar ao rei; e tudo o que vinha do rei tinha que passar pelo filtro da corte antes de chegar ao país. Mesmo o monarca mais absoluto só podia atuar sobre o seu país através da mediação dos indivíduos que viviam na corte. Assim, a corte e a vida na corte constituíam o local originário de toda a experiência, de toda a compreensão do homem e do mundo por parte do rei absolutista no Ancien Régime. Por isso, uma sociologia da corte é, ao mesmo tempo, uma sociologia da realeza.

De qualquer modo, como é facilmente compreensível, essa esfera de ação primária dos reis, a corte, não permanece intocada pela ampliação gradual e o crescimento incessante da esfera de dominação real. A necessidade que os reis tinham ao cabo de tal desenvolvimento de governar todo o imenso país a partir de suas casas ou através da corte onde residiam evidentemente transformava a própria corte, a "Maison du Roi".[5] O produto visível desse efeito de troca entre a grandeza do país e a grandeza da moradia real é o castelo, é a corte de Versailles, dentro da qual as ações mais pessoais do rei sempre tinham caráter cerimonial de ações de Estado, assim como fora dela cada ação do Estado ganhava o caráter de uma ação pessoal do rei.

2. Nem todas as unidades sociais ou formas de integração dos homens são, ao mesmo tempo, unidades de habitação ou moradia. Mas todas elas podem ser caracterizadas segundo determinados tipos de configuração espacial. De fato, sempre são *unidades de indivíduos* relacionados entre si, ligados uns aos outros. E mesmo que o modo ou o tipo dessas relações nunca possa ser expresso essencialmente, em última instância, por meio de categorias espaciais, ele pode ser expresso *também* por meio de categorias espaciais. Pois a todo modo de agrupamentos humano corresponde uma determinada configuração do espaço *onde* aqueles indivíduos de fato estão ou podem estar reunidos, todos juntos ou divididos em unidades menores. Assim, a expressão de uma unidade social no espaço, o tipo de sua configuração espacial é uma representação tangível e — literalmente — visível de suas particularidades. Portanto as formas de habitação dos cortesãos oferecem um acesso seguro e evidente para a compreensão de determinadas relações sociais características da sociedade de corte.

O traço marcante no modo de habitação desses indivíduos é o fato de que todos, ou pelo menos uma parte significativa deles, possuíam ao mesmo tempo um alojamento na casa do rei, no palácio de Versailles, e uma habitação, ou seja, um *hôtel* na cidade de Paris. Além disso, a maioria ainda tinha casas de campo, que podem ser deixadas de lado no que diz respeito ao contexto de que tratamos aqui.

Não se pode considerar nem entender isoladamente, por si mesmo, o castelo de Versailles, verdadeira sede da corte francesa, residência tanto da nobreza cortesã

68    A sociedade de corte

quanto do rei. Ele constitui um fenômeno extremo de uma sociedade articulada hierarquicamente em todas as suas manifestações. É preciso ver como a nobreza cortesã vive em casa para entender como vive o rei, e como vive sua corte morando com ele. As casas dos nobres na cidade, os *hôtels*, mostram de uma forma bastante clara e simples as necessidades sociologicamente relevantes nessa sociedade em termos de habitação, necessidades que, multiplicadas, articuladas entre si, complicadas pelas funções especiais do rei, de governo e representação, também determinam a conformação do palácio real, que deve acomodar a sociedade como um todo.

3. As residências habitadas pela nobreza cortesã do Ancien Régime chamavam-se "*hôtel*" ou "*palais*", de acordo com a categoria do proprietário e com o tamanho da construção. A *Enciclopédia* reproduz a planta de um desses *hôtels*.[6] Seus esclarecimentos sobre o assunto e o verbete correspondente completam a imagem das funções de cada parte e de cada espaço em particular. O que há de relevante nisso, do ponto de vista sociológico?

Temos diante de nós um edifício cujas partes são agrupadas em torno de um pátio retangular. Em direção à rua, um dos lados estreitos do pátio é formado por um corredor de colunas, uma colunata, fechado para o exterior, no meio do qual o amplo "*porche*" ou pórtico, constituía uma entrada e uma passagem para as carruagens. As colunas avançam à esquerda e à direita, acompanhando as duas alas da construção até o outro lado estreito, de modo que sempre é possível chegar da entrada ao edifício central sem molhar os pés. Essa construção central, tendo ao lado e atrás um grande jardim, acomoda a sala de recepção; a parte contígua das duas alas abriga os "*appartements privés*". Atrás de cada um deles fica um pequeno jardim de flores, separados do jardim principal tanto à esquerda quanto à direita por uma grande galeria e por salas de banho e de toalete. Por fim, nas partes das alas mais próximas da rua ficam os estábulos, cozinhas, acomodações dos servidores e despensas. Essas dependências agrupam-se em torno de um pátio pequeno, chamado "*basse-cour*", que é separado por outras construções dos jardins de flores localizado em frente às janelas dos *appartements privés*. É nesses pequenos pátios — onde uma parte dos trabalhos de cozinha são realizados, onde param os coches dos visitantes depois que seus proprietários saltaram diante da escada do pátio principal — que tem lugar a vida dos "*domestiques*".

Como vemos, trata-se de um tipo de habitação urbana bem peculiar que as pessoas da corte criaram em seus *hôtels*. São residências urbanas, mas em sua construção ainda se percebe a ligação com as casas de campo dos proprietários rurais. Os pátios de fazenda continuam existindo, mas conservando apenas a função de vias de passagem para as carruagens e de espaços representativos. Os estábulos, as despensas e as acomodações de serviçais ainda se encontram ali, mas acoplaram-se às residências dos senhores, restando assim, da natureza circundante, apenas os jardins.

Essa relação dos *hôtels* com o tipo da casa senhorial de campo[7] tem um significado sintomático. Os homens da corte certamente são habitantes urbanos, e a vida na cidade, até certo ponto, imprime-lhes sua marca. Entretanto, sua ligação com a cidade é menos firme que a dos cidadãos, dos profissionais urbanos. A maioria das pessoas da corte ainda possui uma ou mais residências no campo. É de tais lugares que costumam receber não só seus nomes, mas também uma grande parte de seus rendimentos, além de retornarem para as suas propriedades rurais sempre que têm uma oportunidade.

Sua sociedade é sempre a mesma, mas a localização muda; às vezes vivem em Paris, às vezes partem junto com o rei para Versailles, para Marly, ou para algum outro de seus castelos, às vezes voltam a estabelecer seu domicílio num dos castelos que possuem no campo, ou vão como convidados para a propriedade rural de um de seus amigos. Essa situação peculiar de uma ligação estável com a sociedade, que representa a verdadeira pátria desses indivíduos, em locais que podem variar bastante, determina de modo considerável seu caráter e o de suas residências. Ainda trataremos do assunto posteriormente, mas tudo em tais residências indica a união íntima com a sociedade de corte, e quase nada a ligação funcional com a cidade, exceto talvez a concentração de diversos complexos em *um* todo. Não seria preciso fazer quase nenhuma alteração para erguer uma casa assim no campo. Seus donos estão envolvidos na estrutura da cidade apenas como consumidores, sem levar em conta o envolvimento com a sociedade de corte parisiense. Normalmente, com uma quantidade suficiente de serviçais, esse consumo pode ser satisfeito no campo tão bem quanto na cidade. Em todo caso, o consumo mais refinado e luxuoso tem a cidade como referência.

4. É claro que as mudanças de localização frequentes estavam em estreita conexão com a possibilidade de cada uma dessas damas e desses senhores de ter à disposição um grande contingente de serviçais. Dos intendentes e *maîtres d'hôtel* — a quem cabia a administração dos rendimentos, o cuidado com a ordem e o bem-estar da residência e a supervisão dos outros criados — até os cocheiros e lacaios encarregados do transporte, o poder de mando sobre muitos servidores constituía a condição para essa mobilidade específica e limitada. Ele liberava as pessoas da corte das tarefas exigidas pela vida na sociedade de corte, em meio às mudanças constantes — atividades nem sempre leves.

Os próprios cortesãos não falam muito sobre tais serviçais que levam em sua companhia. Os *domestiques* viviam, até certo ponto, nos bastidores, enquanto acontecia a grande encenação da vida na corte; por isso falaremos pouco sobre eles mais adiante. Mas aqui, examinando a casa em que os nobres da corte moravam, podemos e devemos olhar o que ocorre nos bastidores.

O que se vê, observando a vida e as atividades em torno das *basses-cours*,[8] é uma profusão de criados, uma diferenciação dos serviços prestados que é muito característica, tanto para as exigências e o refinamento do gosto quanto para a cultura doméstica dessa sociedade. Encontra-se ali o intendente[9] da casa, que

70 A sociedade de corte

despacha todos os negócios para o senhor e a senhora. Há também o *maître d'hôtel*, que supervisiona os criados e anuncia, por exemplo, quando a mesa está posta. Para dar um exemplo especialmente característico, há não só uma cozinha grande, um pequeno *"garde-manger"*, onde as carnes mais perecíveis (principalmente as aves) são guardadas,[10] mas também, além disso, um *"office"* com seu fogão e seus aparatos particulares — supervisionado por um *chef d'office* bem-distinto do *chef du cuisine* — onde as compotas, os condimentos e os doces finos são preparados. Ao lado, um outro forno de calor bem mais brando serve para a produção de biscoitos, *gâteaux* e outros doces secos; ainda existe ali um *"laboratoire d'office"*, onde se prepara o gelo e, como diz a *Enciclopédia*,[11] *"des autres ouvrages qui donneroient de l'humidité dans les pièces précédents"*. Em seguida há um cômodo com ótimas trancas, o *"office paré"*, onde a prataria é guardada sob a supervisão do *"officier d'office"*, que ainda tem de inspecionar a arrumação da mesa. Nesse local o senhor da casa às vezes vai almoçar com seus amigos.

De um ponto de vista mais geral, também não deixa de ter importância o esclarecimento, por meio de um exemplo, dessa especialização do que se chamava a *"bouche"*, ou seja, tudo aquilo que tem a ver com a comida e a bebida. Pois, se havia um ou dois cômodos destinados a certa atividade na casa de um *grand seigneur*, na *maison du roi* havia todo um *appartement* para o mesmo propósito, e a condução de uma dessas repartições da *bouche* do rei representava um ofício muito estimado e bem-pago na corte, como era o caso por exemplo da *"fruterie"*, onde diversos tipos de frutas eram preparadas para a mesa, da *"sommellerie"* ou da *"paneterie"*, onde o vinho e o pão eram estocados, guardados e distribuídos. Assim, quase tudo que se encontra em larga escala na residência do rei pode ser visto, numa escala mais reduzida, nas casas do *grand seigneur*. Não falta nem mesmo a Guarda Suíça. Um pequeno cômodo perto da entrada, de um lado, com o estábulo e cocheiras do outro, forma o *"logement des suisses"*.[12] Mas é claro que nem sempre eram autênticos suíços que um nobre em particular encarregava de vigiar sua casa. Com frequência eles se contentavam em vestir seus lacaios com uniformes suíços.[13]

5. Por mais que os aposentos para essas atividades domésticas e para os criados que tinham a ver com elas, como acabamos de descrever, fossem cuidadosamente isolados das salas de estar e de recepção, o modo como a sociedade de corte se estrutura sobre uma ampla camada de serviçais é expresso diretamente na construção dos próprios aposentos dos senhores. A partir da entrada, o caminho para aqueles diversos *appartements* passa por uma ou mais antecâmaras. Elas se encontram em frente aos quartos que pertencem ao dono e à dona da casa, em frente ao quarto de gala, assim como diante da *"salle de compagnie"*. Tal cômodo, a antecâmara, é justamente um símbolo da sociedade de corte do Ancien Régime. É ali que os lacaios e criados aguardam em constante prontidão, com ou sem libré, pelas ordens de seus senhores. Nada é mais característico de sua atitude em relação aos serviçais do que uma observação da *Enciclopédia*, que constitui quase a metade do

pequeno verbete que ela dedica à antecâmara: "Como a primeira antecâmara é sempre destinada à '*livrée*', é raro encontrar lareiras sendo usadas ali. Contentam-se em pôr estufas em frente a elas, para resguardar todas as partes de um *appartement* do ar frio trazido pelo constante abrir e fechar das portas que dão acesso aos aposentos dos senhores."

Ao ler algo assim, não devemos esquecer que a elite da nobreza, o "*monde*" do século XVIII, era totalmente alheia à ideia de que todos os homens são "iguais" em qualquer sentido, caso não se considerem as diferenças hierárquicas. A *Enciclopédia*, já bem mais próxima de tais ideias, enfatiza sempre em seus verbetes sobre "*domestiques*" que não havia mais escravos na França, que os servos também não deviam ser considerados escravos, mas sim "homens livres".

Entretanto, até ela justificava a lei em vigor, segundo a qual os furtos domésticos eram punidos com a pena de morte,[14] por exemplo. Em outras palavras, ela justifica de modo racional o que, do ponto de vista do *grand seigneur*, era uma consequência imediata da crença na desigualdade das camadas sociais, uma evidência para além de qualquer argumentação racional. Essa crença não precisava manifestar-se em maus-tratos aos criados. Podia ser expressa também por uma espécie de intimidade em relação a certos criados. Contudo, o que estava sempre presente nela era um distanciamento irremediável, o sentimento profundamente enraizado de que, quando lidavam com tais homens e mulheres que enchiam suas casas em contingentes maiores ou menores, tratava-se de uma outra raça humana, de gente "comum, do povo" — a própria *Enciclopédia* usa esses termos. A presença constante dessa gente dava à situação dos cortesãos uma outra configuração e atmosfera, se compararmos com a nossa situação. Assim, a disposição dos aposentos, que prevê no mínimo uma antecâmara para cada quarto dos senhores da casa, é uma expressão *dessa simultaneidade de constante aproximação espacial e constante distanciamento social, de contato íntimo num nível e distanciamento rígido no outro.*[15]

Esse modo peculiar de relacionamento é reencontrado na residência do rei, em outro patamar da hierarquia social, embora modificado de uma maneira específica, que ainda será indicada. Aqui, os *grands seigneurs* e *grandes dames*, que em suas próprias casas mandam seus inferiores para a antecâmara porque são os soberanos em outro patamar da hierarquia, ocupam a posição de servidores na antecâmara do rei, esperando pelo aceno de seu senhor.

6. Como vimos, em cada uma das duas alas do *hôtel* há um "*appartement privé*", contíguo às partes que ficam diante das "*basses-cours*", ou seja, um *appartement* para o senhor e outro para a dama da casa. Um deles localiza-se à esquerda do pátio principal, o outro à direita. Os dois *appartements* são praticamente iguais; e os quartos de dormir ficam frente a frente, mas separados por toda a extensão do pátio. Os ocupantes não se veem pela janela, para dar um exemplo; pois elas dão para os jardins de flores na parte de trás — a fim de evitar a perturbação dos ruídos causados pela entrada e saída constante de coches e carruagens, segundo

afirma a *Enciclopédia*.[16] Tanto o senhor quanto a senhora têm seu gabinete particular, contíguo ao quarto, no qual eles podem receber visitas após ou durante a *toilette*; além do gabinete, os quartos também dão acesso à antecâmara particular e, evidentemente, aos guarda-roupas.

A posição do homem e da mulher nessa sociedade praticamente não pode ser caracterizada de modo mais claro e sucinto do que por meio da referência à localização equivalente, mas totalmente separada, de seus *appartements privés*. Percebe-se aqui uma forma familiar e uma forma conjugal que talvez mereçam maior atenção nas teorias sociológicas da família.

"Como é a vida dela com o marido?", pergunta o novo criado à camareira de Madame.[17]

"Oh, atualmente muito boa", é a resposta. "Ele é um pouco pedante, mas ambicioso; ela tem muitos amigos; os dois não frequentam a mesma sociedade, veem-se muito raramente e convivem de modo muito decente."

É claro que se trata de um caso individual; nem todos os homens dessa sociedade são ambiciosos e pedantes, nem todas as mulheres têm muitos amigos. Todavia, apesar disso, aqui se faz visível algo realmente típico da estrutura de tal sociedade. Ela é tão vasta, que marido e mulher podem ter esferas de circulação social distintas. Por isso, mas certamente não só por isso, a margem de independência da vida particular de pessoas casadas é muito diferente da que vemos em sociedades confinadas a um espaço mais restrito.

Por outro lado, certos contatos entre o casal são requeridos pelo decoro, convenções e dever de representação. Esse mínimo de contato requerido pela sociedade constitui, em certos pontos, um limite para a vida pessoal de cada um dos cônjuges. A orientação das exigências que o *grand seigneur* deve fazer à sua mulher torna-se perceptível, por exemplo, quando o senhor de quem a camareira fala na citação anterior chega no fim da manhã ao *appartement* de sua mulher, que ainda está dormindo, e deixa o seguinte recado com a criada: "Diga a ela que teremos oito dias de luto por Mme. de Saucourt, e que ela deve visitar minha mãe, que está doente. Vou para Versailles. Estarei de volta amanhã ou depois de amanhã."

A obrigação diante da sociedade — da qual também faz parte a visita à sogra adoentada —, constituindo em sentido mais amplo a reputação e as aparências da "casa", é o que há em comum quando outras afinidades individuais se perderam e quando a falta de afeto do casal leva cada um a fazer uso de sua liberdade de ação.[18]

A relação publicamente legítima entre marido e mulher, na sociedade burguesa e profissional, ganha expressão na formação e no conceito de "família". Na sociedade dos grandes senhores do Ancien Régime, sua expressão está no conceito de "*casa*". Não se fala apenas da "Casa da França", para mencionar a unidade da dinastia real durante gerações, mas cada um dos *grands seigneurs* fala de sua "casa". No uso linguístico do Ancien Régime, o conceito de "família" é mais ou menos restrito à alta burguesia, enquanto o de "casa" é restrito ao rei e à aristocracia. A *Enciclopédia* constata explicitamente essa diferença no uso linguístico das diversas camadas sociais,[19] censurando-a por motivos compreensíveis. Nesse caso, como vemos, não se trata apenas de uma *"façon de parler"*, existindo por trás desse uso linguístico uma realidade, uma diversidade de fato na constituição e conformação, legitimadas socialmente, da relação entre os sexos na alta nobreza e na burguesia profissional.[20] Aqui não é o lugar de aprofundar essa questão. Deve ser suficiente apontar que o matrimônio aristocrático de corte realmente não tinha como propósito o que, na sociedade burguesa, chamamos de uma "vida familiar". Na verdade, quando se realizava um casamento nessa esfera, o que estava em jogo era sobretudo a "fundação" e o "prosseguimento" de uma "casa" que correspondesse à posição do marido, aumentando o máximo possível seu prestígio e suas relações, de modo que o casal ganhasse ou pelo menos mantivesse a posição e reputação como representantes da casa no presente. É nesse contexto que devemos entender a relação entre o senhor e a dama da casa, entre o *grand seigneur* e sua esposa. O que a sociedade controla, em primeira instância, é o relacionamento dessas duas pessoas como representantes de sua casa. De resto, eles podiam se amar ou não, ser fiéis ou não, sua relação podendo ser tão desprovida de contato pessoal quanto permitisse a obrigação de representar conjuntamente. Nesse aspecto, o controle social é negligente e fraco. A disposição dos *appartements privés* senhoriais, descrita aqui, de certa maneira constitui a solução otimizada para as necessidades habitacionais que correspondem a esse tipo de matrimônio da corte — em relação aos quais não é possível empregar o conceito burguês de "família".

7. Quando pensamos assim o campo doméstico dos grandes senhores e damas do Ancien Régime, vemos ao mesmo tempo, em sua construção, a partir de um ângulo determinado, a natureza da *rede de relações* na qual ele está entrelaçado. O modo de relacionamento peculiar com a criadagem acha-se expresso na segregação da antecâmara e dos espaços em torno das *basses-cours*. A relação peculiar entre marido e mulher acha-se expressa na distância que separa seus *appartements privés*. Por fim, o modo de sua inserção na sociedade, ou *"society"*, acha-se representado na disposição das salas de recepção. O fato de os salões ocuparem a parte principal e central do primeiro andar e, além disso, um espaço maior do que o dos dois *appartements privés* juntos, já é por si só um símbolo da importância que a relação com a sociedade tem na vida dos indivíduos em questão. Aí se localiza o centro de gravidade das suas existências.

As salas de recepção dividem-se em duas partes distintas. No meio delas em geral está o grande salão, o centro da sociabilidade aristocrática da corte, que se estende até o segundo andar e costuma ser ornamentado com colunas coríntias. O convidado desce de seu coche na escadaria, em frente ao edifício principal, atravessa um grande vestíbulo retangular e alcança o grande salão redondo. De um lado ficam as salas do *"appartement de societé"*, com a antecâmara e o guarda-roupas em frente, as quais podem ser alcançadas do vestíbulo por um acesso próprio; em seguida vem uma *"salle de compagnie"*, um salão oval, menor e mais íntimo, uma sala de refeições, com um *buffet* ao lado, e assim por diante. Do outro lado do grande salão fica o *"appartement de parade"*, do qual fazem parte salões de gala menores e os gabinetes de gala. Em seguida a um desses salões há uma galeria larga, que separa o jardim principal dos jardins de flores, estendendo-se até bem depois da ala contígua. Além disso, também fazem parte do *appartement de parade* quartos de gala, com todos os seus acessórios.

Tal bipartição das salas de recepção tem um sentido social bem-definido. O *appartement de societé* é destinado ao círculo de contato mais íntimo do senhor e, sobretudo, da dama. Ali eles recebem, em geral à tarde, as pessoas que vêm para lhes fazer companhia. Ali, nas salas que não são voltadas primordialmente para a representação, e sim para o bem-estar, têm lugar as cenas de uma vida social mais íntima, que não é tão presa às convenções da etiqueta, e que conhecemos, tendo por base a história do século XVIII, como sociedades de salão.

Em contrapartida, o *appartement de parade* é um símbolo daquela posição pública peculiar que os grandes nomes do Ancien Régime assumem, mesmo quando não estão exercendo nenhuma função social. Ali são recebidas, no fim da manhã geralmente, as visitas oficiais de pessoas do mesmo nível, ou de um nível mais elevado; ali os donos da casa resolvem todos os *"affaires"* da vida na corte que os põem em contato com pessoas de fora do seu círculo social mais íntimo; ali eles recebem os visitantes como representantes de suas "casas". O quarto de gala, com sua antecâmara e gabinete próprios, serve, além disso, para acolher convidados importantes, dignos de uma homenagem especial; em ocasiões especiais, como por exemplo depois de um parto, também é ali no *"lit de parade"* que a dama recebe as visitas oficiais, como representante da "casa". E essa intromissão de vários aspectos da vida que consideramos privada na esfera da vida social e pública, como se mostra nesse caso e em muitos outros pontos, é algo muito característico da estrutura dessa sociedade. Só a partir dela torna-se perfeitamente compreensível a divisão das salas de recepção em um *appartement de societé* e um *appartement de parade*. A posição elevada e as obrigações de representação que daí surgem conferem à dinâmica social — em determinados casos, por exemplo quando se recebe uma visita — uma seriedade e um peso na vida de tais homens sem profissão que só encontram paralelo nas visitas profissionais e de negócios na sociedade burguesa, o que raramente acontecia com as "visitas particulares". As "visitas profissionais" das camadas burguesas — incluindo naturalmente aquelas visitas informais com propósitos profissionais — têm seu caráter dado pelo nexo com o lucro financeiro, com a carreira, com a manutenção ou a promoção de cargo profissional. A divisão das salas de recepção da corte num *appartement* para o círculo social mais íntimo e outro para o contato mais oficial é de certo modo análoga, na sociedade senhorial, à divisão entre salas particulares e profissionais na sociedade burguesa. Tal analogia torna perceptível, de modo muito direto, um estado de coisas de que se falará adiante com mais frequência e detalhamento. Julgando a estrutura da vida social dos indivíduos na corte do Ancien Régime pela estrutura da vida burguesa-profissional e suas divisões, toda a vida da corte pode ser inserida na categoria da "esfera particular". Mas esse tipo de definição faz surgir uma imagem distorcida. Como não havia uma vida profissional no sentido atual, no caso das pessoas da aristocracia e da corte, a divisão entre vida profissional e particular não pode ser aplicada. Porém a necessidade de autoafirmação social, ou o esforço para melhorar a posição e o prestígio, impõe aos cortesãos, obrigações e coerções não menos rigorosas e intensas do que aquelas às quais os homens modernos se submetem para defender seus interesses profissionais.

Assim, a circulação social na corte e na sociedade de corte tem duas faces. Por um lado, equivale à nossa vida particular, proporcionando descanso, prazer e diversão; mas, simultaneamente, equivale à nossa vida profissional, sendo um instrumento imediato para a carreira e a autoafirmação, um meio de ascensão e queda, um cumprimento de exigências sociais experimentadas como deveres. Dependendo do evento social, uma face pode ser mais acentuada que a outra; mas a primeira é mais fácil de ocultar do que a segunda. Essa dupla face se expressa na diferença das salas de recepção. Para quem se reúne no *appartement de societé*, a diversão e o prazer acentuam-se fortemente, mas o outro lado, a face pública, não deixa de estar presente. Em contrapartida, naquelas reuniões para as quais as salas de gala são abertas prevalece o caráter público da vida do senhor, o cuidado com os interesses e pretensões de sua casa.

8. Certa vez, no fim do Ancien Régime, o duque de Croy disse: "Foram as casas que esmagaram a maioria das grandes famílias."[21]

O fato de indivíduos se arruinarem por e para suas casas é incompreensível enquanto não entendermos que, nessa sociedade de grandes senhores, o tamanho e o esplendor da casa não constituem uma expressão primordial da riqueza, mas sim uma expressão primordial da posição e do nível. Para o *grand seigneur*, a aparência física da casa no espaço é um símbolo da posição, da importância, do nível de sua "casa" no tempo, ou seja, de sua estirpe no decorrer das gerações, com isso simbolizando também a posição e a importância que ele mesmo possui como representante vivo da casa.

A posição elevada obriga a possuir e "organizar" uma casa que corresponda a ela. O que parece desperdício, do ponto de vista da ética econômica da burguesia — "se ele vai ficar endividado, por que não reduz as despesas?" —, na verdade é uma expressão característica do ethos estamental dos grandes senhores. Esse ethos cresce a partir da estrutura e atividade da sociedade de corte, sendo ao mesmo tempo uma precondição para a existência de tal atividade. Ele não é escolhido livremente.

Isso pode ser visto prontamente nos conceitos usados para designar os diversos tipos de casas. Não se chama de "*hôtel*" a casa de um comerciante. "*Hôtel*" é a denominação para casas da mais alta aristocracia de corte. É provável que no decorrer do século XVIII esse conceito tenha decaído, a ponto de se referir às casas dos ricos *fermiers généraux**. Mesmo assim, a *Enciclopédia* constata expressamente:

---

\* Assim eram chamados, no Ancien Régime, os arrecadadores de impostos que, por adjudicação, obtinham o direito de receber diversos impostos. O lucro dos *fermiers généraux* advinha da diferença entre a adjudicação e o montante dos impostos coletados. (N.T.)

"As habitações tomam diferentes nomes segundo as diferentes condições daqueles que as ocupam. Diz-se '*a maison*' de um burguês, '*o hôtel*' de um figurão, '*o palais*' de um príncipe ou de um rei."[22] Além das moradias do rei e de príncipes, também eram chamadas "*palais*" as sedes dos tribunais, por constituírem ramificações da residência do rei; e também tornou-se costume designar as residências de membros do alto clero pelo termo "*palais*".

"À exceção dessas", diz a *Enciclopédia*,[23] "nenhuma pessoa, seja qual for sua posição social, tem permissão de afixar o nome '*palais*' sobre o portão de sua casa."

9. Mas a essa diferença das denominações, de acordo com a classe, correspondia naturalmente uma diferença na própria configuração das casas. Percebendo essa diferenciação, ganha-se uma visão geral de como se articula a sociedade. A grande massa das residências urbanas faz parte das chamadas "*maisons particulières*".[24] Essa expressão é significativa: a tradução por "casas particulares" reproduz o caráter social de tais casas de modo muito insuficiente. Hoje em dia, o conceito de "particular" representa sobretudo uma antítese do conceito de "profissional", embora não seja só isso. A residência de um alto funcionário também seria chamada de "casa particular" se pertencesse a ele pessoalmente e suas salas não fossem usadas para a atividade profissional, como escritórios por exemplo. Em contrapartida, no Ancien Régime, era às casas da grande massa dos profissionais que se dava o nome de "*maisons particulières*", e *justamente* quando suas casas serviam para fins profissionais. Chamavam-nas assim para diferenciar das residências daquelas camadas que não se caracterizavam por atividades profissionais, em nosso sentido, mas por sua posição social. Portanto, para diferenciar das residências da nobreza, do clero, da magistratura ou de advogados e, finalmente, dos grandes financistas, ou seja, *fermiers généraux*.

A sensibilidade para a diferença entre camadas profissionais e camadas privilegiadas também se expressa claramente na linguagem daquela época: entrar para o clero ou se tornar um oficial, começar uma carreira de magistrado ou nas finanças,[25] isso é o que chamam nos anos 1750, como diz um escritor,[26] de "*prendre un état*". "As outras funções dos cidadãos, isto é, as mais úteis, se contentam com o nome humilhante de profissão ou ofício."

Essa observação torna claramente visível o modo como, sob a camada das ordens privilegiadas, as ordens profissionais nascem, primeiro desprezadas, depois ascendendo gradativamente. As próprias pessoas privilegiadas da sociedade, sobretudo as do círculo mais elevado da corte, os príncipes e os "grandes", têm a consciência de conduzir uma vida mais ou menos "pública",[27] ou seja, uma vida na "*society*" ou "*monde*". É isso que constitui propriamente a "esfera pública" do Ancien Régime. Quem vive fora dela tem uma "*vie particulière*".

Do ponto de vista da sociedade de corte os indivíduos das camadas profissionais estão do lado de fora. Eles existem à margem do "*monde*" — a palavra é significativa —, à margem do "*grand monde*". São as *petites gens*. Suas casas não possuem o caráter público, suas posses e suas famílias não possuem o caráter representativo dos *hôtels* e dos palácios. Não passam de casas particulares, que não têm importância, assim como seus habitantes.

Às diversas funções sociais correspondem diversos modos arquitetônicos de construir as casas.[28]

Os cortesãos desenvolvem, no âmbito de determinada tradição, uma sensibilidade extraordinariamente refinada para as posturas, a fala e o comportamento que convêm ou não a um indivíduo segundo sua posição e seu valor na sociedade. Dedica-se uma atenção extrema a cada manifestação da vida de uma pessoa, portanto também à sua casa, para verificar se está respeitando sua posição dentro dos limites tradicionais impostos pela hierarquia social. Essa atenção, assim como a consciência com que se observa tudo aquilo que um homem possui como referência ao seu valor social e ao seu prestígio, corresponde perfeitamente ao aparato de dominação absolutista da corte e à estrutura hierárquica de uma sociedade centralizada em torno do rei e da corte. Essa atenção e essa consciência são produzidas na camada dominante como instrumentos de autoafirmação e defesa contra a pressão feita por quem ocupa um nível mais baixo. Por conseguinte, esses indivíduos vivenciam muitas coisas que à primeira vista talvez tendêssemos a considerar ninharias e formalidades, mas num sentido que está perdido para nós hoje em dia. Isso será mostrado muitas vezes. O que se exige de nós é um ato de reflexão sociológica a fim de tornar visível novamente o pano de fundo das tensões e coerções sociais por trás das "ninharias" e "formalidades", e das lutas que muitas vezes se desenrolam em torno delas.

A descrição que a *Enciclopédia* faz do caráter das casas para as diferentes ordens e grupos sociais é bem significativa nesse aspecto. Os princípios básicos para o tipo inferior de casas, o das camadas profissionais, já caracterizado aqui, são determinados como: "A simetria, a solidez, o conforto e a economia." O caráter hierárquico desses princípios para a construção de casas de aluguel, nas quais pequenos artesãos e comerciantes se alojam, é facilmente encoberto, pois correspondem com bastante exatidão ao que, no presente, um movimento mais amplo exige de *toda* casa.[29] Mas o fato de serem designados expressamente, naquela época, como parâmetros para as casas da camada mais baixa, o fato de a "*économie*" só ser mencionada como princípio de construção em referência à camada inferior, não deixa de ser menos característico para o desenvolvimento da habitação. Igualmente característica é a constatação, também sustentada por outros aspectos, de que a "*économie*", as receitas e despesas, não tinha nenhuma significação decisiva para a arquitetura das casas de camadas superiores da corte absolutista. As finanças são mencionadas com relação a elas. As camadas sociais inferiores não precisam representar, não têm nenhuma obrigação de manter a posição. Assim, ficam em primeiro plano, como algo determinante para suas habitações, traços que não devem estar ausentes nas outras, mas que desaparecem por trás das funções de representação e prestígio. Então, sem o menor pudor, valores utilitários

78 A sociedade de corte

como conforto e solidez tornam-se o fator principal na construção das casas para as camadas profissionais. A coerção para economizar torna-se perceptível já no aspecto exterior das casas.

10. Em contrapartida, no que diz respeito a todos os outros grupos — e numa intensidade maior quanto mais elevada era a posição social —, fica em primeiro plano, cada vez mais, a obrigação de aparecer de acordo com sua posição, manifestando através da casa a que nível o proprietário pertence. No caso dessas moradias, o valor do prestígio encobre o valor meramente utilitário. Aqui o ethos estamental, instrumento de autoafirmação nas camadas superiores, prevalece sobre o ethos econômico, instrumento de autoafirmação nas camadas inferiores.

Tais nexos, cujas formulações ainda provisórias só podem chegar a ser constatadas e fundamentadas plenamente com o esclarecimento gradual da estrutura dessa sociedade como um todo, já ficam mais claros quando vemos quais atributos o uso social imputa ao grupo imediatamente superior de moradias, embora ainda se trate de habitações burguesas.

Na hierarquia das casas, as que vêm em seguida são aquelas "*maisons particulières*" que os cidadãos ricos construíam como suas residências permanentes. Essas casas "devem exibir um caráter que nada tenha nem da beleza dos *hôtels*, nem da simplicidade das casas comuns [ou seja, o grupo anterior]. As ordens arquitetônicas[30] nunca devem entrar à toa em sua ornamentação, malgrado a opulência dos que as fazem construir".

Isso significa, na verdade, pensar em termos de posição, no sentido do nível social mais elevado do Ancien Régime! As dimensões e a ornamentação da casa não dependem da riqueza do proprietário, mas somente do nível e da posição social, e, com isso, do dever de ostentação[31] do morador.

Quando consideramos a planta de uma dessas casas[32], reencontramos, *grosso modo*, os mesmos elementos do *hôtel*. A configuração da casa da aristocracia, em se tratando da camada determinante em todas as questões de estilos de vida, também constitui o modelo para a estrutura da casa da alta burguesia. Mas todas as proporções são reduzidas. O pátio e as duas "*basses-cours*" são bem pequenos; os locais em torno, destinados aos serviços domésticos, são reduzidos de modo proporcional; há uma cozinha, uma despensa e um pequeno *office*, nada além disso. Os *appartements* para o senhor e a dama da casa ficam muito próximos, símbolo e ao mesmo tempo motivo determinante do contato estreito do casamento burguês, em comparação com a amplitude de espaço em que se desenrola o casamento aristocrático de corte. As salas de recepção, sobretudo, são totalmente encolhidas e misturadas. O *appartement* de gala absolutamente não existe, o que é significativo. O salão circular está ali, só que menor e restrito a um andar. De um lado fica uma sala maior que reúne as funções de gabinete e de galeria; de outro lado, um pequeno *boudoir*; de outro, uma "*salle de compagnie*". A antecâmara em frente tem, ao mesmo tempo, a função de sala de jantar para a família. Quando é

Estruturas de habitação 79

usada com esse propósito, os criados vão para o vestíbulo na entrada. No que diz respeito a salas de recepção, isso é tudo que há.

11. A diferença que se manifesta desse modo entre a estrutura da sociedade burguesa e a da sociedade aristocrática de corte é instrutiva. Na vida das pessoas da corte, a convivência social implica um espaço e um tempo completamente diferentes daqueles da vida dos profissionais burgueses. O número de pessoas que um cortesão pode ou deve receber em casa é maior, enquanto o número de pessoas com quem o profissional burguês[33] pode ou deve conviver socialmente — ou seja, particularmente — é mais reduzido. Aquele gasta um tempo muito maior com a convivência social do que o segundo. A rede das relações diretas é mais rígida, os contatos sociais são mais numerosos, as ligações sociais *imediatas* mais estreitas do que no caso dos profissionais burgueses, para os quais os contatos *mediados* pelo trabalho, por dinheiro ou negócios, têm a primazia.

Cronologicamente, essa situação durou até os anos 60 e 70 do século XVIII. Nesse período, a ascensão social e econômica dos grupos de profissionais burgueses tornou-se gradativamente mais visível, enquanto grande parte dos nobres ficava cada vez mais pobre. Todavia, tanto legalmente quanto para a consciência dos diversos grupos em contato social, as barreiras ainda permaneciam firmes.

12. Que atributos são considerados, no "*monde*", adequados para distinguir os *hôtels*, "as moradias dos *grands seigneurs*"? "O caráter de sua decoração", diz a *Enciclopédia*,[34] "exige uma beleza conforme o nascimento e a posição das pessoas que os mandam construir, contudo jamais devem ostentar a magnificência reservada para os palácios dos reis." Formações culturais das quais temos uma percepção meramente estética — na maior parte das vezes como variantes de um determinado estilo — são percebidas por quem conviveu com elas como uma expressão bastante diversificada de qualidades sociais. Cada um dos *hôtels* foi construído, originalmente, para um determinado cliente, para uma determinada "casa"; e o arquiteto esforçou-se em tornar visível de imediato, na configuração e na ornamentação do *hôtel*, a posição social de seu habitante.

Afirma-se, por exemplo, que a residência de um príncipe que lidera um exército, de um cardeal, de um *premier magistrat* (que ocupa um alto cargo no judiciário) e de um *ministre éclairé*, encarregado de governar, deve ter uma aparência completamente diferente da de um mero marechal de França, ou de um bispo, ou de um *président à mortier*, isto é, de indivíduos que ocupam um nível mais baixo na hierarquia da nobreza, clero, justiça e letras. Todas essas pessoas "que não ocupam a mesma posição na sociedade devem possuir habitações cuja aparência revele a superioridade ou a inferioridade das diferentes ordens do Estado".

As residências dos príncipes são chamadas *palais*, ou, para ser mais exato, *palais* de segunda classe (em relação ao *palais* real), as residências de outros nobres

80 A sociedade de corte

chamam-se apenas "*grands hôtels*". Mas nos dois gêneros a ornamentação tem que corresponder à função social:

> Para a moradia do militar, deve-se fazer presidir um caráter marcial, anunciado por corpos retilíneos, pelos cheios quase iguais aos vazios, e por uma arquitetura inspirada na ordem dórica.
>
> Para a moradia do homem de Igreja, escolher-se-á um caráter menos severo, que se revelará pela disposição de seus principais aposentos, por divãs harmônicos e por um estilo rebuscado que nunca seja desmentido pela frivolidade dos ornamentos.[35]
>
> Enfim, para a moradia do magistrado, far-se-á uso de um caráter que deverá se manifestar pela disposição geral de suas formas e pela distribuição de suas partes, únicos meios de se conseguir reconhecer sem equívoco, a partir do exterior do edifício, o valor, a piedade e a urbanidade.
>
> De resto, repetimos, é preciso sempre lembrar-se de evitar nesses diferentes gêneros de composição a grandeza e a magnificência dos palácios dos reis.[36]

13. Não é possível entender a estrutura de uma sociedade se não conseguirmos enxergá-la ao mesmo tempo da *perspectiva-eles* e da *perspectiva-nós*. Hoje em dia, ainda parece que o único método com o qual conseguimos obter um alto grau de certeza a partir da *perspectiva-eles* é o quantitativo, a contagem das cabeças, o uso de instrumentos de medida estatísticos. Como vemos, existem outras vias. Elas são especialmente necessárias quando consideramos a determinação de figurações que não são acessíveis de um modo exclusivamente científico, por meio de sua decomposição teórica em átomos, ações e opiniões singulares, variáveis, ou qualquer que seja o caráter de tais figurações.

A investigação das estruturas domésticas dos homens na corte, e a própria experiência que eles tinham a esse respeito, sua "autoimagem", é um exemplo de análise figuracional conduzida simultaneamente a partir das duas perspectivas. O cânone social da própria estrutura doméstica, ou, como se formula tradicionalmente, "o lado objetivo da estrutura doméstica dos homens da corte", constitui o ponto de partida. Ele é distinto, mas totalmente indissociável, dos aspectos "subjetivos" dessa estrutura, do modo como os próprios grupos participantes a vivenciam e a fundamentam.

Considerada assim, a investigação da estruturação das casas e do espaço na sociedade de corte possibilita uma primeira visão, ainda restrita, da estrutura social com que tais configurações têm a ver. Desse modo, enxergamos as coisas tanto a partir da *perspectiva-eles* quanto a partir da *perspectiva-nós*: ela é vista como figuração de outros homens, a respeito dos quais dizemos "eles"; ao mesmo tempo, ela é vista da maneira como aqueles homens a viam, como eles viam a si mesmos, quando diziam "nós".

Trata-se de uma sociedade de ordens hierarquizadas. Mas essa sociedade absolutista diferencia-se da anterior, a sociedade de ordens medieval, pelo fato de que o ocupante do trono inegavelmente passou a predominar sobre as outras ordens. A divisão do poder da sociedade de ordens medieval, ainda relativamente instável, deu lugar a uma divisão de poder estável. É inegável que o poder do rei sobrepuja de longe o de todos os outros nobres, do alto clero e dos altos funcionários. Isso se expressa simbolicamente no fato de nenhum outro homem estar em condições ou ter a ousadia de construir uma casa que se assemelhe à do rei ou a supere. Seguem-se na hierarquia, após os outros membros da casa real, os três quadros de elite, a alta *noblesse d'épée*, o alto clero, o corpo da alta magistratura e administração. Todos têm sua hierarquia interna. Depois deles vêm as camadas médias e inferiores de cada um dos três quadros. Um pouco à margem dessa linha hierárquica acompanham-nos os financistas, burgueses que se tornaram muito ricos. Entre seus representantes que mais sobressaem estão os *fermier généraux*, além de outros homens que financiam empreendimentos do Estado.

O "terceiro estado" já não é rigorosamente um estado, e sim um receptáculo de diversos grupos profissionais, cuja estrutura social corresponde cada vez menos à noção de "estado", imposta de cima. Pertence a esse "estado", como a camada mais baixa, o que denominam *"peuple"* (camponeses, pequenos proprietários, artesãos, trabalhadores, lacaios e outros criados). Todavia, também fazem parte dele — pensando na bipartição das *"maisons particulières"*, que corresponde pelo menos aproximadamente à divisão desse estado — as camadas médias da burguesia, em toda uma escala de gradações, "negociantes, fabricantes, advogados, procuradores e médicos, atores, professores ou padres, funcionários, empregados e caixeiros". Grupos de elite saídos do terceiro estado ascenderam à *noblesse d'épée* — os que ocupavam os cargos mais importantes na justiça e administração, os financistas e a intelectualidade burguesa, formada por escritores. Com esses três grupos ficam indicadas as três vias de ascensão social da burguesia. Há muito que a alta magistratura reivindicava os mesmos direitos e prestígio da *noblesse d'épée*. Os *fermiers généraux* tinham que se contentar em sobrepujá-la nos aspectos exteriores. A *Enciclopédia* coloca a alta magistratura no mesmo nível dos nobres de berço e também do alto clero.[37] Em termos de poder, as cortes supremas, sobretudo o parlamento, podem medir-se com a nobreza e o clero a partir da morte de Luís XIV. Contudo, na estrutura de dominação absolutista, eles constituem uma espécie de poder de oposição moderada. Lutam por suas reivindicações de poder e pelo prestígio de sua ordem social; mas nunca foram totalmente reconhecidos. A rigor, à exceção das famílias que se tornaram nobres no reinado de Luís XIV, permanecem como membros de uma camada burguesa quanto a seus privilégios. Por isso, seu grupo de elite forma uma nobreza à parte, a *noblesse de robe*, que nunca perde seu caráter de nobreza à parte, apesar do crescente poder em suas mãos. Também em termos de círculos sociais, as casas da *noblesse de robe* não desempenham o mesmo papel das casas da nobreza de corte, pelo menos na capital, que é o lugar em questão aqui. Durante todo o Ancien Régime e até pouco antes da Revolução, a nobreza de corte forma, como que por obrigação e tendência de seu estado, o núcleo da "boa sociedade de corte", do *"monde"*, da *"bonne compagnie"*. Essa boa sociedade compõe-se de uma rede de relações sociais, cujo grupo central, mais destacado e determinante, é o da alta nobreza de corte. À margem da "boa sociedade" ficam os círculos sociais dos financistas. Exceto por algumas ligações entrecruzadas — como por exemplo o salão do presidente Hénault —, a magistratura, núcleo de um jansenismo que nunca foi encarado seriamente na sociedade de corte, constitui em Paris uma esfera social à parte.[38]

Outros burgueses que pertencem aos círculos sociais do "*monde*", no século XVIII, sobretudo membros da intelectualidade burguesa, encontram-se ali via de regra mais como convidados do que como hóspedes, o que certamente é significativo para a estrutura de tal "*society*". É nos *hôtels* e não nas casas burguesas que eles se reúnem, locais em que encontram condições para satisfazer suas exigências sociais, onde são gerados aqueles requintes que amalgamam os diversos elementos do "*monde*" distinguindo-o de quem os observa de baixo: o "*savoir-vivre*" compartilhado por todos, a unidade da cultura espirituosa, o refinamento das maneiras e a formação do bom gosto. Por meio de tais qualidades, imediatamente visíveis e tangíveis, os participantes do "*monde*" elevam-se da massa dos homens ordinários. Em conexão com eles, produz-se ali a consciência específica do prestígio e da representação, que se mostra como fator marcante da estruturação das casas. Segundo os Goncourt a propósito do maior e mais influente salão do século XVIII, o da marechala de Luxemburgo,

> era um tipo de reunião de ambos os sexos, cujo objetivo era diferenciar-se da má sociedade, das reuniões vulgares, da sociedade provinciana, pela realização perfeita das formas agradáveis, pelo refinamento, pela amabilidade, pelas boas maneiras, pela arte da reserva e do bem viver. ... A aparência e o comportamento, os modos e a etiqueta eram fixados com exatidão pela "boa sociedade".[39]

14. A composição diferenciada do aspecto exterior como instrumento da diferenciação social, a representação do nível hierárquico pela forma, tudo isso caracteriza não só as casas, mas também a organização da vida da corte como um todo. A sensibilidade desses homens para as ligações entre o nível social e a configuração visual de tudo o que faz parte de sua esfera de atuação, incluindo seus próprios movimentos, testemunha e expressa a situação social em que eles se encontravam.

> Certamente, diz a *Enciclopédia* ao descrever a construção das habitações, o nível social de quem manda construir é a fonte das diversas formas de expressão. Mas como é possível ater-se a elas sem frequentar o "*monde*", onde se aprende a diferenciar o estilo que convém a cada habitação, para cada proprietário, assim como as exigências de cada um? ... Não se pode duvidar de que é por ele — pelo contato com a boa sociedade — que se adquire sensibilidade para o que é apropriado; aprende-se a observação das boas maneiras; desenvolve-se a faculdade de julgar; é onde nasce a capacidade de ordenar as ideias; é onde se adquire a pureza do gosto e o conhecimento positivo do caráter apropriado a cada construção.

A atitude expressa em tais noções aponta uma determinada antinomia nessa sociedade. O que hoje em dia aparece como luxo, numa consideração retrospectiva, não é nada supérfluo numa sociedade assim estruturada, como Max Weber reconhece. Veblen apresenta o "luxo" como "*conspicuous consumption*", como "consumo ostentatório". Numa sociedade em que cada manifestação pessoal tem um valor socialmente representativo, os esforços em busca de prestígio e ostentação por parte das camadas mais altas constituem uma necessidade de que não se pode fugir. Trata-se de um instrumento indispensável à autoafirmação social, especialmente quando — como é o caso na sociedade de corte — todos os participantes estão envolvidos numa batalha ou competição por status e prestígio.

Um duque tem que construir sua casa de uma maneira que expresse: sou um duque e não um conde. O mesmo vale para todos os aspectos de seu estilo de vida. Ele não pode tolerar que outra pessoa pareça mais um duque do que ele próprio. Precisa certificar-se de que tem a primazia frente ao conde na convivência oficial em sociedade. Se governasse um país, teria sempre a primazia, por sua função real, pela grandeza e extensão de seu poder. Manifestá-la na convivência social seria importante, contudo não seria algo indispensável, pois ele não a iria realizar apenas aqui. Entretanto, os diversos níveis da nobreza já não comportam praticamente nenhuma função de soberania na sociedade absolutista de ordens. Trata-se na verdade de títulos que o rei confere. Caso estejam ligados à posse de uma terra esta representa uma fonte de rendimentos mais do que um território sob o domínio do nobre. Pois é apenas o rei quem governa o país. Assim, o modo essencial de marcar uma posição social é documentá-la por meio de um estilo de vida apropriado, segundo os parâmetros desse nível. A coerção de representar o nível social é inexorável. Se falta o dinheiro necessário para isso, o nível social passa a ter uma realidade muito restrita, o mesmo ocorrendo com a existência de seu ocupante na sociedade. Um duque que não mora da maneira como um duque deve morar, e que portanto também não pode mais cumprir as obrigações sociais que seu título supõe, praticamente deixa de ser um duque.

Expõe-se assim o entrelaçamento peculiar que nos permite entender a conduta econômica dos grandes senhores. Para a manutenção de sua existência social, o comerciante precisa regular suas despesas de acordo com suas receitas. O grande senhor do Ancien Régime precisa regular suas despesas de acordo com as exigências de sua posição. A expressão "*noblesse oblige*" representa, em seu sentido original, um ethos que é diferente daquele orientado economicamente pelas camadas de profissionais burgueses. A antinomia da existência social dessa nobreza de corte é tanto mais fortemente perceptível quanto mais a economia francesa seguir a racionalidade econômica dos homens que a formam. Essa antinomia consiste no fato de que as despesas são reguladas de acordo com o nível social, enquanto a receita não é regulada da mesma maneira, ou seja, de acordo com as obrigações de representação ditadas pela sociedade.

Para os nobres, no que diz respeito à existência social e ao estilo de vida, a situação era dificultada no decorrer do século XVIII pelo fato de que tinham de concorrer cada vez mais com as camadas burguesas em ascensão, sobretudo os *fermiers généraux*. Não é à toa que esses são considerados mais como pertencendo às camadas privilegiadas do que às camadas profissionais. Também não é à toa que "tornar-se *fermier général*" denomina-se "*prendre un état*". Numa medida maior ou menor, os *fermiers généraux* assimilaram as formas de comportamento e de neutralidade da sociedade de ordens. Sua posição, embora ainda pobre quanto às tradições, exigia uma representação social. Aqui, assim como na magistratura, de fato não estamos lidando com camadas profissionais burguesas, mas com camadas burguesas privilegiadas. Nesse caso, devemos ressaltar que pelo menos a elite da magistratura é composta, em grande parte, de pessoas provenientes de famílias cuja ascensão, cujo destaque em relação às camadas burguesas, efetivou-se já no decorrer do século XVII, e que mantiveram suas posições a partir de então. As famílias de financistas de que ouvimos falar no século XVIII, por sua vez, tiveram sua ascensão consumada apenas nesse século, quase sem exceções. Contudo, também devemos reconhecer a partir de sua atitude que a motivação[40] por nível social, honra e prestígio é mais importante do que a motivação por "interesses" econômicos, embora surjam frequentemente formas de transição e misturas entre as duas.

A exigência de se destacar, de se diferenciar dos que não fazem parte daquele grupo social, de se evidenciar socialmente, encontra sua expressão linguística em conceitos como "valor", "consideração", "distinção",[41] além de muitos outros, cujo uso corrente é uma senha de quem faz parte do grupo e uma prova do comprometimento com ideais sociais. A própria expressão, como as atitudes e os valores que ela simboliza, passa para as famílias burguesas em ascensão, para os financistas, que assimilam a sociedade de corte. Em sua esfera, as noções de "economia" e "interesse" perdem seu primado. A motivação pela "honra", as exigências de distinção e de prestígio tomam seu lugar após uma ou duas gerações.[42]

O estilo de vida dos *fermiers généraux*, por sua vez, tem influência retroativa sobre o dos grandes senhores. Os impulsos da moda, agora também determinados por aquele estilo, estimulam esse. Evitá-los significa sempre uma perda de prestígio. Ao mesmo tempo, os preços sobem;[43] enquanto as rendas da nobreza permanecem iguais, aumenta sua necessidade de dinheiro.

# IV | Particularidades da figuração aristocrática de corte

1. Como vemos, as implicações da existência social de uma camada ociosa não são menos opressivas e inevitáveis do que as implicações que levam à ruína uma camada trabalhadora. É essa situação que se expressa nas palavras do duque de Croy: *"Ce sont les maisons qui ont écrasé la plupart des grandes families."* ["Foram as casas que esmagaram a maioria das grandes famílias."]

A figuração específica que cultiva uma tal atitude, e necessita dela para se manter, fez-se visível até aqui apenas como uma indicação. Todavia, neste tipo de investigação, a própria atitude específica que surge do entrelaçamento na sociedade de corte aparece de um modo mais claro, para o observador, quando se deixa para trás a sobreposição pelos valores heterônomos, o encobrimento pelo ethos econômico da burguesia. Esse ethos econômico não é algo óbvio. Os homens nem sempre agem de acordo com seus mandamentos, independente de qual seja a sociedade em que vivem, desde que possam pensar de modo "racional" ou "lógico". O fato de a atitude da aristocracia de corte ser diferente da atitude burguesa, em relação ao ganho e ao gasto de dinheiro, não se explica simplesmente pela suposição de um acúmulo de erros e falhas pessoais de homens singulares. Não se trata aqui de uma epidemia da arbitrariedade, nem do enfraquecimento da capacidade de previsão e de autocontrole por parte dos indivíduos envolvidos. Aqui encontramos um outro sistema social de normas e valores, cujos mandamentos são obrigatórios para os indivíduos, a não ser quando eles renunciam à convivência em seu círculo de sociedade, à participação em seu grupo social. Tais normas não podem ser esclarecidas a partir de um mistério encerrado no peito de grande número de homens singulares; elas só podem ser esclarecidas em conexão com a figuração específica que os muitos indivíduos formam conjuntamente, e com as interdependências específicas que os ligam uns aos outros.

2. De um lado está o ethos social dos profissionais burgueses, cujas normas obrigam as famílias a submeter as despesas às receitas, mantendo sempre que possível o consumo diário abaixo do nível do que se recebe, de modo que a diferença constitua uma economia a ser investida, na expectativa de ganhos maiores no futuro. Neste caso, a garantia da posição familiar alcançada e sobretudo a garantia do êxito social, da obtenção de mais status e prestígio, depende de uma estratégia de ganhos e despesas a longo prazo, na qual os indivíduos subordinam suas

tendências consumistas efêmeras, sem grandes divergências, ao ethos de poupar para ganhos futuros (*saving-for-future-profit ethos*).

O consumo de prestígio diferencia-se desse cânone burguês de comportamento. Em sociedades nas quais predomina o outro ethos, o do consumo em função do status (*status-consuption ethos*), o mero asseguramento da posição social de uma família — assim como uma melhora da aparência e do êxito na sociedade — dependem da capacidade de tornar os custos domésticos, o consumo, as despesas em geral, dependentes em primeira instância do nível social, do status ou prestígio possuído ou almejado. Alguém que não pode mostrar-se de acordo com seu nível perde o respeito da sociedade. Permanece atrás de seus concorrentes numa disputa incessante por status e prestígio, correndo o risco de ficar arruinado e ter de abandonar a esfera de convivência do grupo de pessoas de seu nível e status. Essa obrigação de gastar de acordo com o nível social requer uma disciplina no uso do dinheiro que é diferente da burguesa. Uma expressão paradigmática desse ethos social encontra-se numa atitude do duque de Richelieu descrita por Taine[1]: Ele dá a seu filho uma bolsa com dinheiro para ensiná-lo a gastar como um *grand seigneur;* como o jovem traz de volta o dinheiro, o pai atira a bolsa pela janela diante dos olhos de seu filho. Trata-se de socialização ditada por uma tradição social que marca o indivíduo com a ideia de que seu nível social lhe impõe uma obrigação de prodigalidade. Até o fim do século XVIII, e ocasionalmente mesmo depois da Revolução, o termo "*économie*", no sentido de submeter os gastos aos rendimentos e à restrição planejada do consumo a fim de economizar, tem um sabor de desprezo nas bocas de aristocratas da corte. Trata-se de um símbolo da virtude de gente pequena. Como vemos, em sua investigação do "consumo de prestígio" Veblen ainda é ofuscado pelo uso, sem a devida crítica, de valorações burguesas como parâmetro para os comportamentos econômicos de uma outra sociedade. Com isso, ele obstrui o caminho para uma análise sociológica do consumo de prestígio. Não enxerga claramente as coerções sociais que estão por trás dele.

Tipos de gastos por prestígio, de consumo sob a pressão de uma concorrência pelo status, são encontrados em muitas sociedades. Um exemplo conhecido é a instituição da *potlatch* por algumas tribos norte-americanas, os Tlingit, Haida, Kwakiutl, entre outros. Pelos seus costumes, o status, nível e prestígio de uma família, além dos privilégios sociais associados a eles, são sempre postos à prova, de tempos em tempos, pela obrigação que as pessoas têm de fazer despesas muito altas na forma de imensos banquetes ou presentes riquíssimos, que são oferecidos principalmente para os rivais em termos de prestígio e de status. Durante os séculos XVII e XVIII, assim como na França, na Inglaterra também havia períodos de acirrada competição por prestígio e status no seio das camadas sociais mais altas, o que se expressava na construção de casas suntuosas ("*stately homes*", nos termos atuais). Todavia, na Inglaterra o rei e a corte não constituíam um centro de poder que sobrepujava todos os outros. Por isso as camadas sociais superiores não tinham um caráter de corte na mesma medida que na França. As barreiras sociais entre as elites nobre e burguesa — cuja consolidação era considerada crucial por Luís XIV na França como uma importante condição de salvaguarda de seu poder, e cuja manutenção ele supervisionava cuidadosamente — eram mais imprecisas e permeáveis. As pessoas da camada de ricos proprietários de terras especificamente inglesa, a *gentry*, construíam suas residências visando o prestígio e participavam do consumo em busca de status, sob a pressão de uma rivalidade interminável, com o mesmo ímpeto das famílias aristocráticas dominantes. E também havia uma série de famílias da *gentry* que se arruinava dessa maneira.

Olhando de longe, a ruína de famílias pode parecer, nesses casos, simplesmente o fracasso pessoal de determinadas famílias em particular. E em certo sentido é justamente o que ocorre. Quando alguém perde a disputa de uma corrida, com certeza isso significa que aquele competidor, pessoalmente, não foi capaz de correr tão bem quanto seus rivais. Mas as disputas são constituídas de tal modo que necessariamente há perdedores, a não ser quando elas terminam sem uma decisão. As camadas superiores com um ethos do consumo em função do status e uma forte concorrência em busca dele são constituídas de tal modo que sempre há uma série de famílias destinada a se arruinar naquelas sociedades.

3. Montesquieu esboçou um dos primeiros modelos sociológicos existentes na Europa com o propósito de esclarecer, em seu campo de observação, a regularidade da ruína de famílias nobres. Ele apresenta essa decadência de famílias da *noblesse d'épée* como uma fase na circulação social de famílias entre as ordens. Seu modelo parte de duas precondições, que são determinantes para a estrutura de sua sociedade, assim como para sua própria ordem. O ponto de partida é supor que as barreiras legais, e todas as outras que separam os diferentes grupos de elite de sua sociedade, permanecem intocadas. Segundo sua maneira de pensar, as diferenças entre os quadros das ordens dominantes na sociedade francesa não podem e não devem ser abolidas, o mesmo ocorrendo quanto às diferenças entre as ordens em geral. Ao mesmo tempo, percebe que no interior dessa estrutura rígida das ordens e suas elites existe uma circulação constante de famílias em queda e em ascensão.

Uma das barreiras mais importantes que separam da massa do povo as duas formações nobres na sociedade francesa, a *d'épée* e a *de robe*, é a proibição legal de os nobres tomarem parte em qualquer empreendimento comercial. Aumentar os rendimentos dessa maneira tem um valor de desonra, levando à perda do título e da posição. Montesquieu considera útil tal proibição, realmente indispensável para a instituição de uma monarquia absolutista. Em tal organização, cabe a cada grupo de elite, como ele argumenta,[2] uma recompensa social de determinado tipo, diferente da de todos os outros. É justamente isso que as estimula:

> A recompensa dos *fermiers généraux* é a riqueza, e a riqueza compensa por si mesma. A glória e a honra são a recompensa daqueles nobres que não conhecem, não veem, não sentem nada mais do que fama e riqueza. A consideração e o respeito são a

recompensa dos altos funcionários de tribunais e da administração, que não encontram em seu caminho nada além de trabalho atrás de trabalho e que velam dia e noite pelo bem-estar do reino.

A partir dessas observações, vemos com bastante nitidez o ponto em que o próprio Montesquieu se encontra. Ele faz parte do grupo designado por último, o da *noblesse de robe*. A rivalidade entre essa nobreza de oficiais e a *noblesse d'épée* expressa-se distintamente em sua apresentação dos fatos. Ele raramente consegue evitar inserir algum comentário irônico quando fala da *noblesse d'épée*. Contudo, em comparação com outros comentários que os membros das duas formações rivais da nobreza fazem uns sobre os outros, as observações de Montesquieu são moderadas e amenas. Poucos homens viram tão claramente quanto ele que a regularidade com que as famílias da *noblesse d'épée* se arruinam não é apenas a manifestação de fraquezas pessoais, mas a consequência de sua situação social, e especialmente de seu sistema de valores acerca da sociedade.

De início, ele observa como seria incorreto abolir a regra que proíbe os nobres de enriquecer pelo comércio. Se acontecesse isso, retirariam dos comerciantes o principal impulso que eles têm para ganhar bastante dinheiro: quanto melhor forem como comerciantes, maior sua chance de deixar a posição comercial e de conseguir comprar um título de nobreza. Alcançando uma posição na nobreza oficial, com auxílio de sua riqueza, a família talvez possa almejar mais tarde até mesmo a *noblesse d'épée*. Quando isso ocorre, eles são logo obrigados a diminuir seu capital, por meio de despesas visando a posição. Pois a *noblesse d'épée*, diz Montesquieu com um tom levemente irônico, é constituída por pessoas que sempre pensam em como podem fazer fortuna, mas ao mesmo tempo pensam que é uma vergonha aumentar a fortuna sem começar imediatamente a dissipá-la. Trata-se daquela parte da nação que gasta o capital básico de suas propriedades para servir à nação. Quando uma família chega a se arruinar em consequência de tais gastos, dá lugar a outra que logo começa a consumir seu capital.

Assim, no modelo de Montesquieu, fecha-se o movimento circular que leva as famílias burguesas enriquecidas que alcançaram a nobreza a se tornarem famílias nobres empobrecidas, cujos membros talvez acabem tendo que conseguir ganhar a vida com seu próprio trabalho. Uma vez privados de sua posição e de seu orgulho, eles decaem novamente para a burguesia, voltando a fazer parte do "povo". O modelo simplifica a situação, mas também ilumina essa combinação de barreiras rígidas entre as ordens, ordenadas hierarquicamente, e de suas elites, com um determinado grau de mobilidade social que torna possível a queda e ascensão individualizada das famílias de uma ordem e de uma elite para outras.

4. Não é possível entender essa combinação de rigidez e mobilidade das camadas sociais sem lembrar que na forma, observada por Montesquieu, ela constitui parte integrante do aparelho de dominação absolutista na França. Em sua juventude, Luís XIV havia sentido na própria pele o quanto pode ser perigoso para a posição

do rei quando as elites, sobretudo a *noblesse d'épée* e os altos funcionários da justiça e da administração, superam seus antagonismos mútuos e se juntam para agir contra o rei. Talvez ele também tenha aprendido a partir da experiência dos reis ingleses, que deviam as ameaças e o enfraquecimento de suas posições à oposição de grupos nobres e burgueses reunidos. Em todo caso, faziam parte das máximas mais rigorosas de sua estratégia de dominação o fortalecimento e a estabilização das diferenças existentes, das contraposições e rivalidades entre as ordens, especialmente entre as elites de cada ordem e, dentro delas, entre os diversos níveis e patamares de sua hierarquia de prestígio e de status. Era algo evidente, como será mostrado adiante com mais precisão, que as contraposições e os ciúmes entre os grupos de elite mais poderosos de seu reino constituíam algumas das condições fundamentais da abundância de poder do rei, a qual se expressa em conceitos como "irrestrito" ou "absolutista".[3]

O longo reinado de Luís XIV contribui muito para que a rigidez e o rigor específicos, suscitados pelo uso constante da diferenciação de ordens e de níveis sociais como instrumentos de dominação do rei, tornem-se perceptíveis também nos pensamentos e na sensibilidade dos próprios grupos, como um traço de caráter essencial de suas convicções. Graças a tal enraizamento nas convicções, nas valorações e nos ideais dos súditos — da competição acirrada em termos de nível, status e prestígio —, as tensões e os ciúmes surgidos e exacerbados entre as diferentes ordens e níveis sociais, e especialmente entre as elites rivais dessa sociedade articulada hierarquicamente, reproduziam-se como uma máquina em movimento no vazio, renovando-se sempre. E a renovação continuou mesmo quando o jogo consciente do equilíbrio de tensões e o controle sistemático pelo rei deram lugar, após a morte de Luís XIV, a uma manipulação bem mais frouxa e pouco sistemática. Como em outros casos, aqui também a adaptação de grupos inteiros de pessoas a atitudes que, a princípio, são forçadas ou pelo menos fortalecidas pela dependência de outros, que dominam tais grupos, contribui notavelmente para transformar em rotina as tensões e os conflitos.

O que aparece aqui, na investigação das diferenças e dos conflitos entre as elites, vale igualmente para a mobilidade social que, apesar de todas as rivalidades e diferenças, conduzia de um nível social para outros. Essa mobilidade, isto é, o declínio e a ascensão social de famílias no interior da sociedade de ordens, é determinada inicialmente por fatores sociais; ou seja, não é criada por nenhum indivíduo, por nenhum rei. Assim como a própria estratificação por ordens, o declínio e a ascensão de famílias são a princípio manifestações da dinâmica inerente de tal figuração. Porém, quando o equilíbrio de poderes de toda essa figuração de indivíduos, após uma série de conflitos entre os membros de cada ordem e o rei, pende em favor deste último — como é o caso na França do século XVII, depois de muitas oscilações —, então o ocupante do trono tem a chance de controlar a mobilidade social de acordo com os interesses de sua posição, ou simplesmente de acordo com seus próprios interesses e inclinações. Luís XIV fez isso com grande consciência.[4] Depois de sua morte, a exploração de tais oportunidades torna-se uma espécie de rotina; no final ela acaba voltando a se integrar, um pouco mais, à luta interna pelo poder, por parte das formações de elite da corte e de fora dela.

Enquanto a margem de manobra da posição real permanece grande o bastante, os reis e seus representantes têm nas mãos o controle sobre a ascensão social das ricas famílias burguesas, em interesse próprio e segundo lhes convém, por meio da concessão de títulos de nobreza. Como eles também estão vinculados em larga escala ao ethos do consumo por prestígio, à obrigação de considerar seu nível social como o critério básico de suas despesas, é comum que usufruam de seu direito de nobilitação como uma fonte de renda conveniente.

Assim como a ascensão social pode ser controlada e dirigida a partir da posição do rei no âmbito de tal figuração, a decadência social também pode ser controlada e dirigida, dentro de certos limites, a partir do trono. O rei pode aliviar ou evitar o empobrecimento e a ruína de uma família nobre por meio de seu favorecimento pessoal. Ele pode vir em auxílio da família concedendo um cargo na corte ou um posto militar ou diplomático. Pode torná-la beneficiária de uma das prebendas à sua disposição. Pode simplesmente dar-lhe uma quantia em dinheiro, por exemplo na forma de uma pensão. O favorecimento do rei é, por conseguinte, uma das oportunidades mais promissoras que as famílias da *noblesse d'épée* têm para impedir o círculo vicioso do empobrecimento provocado por suas despesas de representação. É compreensível que as pessoas não quisessem abrir mão dessa oportunidade comportando-se de uma maneira que fosse desagradável ao rei. Como notou Montesquieu em certa passagem, o rei faz seus súditos pensarem "como ele quer". Não é difícil entender o que torna isso possível, quando pesquisamos a rede de dependências em que o rei e seus súditos se encontram envolvidos aqui.

5. O significado que as construções da corte e sua arquitetura têm, aos olhos da sociedade em questão, também só vem à tona quando o entendemos em conexão com a rede de interdependências específica em que os proprietários e seu círculo social estão envolvidos. A compreensão desse envolvimento é dificultada, hoje em dia, pelo fato de que se tornou possível, nas sociedades industriais desenvolvidas, dispor de um elevado status social e de um grande prestígio na sociedade sem pôr à prova publicamente esse status por meio de uma ostentação rica e dispendiosa, de vestuário, habitação e todo um estilo de vida. A pressão social para o consumo em função do status e a concorrência pelo prestígio, que exige despesas financeiras como símbolo de status, com certeza não desapareceram. Muito do que se diz aqui acerca da sociedade de corte sugere analogias com as sociedades de nações industrializadas, facilitando uma compreensão conceitual mais precisa de semelhanças e diferenças estruturais. Assim, certamente também se observa nas camadas mais altas de sociedades industriais uma pressão social para elevar-se socialmente, por meio de diversos modos de consumo em função do prestígio, e uma concorrência em torno das oportunidades de status — condicionada, em parte, pela rivalidade

na exibição de símbolos de status e prestígio relativamente caros. A diferença mais decisiva é que o consumo em função do prestígio e a coerção para representar são nitidamente mais privatizados nas camadas superiores de sociedades industriais do que nas sociedades absolutistas de corte. Seu vínculo com as lutas pelo poder no seio das sociedades industriais é muito mais frouxo. Em tais sociedades, eles não se encaixam diretamente no aparelho de dominação e quase não servem como instrumentos de poder. Em consequência disso, a coerção social para o consumo em função do prestígio e para a representação do status é, comparativamente, muito mais restrita; ela não é mais tão inevitável quanto na sociedade de corte.

Portanto, entre as propriedades estruturais que mais distinguem as sociedades industriais, e que são relativamente novas e espantosas quando vistas da perspectiva de sociedades do passado, está o fato de que mesmo os grupos com maiores rendimentos, mesmo os mais ricos economizam e investem uma parte do que recebem, de modo que se tornam cada vez mais ricos (caso não invistam mal), quer queiram ou não. As sociedades de corte ricas e poderosas geralmente gastavam tudo o que recebiam no consumo representativo. A diminuição da coerção para representar, mesmo entre os grupos de elite mais poderosos e mais ricos das sociedades industriais desenvolvidas, passou a ter um significado decisivo para a conformação da arquitetura doméstica, do vestuário, assim como para o desenvolvimento do gosto artístico em geral. Além disso, os poderosos e ricos dessas sociedades nacionais não só economizam da mesma maneira que os pobres e menos poderosos, mas também trabalham da mesma maneira que eles. Podemos dizer que, sob muitos aspectos, os ricos de hoje em dia vivem como os pobres de antigamente, enquanto os pobres vivem como os ricos.

6. Nas sociedades pré-industriais, a riqueza mais respeitada era aquela que não havia sido conquistada pelo esforço, aquela pela qual não era preciso trabalhar, portanto uma riqueza herdada, principalmente as rendas provenientes de uma terra herdada. Não o trabalho em si, mas o trabalho com o objetivo de ganhar dinheiro, bem como a própria posse do dinheiro bem-recebido, ocupava os níveis mais baixos na escala de valores das camadas superiores nas sociedades pré-industriais. Era o que ocorria com uma ênfase especial na sociedade de corte mais influente dos séculos XVII e XVIII: a francesa. Ao assinalar que muitas famílias da *noblesse d'épée* viviam do seu capital, Montesquieu quer dizer, em primeira instância, que elas vendiam terras, e talvez joias ou outros objetos de valor herdados, a fim de pagar dívidas. Seus rendimentos diminuíam, mas a coerção para representar não lhes oferecia nenhuma possibilidade honrosa de limitar suas despesas. Contraíam novas dívidas, vendiam mais terras, sua renda continuava a decrescer. Aumentá-la por meio de uma participação ativa em empreendimentos comerciais lucrativos era não só proibido por lei, como também vergonhoso — do mesmo modo que limitar os gastos com a casa ou com as ostentações. A pressão da competição por status, prestígio e questões de poder era tão forte nessa sociedade quanto a competição pela acumulação de capital e por questões econômicas no

mundo das sociedades industriais. Tirando as heranças, os casamentos ricos, as mercês do rei ou de outros grandes nobres da corte, o empréstimo era o meio mais acessível para famílias em dificuldades financeiras manterem o consumo em função do status. Sem tais empréstimos, seria inevitável que uma família ficasse para trás na competição ininterrupta com suas rivais pelo status social, o que prejudicava sua autoestima e sua reputação. Como dissemos, em muitos casos só a benevolência do rei poderia salvar da desgraça completa famílias nobres endividadas.

Nem todas as famílias da sociedade de corte caíam em desgraça. Hoje em dia não é possível estabelecer uma percentagem. Neste contexto, o essencial não é o número (embora ele tenha sua significação), mas sobretudo a estrutura de interdependências a cuja pressão estavam expostos os indivíduos de tal sociedade. O risco de cair em desgraça era perceptível mesmo quando uma família conseguia manter o curso em meio às corredeiras nas quais se encontrava. Existia um certo número de posições na corte, no corpo diplomático, no Exército, na Igreja, que na verdade estava reservado para os membros de famílias da *noblesse d'épée*. Em muitos casos, pertencer à sociedade de corte ou ter relações com pessoas que circulavam na corte eram condições para o acesso a tais posições. Elas garantiam uma renda, mas traziam consigo deveres de representação. E, por último certas famílias nobres, especialmente famílias cujos status e nível estavam acima de qualquer suspeita, acabaram quebrando o tabu e começaram a participar de grandes empreendimentos industriais. Todavia, pequenos negócios e empreendimentos continuaram a ter uma reputação ruim. A princípio, essa breve exposição sobre a rede de interdependências nas quais os indivíduos da sociedade de corte estão envolvidos deve ser suficiente para introduzir o problema de uma formação de elite que é diferente, em muitos aspectos, das formações de sociedades industriais, mais familiares para nós. O que foi exposto antecipa algumas coisas que serão analisadas adiante com mais detalhes — e em parte sob outra perspectiva. Ao mesmo tempo, pode ser útil como uma introdução ao tipo de pensamento distanciado de que temos necessidade ao procurar aproximar de nossa compreensão a estrutura e a experiência de uma sociedade distinta, que se organiza de um modo diferente da nossa.

7. À primeira vista pode parecer estranho o fato de termos escolhido, aqui, a estrutura das moradias como ponto de partida para a investigação de uma rede de interdependências sociais. Talvez seja inesperada, em especial, a ligação da estrutura das casas da aristocracia com as estruturas de dominação absolutistas. Hoje em dia já se tornou habitual distinguir rigorosamente o que denominamos "sociedade" e o que denominamos "Estado", sem articular, com a distinção conceitual, também uma representação clara da relação entre as duas noções. Habituamo-nos a pensar que os fenômenos sociais podem ser ordenados em certos escaninhos conceituais, sem questionar a relação entre eles. Tais fenômenos são classificados como políticos, econômicos, sociais, artísticos, e de muitas outras maneiras, como

Particularidades da figuração aristocrática de corte 93

se isso fosse óbvio, sem uma comprovação da adequação dos conceitos classificatórios aos fatos observados, e sem ter em vista um esquema claro das relações entre as diferentes classes. Tal esquema de classificação, que certamente se relaciona com as diferenciações profissionais específicas das sociedades nacionais industrializadas, é aplicado como uma evidência inquestionável a sociedades que estão em outro patamar de diferenciação, o que dificulta de modo bastante considerável a compreensão destas últimas.

Não reduzimos o prazer estético ligado à arquitetura da corte, nem o seu significado artístico, ao investigar a situação social dos cortesãos e a correlação entre a figuração social e a estrutura das casas. Para a rede de dependências que conduz da estrutura de poder para a estrutura habitacional, é significativa a constatação da *Enciclopédia* de que nenhum outro palácio podia igualar o palácio real em termos de decoração. Como vimos, a regra se aplica a todos os níveis sociais. Espera-se que uma família da alta nobreza de corte, não pertencente à família real, guarde a devida distância, na decoração de sua residência, em relação à residência de um príncipe de sangue. O mesmo vale para todos os patamares, até os níveis sociais mais baixos. Assim, a tolerância aos desvios da norma, como por exemplo no caso dos financistas ricos, sob a pressão da concorrência por status, depende da divisão de poder que realmente está em jogo. Nas sociedades que nos são mais familiares, a interdependência da divisão de poder social como um todo e os diversos aspectos do que classificamos como "vida particular", incluindo portanto a estrutura habitacional, é, comparativamente, indireta e mediada. Nas sociedades de corte, essa interdependência é muito mais direta; ela se apresenta imediatamente para os envolvidos. E como, em comparação com as sociedades industriais, a diferença entre o lado "público" e o "particular" é muito menos acentuada na sociedade de corte, a distinção conceitual rigorosa entre as esferas da vida "pública" e "particular", usada de modo corriqueiro nas sociedades industriais, não tem muito cabimento quando aplicada aos cortesãos.

8. Aprendemos a entender melhor o contexto social de nossa própria vida quando nos aprofundamos no de pessoas pertencentes a uma outra sociedade. A investigação da sociedade de corte revela, com mais clareza do que se estudássemos apenas nossa própria sociedade, que nossa escala de valores constitui um elo na corrente de interdependências a que estamos submetidos. Teorias filosóficas e sociológicas tratam com frequência do que denominamos "valores" ou "juízos de valor", como algo já dado, algo "definitivo" e "absoluto". Parece então que os indivíduos decidem com total liberdade quais valores e juízos de valor querem adotar. Deixa-se de lado a pergunta sobre a origem dos valores que os homens escolhem, da mesma maneira que as crianças não perguntam de onde Papai Noel traz os presentes ou de onde a cegonha traz os bebês. Tende-se a ignorar as limitações e as coerções a que as pessoas ficam submetidas pelos valores que assumem e pelos juízos de valor de que se apropriam.

O que foi dito aqui sobre a sociedade de corte permite uma melhor compreensão das relações entre estruturas de dominação, estruturas sociais e juízos de valor. Trata-se de uma sociedade na qual a posse de um título de nobreza é mais valiosa, para quem cresce ali, do que a posse de uma riqueza acumulada; na qual pertencer à corte do rei ou mesmo ter o privilégio de comparecer à presença do rei — de acordo com as estruturas de poder existentes — é algo extraordinariamente importante na escala dos valores sociais. Nesse caso, é difícil escapar à exigência de conciliar os objetivos pessoais com os valores e normas sociais e tomar parte na competição por tais oportunidades, por mais que a posição social da família e a avaliação das próprias capacidades se prestem a isso. O que se considera um objetivo digno do esforço, do empenho perseverante, nunca é determinado, a nossos próprios olhos, apenas pelo acréscimo de satisfação e de valor proporcionado por cada passo rumo a essa meta, mas também pela expectativa de uma confirmação dos próprios valores ou do acréscimo de atenção e de importância aos olhos dos outros. Não pode haver, para um homem saudável, nenhum ponto de discrepância absoluta entre a imagem que ele faz de seus valores, ou dos valores a que seus esforços se dirigem, e o fato de essa imagem ser ou não confirmada pela atitude de outros homens.

Essa interdependência constitutiva dos juízos de valor emitidos por muitos indivíduos numa sociedade torna difícil, se não impossível, para os homens singulares a busca de consumar seus esforços e empenhos de uma maneira que não lhes ofereça oportunidade alguma, no presente ou no futuro, de gerar recompensas na forma de atenção, reconhecimento, amor, admiração, em suma, na forma de uma confirmação e elevação de seus valores aos olhos dos outros. Em outras palavras, essa interdependência dos valores restringe a possibilidade de que um homem singular cresça sem que os juízos de valor da sociedade venham a fazer parte de seu próprio ser. É muito pequena a probabilidade de que um indivíduo consiga manter-se isolado, sem participar em sentido algum da competição por oportunidades que ele sente e considera como algo de valor para os outros, sem procurar a realização de seus esforços de um modo que lhe assegure uma comprovação de seus valores por parte das outras pessoas. Muitas — se não todas — das oportunidades pelas quais os indivíduos da sociedade de corte lutavam, frequentemente dedicando sua vida a isso, foram perdendo brilho e importância. Como as pessoas podiam exaltar-se só por causa dessas ninharias — seria o caso de perguntar — ou podiam orientar sua vida inteira para essas metas sem sentido? Contudo, embora o brilho de muitos valores elevados tenha se apagado junto com a estrutura de poder que lhes dava sentido, a situação dos indivíduos em tal sociedade pode ressurgir de modo claro e vívido, na investigação sociológica, também para indivíduos de uma outra sociedade. O mesmo vale para a compreensão, ligada a tal situação, da interdependência dos valores que vinculam aos homens singulares o anseio por aquelas metas que são consideradas valiosas na sociedade. Não é preciso compartilhar dos critérios dos cortesãos para entender que fazem parte das coerções de sua existência social e que, para a maioria dos envolvidos, era difícil, se não impossível, escapar da competição pelas oportunidades consideradas valiosas socialmente. Na sociedade de corte, o sentido da vida para um duque estava no fato de ser um duque, para um conde, no fato de ser um conde, para cada privilegiado, no fato de ser um privilegiado. Qualquer ameaça à posição privilegiada de uma determinada casa, assim como ao sistema hierarquizado de privilégios como um todo, significava uma ameaça àquilo que dava valor, importância e sentido aos indivíduos dessa sociedade, a seus próprios olhos e aos olhos das pessoas com quem conviviam e que tinham uma opinião sobre eles. Qualquer perda de privilégio significava um esvaziamento de sentido de suas existências. Em função disso, cada um deles tinha de cumprir, também, com os deveres de representação que estavam ligados às suas posições e aos seus privilégios. Correspondendo às gradações dos níveis sociais e às posições nessa sociedade estratificada, havia polaridades de valor dos tipos mais diversos. Todo o sistema era carregado de tensões. Era impregnado de inumeráveis rivalidades por parte dos homens que procuravam proteger suas posições, demarcando-as contra os níveis inferiores, e que talvez tentassem, ao mesmo tempo, melhorá-las em relação às camadas superiores, diminuindo as distâncias. Saía faísca de todos os lados. Entretanto, apesar de grupos de intelectuais da corte terem começado a questionar o próprio sistema de privilégios, a massa dos privilegiados havia ficado firmemente atada, como mostraremos adiante, à sua própria engrenagem. Enquanto havia infindáveis tensões e conflitos em torno de determinadas regalias, a ameaça às regalias como tais significava, para a maioria dos privilegiados, uma ameaça genérica àquilo que dava sentido e valor às suas vidas. Como em outras sociedades, na sociedade absolutista da França também havia lugar para homens que procuravam a realização pessoal desviando-se dos campos centrais de oportunidades e valores, das lutas e competições por essas oportunidades. Os mosteiros e algumas outras posições na Igreja ofereciam tais possibilidades de desvio e retiro. Mas na maioria das vezes abriam caminho, por seu lado, para outras formas de competição por status e prestígio.

9. Dissemos que muitas coisas que os cortesãos consideravam dignas de seus esforços e de seu empenho perderam o brilho, parecendo quase sem valor. Entretanto nem todas as coisas se desvalorizaram. Intimamente ligada a valores hierárquicos de corte que não perderam completamente seu sentido e seu brilho está toda uma série de obras de arte e de literatura que refletem uma forma de bom gosto específico da sociedade de corte, incluindo um bom número de residências. Compreende-se melhor a linguagem das formas quando se compreende o tipo de compulsão para representar e de sensibilidade estética característico dessa sociedade juntamente com a competição por status. Assim, fenômenos sociais que não perderam seu valor estão ligados a outros que se desvalorizaram. Então, como se evidencia nessa análise figuracional, a luta dos indivíduos com as coerções de sua interdependência também nunca perde totalmente seu significado, mesmo quando as coerções individuais são de outro gênero.

Concepções sobre valores humanos costumam ser classificadas, com base em uma antiga tradição filosófica, em dois grupos conceituais, que normalmente são compreendidos como diametralmente opostos. Parece, então, que todos os juízos de valor pertencem a um ou outro dos grupos: assim resta-nos somente a escolha entre a noção de que todos os valores humanos são "relativos" e a noção de que todos eles são "absolutos". Todavia, essa antítese simplista dificilmente faz justiça aos fatos observados. Seguir a correlação entre estrutura de poder e escala social de valores não significa nada mais do que acompanhar fatos que podem ser demonstrados de modo confiável. Não significa que estamos fazendo o discurso de um relativismo absoluto dos valores. Por outro lado, tal constatação também não significa, por si mesma, que estamos defendendo um absolutismo dos valores. Quando nos empenhamos em trabalhar com categorias teóricas que podem ser comprovadas e mantidas ao longo da própria pesquisa científica, essas classificações filosóficas tradicionais acabam por mostrar-se simplificações bastante grosseiras. Os problemas que encontramos no decorrer da pesquisa sociológica são muito mais complexos e sutis do que essas antíteses simplistas sugerem. O desperdício da vida humana a serviço de valores efêmeros, mas que na época eram considerados eternos, pode ser observado em toda parte no desenvolvimento das sociedades humanas. Entretanto, às vezes as vítimas sacrificadas em nome de valores efêmeros contribuem para a criação de obras humanas ou de figurações humanas com valor duradouro. Só com o auxílio de investigações comparativas, empenhadas também na compreensão de estruturas de poder e escalas de valores que acabaram perdendo o sentido, podemos ter esperança de chegar a uma imagem clara das estruturas de poder e escalas de valor com possibilidade de maior duração e constância.

# V | Etiqueta e cerimonial: comportamento e mentalidade dos homens como funções da estrutura de poder de sua sociedade

1. Para compreender o comportamento da aristocracia de corte, em suas peculiaridades, e o ethos cortesão da boa sociedade no Ancien Régime, é necessária uma imagem da estrutura da corte. Contudo, a relação da "boa sociedade" com a corte nem sempre foi a mesma.

O "*monde*" do século XVIII era, em comparação com as relações sociais de hoje em dia, uma formação social extraordinariamente rígida e coerente. Por outro lado, era bem mais flexível em relação ao "*monde*" do século XVII, sobretudo em relação à boa sociedade da época de Luís XIV. Pois sob Luís XIV a corte não era apenas o centro essencial e determinante da sociedade. Como o rei não aprovava, por motivos que serão discutidos mais tarde, a fragmentação do convívio social e a constituição de círculos fora da corte — embora fosse impossível evitá-los totalmente —, a vida social concentrava-se em grande medida na própria corte.[1] Trata-se de um processo gradual, em que o círculo fechado da vida social foi se desagregando após sua morte.[2] Os locais mais distintos para o convívio social eram poucos. Um deles era o Palais Royal, onde o regente morava; outro, o Palais du Temple, onde o grão-prior de Vendôme, descendente de um filho bastardo de Henrique IV, residia já na época de Luís XIV, exceto pelo período em que esteve banido, entre 1706 e 1714, e que foi habitado em seguida pelo duque de Conti. Havia também um castelo do duque do Maine, um dos mais poderosos filhos bastardos de Luís XIV (que passou a disputar o poder político com o duque de Orléans, após a morte do rei), e de sua esposa, da ilustre casa dos Condé, que ainda superava o marido em termos de linhagem por ser uma princesa de sangue. Todos esses círculos não eram nada menos do que pequenas cortes.[3]

Sob o reinado de Luís XV, o centro de gravidade deslocou-se de tais palácios para os *hôtels*, as residências de aristocratas da corte que não eram príncipes.[4] Mas isso de modo algum diminuiu a importância da corte como centro. Nela, todas as engrenagens da sociedade acabavam se juntando; nela se decidiam ainda a posição, a reputação e, até certo ponto, os rendimentos dos cortesãos. A partir de então, a corte passou a dividir com os círculos aristocráticos apenas seu significado como centro do convívio social, como fonte de cultura. O convívio social e a cultura da alta sociedade estavam se descentralizando lentamente, expandindo-se desde os *hôtels* dos nobres da corte até os *hôtels* dos financistas. Foi nesse estágio de seu desenvolvimento que o "*monde*" produziu o fenômeno conhecido como cultura de salão.

Com o frágil reinado de Luís XVI, e o aumento da riqueza nas mãos dos burgueses, a corte foi perdendo sua importância como centro social.[5] A "boa sociedade" dispersou-se ainda mais, sem que suas fronteiras com as camadas inferiores desaparecessem totalmente; elas apenas ficaram mais difíceis de apreender para quem observa em retrospectiva.[6] Até que finalmente as tempestades da Revolução detonaram toda a estrutura. Sob o Império formou-se uma outra "boa sociedade", que tinha seu centro na corte de Napoleão; contudo, em virtude das mudanças nas condições às quais devia sua existência, ela não se compara à antiga quanto ao estilo de vida, quanto aos cuidados e ao refinamento na maneira de viver. A partir de então, a cultura social e mundana viverá da herança do século XVIII. As novas atividades a serem levadas a cabo encontram-se em outras esferas sociais.

É bom discernir as grandes linhas dessa evolução: o salão dos nobres e dos financistas do século XVIII descende do salão real da segunda metade do século XVII. É na corte de Luís XIV que efetivamente se forma e constitui a nova sociedade de corte. Conclui-se então definitivamente um processo que já estava em marcha havia muito tempo: os cavaleiros e os epígonos cortesãos da cavalaria tornam-se enfim, de modo definitivo, cortesãos no sentido próprio da expressão, indivíduos cuja existência social (e, com bastante frequência, sua renda) depende de seu prestígio, de sua posição na corte e no seio da sociedade de corte.

2. A hierarquia das casas, símbolo da hierarquia social, foi examinada anteriormente, desde as casas de aluguel até os *hôtels*, faltando portanto examinar o pináculo dessa hierarquia, o palácio do rei, verdadeiro centro da corte e da sociedade de corte, onde, mais do que em qualquer outro local, os cortesãos inspiravam a si e a toda a Europa.

O *palais* do rei encontra sua forma mais típica em uma determinada construção: o palácio de Versailles. Assim, após considerar os *hôtels*, que sob o reinado de Luís XIV não passavam de dependências do palácio real, antes de se tornarem centros da vida de corte relativamente descentralizada, devemos analisar sociologicamente, ao menos em alguns aspectos, o ponto de partida do movimento, ou seja, o próprio palácio de Versailles.

A princípio, o que vemos ao dirigir o olhar para esse edifício é algo bem característico: um complexo capaz de abrigar muitos milhares de homens. É a população de uma cidade inteira que pode se abrigar nesse local. Mas essas milhares de pessoas não moram ali da mesma maneira que os habitantes de uma cidade. Não são as famílias que constituem, como entre esses últimos, as unidades sociais cujas necessidades e limites demarcam e isolam entre si as unidades espaciais. Na verdade, todo o complexo constitui, ao mesmo tempo, a casa do rei e o abrigo, pelo menos temporário, da sociedade de corte como um todo. Ao menos para uma parcela dos indivíduos dessa sociedade havia sempre aposentos reservados na casa do rei. Luís XIV gostava de ver seus nobres morando sob seu teto, e alegrava-se quando lhe pediam um aposento em Versailles.[7] A alta nobreza, principalmente, mantinha-se quase o tempo todo na corte, de acordo com o desejo do rei, sendo que, muitas vezes, as pessoas vinham diariamente dos *hôtels* na cidade: "Dificilmente deixarei a corte", diz Saint-Simon, "tampouco Mme. de Saint-Simon."[8] E devemos ressaltar que Saint-Simon não ocupava nenhum cargo oficial que o ligasse diretamente à corte do ponto de vista material.

É difícil calcular o número exato de pessoas que moravam ou podiam morar no palácio de Versailles. Todavia, um relato diz que, no ano de 1744, cerca de 10.000 pessoas — incluindo a criadagem — foram acomodadas no castelo;[9] isso fornece uma imagem aproximada de suas dimensões. É claro que, no caso, ele estava abarrotado de gente, dos porões ao telhado.

Correspondendo às necessidades habitacionais e aos usos sociais da aristocracia de corte, encontram-se aqui também, no castelo do rei, todos os elementos que caracterizam o *hôtel*. Entretanto, assim como eles ressurgem reduzidos nas habitações burguesas, aqui se encontram extraordinariamente ampliados, como que potencializados, e não só em função das necessidades práticas, mas também como símbolos da posição de poder do rei, como expressão de seu prestígio. Isso se aplica, de saída, ao pátio diante do castelo. Certamente o rei precisava de um espaço maior para a passagem dos coches do que todos os outros homens de seu reino, uma vez que em sua residência reuniam-se mais pessoas e, consequentemente, mais coches. Contudo, à semelhança do que ocorre no comércio, quando o valor de uso de um bem — o seu sentido imediato e seu objetivo — é encoberto pelo sentido e objetivo indiretos de seu valor de troca, o valor do pátio para seu propósito imediato foi sobrepujado por seu valor social de prestígio, como quase todas as outras coisas utilizadas na corte.

Ao descrever o pátio apropriado para um grande *hôtel*, a *Enciclopédia* diz: trata-se de planejar um pátio "que indique por seu aspecto a posição do personagem que deverá habitá-lo."[10] É preciso ter em mente essa maneira de compreender o pátio de entrada quando se faz o caminho para o castelo de Versailles. *Um* pátio imenso não era suficiente para expressar a distinção e o nível do rei, por isso encontra-se ali primeiro uma ampla *avant-court*, que as pessoas vindas da direção oeste precisam atravessar, parecendo mais um parque aberto do que um pátio, no sentido exato do termo. Duas alamedas conduzem ao castelo, uma de cada lado, flanqueadas por uma longa ala oeste-leste que se destinava sobretudo a chanceleres e ministros. Chega-se então ao castelo propriamente dito. O pátio de entrada se torna mais estreito então. É preciso atravessar um pátio quadrado que desemboca em um segundo, menor, constituindo ambos a *Cour Royale*, e enfim alcança-se um terceiro pátio, de dimensões ainda menos amplas, o Pátio de Mármore, que a parte central do castelo cerca por três lados. Essa parte central é tão grande que abrange quatro pequenos pátios em seu interior, dois à direita e dois à esquerda. No primeiro andar dessa parte do castelo viviam o rei e a rainha com seu séquito. A parte maior da *Cour Royale* é formada por duas ramificações do edifício central, às quais se ligam as duas imponentes alas laterais do castelo, em direção ao norte e ao sul. Na ala norte ficam, entre outras coisas, a capela e, separada por um pequeno pátio, a Ópera; na ala sul, os aposentos dos príncipes reais e do irmão do rei. Todo esse complexo — com suas alas e pátios, com suas centenas de *appartements*, milhares de salas, com suas passagens grandes e pequenas, claras e sombrias — constitui portanto, ao menos na época de Luís XIV, a residência autêntica da corte e da sociedade de corte.

3. É sempre importante observar qual a função doméstica a que se dá uma ênfase especial, reservando para ela o aposento, ou aposentos, no ponto central da casa. Isso vale especialmente para o Ancien Régime, quando a camada superior (e sobretudo o rei) não alugava nem ocupava locais já prontos, com dimensões reduzidas segundo um cálculo racional, mas quando as necessidades habitacionais e a necessidade de prestígio determinavam primordialmente as funções e, com elas, a disposição arquitetônica das construções.

Nesse sentido, não deixa de ser interessante assinalar que o aposento central do primeiro andar — de onde se podia ver pela janela, em linha reta, todo o caminho de acesso, o Pátio de Mármore, a *Cour Royale* e ainda a amplidão da *Avant Cour* — era o quarto de dormir do rei.

É certo que essa disposição da casa não expressa nada mais, a princípio, do que um costume bastante comum nas propriedades de campo dos grandes senhores. Também eles gostavam de dar ao aposento central do primeiro andar a função de quarto de dormir.[11] Tal ordenamento dos espaços no castelo pode ser tomado, assim, como expressão de em que medida o rei se sentia ali como dono da casa. Todavia, como já foi dito anteriormente, essas funções de rei e de dono da casa estavam fundidas, no caso de Luís XIV, de um modo quase impensável para nós. A dimensão da soberania do rei se consuma na disposição funcional de sua casa. De certa maneira, o rei era tanto o dono da casa no país inteiro quanto o dono do país mesmo em seu aposento aparentemente mais reservado. A disposição do quarto de dormir do rei — que não era só de dormir — tem estreita relação com esse estado de coisas. O seu quarto era reconhecidamente o palco de um ritual peculiar, quase tão solene quanto uma cerimônia oficial. Nele torna-se visível, imediatamente, o quanto as funções do soberano como senhor da casa e como rei estavam fundidas uma na outra.

As cerimônias do quarto de Luís XIV são citadas com bastante frequência. Mas não basta enxergá-las como mera curiosidade, como uma peça empoeirada de museu histórico, em que o observador se surpreende apenas com o estranho e o exótico. Aqui, trata-se de trazê-las à vida passo a passo, de modo que possamos tornar compreensível sua constituição e funcionalidade na figuração de corte, da qual elas apresentam uma incisão, e com isso o caráter e as atitudes dos indivíduos que formam tal figuração e por ela são marcados.

Assim, como exemplo da estrutura e elaboração da vida de corte, descreveremos aqui uma das cerimônias que tinham lugar no quarto do rei. Ela põe em evidência tanto sua importância, em sentido mais restrito, quanto o seu tipo de dominação, em sentido mais amplo, e isso minuciosamente, como seria o caso hoje em dia ao descrevermos o processo de produção em uma fábrica, ou os trâmites em um escritório, ou os rituais da realeza de uma tribo. Essa cerimônia é o *"lever"* do rei, seu despertar.[12]

4. De manhã, geralmente à 8 horas, e em todo caso no horário por ele determinado, o rei é acordado pelo primeiro criado de quarto, que dormia aos pés de sua cama. As portas são abertas para os pajens.[13] Nesse momento, um deles acaba de dar a notícia ao *"grand chambellan"*[14] e ao primeiro fidalgo de quarto, um segundo dirigiu-se à cozinha da corte[15] para providenciar o café da manhã e um terceiro ocupa seu posto diante da porta, deixando entrar apenas os senhores que têm o privilégio do acesso.

Esse privilégio seguia uma hierarquia muito precisa. Havia seis grupos diferentes de pessoas com permissão para entrar, um após outro. Falava-se então das diversas *"entrées"*. Primeiro vinha a *"entrée familière"*. Faziam parte dela sobretudo os filhos legítimos e os netos do rei (*enfants de France*), príncipes e princesas de sangue, o primeiro médico, o primeiro cirurgião, o primeiro criado de quarto e o primeiro pajem.

Depois vinha a *"grande entrée"*, reservada aos *grands officiers de la chambre et de la garderobe*[16] e aos senhores da nobreza a quem o rei concedera essa honra. Seguia-se então a *"première entrée"*, para os leitores do rei, os intendentes para divertimentos e festividades, entre outros. Em seguida havia uma quarta, a *"entrée de la chambre"*, que compreendia todos os restantes *"officiers de la chambre"*, além do *"grand-aumônier* (o grande capelão), os ministros e secretários oficiais, os *"conseilleurs d'État"*, os oficiais da guarda pessoal, os marechais de França e assim por diante. A admissão para a quinta *entrée* dependia em grande medida da boa vontade do fidalgo de quarto, e naturalmente do favorecimento do rei. Incluíam-se nela senhores e senhoras da nobreza que recebiam tal favorecimento, a quem o fidalgo de quarto deixava entrar. Assim, eles tinham o privilégio de se aproximar do rei antes de todos os outros. Finalmente, havia ainda um sexto tipo de entrada, que era o mais disputado. Nesse caso, não se entrava pela porta principal do quarto, mas por uma porta traseira. Era uma *entrée* aberta para os filhos do rei, incluindo também os ilegítimos, e mais suas famílias e os genros, além também do poderoso *"surintendant des bâtiments"*, por exemplo. Pertencer a esse grupo significava um grande privilégio, pois os envolvidos tinham permissão de entrar a qualquer hora nos gabinetes do rei — a não ser que ele estivesse em conselho ou tivesse começado um trabalho especial com seus ministros —, podendo permanecer no quarto até que o rei saísse para a missa, mesmo quando ele estivesse doente.

Como vemos, tudo seguia regras bem precisas. Os dois primeiros grupos eram admitidos quando o rei ainda estava na cama. Ele usava então uma pequena peruca; nunca aparecia sem peruca, mesmo deitado em sua cama. Quando estava de pé e o *grand chambellan* com o primeiro criado de quarto acabavam de vestir o seu *robe*, chamavam o grupo seguinte, a *première entrée*. Quando o rei havia calçado os sapatos, ordenava aos *officiers de la chambre* que as portas se abrissem

102     A sociedade de corte

para a *entrée* seguinte. O rei tirava o *robe*. O *maître de la garderobe* puxava a camisa noturna pela manga direita, o primeiro criado de *garderobe* pela manga esquerda; a camisa do dia era trazida pelo *grand chambellan* ou por um dos filhos do rei que estivesse presente. O primeiro criado de quarto segurava a manga direita, o primeiro criado de *garderobe,* a esquerda. Assim o rei vestia sua camisa. Então ele se levantava de seu *fauteuil* e o *maître de la garderobe* o ajudava a afivelar os sapatos, prendia a espada, vestia os seus trajes e assim por diante. Já vestido, o rei rezava brevemente, enquanto o primeiro capelão, ou um outro religioso que estivesse presente, recitava uma oração. Toda a corte ficava de prontidão, esperando na grande galeria, próxima ao jardim, a qual ocupava toda a extensão da parte central atrás do quarto de dormir do rei, no primeiro andar do castelo.[17] Era assim que decorria o *"lever"* do rei.

O que mais salta aos olhos nessa cerimônia é a meticulosa exatidão da organização. Mas, como vemos, não se trata de uma organização racional no sentido moderno, apesar da exatidão com que cada movimento é estabelecido previamente, e sim de um tipo de organização em que cada atitude revela um sinal de prestígio, simbolizando a divisão de poder da época. O que, no âmbito das estruturas sociais modernas, tem no máximo o caráter de funções secundárias, e mesmo assim nem sempre, possuía aqui o de funções primordiais. O rei aproveitava suas atividades mais particulares para marcar as diferenças de nível, distribuindo suas distinções, provas de favorecimento ou de desagrado. Com isso, fica esclarecida a pergunta: a etiqueta tinha uma função simbólica de grande importância na estrutura dessa sociedade e dessa forma de governo. É necessário avançar um pouco mais no exame do âmbito da vida de corte para tornar tal função visível, assim como seus diferentes papéis para o rei e para a nobreza.

5. A atitude que se tornou visível anteriormente em relação à hierarquia das casas aparece aqui com bem mais nitidez. Ela passa a ser vista em conjunto com o fator determinante nessa sociedade de Estado, o rei — mostrando com clareza pelo menos os contornos das pressões sociais que alimentam e tornam necessária tal atitude. O fato de o rei despir sua camisa noturna e vestir sua camisa do dia era, sem dúvida, uma atividade necessária; mas ela ganhou imediatamente um outro sentido no contexto social. O rei fazia disso um privilégio para os nobres presentes, que os distinguia diante dos outros. O *grand chambellan* tinha o privilégio de ajudá-lo com a camisa; segundo uma determinação prévia, só era obrigado a ceder seu privilégio a um príncipe, a mais ninguém.[18] Exatamente a mesma coisa acontecia no que diz respeito à permissão e à autorização para participar das *entrées*. Tais concessões não tinham nenhum objetivo prático, como seria natural supor. Mas cada ato no decorrer da cerimônia possuía um valor de prestígio bem-definido que recaía sobre os participantes, o que tornava esse valor de prestígio algo evidente por si mesmo. O ato se tornava, assim como no caso do pátio do castelo ou dos adornos da casa de um nobre, um *fetiche de prestígio*. Servia como indicador da posição do indivíduo no frágil equilíbrio de poder entre os diversos corte-

sãos, equilíbrio controlado pelo rei. O valor de uso, a utilidade indireta que se ligava a todas essas atitudes, acabava desaparecendo ou tornando-se bastante insignificante. O que dava a tais atos seu significado grandioso, sério e grave era tão somente a importância que eles atribuíam aos participantes no seio da sociedade de corte, a posição de poder relativa a cada um, o nível e a dignidade que manifestavam.

Esse caráter de fetiche de cada ato na etiqueta já estava claramente estabelecido na época de Luís XIV. Contudo, a relação com determinadas funções primárias não deixava de ser preservada. Ele foi um rei forte o suficiente para intervir quando necessário, evitando uma liberalização completa da etiqueta e uma superação das funções primárias pelas secundárias.[19]

Mais tarde, porém, essa relação se diluiu em muitos aspectos, e o caráter dos atos de etiqueta como fetiches de prestígio passou a se manifestar de modo totalmente explícito. Fica fácil, portanto, trazer à luz a força motriz que dava vida à etiqueta reproduzindo-a continuamente nessa sociedade. Uma vez que a hierarquia dos privilégios foi criada segundo os parâmetros da etiqueta, esta passou a ser mantida apenas pela competição dos indivíduos envolvidos em tal dinâmica, privilegiados por ela e compreensivelmente preocupados em preservar cada um dos seus pequenos privilégios e o poder que eles conferiam. Era algo que se reproduzia como um espectro sem conteúdo, autônomo, assim como se reproduziria uma economia completamente desprovida do propósito de fornecer meios de subsistência. Na época de Luís XVI e Maria Antonieta observava-se mais ou menos a mesma etiqueta do reinado de Luís XIV. Todos os membros da corte, desde o rei e a rainha até os nobres de diferentes categorias, suportaram-na por muito tempo a contragosto. Temos bastantes testemunhos de como ela perdeu toda a sua dignidade no decorrer do processo de diluição antes mencionado. Apesar disso, foi preservada plenamente até a Revolução, pois desistir dela teria significado — tanto para o rei quanto para o criado de quarto — um abandono dos privilégios, uma perda de poder e de prestígio. Nos últimos tempos, a etiqueta se desenrolava no vazio, sem conteúdo algum, e as funções secundárias de poder e prestígio em que os indivíduos estavam envolvidos finalmente acabaram sobrepujando as funções primárias, como mostra o exemplo a seguir.[20]

O *lever* da rainha se cumpria de maneira análoga ao do rei. A dama de honra tinha o privilégio de ajudar a rainha a vestir a blusa. A *dame du palais* vestia-lhe a saia de baixo e o vestido. Entretanto, se uma princesa da família por acaso estivesse presente, era ela quem tinha o privilégio de pôr a blusa na rainha. Certa vez, a rainha acabara de ser despida por suas damas. A criada de quarto estava segurando a blusa e ia entregá-la à dama de honra quando a duquesa de Orléans entrou. A dama de honra devolveu a blusa à criada, que pretendia justamente entregá-la à duquesa quando chegou a condessa de Provence, nobre de um nível superior ao da duquesa. Assim, a blusa passou novamente para a dama de honra e só então a rainha foi recebê-la, das mãos da condessa de Provence. Durante todo aquele tempo, ela permaneceu nua como Deus a pôs no mundo, e precisou esperar,

104 A sociedade de corte

assistindo à maneira como as damas se cumprimentavam com sua blusa nas mãos. Luís XIV certamente não teria tolerado que a etiqueta sobrepujasse assim o objetivo principal do ato de se vestir. Contudo, a estrutura psicológica e social que acabou produzindo esse mecanismo vazio já era visível em sua época.

6. Vale a pena examinar com mais detalhe essa estrutura, pois é justamente nesse contexto que nos deparamos com as particularidades das coerções exercidas, uns sobre os outros, pelos indivíduos interdependentes dentro de suas figurações, e que são semelhantes às encontradas em muitas outras sociedades. Como o exemplo mostra, a etiqueta e o cerimonial tornaram-se cada vez mais um *perpetuum mobile* espectral, que em função disso existia e se movia com total autonomia em relação ao valor utilitário imediato, como que impelido por um motor inesgotável, pela competição dos homens envolvidos em busca de status e poder — tanto entre si quanto em relação à massa dos excluídos — e por sua necessidade de um prestígio claramente delimitado. No fim das contas, essa coerção da luta por poder, status e prestígio continuamente ameaçados era, sem dúvida, o fator determinante que obrigava todos os participantes dessa estrutura, articulada em sua escala hierárquica, a continuar realizando um cerimonial que se tornara um fardo. Nenhuma das pessoas pertencentes a essa figuração tinha a possibilidade, individualmente, de liderar uma reforma das tradições. Para cada uma delas, mesmo a menor tentativa de reforma, de alteração da precária estrutura de tensões, trazia inevitavelmente um abalo, uma redução e até uma extinção de determinados privilégios e direitos dos indivíduos e das famílias em particular. Violar ou abolir tais condições de poder era uma espécie de tabu na camada dominante dessa sociedade. Tal tentativa teria provocado a oposição de amplas camadas privilegiadas, que temiam, talvez com razão, que tocar em qualquer detalhe da ordem estabelecida pudesse resultar na ameaça ou destruição da estrutura de dominação que lhes concedia privilégios. Portanto tudo permaneceu como antes.

Sem dúvida o cerimonial era um grande fardo para todos os envolvidos, em grau maior ou menor. "As pessoas iam para a corte a contragosto, reclamando em voz alta quando tinham de fazê-lo", conta a condessa de Genlis,[21] no final do século XVIII. Mas iam. As filhas de Luís XV tinham de estar presentes ao *coucher* do rei, no momento em que este tirava suas botas. Elas vestiam às pressas, por sobre sua vestimenta doméstica, uma *crinoline* bordada em dourado, amarravam em torno da cintura a cauda de saia prescrita para a corte, escondiam o resto embaixo de um grande manto de tafetá, e então disparavam pelos corredores do castelo, junto com as damas de honra, os camareiros e os lacaios carregando as tochas, para não chegarem tarde ao quarto do rei, de onde saíam após uns quinze minutos como uma horda selvagem.[22] Se todos cumpriam a etiqueta contrariados, não podiam romper com elas; e não só porque o rei exigia a sua manutenção, mas porque a existência social dos indivíduos envolvidos estava ligada a ela. Quando Maria Antonieta começou a mexer em certas regras tradicionais da etiqueta, foi a própria alta nobreza que protestou, o que de fato é bastante compreensível. Pois, se até então era privilégio de uma duquesa ter a permissão de sentar-se na presença da rainha, significava uma profunda ofensa para a duquesa ver pessoas de níveis inferiores com o mesmo privilégio. E quando o velho duque de Richelieu disse,[23] no final do Ancien Régime, "Sob o reinado de Luís XIV as pessoas se calavam, sob o de Luís XV ousavam cochichar, sob o Vosso elas falam bem alto", não foi por aprovar esse processo, mas sim por desaprová-lo. Romper suas correntes significava ao mesmo tempo, para os nobres da corte, o rompimento de sua condição aristocrática. É claro que alguém poderia ter dito: "Não tomarei mais parte no cerimonial", e alguns nobres talvez tenham feito isso. Mas fazê-lo significava abrir mão de privilégios, abrir mão de chances de poder e rebaixar-se em relação a outros. Em suma, uma humilhação e, até certo ponto, uma abdicação, salvo o caso de alguém que possuísse outra fonte de justificação de seu valor e de sua autoestima, de sua autoafirmação e de sua identidade própria, tanto aos seus próprios olhos quanto para as outras pessoas.

Portanto, dentro do mecanismo da corte, a busca de status por parte de um indivíduo mantinha os outros em alerta. E depois que um determinado sistema de privilégios estava estabilizado em seu equilíbrio, nenhum dos privilegiados podia abandoná-lo sem tocar nesses privilégios, que constituíam a base de toda a sua existência pessoal e social.

Os privilegiados, envolvidos nas redes do cerimonial, mantinham-se mutuamente nessa situação, embora a suportassem a contragosto. A pressão dos que pertenciam a um nível inferior, ou dos relativamente menos privilegiados, obrigava os que usufruíam de mais direitos a conservar seus privilégios. E, pelo lado oposto, a pressão de cima forçava quem estava sujeito a ela a empenhar-se para escapar; em outras palavras, impelia-os também para a esfera da concorrência por status. Quem tinha o privilégio de participar da primeira *entrée*, ou de entregar a camisa ao rei, olhava com desprezo uma pessoa que só tinha direito à terceira *entrée* e não queria lhe ceder o lugar. O príncipe não queria ceder seu lugar ao duque, que não queria ceder o seu ao marquês, e todos eles juntos, constituindo a *noblesse*, não queriam e nem podiam ceder seu lugar àqueles que não eram nobres e tinham de pagar impostos. Uma atitude alimentava a outra; assim, graças ao fenômeno da pressão e contrapressão, a engrenagem social se equilibrava, estabilizando-se em uma espécie de equilíbrio instável. Era na etiqueta que esse estado de equilíbrio se expressava aos olhos de todos. Para quem estava envolvido, ela significava uma garantia — precária, é verdade — de sua existência social e de seu prestígio. Pois, em meio às tensões que permeavam e mantinham essa engrenagem social, todo e qualquer vínculo existente ficava incessantemente exposto aos ataques de quem ocupava um nível mais baixo, ou dos rivais e concorrentes do mesmo nível. Os ataques vinham, seja com base em quaisquer serviços prestados, seja pelo favorecimento do rei, ou enfim por uma simples estratégia, na tentativa de inserir mudanças na etiqueta e, assim, na hierarquia social.

Não havia, no caso, mudança na hierarquia que não se expressasse como mudança na etiqueta. Em contrapartida, a menor alteração no posicionamento das pessoas na etiqueta significava uma alteração no ordenamento social da corte e da sociedade de corte. Por esse motivo, cada indivíduo era extremamente sensível a toda e qualquer alteração na engrenagem, vigiando com atenção as mínimas nuances para que o estado de equilíbrio hierárquico vigente fosse conservado — quando não se empenhavam em alterá-lo em benefício próprio. Nesse sentido, a engrenagem da corte ia girando como um estranho *perpetuum mobile*, alimentada pelas necessidades de prestígio e pelas tensões que, uma vez presentes, eram continuamente renovadas pelo mecanismo da competição.

7. Luís XIV certamente não foi o criador do mecanismo do cerimonial. Entretanto, em virtude de determinadas prerrogativas de sua função social, ele o utilizara, consolidara e ampliara. E isso a partir de uma perspectiva que se diferenciava de uma maneira decisiva daquela dos nobres envolvidos na conservação de tal mecanismo. Um exemplo concreto de como o cerimonial funcionava em suas mãos, complementando a descrição geral de uma cerimônia que esboçamos anteriormente, pode demonstrar seu significado para o rei.[24]

Saint-Simon havia deixado o exército em seguida a uma determinada disputa hierárquica. Ele comunicou ao rei que infelizmente, por motivos de saúde, não podia mais servi-lo. O rei não gostou. Confidencialmente, Saint-Simon ficou sabendo que o rei, ao receber o comunicado, dissera: "Mais um que nos deixa."

Pouco tempo depois, Saint-Simon foi novamente ao *coucher* do rei, pela primeira vez após o incidente. Sempre se encontrava ali um religioso carregando um castiçal, embora o quarto ficasse bem-iluminado. A cada vez, o rei designava um dos presentes a quem o religioso encarregado tinha de entregar o castiçal. Era um sinal de distinção. O procedimento a ser seguido era prescrito com exatidão. "Alguém retirava sua luva", diz Saint-Simon, "dava um passo adiante, segurava o castiçal por um momento, enquanto o rei se deitava, e o devolvia ao criado de quarto." Evidentemente, Saint-Simon ficou bastante surpreso aquela noite ao ser designado pelo rei para segurar o candelabro, apesar de ter abandonado o serviço no exército.

Saint-Simon observa a respeito do acontecido: "O rei agiu assim porque estava irritado comigo e não queria que reparassem. Mas também foi tudo o que recebi dele durante três anos. Durante todo esse tempo, ele aproveitava toda e qualquer ocasião para mostrar que não me havia perdoado. Não falava comigo, olhava-me apenas como se por acaso, mas também não me dizia nenhuma palavra a respeito de minha saída do exército."

A atitude de Luís XIV nesse episódio é muito significativa: como vemos, a etiqueta ainda não é o *perpetuum mobile* que ninguém mais controla; um objetivo bem-definido liga-se a ela claramente, do ponto de vista do rei. Ele não se atém unicamente à ordem hierárquica tradicional. A etiqueta apresenta uma certa margem de manobra de que ele se serve, segundo lhe convém, para determinar o grau de prestígio das pessoas na corte; e isso mesmo em assuntos de pouca importância. O rei utiliza a psicologia que corresponde à estrutura hierárquica e aristocrática da sociedade. Ele utiliza a competição dos cortesãos por prestígio e por favorecimentos para alterar a posição e o prestígio de um indivíduo dentro da sociedade, por meio do grau exato do favor concedido, de acordo com seus objetivos, deslocando segundo sua necessidade as tensões e, portanto, o equilíbrio social. O mecanismo da etiqueta ainda não está petrificado, constituindo, ao contrário, um instrumento de dominação altamente flexível nas mãos do rei.

Anteriormente, ao considerarmos a mentalidade que regia a arquitetura habitacional dos cortesãos, tornaram-se evidentes o cuidado, as intenções e o cálculo do prestígio com que as pessoas diferenciavam a disposição e os ornamentos dos espaços. A cena durante o *coucher* do rei, conforme a descrição de Saint-Simon, mostra uma atitude análoga. Ao mesmo tempo, mostra com um pouco mais de clareza o caráter dessa preocupação em diferenciar e matizar todas as manifestações dentro da sociedade de corte: o rei está um tanto magoado, mas não faz estardalhaço, não descarrega sua raiva de pronto, em uma irrupção emocional. Ele se controla e manifesta sua insatisfação a respeito de Saint-Simon por meio de uma atitude bastante ponderada, que reproduz em nuances o grau de desprazer que o rei considera digno de expressar no caso. A pequena distinção, associada à desconsideração que mostra por Saint-Simon, representa a resposta a seu comportamento, seguindo uma certa gradação. E essa medida, essa avaliação precisa das relações entre as pessoas assim como essa contenção característica das emoções, são traços típicos da atitude do rei e dos cortesãos.

8. O que produz essa atitude? Inicialmente, vamos tentar verificar que função tinha, para o grosso da corte, essa capacidade de avaliação e cálculo das atitudes, a observação das nuances nas relações entre os indivíduos.

Todos dependiam da pessoa do rei, uns mais, outros menos. Portanto, a menor nuance no comportamento do rei com relação a eles era significativa, uma indicação visível de seu lugar perante o rei e de sua posição na sociedade de corte. Mas essa relação de dependência também determinava o comportamento dos cortesãos entre si, passando por diversas mediações.

O status de cada um dentro da sociedade de corte era determinado, em primeiro lugar, pelo status de sua casa, por seu título oficial. Ao mesmo tempo, porém, modificando essa ordem hierárquica e agindo sobre ela, estabelecia-se uma ordem infinitamente mais efetiva e nuançada, ainda não institucionalizada, que mudava depressa e era determinada pelo favor do rei, e pela posição e importância de cada indivíduo no seio da estrutura de tensões da corte. Havia, por exemplo, uma hierarquia instituída entre os duques, determinada essencialmente pela antiguidade de suas casas. Essa hierarquia era fixada juridicamente. Entretanto, ao mesmo tempo, o duque de uma casa mais recente talvez gozasse de melhor reputação — graças às suas relações com o rei ou com a amante do rei, ou com algum outro grupo poderoso — do que o duque de uma casa mais antiga. A posição real de um indivíduo no entrelaçamento da sociedade de corte sempre foi determinada pelos dois fatores ao mesmo tempo: o nível oficial e a posição vigen-

108     A sociedade de corte

te, mas o segundo era o mais importante para o comportamento dos cortesãos. A posição que um homem ocupava na hierarquia da corte era, por isso, bastante instável. Aquele que houvesse conquistado certa reputação esforçava-se imediatamente para elevar seu nível oficial. Cada promoção significava necessariamente o recuo de algum outro, de modo que tais ambições geravam um tipo de batalha que, excetuando ações de guerra a serviço do rei, era o único ainda possível para a nobreza cortesã, ou seja, a batalha pela posição dentro da hierarquia da corte.

Uma das mais interessantes batalhas desse tipo foi a que o duque de Luxembourg levou a cabo contra os dezesseis duques e pares da França, que pertenciam a uma dinastia mais antiga. Saint-Simon começa sua descrição minuciosa dessa disputa com as seguintes palavras, que ilustram luminosamente os dois lados da hierarquia de corte, mencionados acima, e a maneira como um age em relação ao outro: "M. de Luxembourg, orgulhoso de seu sucesso e do aplauso do mundo por suas vitórias, se achou forte o bastante para passar do décimo oitavo nível de antiguidade que detinha entre os pares ao segundo, e imediatamente depois de M. d'Uzès."[25]

9. A ordem hierárquica na sociedade de corte oscilava incessantemente. O equilíbrio no seio dessa sociedade era muito instável, como dissemos. Às vezes, tratava-se de pequenos abalos, quase imperceptíveis, outras vezes, de abalos grandes e bastante perceptíveis, que alteravam ininterruptamente a posição dos indivíduos e sua distância em relação aos outros. Acompanhar esses abalos, estar a par de suas causas e consequências, era algo vital para os cortesãos. Pois era perigoso comportar-se de modo hostil em relação a alguém cuja trajetória na corte estivesse em ascensão. Não menos perigoso era ser abertamente amistoso em relação a alguém em queda dentro da hierarquia; isso só tinha sentido se visasse um propósito determinado. Nesse caso, era indispensável ajustar constantemente e com precisão seu comportamento em relação a qualquer um na corte. O comportamento que os cortesãos consideravam conveniente a respeito de alguém era, tanto para si como para todos os observadores, uma indicação exata de seu status momentâneo segundo a opinião social. E como o posicionamento de um indivíduo se identificava à sua existência social, as nuances de comportamento pelas quais as pessoas manifestavam entre si sua opinião ganhavam uma importância extraordinária.

Essa engrenagem apresentava certa semelhança com a bolsa de valores. Nela também se formam opiniões variáveis acerca de determinados valores. Mas na bolsa estão em jogo valores de empresas segundo a opinião de investidores financeiros, ao passo que na corte trata-se de opiniões sobre o valor dos indivíduos que dela fazem parte; na bolsa, cada oscilação dos números, por menor que seja, pode ser registrada; na corte, o valor de um indivíduo se expressa primordialmente nas nuances do convívio social e mundano. As nuances na arquitetura das casas, que refletiam o nível social do proprietário (o que só aprende, segundo a *Enciclopédia*, quem frequenta a "boa sociedade"), são grosseiras se comparadas ao refinamento daquelas variações do comportamento — que eram necessárias para expressar a cada vez a hierarquia vigente e viva dentro da corte. Tão grosseiras, aliás, quanto as divisões da sociedade em "ordens" ou "estados".

A partir de tais contextos podemos apreender o tipo específico de racionalidade produzido no círculo da sociedade de corte. Como todo tipo de racionalidade, este também se forma paralelamente a determinadas coerções no sentido do autocontrole das emoções. Uma figuração social em cujo seio tem lugar uma frequente transformação das coerções externas em coerções internas[26] constitui uma condição para produzir formas de comportamento cujos traços distintivos são indicados pelo conceito de racionalidade. Os conceitos complementares de "racionalidade" e "irracionalidade" referem-se, então, à parcela que diz respeito a emoções efêmeras e aos modelos conceituais duradouros da realidade observável nos comportamentos individuais. Quanto maior o peso desses últimos no equilíbrio instável entre as emoções efêmeras e as orientadas pela realidade objetiva, mais "racional" é o comportamento — sob a condição de que o controle das reações afetivas não vá longe demais, pois sua pressão e saturação constituem um componente da realidade humana.

Contudo, o tipo de modelos conceituais voltados para a realidade que têm influência sobre o comportamento humano difere de acordo com a estrutura da própria realidade social. Por conseguinte, a "realidade" dos cortesãos é diferente da dos profissionais burgueses. Investigando mais atentamente é possível demonstrar que a primeira é um estágio anterior e uma condição da segunda em termos de desenvolvimento. Comum a ambas é a preponderância de concepções de longa duração sobre as emoções imediatas quando se trata de controlar o próprio comportamento no equilíbrio instável das tensões em determinados campos sociais e situações. Todavia, no caso do tipo burguês de controle do comportamento, o cálculo de perdas e ganhos financeiros desempenha um papel primordial em sua "racionalidade" própria, enquanto tal papel é desempenhado, no caso do tipo aristocrático de corte, pelo cálculo das chances de poder através do prestígio e do status. Como vimos, nos círculos da corte muitas vezes se trocou um aumento de prestígio e status pela perda de condições financeiras. Assim, aquilo que aparecia como algo "racional" e "realista", no sentido da corte, seria "irracional" e "irrealista" no sentido burguês. Comum a ambos era o controle do comportamento em função das chances de poder que buscavam garantir, *como estas eram compreendidas na época, portanto em correspondência com a figuração humana da época em questão.*

Temos que nos contentar com a indicação do problema. Ele aponta a insuficiência, também nesse caso, de uma mera antítese conceitual absoluta entre dois polos, antítese que não deixa espaço algum para a determinação clara, do ponto de vista conceitual, das situações de desenvolvimento diversificadas que existem entre a ficção do "racional" e "irracional" absolutos. É evidente a necessidade de conceitos muito mais refinados e diferenciados para dar conta dos fatos; mas eles não se encontram disponíveis.

110 A sociedade de corte

A "racionalidade" da corte, se podemos chamar assim, não recebe o seu caráter específico, como a racionalidade científica, nem em função do esforço pelo conhecimento e controle de fenômenos naturais exteriores ao humano, nem em função do planejamento calculado da estratégia na concorrência pelo poder econômico, como a racionalidade burguesa. Como vimos, seu caráter específico deriva, em primeiro lugar, do planejamento calculado da estratégia de comportamento em relação a possíveis perdas e ganhos de status e prestígio sob a pressão de uma competição contínua pelo poder.

Competições por prestígio e status podem ser observadas em muitas formações sociais; é possível que se encontrem em todas as sociedades. Nesse sentido, o que se observa na sociedade de corte tem um caráter paradigmático. Portanto, nossa atenção é dirigida para uma figuração social que leva os indivíduos que a formam a uma competição particularmente intensa e específica por chances de poder ligadas ao status e ao prestígio.

Diante de tais fenômenos, as pessoas costumam se contentar com explicações extraídas da psicologia individual, como por exemplo referindo-se a um "anseio de dominação", especialmente forte no caso dos indivíduos em questão. A suposição que subjaz a tais explicações é a de que se encontram por acaso, justamente nessa sociedade, muitos indivíduos que possuem por natureza um anseio de se impor, ou qualquer outro atributo individual, cuja peculiaridade pode esclarecer a disputa na competição por status e prestígio. Tal suposição constitui uma das diversas tentativas de esclarecer uma coisa não explicada com o auxílio de uma coisa inexplicável.

Pisamos em solo mais firme quando o ponto de partida não são muitos indivíduos singulares, mas a figuração que formam entre si. A partir dessa perspectiva, não é difícil entender a perfeita conveniência das atitudes, o cálculo preciso dos gestos, a nuance das palavras, em suma, a forma de específica racionalidade que se tornou uma espécie de segunda natureza dos membros dessa sociedade. Eles sabiam exercer essa racionalidade sem esforço, com elegância — e de fato ela era indispensável —, assim como o controle das emoções exigido por esse exercício, como instrumentos da disputa na concorrência por prestígio e status.

10. Hoje em dia, somos inclinados a perguntar: Por que esses homens eram tão escravos das formalidades? Por que eram tão sensíveis ao que consideravam um "comportamento incorreto" de outra pessoa, ao mínimo dano ou ameaça a algum privilégio formal e, em geral, ao que encaramos hoje como meras frivolidades? Mas essas perguntas, essa classificação do que tinha importância central para os cortesãos como "frivolidade", derivam de uma estrutura bem específica da existência social.

Até certo ponto, hoje em dia podemos nos permitir deixar encobertas, ou mesmo indefinidas, as diferenças sociais reais porque a relação entre os indivíduos segundo o critério financeiro e profissional (e a diferenciação social daí decorrente) continua totalmente inequívoca, real e efetiva, mesmo que não se expresse com clareza no comportamento público.

As oportunidades financeiras de que uma pessoa pode dispor, considerando as estruturas da sociedade moderna, não se manifestam claramente pois, ao longo da democratização funcional, aumentou o poder das camadas menos abastadas em relação ao das abastadas, se compararmos à situação na época de Luís XIV. Todavia, na sociedade de corte a realidade social residia justamente na posição e na reputação atribuídas a alguém por sua própria sociedade — à sua frente o rei; um homem desprezado pela opinião pública, ou que gozasse de pouca consideração, não tinha valor a seus próprios olhos. Ali, a possibilidade de andar à frente ou de sentar antes de outro, ou o grau de reverência que alguém recebia, a amabilidade da recepção, e assim por diante, não eram absolutamente "frivolidades" — reduzindo-se a isso apenas quando o dinheiro ou a função profissional são vistos como a realidade da existência social. Eram documentações literais da existência social, ou seja, do lugar que o indivíduo ocupava na hierarquia da sociedade de corte naquele momento. A ascensão ou a queda em tal hierarquia significava tanto para os cortesãos quanto o ganho ou a perda do comerciante em seus negócios. E o pavor de um cortesão ante a ameaça de declínio de sua posição e de seu prestígio não era menor do que o pavor de um comerciante ante a ameaça de perda de capital ou o de um administrador ou funcionário ante a ameaça de perder seus cargos.

11. Avançando mais um passo, chegamos às seguintes conexões: em um campo social onde essencialmente as condições financeiras e as funções profissionais fundamentam a existência social, os círculos sociais são relativamente permutáveis para os homens singulares. O respeito e a valorização por parte de outros indivíduos com os quais alguém tem relações profissionais naturalmente desempenham em sua vida um papel mais ou menos significativo, mas é possível esquivar-se disso até certo ponto. Profissão e dinheiro são fundamentos de existência comparativamente móveis. Ao menos na sociedade profissional burguesa, eles se deixam transplantar de um lugar para outro. Não estão incondicionalmente presos a uma determinada localização.

No caso dos fundamentos da existência da corte, isso é totalmente diferente. Propriedades que são características de toda "boa sociedade", em certa medida, mostram-se aqui desenvolvidas ao extremo. Em toda "boa sociedade", ou seja, em toda sociedade com tendência a se segregar e destacar dos campos sociais circundantes (por exemplo, em toda sociedade aristocrática e patrícia), esse isolamento, esse pertencimento à "boa sociedade" estão entre os fundamentos constitutivos tanto da identidade pessoal como da existência social. Isso tem uma gradação, de acordo com a coesão da "boa sociedade". A coesão é menor quando a "boa sociedade" provém de um campo profissional burguês, e mais forte quando se trata de uma sociedade aristocrática de corte. Mas as regras que presidem a constituição da "boa sociedade" e o surgimento de um "ethos de classe" são perceptíveis em cada

112 A sociedade de corte

uma delas, sob diversas formas e graus. Considerando uma "boa sociedade" nobre, para chegar a uma imagem clara e modelar, vemos logo até que ponto o indivíduo é tributário, aqui, da opinião dos outros. Não importa seu título: ele só faz parte de fato da "boa sociedade" enquanto os outros *acham* que faz, ou seja, enquanto o consideram um membro. A opinião social tem, em outras palavras, uma importância e função bem-diferentes das que desempenham numa sociedade burguesa mais ampla. Ela funda a existência. Uma expressão significativa dessa importância da opinião social na "boa sociedade" é o conceito de "honra" e seus derivados. Hoje em dia, em uma sociedade de profissionais burgueses, ele está bastante transformado, correspondendo ao que uma tal sociedade exige, tendo sido preenchido com novos conteúdos. Originariamente, contudo, a "honra" expressava a participação em uma sociedade nobre. Alguém tinha sua honra enquanto fosse considerado um membro segundo a "opinião" da sociedade e, portanto, para a sua própria consciência individual. "Perder a honra" significava perder a condição de membro da "boa sociedade". Ela era perdida em função do veredito da opinião dos círculos bastante fechados de que o indivíduo fazia parte ou, em certas ocasiões, da sentença de representantes desse círculo escolhidos especialmente para formar um "tribunal de honra". Esses homens julgavam segundo um ethos específico da nobreza, cujo centro essencial estava na manutenção de tudo aquilo que servia, tradicionalmente, para o distanciamento com relação às camadas que ocupavam níveis inferiores, confirmando com isso a existência nobre como um valor autêntico.

Ao ter seu reconhecimento como membro recusado pela "boa sociedade", perdia-se a "honra", perdendo assim uma parcela constitutiva de sua identidade pessoal. De fato, era comum um nobre trocar sua vida pela "honra", preferir morrer a deixar de pertencer à sua sociedade, o que significava deixar de se destacar da massa circundante. Sem essa distinção sua vida não tinha sentido, ao passo que o poder da sociedade dos privilegiados permanecia intacto.

A "opinião" que os "outros" tinham sobre um indivíduo em particular decidia então, com frequência, questões de vida ou morte, sem recorrer a nenhum outro meio além da perda de status, da exclusão, do boicote. A opinião do conjunto dos membros da sociedade era, nesse caso, imediatamente efetiva e "real" com respeito a um membro determinado. Trata-se de um outro tipo de "realidade" social, diferente da concepção burguesa. Embora a ameaça de perda de status e exclusão de um membro não tenha perdido completamente sua eficácia, a posse de capital, ou a profissão, e a chance de ganhar dinheiro podem ser preservadas como fundamento da existência e como "realidade", mesmo que um membro em particular seja expulso do convívio com a "boa sociedade" burguesa. Além disso, nas sociedades urbanas, especialmente nas grandes cidades, existem válvulas de escape que diminuem bastante o grau de compromisso e a ameaça do controle social por parte de uma "boa sociedade", em comparação com círculos rurais menos flexíveis, ou com a elite da corte, totalmente inflexível, em um Estado absolutista.[27] Como vimos, na avaliação da aristocracia de corte a posse de capital não passava de um meio para alcançar um objetivo. Ela era importante sobretudo como condição para conservar uma "realidade" social, no centro da qual estava o anseio de se distinguir da massa dos homens, de fazer parte da camada privilegiada e de se destacar por um determinado comportamento em todas as situações da vida, em suma, de ser um membro autêntico da nobreza.

Porém, como as chances de possuir bens pessoais não chegam a constituir propriamente uma "realidade" social independente da opinião dos outros, como o reconhecimento pelos outros da qualidade de membro dessa sociedade determinava essa própria qualidade, a opinião que os homens faziam uns dos outros e a expressão dessa opinião pelo comportamento têm um papel decisivo como instrumento de formação e controle nessa "boa sociedade". Por isso, nenhum de seus membros podia escapar à pressão da opinião sem pôr em jogo sua qualidade de membro e sua identidade como representante da elite, parcela essencial de seu orgulho pessoal e de sua honra.

Isso vale em especial para os membros de uma "boa sociedade" reunida em um mesmo lugar, como era o caso dos nobres da corte francesa — para diferenciar dos nobres franceses da província, considerados por aqueles como camponeses rústicos. Em sentido mais amplo, vale para toda a sociedade de corte na França que se reunia em Paris e Versailles, ou onde quer que o rei residisse.

Isso também vale — com certas restrições — para a "boa sociedade" da Inglaterra, onde as famílias que dela faziam parte, as "boas famílias" da nobreza e da burguesia mais rica (*gentry*), costumavam passar uma parte do ano em suas propriedades de campo. Contudo, os membros de tais famílias abriam suas residências na capital, suas casas londrinas, durante alguns meses, durante a *season*. Essa prática, com algumas oscilações e interrupções no começo do século XVII, tornou-se regular a partir do século XVIII. Ali, com inúmeros contatos pessoais, eles constituíam a "boa sociedade" do país, a *Society* com S maiúsculo, o mercado de opiniões, avaliando-se mutuamente. Assim, nas rodas de divertimentos mundanos, onde misturavam-se os grandes dramas das disputas políticas e parlamentares, eles elevavam, restringiam ou perdiam seu valor, seu renome, seu prestígio, em suma: suas chances pessoais de poder social — segundo o código vigente da "boa sociedade". De acordo com a divisão de poder na sociedade inglesa, a corte e a sociedade de corte não constituíam o núcleo nesse caso, mas no máximo um dos núcleos da "boa sociedade". Muitas vezes elas davam lugar a outras grandes casas aristocráticas, como centros sociopolíticos da *Society*. O parlamento, com o jogo dos partidos em suas câmaras, desempenhava um papel decisivo, no âmbito dessa estrutura de dominação, como instituição integradora das elites da sociedade.

Essas conexões entre estrutura de dominação e a estrutura da sociedade nobre — e, mais genericamente, da "boa sociedade" — não se mostram menos evidentes na Alemanha. Em virtude de um deslocamento de poder em detrimento do senhor central, o kaiser, e em favor dos diversos senhores regionais, a nobreza alemã não compunha uma sociedade de corte coesa e determinante, no sentido francês, nem uma *Society*, no sentido inglês. Pelo menos até 1871, e de fato até 1918, nas

114    A sociedade de corte

regiões da Alemanha, as "boas sociedades" locais, parte delas agrupadas em "cortes" regionais, parte constituindo os círculos mundanos de senhores de província, desempenhavam um papel bastante considerável no controle do comportamento, do pertencimento à elite e da honra dos indivíduos, juntamente com os regimentos de oficiais e as associações de estudantes socialmente significativos. Entretanto, embora a sociedade nobre alemã fosse bem mais ramificada e diversificada em comparação com a francesa e a inglesa, as grandes famílias nobres do Império nunca perderam completamente a consciência de sua distinção nem o hábito de julgar mutuamente o valor dos seus membros em termos de status e prestígio. Faltava uma formação de elite central na sociedade — do gênero da sociedade de corte na França ou da *Society* na Inglaterra — que pudesse servir como modelo unificador do comportamento e como meio de intercâmbio das opiniões públicas sobre o valor dos indivíduos que dela faziam parte. Isso fora do círculo da alta nobreza de corte, grupo suficientemente pequeno para manter os contatos pessoais, mesmo ultrapassando as fronteiras regionais e territoriais, e cujos membros tinham oportunidade de se encontrar com bastante regularidade. Essa ausência foi compensada, sobretudo, por registros genealógicos rigidamente controlados, por um tipo de educação que mantinha cada geração a par das descendências, do status na complexa hierarquia aristocrática e do prestígio de todas as famílias nobres — desde a perspectiva da própria posição e da própria opinião pública regional —, e finalmente pelas diversas relações informais entre as sociedades nobres rigidamente constituídas em cada região. Além disso, o exclusivismo específico de muitos grupos nobres alemães, diferentemente do que caracteriza a sociedade de corte parisiense e a *Society* londrina, não se manifestava simplesmente na observância rigorosa das distinções de nível social, mas com bastante frequência numa atitude de "ficar entre eles", excluindo os burgueses do convívio normal em sociedade. Essas formas exclusivistas impediam uma penetração ampla das formas de comportamento nobres nas camadas burguesas, penetração que durante certo período podia ser observada tanto na França quanto na Inglaterra. Apenas em determinadas regiões, relativamente restritas, a alta burguesia alemã assumiu valores de comportamento da nobreza, como foi o caso de oficiais e estudantes que adotaram um conceito específico de "honra". O menosprezo tradicional pelas atividades comerciais e lucrativas também passou, em parte, para os profissionais burgueses através da adoção de certas expressões e fórmulas dos nobres. O mesmo ocorreu com o menosprezo pela vida nas cidades, que ressoava em conceitos como "urbanização"*, usados até mesmo por burgueses de camadas tipicamente urbanas.

Por último, essa heterogeneidade das elites alemãs de "boas sociedades" se mostra também, assim como a ausência de uma ordem relativamente unificada de

---

\* O termo alemão *Verstädterung* (derivado de *Stadt*, "cidade") tem uma conotação pejorativa que não se mantém na tradução "urbanização". (N.T.)

nível e status, nas "boas sociedades" burguesas das cidades. Existiam, e continuam existindo, muitas delas na Alemanha. Mesmo quando Berlim se tornou a capital do Império, nenhuma "boa sociedade" urbana em particular passou a preponderar como centro e modelo que desse a seus membros um prestígio especial em relação às outras. A *Society* de Berlim não possuía absolutamente a mesma unidade e primazia em relação às "boas sociedades" da província como a *Society* de Londres, na qual reuniam-se elementos da nobreza do campo, da nobreza de corte, dos proprietários de terra e da burguesia urbana. A maioria das grandes cidades alemãs desenvolveu e possui ainda hoje sua própria "boa sociedade" burguesa. Cada uma tem sua própria hierarquia local em matéria de status. Assim, uma determinada família pode tentar se transferir, por exemplo, da "boa sociedade" de Münster para a de Hamburgo, constituída de modo totalmente diverso. Mas até recentemente, quando esse aspecto da participação social parece ter se alterado um pouco, os recém-chegados costumavam ser aceitos apenas por um período de teste. Em todo caso, eles assumiam uma posição inferior à das "boas famílias, mais antigas". Pois a "antiguidade" das famílias, no sentido da duração de seu reconhecimento como membros respeitados e de boa reputação, é um mérito e um prestígio em toda "boa sociedade", e conta notavelmente para o ingresso de uma família na hierarquia interna de sua sociedade.

Entretanto, mesmo que o caráter e a estrutura das diversas "boas sociedades" na Alemanha sejam variáveis e muitas vezes distintos, há — ou havia até recentemente — determinados critérios unificadores para se pertencer a elas. Um dos mais característicos era, e talvez continue sendo até hoje na Alemanha, o da capacidade de "pedir satisfação" [*Satisfaktionfähigkeit*]. A noção de honra pessoal foi desenvolvida em círculos aristocráticos de forte tradição militar e tinha de ser defendida pela força das armas quando a ofensa vinha de um membro da mesma camada, ao passo que se tratavam com desprezo ou com uma surra pelos criados os ofensores de um nível inferior — como ocorreu certa vez com Voltaire, ao ter desafiado para um duelo um nobre que o ofendera. Essa noção de honra propagou-se na Alemanha também nas esferas burguesas, especialmente entre os oficiais no meio universitário. Todos os homens, desde a alta nobreza alemã até os estudantes burgueses e os "veteranos", membros das corporações, das associações aceitas socialmente, e mesmo os comerciantes, caso fossem oficiais da reserva, eram considerados capazes de "pedir satisfação". A eles não se podia recusar uma reparação pelas armas no caso de um insulto, não importando de qual região da Alemanha viessem. O pertencimento a uma "boa sociedade", facilmente controlado no caso dos nobres, dependia, no caso dos plebeus, de serem membros de determinado regimento ou associação, o que muitas vezes definia também a escolha das testemunhas. A multiplicidade e a heterogeneidade das diversas "boas sociedades" alemãs foram de certo modo compensadas, por sua inserção na rede de associações relativamente conhecidas, e cujos membros podiam exigir uma reparação pelas armas. Esse aspecto os separava das camadas inferiores, da massa daqueles a quem não era preciso dar satisfação.

116    A sociedade de corte

12. Esse breve paralelo entre as "boas sociedades" de países distintos deve ser suficiente para dar à análise de uma única "boa sociedade", a sociedade de corte do Ancien Régime, uma dimensão mais abrangente. Como vemos, o que importa aqui não é considerar positivo ou não o fenômeno da "boa sociedade", ou considerar uma determinada "boa sociedade" melhor do que outra. Questões de valor desse tipo apenas obstruem a visão do como e do porquê de tais fenômenos.

Além disso, tais comparações também tornam mais compreensível a inevitabilidade, na situação dos cortesãos, da dependência em relação à opinião dominante de sua sociedade. Em algumas outras "boas sociedades" existem possibilidades de evitar, em certa medida, a pressão da sociedade e de sua opinião. Todavia, a sociedade de corte do Ancien Régime não oferecia a seus membros nenhuma possibilidade de escape. Pois ela não tinha rival em termos de prestígio, nada que servisse como uma fonte de status alternativa para seus membros. Para os cortesãos do Ancien Régime não existia a possibilidade de se mudar, de deixar Paris ou Versailles, transferindo-se para uma sociedade equivalente e levar uma vida do mesmo nível e significação, sem perder prestígio em relação às pessoas da mesma posição social e sem perder a autoestima. Só nessa única sociedade de corte eles podiam manter aquilo que dava sentido e rumo a suas vidas: sua existência social como membros da corte, a distância em relação ao comum dos mortais, o prestígio — a imagem central que faziam de si próprios, sua identidade pessoal. *Eles não frequentavam a corte apenas porque dependiam do rei, mas permaneciam dependentes do rei porque só pelo acesso à corte e à vida junto à sociedade de corte podiam manter a distância em relação aos outros, distância da qual dependia a salvação de suas almas, de seu prestígio como aristocratas de corte, ou seja, de sua existência social e sua identidade pessoal.* Se o interesse primordial fosse a riqueza, eles poderiam alcançar sua meta mais facilmente por meio de uma atividade comercial ou financeira, do que frequentando a corte. Contudo, como se tratava primordialmente de manter o seu vinculamento à elite e o seu nível na sociedade de corte, não podiam escapar de ir à corte e de depender *diretamente* do rei. Em consequência disso, também não havia para eles nenhuma possibilidade de evitar a pressão das opiniões da corte. Justamente porque estavam indissoluvelmente ligados à sociedade, sem ter como evitá-la enquanto não abrissem mão de sua existência social como aristocratas, a opinião e a manifestação dessa opinião por parte dos outros membros da corte tinham aquela importância extraordinária de que falamos anteriormente.

Se a necessidade de marcar a distância em relação ao mundo exterior prendia cada um daqueles indivíduos à corte, impelindo-o assim para sua engrenagem, dentro da sociedade de corte ele era impulsionado pela intensidade da concorrência. Do ponto de vista de sua motivação mais decisiva, tratava-se de uma concorrência por prestígio, mas não por um prestígio qualquer, pois, como as chances de prestígio correspondentes à estruturação hierárquica dessa sociedade tinham uma gradação precisa, as pessoas concorriam entre si por *chances de prestígio hierarquizadas*, ou, em outras palavras, por chances de poder hierarquizadas. Pois o prestigio, em maior ou menor grau, desfrutado por um indivíduo em uma figuração social, seu valor corrente em relação aos outros, é uma expressão de seu peso no equilíbrio multipolar das tensões da figuração a que pertence, de sua chance maior ou menor de exercer influência sobre os outros ou de ter de submeter-se às influências deles.

Ora, tudo o que desempenhava um papel na relação entre os homens convertia-se em chance de prestígio nessa sociedade: o nível social, o cargo herdado e a antiguidade da "casa". Convertia-se em chances de prestígio o dinheiro que alguém possuía ou ganhava. O favorecimento do rei, a influência sobre a sua amante ou sobre os ministros, a participação em uma determinada "panelinha", a liderança no exército, o *esprit*, as boas maneiras, a beleza do rosto etc., tudo isso convertia-se em chance de prestígio, combinando-se no homem singular e determinando seu lugar na hierarquia inerente à sociedade de corte.

13. Expressam-se aqui um juízo de valor e uma maneira de se comportar características dos cortesãos, e que são descritas por Saint-Simon do seguinte modo:[28] na corte o assunto nunca era a coisa, mas sim o que ela significava para determinadas pessoas. Novamente mostra-se o sentido que a etiqueta e o cerimonial tinham para a nobreza de corte. É natural que esse mecanismo nos pareça sem sentido, pois sua motivação objetiva nos escapa — uma utilidade ou intenção a que ela se refira — e tendemos a observar todas as pessoas a partir de sua função prática. Porém, como vemos, a sociedade de corte enfatizava justamente o contrário. Enquanto nós frequentemente coisificamos e objetivamos tudo o que é pessoal, os cortesãos tinham tendência a personalizar também as coisas; pois sempre estavam interessados em primeiro lugar nas pessoas e suas inter-relações. No âmbito da etiqueta, eles não se reuniam "em função de uma coisa". Sua existência e a manifestação de seu prestígio, o distanciamento em relação aos que ocupavam uma posição inferior, o reconhecimento dessa distância pelos que ocupavam uma posição superior, tudo isso era um objetivo suficiente por si mesmo. Mas era na etiqueta que esse *distanciamento como objetivo em si* tinha sua expressão mais perfeita. Constituía-se assim um desempenho da sociedade de corte no qual as chances de prestígio estavam alinhadas segundo uma hierarquia. E os atores demonstravam que detinham tais chances, tornando visível, com isso, a relação distanciada que simultaneamente unia e distinguia tais indivíduos entre si, e conservando assim, na própria maneira de atuar, a hierarquia presente para todos, o valor corrente da corte que conferiam uns aos outros.

A prática da etiqueta consiste, em outras palavras, numa autoapresentação da sociedade de corte. Através dela, cada indivíduo, e antes de todos o rei, tem o seu prestígio e a sua posição de poder relativa confirmados pelos outros. A opinião social que forja o prestígio dos indivíduos se expressa através do comportamento de cada um em relação ao outro, dentro de um desempenho conjunto que segue determinadas regras. Ao mesmo tempo, nesse desempenho conjunto, torna-se visível imediatamente, portanto, o vínculo existencial entre os homens singulares

118     A sociedade de corte

e a sociedade na corte. Sem a confirmação de seu prestígio por meio do comportamento, esse prestígio não é nada. A importância conferida à demonstração de prestígio, à observância da etiqueta, não diz respeito a meras "formalidades", mas sim ao que é mais necessário e vital para a identidade individual de um cortesão.

Todavia, como cada sociedade sempre faz as distinções mais sutis e elaboradas nas esferas que têm uma necessidade vital para si, encontramos aqui, na sociedade de corte, um refinamento e uma gradação das nuances estranho à sociedade profissional-burguesa, acostumada a fazer distinções mais sutis em outras esferas. A precisão com que se organiza cada cerimonial, cada gesto submetido à etiqueta, o zelo com que o valor de prestígio de cada passo é pesado e levado em conta, todas essas coisas correspondem ao grau de importância vital que a etiqueta e o comportamento possuem para os cortesãos.

No capítulo seguinte será mostrado por que o rei submetia à etiqueta não somente a nobreza, mas também a si mesmo. Aqui devem tornar-se compreensíveis, em primeiro lugar, as motivações e as coerções a partir das quais a nobreza cortesã se mantinha presa à etiqueta e, assim, à própria corte. A coerção *primordial* não provinha do exercício de funções de dominação; pois todas as funções políticas dessa espécie estavam vedadas à nobreza de corte da França. Também não provinha de chances de ganhar dinheiro que estivessem ao alcance na corte, pois havia melhores oportunidades para ganhos financeiros por outras vias. Assim, a coerção primordial provinha da necessidade, para essas pessoas, de afirmarem sua condição de aristocratas, tanto distinguindo-se da nobreza provinciana desprezada quanto da nobreza administrativa e do povo, e de conservarem ou aumentarem o prestígio que haviam alcançado. Um breve exemplo deve servir para ilustrar essas observações.

Em um acampamento militar estão reunidos o rei da Inglaterra, alguns nomes ilustres da Espanha e um príncipe francês. A sem-cerimônia dos espanhóis em relação ao rei inglês desagrada profundamente o príncipe francês, que decide ensinar-lhes uma lição. Convida-os para jantar em companhia do rei. Entram todos juntos na sala de refeições e, para espanto dos convidados, veem uma mesa posta para apenas uma pessoa. Uma única cadeira encontra-se ali. O príncipe francês pede para o rei inglês sentar. Os convidados restantes são obrigados a permanecer de pé, e o príncipe francês toma posição atrás da cadeira do rei, pronto para servi-lo. Tudo isso era conforme o cerimonial francês: o rei comia sozinho, os membros da alta nobreza o serviam. Os outros ficavam de pé a uma distância apropriada. O rei inglês protestou, os espanhóis se enfureceram com a afronta. O anfitrião assegurou que, quando o rei tivesse terminado sua refeição convenientemente, os outros convidados encontrariam em outra sala uma mesa fartamente guarnecida. Todos perceberam as intenções do príncipe: ele preza a etiqueta e suas coerções; a submissão e a distância respeitosa em relação ao rei, coisas que este não exigia por ser inglês, constituem, para o francês, uma confirmação de sua própria existência como príncipe. Ele insiste na manutenção da etiqueta mesmo ali, onde ela não é imposta de cima, pois sua supressão abole tanto a distância que o separa do rei como a que o separa das pessoas de posição inferior à sua.

14. Com isso, removemos uma das camadas da trama pessoal e social em que os cortesãos vivem. Tornou-se claro o fato de não se tratar ainda, no caso, de interdependências econômicas específicas, embora as coerções econômicas evidentemente também contribuam para a estrutura da sociedade de corte. A exigência de distanciamento e prestígio não deve ser esclarecida *a partir* de uma vontade de assegurar chances econômicas, embora ela resulte de uma determinada situação econômica. O ethos hierarquizado dos cortesãos não é nenhum ethos econômico disfarçado, mas algo constitutivamente distinto. Existir sob a aura do prestígio, ou seja, existir como membro da corte, é o objetivo final dessas pessoas.

Mostra-se aqui uma atitude cuja análise sociológica tem um significado que vai além do objeto imediato da investigação. De fato — e insistimos no caráter de regra que reveste a estrutura de tais unidades —, para todo grupo, casta ou camada social de elite de certo modo estabilizado e demarcado em relação a outros, mesmo sujeito a uma pressão de baixo e, às vezes, também de cima, podemos dizer que sua mera existência como membros de uma unidade social de elite é para eles um valor absolutamente autônomo, seja parcial ou absoluto; em suma, um fim em si. A conservação da distância torna-se, com isso, o motor ou a marca decisiva de seu comportamento. O valor dessa existência não necessita de nenhuma fundamentação para os membros dessa elite, muito menos de qualquer esclarecimento em função de um motivo prático. Não se questiona um sentido mais abrangente e mais profundo para além dessa existência. E onde quer que existam tendências de elitização em uma sociedade, mesmo que sejam poucas, evidencia-se o mesmo fenômeno.

O aparelho conceitual, a maneira de pensar de tais unidades de elite, é determinado por essas leis estruturais, por esse caráter de valor autônomo da mera existência social, esse existencialismo irrefletido. Os símbolos ou ideias em que tais unidades sociais manifestam o objetivo ou a motivação de seu comportamento têm sempre, portanto, um caráter de fetiche de prestígio. Eles contêm em si, como que substancializado ou reunido, todo o prestígio que essa sociedade solicita para si em sua qualidade de elite.

Nesse contexto, deve ser suficiente indicar mais uma vez o símbolo da "honra" como motivação das atitudes. A coerção que deriva dele é uma coerção que visa salvaguardar a existência de seu detentor como uma existência socialmente distinta. A honra é um valor em si, ela glorifica a existência de seu detentor e não precisa nem é passível de nenhuma fundamentação externa. Mas alguns elementos do ethos de elite que distinguimos, com o exemplo da motivação de corte pela "honra" ou "prestígio", do ethos econômico das camadas burguesas e sua motivação prática — invadem e impregnam, em certas circunstâncias, o ethos econômico. A partir do momento em que surgem tendências exclusivistas e elitistas nas camadas burguesas, estas também passam a se expressar através de símbolos de prestígio, que visam a preservação da existência do grupo excludente como um grupo

120     A sociedade de corte

distinto e, ao mesmo tempo, a glorificação dessa existência. Em tais símbolos essa existência é apresentada como um objetivo em si, cercado por uma auréola de prestígio, mesmo que valores utilitários e interesses econômicos sempre se misturem aos valores de prestígio nas camadas burguesas. Portanto, é justamente nesse contexto que é interessante investigar a estrutura e as interdependências da sociedade de corte. Pois essa motivação a partir do prestígio, que aparece hoje em dia, na maioria das vezes, como uma motivação entre outras e não como a primordial, ainda goza de uma primazia irrestrita na sociedade de corte, conforme vimos anteriormente. Aqui, o ethos de elite ainda se distingue nitidamente do ethos econômico das camadas burguesas.

Também é a partir de tais conexões que devemos compreender a etiqueta. Ela não precisa de explicação alguma em termos de utilidade. *Com a etiqueta, a sociedade de corte procede à sua autoapresentação, cada pessoa singular distinguindo-se de cada uma das outras, e todas elas se distinguindo conjuntamente em relação aos estranhos ao grupo, de modo que cada uma em particular e todas juntas preservam sua existência como um valor autossuficiente.*[29]

15. "A vida da corte é um jogo sério, melancólico, que exige muito; é preciso enfileirar suas armas e suas baterias, ter um objetivo, segui-lo, obstruir o de seu adversário, ousar algumas vezes, e jogar caprichosamente; e depois de todos os nossos devaneios e todas as nossas providências ficamos em xeque, algumas vezes xeque-mate."[30]

A vida na sociedade de corte não era uma vida pacífica. Era grande a quantidade de pessoas restritas a um círculo de maneira permanente e inelutável. Elas se pressionavam mutuamente, lutavam por chances de prestígio, por sua inserção na hierarquia de prestígio da corte. Não cessavam os escândalos, as intrigas, os conflitos por posição ou favorecimentos. Cada um dependia do outro, todos dependiam do rei. Cada um podia prejudicar o outro. Quem se encontrava numa posição elevada hoje sofria uma queda no dia seguinte. Não havia segurança alguma. Cada um tinha de procurar associações com outros, se possível com indivíduos que ocupassem um nível superior, e evitar inimizades inúteis, planejando precisamente a tática da luta com inimigos inevitáveis, dosando do modo mais exato a distância e a aproximação no comportamento em relação aos demais de acordo com a própria posição e valor corrente.[31]

De acordo com essa estrutura, a sociedade de corte cultivava zelosamente nos seus membros outros aspectos, diferentes dos da sociedade burguesa e industrial. Citaremos alguns deles aqui:

## I. A arte de observar as pessoas

Não se trata de "psicologia" no sentido científico, mas daquela capacidade, nascida da própria necessidade vital da corte, de levar em conta a constituição, motivos, habilidades e limitações das outras pessoas. É preciso perceber como esses homens espreitavam os gestos e a expressão de cada um dos outros, como sondavam cuidadosamente todas as manifestações das pessoas com quem conviviam, considerando seu significado e sua intenção.

Um exemplo que pode substituir muitos: "Logo percebi", diz Saint-Simon sobre alguém, "que ele esfriara; segui com o olhar seu comportamento para comigo a fim de não me enganar entre o que podia ser acidental em um homem ocupado com negócios espinhosos e o que eu suspeitava. Minhas suspeitas tornaram-se uma evidência e me fizeram abandoná-lo completamente, sem contudo nada fingir."[32]

Essa arte cortesã de observar as pessoas é assim realista porque nunca pretende considerar um indivíduo por si mesmo, isolado, como alguém que recebe de seu íntimo as regras e traços essenciais. Dentro do mundo da corte, o que se considera é muito mais o indivíduo em seu contexto social, *em sua relação com os outros*. Aqui também se mostram os vínculos estreitos entre o cortesão e a sociedade. Todavia, a arte de observar as pessoas não se refere apenas aos outros, mas estende-se até o próprio observador. Desenvolve-se então uma forma específica de *auto-observação*. "*Pois um favorito se observa de muito próximo*", como diz La Bruyère. A auto-observação e a observação das outras pessoas são correspondentes. Uma não teria sentido sem a outra. Assim, não se trata aqui, como no caso de uma auto-observação de tipo essencialmente religioso, de uma observação da "interioridade", de uma imersão em si mesmo como criatura isolada, para pôr à prova e disciplinar seus impulsos mais secretos em nome de Deus. Trata-se de uma observação de si mesmo para a disciplina no convívio em sociedade: "Um homem conhecedor da corte é senhor de seu gesto, de seus olhos, de seu semblante; ele é profundo, impenetrável; dissimula os maus serviços, sorri a seus inimigos, domina o seu humor, disfarça suas paixões, desmente seu coração, fala, age contra seus sentimentos."[33]

Nesse caso nada havia que pudesse levar a pessoa a se iludir a respeito dos impulsos de seus atos. Muito ao contrário. Assim como cada um é forçado a procurar os verdadeiros motivos e impulsos por trás do comportamento alheio, exteriormente dissimulado e controlado — estando perdido se não conseguir sempre desvendar, sob o aspecto exterior impassível de seus concorrentes, as paixões e os interesses em jogo —, cada um também tem de conhecer a fundo suas próprias paixões para ser capaz de dissimulá-las. Não foi no espaço de concorrência capitalista e burguês, mas antes no espaço de concorrência da corte que se formou a noção de que o egoísmo é a força motriz dos atos humanos, sendo que dessa esfera da corte provêm as primeiras representações cruas dos afetos humanos na época moderna. Pensemos, por exemplo, nas *Máximas* de La Rochefoucauld.

À arte de observar as pessoas corresponde a *arte de descrever as pessoas*. O livro, assim como a escrita, tinha para os cortesãos um sentido completamente diferente do que tem para nós. Quem escrevia não visava a elucidação casual ou a

122    A sociedade de corte

representação justificada de si próprio. O que foi dito anteriormente sobre a atitude do cortesão em relação a si mesmo também vale aqui. Era um valor em si, autossuficiente, que não precisava nem era passível de fundamentação ou justificativa.

O cortesão representava-se primordialmente em suas palavras e em seus atos — atos de uma espécie característica. Seus livros, portanto, nada mais eram que instrumentos diretos da vida social,[34] passagens das conversas e dos divertimentos em sociedade ou, como é o caso da maioria das memórias de corte, conversas que foram impedidas; por um motivo qualquer, pela ausência de um interlocutor apropriado. Desse modo, foi nos livros de corte que se conservou para nós, diretamente e em bom estado, a atitude que as pessoas adotavam em suas próprias vidas.

Como a observação dos outros era uma das artes de importância mais vital para os cortesãos, é compreensível que a arte de descrever as pessoas nas memórias, cartas e aforismos tenha chegado a um alto grau de perfeição.

A via aberta para os escritores franceses e para a literatura francesa a partir dos costumes da sociedade de corte foi trilhada por uma série de autores na França até recentemente.[35] Os motivos disso não podem ser investigados aqui, mas pelo menos em parte têm relação com a sobrevivência de uma "boa sociedade" parisiense como herdeira direta da cultura de corte, mesmo depois da Revolução.

## II. A arte de lidar com as pessoas

Como já dissemos, a observação das pessoas na corte não deriva de uma tendência a fazer considerações teóricas, mas diretamente das necessidades da existência social, das demandas do convívio em sociedade. A observação dos outros constituía o suporte da arte de lidar com eles, assim como esta era o suporte daquela. Cada uma se confirma na outra, assim como uma fertiliza a outra. Por conseguinte, a maneira de lidar com as pessoas é calculada com precisão, de acordo com o objetivo de quem "lida". Um exemplo pode esclarecer esse cálculo da estratégia no convívio com as pessoas. Trata-se de uma conversa de Saint-Simon com o príncipe herdeiro de França na época, o neto de Luís XIV.[36] Ocorreu a Saint-Simon, como ele mesmo afirma, mostrar ao futuro rei a degradação que sua própria casta, os duques e pares, os *grands*, tivera de suportar por parte de instâncias superiores e inferiores, de um lado por parte dos príncipes de sangue, e também do rei, e de outro lado por parte dos ministros.

Saint-Simon procede do seguinte modo:

> Eu me propusera principalmente a sondá-lo sobre tudo o que interessa a nossa dignidade; empenhei-me então em me acostumar suavemente com todas as frases que me afastavam desse objetivo, a dirigir a conversa para isso, e a dirigi-la para todos os diferentes capítulos ... Eu o atingia com isso pelo que reconhecera de sensível nele nesse ponto.[37]

... Lembrei-o da novidade tão estranha das pretensões do eleitor da Baviera para com Monseigneur ... Impus-lhe reflexões naturais sobre o mal extremo que a tolerância desses abusos causava aos reis e à sua coroa ... Mostrei-lhe bastante claramente que os degraus dessas quedas eram os nossos ...[38]

Comparei depois os grandes da Espanha com os duques-pares consagrados, o que me proporcionou um belo campo ... Incursionando depois pela Inglaterra, pelos reis do Norte e por toda a Europa, demonstrei sem dificuldade que só a França, entre os Estados que a compõem, sofre na pessoa de seus grandes o que nenhum dos outros jamais tolerou ... O Delfim, diligentemente atento, saboreava minhas razões, as arrematava frequentemente em meu lugar, recebia avidamente a impressão de todas essas verdades. Elas foram discutidas de uma maneira agradável e instrutiva ... O Delfim ... se inflamou ...[39] e gemeu pela ignorância e a falta de reflexão do rei. Eu apenas encetava esses diferentes assuntos apresentando-os sucessivamente ao Delfim, depois acompanhava-o para lhe deixar o prazer de falar, de me deixar perceber que ele era instruído, dar-lhe oportunidade de convencer-se por si próprio, excitar-se, gabar-se, cabendo a mim ver seus sentimentos, sua maneira de conceber e ter impressões, para gozar desse conhecimento e aumentar mais facilmente pelas mesmas vias sua convicção e sua excitação. Mas, depois de feito isso sobre cada coisa, procurei menos instigar os raciocínios e parênteses do que levar a outros assuntos, a fim de lhe mostrar uma moderação que orientasse sua razão, sua justiça, sua persuasão vinda dele mesmo, e sua confiança, e para também ter tempo de sondá-lo sobre tudo e de *impregná-lo suave e solidamente de meus sentimentos e pontos de vista sobre cada uma dessas matérias*, todas distintas na mesma ...

Nessa conversa muita coisa certamente é característica da situação daquela época: o nobre que faz parte da oposição tenta estabelecer uma aliança com o príncipe herdeiro da coroa, cuja posição tende a uma atitude contrária. O procedimento é perigoso, especialmente para Saint-Simon. Ele tem de sondar com cuidado a atitude do príncipe para saber até onde pode chegar. Todavia, a maneira como faz isso é característica, ao mesmo tempo, do modo geral de lidar com os indivíduos na corte. Pela própria descrição de Saint-Simon é possível reconhecer a extraordinária consciência com que ele tenta alcançar seu objetivo, como também o seu contentamento em relação à arte com que domina a tarefa. Tal descrição mostra com clareza como e por que são justamente os que ocupam uma posição relativamente inferior que se tornam estrategistas da conversação. Como já dissemos, é Saint-Simon quem está realmente correndo perigo em tal conversa. O príncipe sempre pode quebrar as regras da conversação de corte de alguma maneira; pode, se for conveniente, encerrar a conversa e romper as relações por um motivo de sua escolha, sem sair perdendo muito. Em contrapartida, para Saint-Simon, muita coisa depende do resultado de tal conversa, sendo portanto de importância vital agir com extremo controle e ponderação durante o encontro, mas de modo que tal comportamento nunca possa ser percebido por seu interlocutor. Nessas condições, quem deixa transparecer esse esforço — pelas expressões faciais, por exemplo — está em grande desvantagem. Conduzir o interlocutor de nível social mais elevado para onde se deseja, quase imperceptivelmente, com delicadeza, é o primeiro mandamento do intercâmbio entre os cortesãos. Aqui, ficam proibidos todos os gestos às vezes úteis nas conversas entre interlocutores relativamente autônomos e do mesmo nível, como no caso da conversa entre comerciantes ou entre burgueses, na qual se enfatiza direta ou indiretamente a própria sagacidade, assim como em todas as expressões do tipo "Que sujeito terrível eu sou!". O título de uma das máximas de Gracián[40] é "*Nunca falar de si próprio*". A essa máxima corresponde a necessidade de não só estar sempre ciente da situação social do interlocutor em termos gerais, com todas as suas consequências para a conversa, mas também apreender e levar em conta a situação flutuante do interlocutor no decorrer da conversa. Assim, aquela arte que designamos com o termo "diplomacia", numa restrição característica do conceito, já é cultivada na vida cotidiana da sociedade de corte. A conversa de Saint-Simon com o Delfim é um exemplo muito ilustrativo disso. As qualidades hoje exigidas apenas para os representantes de um país no estrangeiro — embora sejam cada vez mais necessárias nas negociações dos sindicatos e dos partidos — são produzidas e impostas a cada um de seus membros pela "boa sociedade" articulada hierarquicamente. A intensidade com que isso acontece depende da estrutura da sociedade.

Quando se reflete assim sobre a arte de manipular seus semelhantes, compreende-se melhor o espanto do observador de fora, oriundo de um meio burguês, e sobretudo da Alemanha, quando ele constata que, para a sociedade de corte e a sociedade francesa em geral que conservou sua marca, o "como" de um procedimento parece mais importante do que o "o quê". Já revelamos, a partir de uma determinada perspectiva, as raízes dessa importância atribuída ao "aspecto exterior", ao "como" na estrutura da sociedade de corte. Isso que chamamos de "apego às aparências", de "formalismo", nada mais é do que a expressão do primado da correlação de todas as coisas e acontecimentos com as chances de status ou de poder da *pessoa* que age em seu relacionamento com outras pessoas. Nesse sentido, tal comportamento, chamado insatisfatoriamente de "formalismo" ou de "apego às aparências", revela-se uma antítese da coisificação e objetivação por parte da cultura profissional-burguesa, na qual o "o quê" prevalece sobre o "como", na qual — muitas vezes de forma equivocada — a "coisa" significa tudo, enquanto a "pessoa", e com isso a "forma" de comportamento dirigida à pessoa, tem muito pouco significado.

Algo similar aparece, a partir de outra perspectiva, naquela conversa entre Saint-Simon e o Delfim que foi dada como exemplo. Saint-Simon pretende com essa conversa, com sua tática, garantir mais poder e uma melhor reputação para si mesmo, ganhando a confiança e a aliança do príncipe; o aspecto aparentemente "objetivo", a queixa acerca da depreciação de sua casta, é algo muito "pessoal". Como Saint-Simon só consegue, de acordo com a estrutura da sociedade de corte, se valorizar referindo-se incessantemente aos interesses do Delfim e à vontade de se impor deste último, ele é obrigado a estudar cuidadosamente a forma de suas declarações e de atribuir a elas uma importância particular. É justamente por isso que o "como" do comportamento passa a ter aqui aquela grande significação e aquele refinamento especial a que nos referimos. A meta de uma entrevista desse tipo nunca é de ordem exclusivamente objetiva: não se trata, por exemplo, de obter a assinatura de um contrato, mas sim de criar sempre um determinado vínculo entre os dois interlocutores. Assim, tal maneira de lidar com as pessoas nunca é *somente* um meio para alcançar um objetivo, ela também tem sempre um fim em si. A forma desse encontro, o "como",[41] ou seja, a condução do jogo conflituoso na tensão dos interlocutores, requer uma comprovação constante das relações de força entre eles, as quais podem se firmar, então, num relacionamento relativamente durável, caso ambos vejam nisso a possibilidade de satisfazer seus interesses.

Também o profissional burguês, como o comerciante, por exemplo, tem sua tática e sua maneira específica de lidar com as pessoas. Contudo, é raro que ela chegue a integrar o outro em sua totalidade, como no caso do cortesão, pois este geralmente mantém um relacionamento que dura a vida toda com cada um dos outros indivíduos de sua sociedade. Todos os cortesãos dependem uns dos outros, em uma medida maior ou menor, segundo sua posição na sociedade de corte, tratando-se de amigos, inimigos ou pessoas relativamente neutras, e essa situação é inevitável. Por causa disso, é preciso ter muito cuidado em cada encontro. A prudência e a reserva são alguns dos traços dominantes no trato com as pessoas na corte. Justamente porque todo relacionamento nessa sociedade é duradouro, uma única manifestação impensada também pode ter efeitos duradouros. Os profissionais burgueses, por sua vez, costumam agir em função de um fim precisamente delimitado no tempo e definido em termos materiais. O interesse que o outro desperta está direta ou indiretamente associado a um determinado valor material, presente em todo encontro, e só secundariamente ele interessa como pessoa. O encontro se anula, o relacionamento estabelecido some, os homens separam-se depressa, caso as chances materiais que um ofereça ao outro não pareçam valer a pena. Para a maneira profissional de lidar com as pessoas, em oposição à da corte, a instabilidade das relações humanas, sua delimitação no tempo, tem um significado decisivo. Relacionamentos duradouros restringem-se à vida particular. E, como sabemos, mesmo os relacionamentos particulares considerados indissolúveis na sociedade profissional-burguesa vêm sendo influenciados, em uma medida cada vez maior, pelo caráter geral efêmero e mutável das relações entre as pessoas nas esferas profissionais.

### III. A racionalidade de corte (controle das emoções em função de determinados objetivos vitais)

Aquilo que é "racional" depende sempre da estrutura da sociedade. O que denominamos objetivamente "razão", ou *ratio*, vem à tona sempre que a adaptação a uma determinada sociedade e a sobrevivência dentro dela demandam uma precaução ou cálculo específicos e, com isso, uma retração das emoções individuais efêmeras. A previsão quantitativa, ou racionalidade, constitui um caso especial de um fenômeno mais abrangente. O fato de a racionalidade não ser algo característico somente para os profissionais burgueses do Ocidente foi demonstrado por Max Weber em seus ensaios sobre a sociologia da religião. Entretanto, o que ainda não se enfatizou com suficiente clareza é o fato de que existiram, e continuam a existir, mesmo no Ocidente, outros tipos de racionalidade ao lado da racionalidade capitalista e burguesa, tipos nascidos de outras necessidades sociais.

É com um desses tipos de racionalidade não burguesa que nos deparamos na investigação da sociedade de corte. Toda uma série de exemplos da racionalidade específica da corte já foi desenvolvida até o momento: a precisão no cálculo das medidas e do gênero de ornamentação que convém a uma casa, a cerimônia do *lever* e a organização geral da etiqueta, o autocontrole do rei diante de Saint-Simon durante a cerimônia do *coucher* e assim por diante.[42]

É fácil vermos por que essa atitude tem uma importância vital para os cortesãos: uma descarga emocional dificilmente é calculável e controlável. Ela revela o que a pessoa em questão sente em uma medida que, por não ser calculada, pode causar danos; além disso talvez represente um trunfo nas mãos dos concorrentes por prestígio e favorecimentos. Enfim, ela é sobretudo um sinal de inferioridade; e esta é justamente a situação que o cortesão mais teme. *Desse modo, a competição da vida na corte obriga a um controle das emoções em favor de uma atitude precisamente calculada, com variações sutis no convívio entre as pessoas.* A estrutura da vida social dentro dessa figuração deixa um espaço mínimo, comparativamente, para as manifestações afetivas espontâneas. Como já foi mostrado, para tornar "calculável" a vida, ou seja, o convívio entre as pessoas, utiliza-se um expediente análogo ao de uma sociedade econômica, quando ela pretende tornar calculável o andamento de um trabalho: não deixá-lo a cargo da tradição, do acaso ou dos humores de uma pessoa em particular. O cálculo era feito independentemente das individualidades mutáveis e, com isso, das oscilações de seus relacionamentos pessoais particulares; ele era organizado e dividido em processos parciais. Por meio da organização, era possível supervisionar o convívio social; como tudo se cumpria de modo sempre igual, independente das oscilações individuais, o processo todo era previamente calculável. E, por meio da divisão articulada em processos parciais, tornava-se possível, como no caso do valor do dinheiro na sociedade capitalista, estabelecer com precisão o valor do prestígio de alguém passo a passo. A elaboração meticulosa da etiqueta, do cerimonial, do gosto, das vestimentas, da atitude e até da própria conversa tinha a mesma função. Cada detalhe constituía, então, uma arma na luta por prestígio, de modo que elaborá-los não servia somente para a representação ostentatória e para a conquista de maior status e poder, para a segregação em relação aos de fora, mas também marcava mentalmente as distâncias entre os membros da sociedade.

A racionalidade industrial, profissional e burguesa tem sua origem nas coerções das interdependências econômicas; com elas, o que se torna calculável, em primeira instância, são as chances de poder baseadas no capital privado ou público. A racionalidade de corte se constitui a partir das coerções da interdependência social das elites; ela serve para tornar calculável, em primeiro lugar, as pessoas e as chances de prestígio como instrumentos de poder.

16. A relação entre a estrutura da sociedade e a estrutura da personalidade, que vem à tona aqui, tem consequências muito mais ramificadas:

Aquela forma de arte que denominamos "classicismo", por exemplo, é uma expressão da mesma atitude: a articulação exata, fria e clara da maneira de construir, o cálculo minucioso do valor do efeito e do prestígio, a ausência de qualquer adorno não planejado, de qualquer espaço para sentimentos fora de controle. Algo bem semelhante pode ser dito acerca do teatro clássico francês. Em primeiro lugar, trata-se de um elemento que integra a vida social da corte, e não de uma atividade festiva. Os espectadores se instalam no palco, ocupando o fundo e os lados. Portanto, o que é representado mostra a mesma precisão de medidas que caracteriza a vida de corte em geral. As paixões podem ser intensas; as explosões apaixonadas são inconvenientes. Não é o conteúdo da peça que importa primordialmente (quase sempre se trata de assunto bem conhecido), mas sim a arte sutil de os protagonistas controlarem seus destinos e resolverem seus conflitos — assim como na vida da sociedade de corte que serve de modelo para todas as camadas mais altas a maneira como uma pessoa controla uma situação tem sempre importância decisiva. Da mesma maneira como a sociedade de corte se vê na impossibilidade de agir de outro modo que não pela palavra ou, mais exatamente, pela conversação, o teatro clássico francês tampouco representa, ao contrário do drama inglês, ações, mas diálogos e declamações sobre ações que em geral escapam ao olhar do espectador.

Esse vínculo estreito entre a racionalidade de corte e o classicismo (que mereceria ser trabalhado em uma investigação específica) não aparece apenas na França. Vale também, com ligeiras modificações, para o classicismo alemão. A cultura de Weimar foi a única cultura de corte realmente significativa que os alemães criaram na época moderna. Aqui também voltamos a encontrar — embora numa relação totalmente diferente entre as camadas burguesas ascendentes e a corte, em comparação com a França do século XVII — uma boa parte dos traços distintivos do caráter da corte, pelo menos como ideais: a serenidade, a moderação das emoções, a calma e a prudência, sem esquecer aquele ar solene pelo qual os cortesãos se destacavam da massa dos outros homens.[43]

A racionalidade de corte acaba produzindo uma série de reações e isso mesmo no seio da sociedade de corte. Trata-se de tentativas de emancipação do "sentimento", as quais são sempre, ao mesmo tempo, tentativas de emancipação do indivíduo diante de uma determinada pressão social, mas que na França do século XVII sempre fracassaram, pelo menos aparentemente (por exemplo, Mme. Guyon,

128     A sociedade de corte

Fénelon e assim por diante). É precisamente levando em conta essas reações que se mostra a importância de examinar um determinado campo social, questionando até que ponto sua estrutura permite e torna possível a liberação do "sentimento". Mais adiante, questiona-se em que sentido ela torna possível tal liberação e até que ponto sua estrutura penaliza a emancipação do "sentimento" com a decadência social ou, no mínimo, com a degradação social. É exatamente esse o caso da corte.

Não poderemos compreender Rousseau e sua influência, as razões de seu sucesso mesmo no interior do *monde,* se não o compreendermos simultaneamente como expressão de uma reação contra a racionalidade de corte e contra a supressão do "sentimento" na vida da corte. Também é a partir dessa perspectiva, com a análise detalhada da tendência à "distensão" em que o *monde* se encontrava no decorrer do século XVIII, que fornecemos as explicações sobre aquelas mudanças estruturais que permitiam então, em certas camadas psicológicas — embora de modo algum em todas —, uma relativa emancipação de impulsos emocionais espontâneos, tornando possível com isso, ao mesmo tempo, uma consideração teórica da autonomia do "sentimento".

Assinalemos enfim que o racionalismo intelectual consciente dos séculos XVII e XVIII, que costuma ser designado com uma palavra imprecisa como "Iluminismo" (*Aufklärung*), não deve ser entendido, de modo algum, somente no contexto da racionalidade burguesa e capitalista, já que existem fortes vínculos entre ele e a racionalidade de corte. Esses vínculos podem ser vistos facilmente em Leibniz, por exemplo. Mas em Voltaire também se estabelece sem dificuldade essa ligação com a racionalidade de corte.

Assim, vemos algumas das *basic personality characteristics* [características básicas da personalidade], ou, como se formula às vezes, o "espírito" dos cortesãos, emergir da estrutura social, da figuração, da rede de interdependências que eles formam entre si. Concebemos a maneira como eles dão forma a si mesmos e às suas manifestações, intensamente e com uma imensa variedade, em uma esfera totalmente diferente da nossa, e segundo uma direção totalmente diferente, porque justamente essa direção e essa esfera tinham uma importância vital para eles. Com isso, torna-se visível algo da curva de desenvolvimento que leva daquela formação humana para a nossa, e assim também é possível perceber o que ganhamos e o que perdemos com essa transformação.

17. O estilo e as condições de vida que o Ancien Régime abrigava, em sua corte e sua sociedade de ordens parecem tão distantes para a maioria dos indivíduos das sociedades industriais e dos Estados nacionais quanto o estilo e as condições de vida das sociedades muito mais simples de que os etnólogos se ocupam. Como vemos, é preciso um grande esforço para reproduzi-las mentalmente. As raras cortes ocidentais que subsistem em nossa época também são essencialmente diferentes das cortes e sociedades de corte dos séculos XVII e XVIII, não passando de órgãos de uma sociedade que se tornou burguesa. Apesar disso, muitas das características e formas que a sociedade de corte imprimiu nas pessoas e em seu am-

biente, sejam móveis, quadros ou roupas, maneiras de cumprimentar ou etiquetas sociais, peças de teatro, poemas ou casas, subsistiram nos séculos XIX e XX. Entretanto, foi uma transformação estranhamente fantasmagórica que a herança da sociedade de corte trouxe para a sociedade burguesa. Essa herança acabou sendo embrutecida dentro da sociedade de massas, tendo com isso o seu sentido original esvaziado.[44]

Pois, no Ocidente, a corte e, gravitando em torno dela, a "boa sociedade" do Ancien Régime foram as últimas formações sociais relativamente fechadas em que os homens não trabalhavam nem faziam contas — no sentido de uma condução racional de sua economia e de seus assuntos particulares. Elas constituíam essencialmente, se formos designá-las segundo a maneira de ganhar dinheiro, formações de *rentiers*. E se seus membros dedicavam tempo, amor e cuidado na organização de domínios da vida que perderam importância e foram relegados ao campo privado no século XIX, com a progressiva distinção da vida humana entre esfera profissional e esfera particular, ambas pressionadas pela condução econômica racional, agiam por necessidade, para se afirmar na sociedade. Para quem fazia parte das camadas dominantes do Ancien Régime, a elegância da atitude e o bom gosto — produtos elaborados de uma tradição social e possibilitados por sua existência como *rentiers* — tornavam-se obrigatórios, para a aceitação e a ascensão em uma sociedade regida pela convenção social e pela competição por prestígio.

Os burgueses do século XIX dependiam, antes de tudo, de um ofício que requeria um trabalho mais ou menos regular e uma sujeição a uma rotina das emoções. Era, portanto, a profissão que determinava em primeiro lugar o comportamento dos indivíduos e sua relação mútua, era nela que residia o centro das coerções exercidas pelas interdependências sociais sobre os homens singulares. Com isso não se modificaram somente as características e os modos de comportamento que a sociedade desenvolvia em seus membros singulares; além disso, a maior parte das atitudes e relações individuais que foram cuidadosamente moldadas e determinadas no Ancien Régime, dominantes, foi relegada a uma esfera que *não* estava mais no centro da influência social. Para os indivíduos da *bonne compagnie* do Ancien Régime, os arranjos de bom gosto da casa e dos jardins, a decoração mais elegante ou mais íntima de seus quartos de acordo com a moda e a convenção social, ou as relações diferenciadas e bastante solicitadas entre marido e mulher, não eram apenas prazeres de que este ou aquele indivíduo usufruía, mas exigências cruciais da vida social. Conformar-se a isso era a condição prévia para ser considerado pela sociedade, para o êxito social que ocupava o lugar do nosso êxito profissional. Só o espetáculo desses cortesãos, que não trabalhavam e viviam de rendas, permite compreender o quanto a decomposição da nova vida social em uma esfera profissional e uma esfera particular significou para o caráter dos indivíduos que lhes sucederam, assim como para a maneira como assumiram a herança que receberam dos séculos anteriores. Quase tudo que a sociedade de corte dos séculos XVII e XVIII elaborou, seja a dança, as fórmulas de polidez, os

130     A sociedade de corte

costumes mundanos, os quadros com que enfeitavam as casas, as formalidades de um pedido de casamento ou o *lever* de uma dama, tudo isso fica relegado agora, cada vez mais, à esfera da vida particular. Essas coisas deixaram de ocupar o centro das tendências modeladoras da sociedade. A vida particular dos burgueses certamente não permaneceu imune às coerções sociais. Todavia, ela só recebeu indiretamente sua forma, ou seja, a partir da interdependência primordial que associava os indivíduos, isto é, a condição profissional. As formas da vida profissional, no entanto, foram submetidas a exigências de uma outra ordem e com outra intensidade, em comparação com a vida privada. A vida profissional é que passou a ser objeto de todos os cálculos, sutilezas e aprimoramentos.

A *bonne compagnie* do Ancien Régime, centrada em torno da corte, certamente desenvolveu em seus membros, assim como todas as outras sociedades, apenas determinados aspectos em meio à variedade incalculável de formas humanas possíveis. Da mesma maneira que todos os indivíduos, os dessa sociedade eram limitados em seu desenvolvimento — sem levar em conta todas as restrições individuais — pelas restrições e possibilidades específicas desse campo social determinado. Entretanto, tal limitação abrangia os homens em seu desenvolvimento como um todo, ao mesmo tempo, com a mesma intensidade. Para formular de modo bem simples: os indivíduos de tal sociedade não permaneciam dez ou doze horas por dia expostos às luzes e ao controle do domínio público, para então se recolherem a uma esfera mais privada em que o comportamento fosse ainda pautado pela referência à atividade profissional e pública, porém menos por uma sociedade que abrange tudo, e mais pelas leis impessoais e pela consciência cunhada primordialmente a partir do êxito e trabalho profissional.

Certamente uma separação assim já se manifestava no século XVIII, e até mesmo antes, em camadas que não tinham tanta influência; no entanto ela só produziu todos os seus efeitos numa sociedade urbana de massas. Só então o homem singular conseguiu escapar, até certo ponto, do controle legal e do controle social. Para os indivíduos da sociedade de corte dos séculos XVII e XVIII, em sentido mais geral, ainda não havia uma tal separação. Não era na esfera profissional que se decidia o êxito ou o fracasso de seu comportamento, para só então este passar a ter um efeito sobre a vida particular. Seu comportamento podia ser decisivo para sua colocação na sociedade a qualquer instante, podendo significar êxito ou fracasso social. Nesse sentido, as tendências formativas da sociedade estendiam-se imediatamente, junto com o controle social, a todas as esferas do comportamento humano. Assim, aquela sociedade abrangia em sua totalidade os indivíduos que faziam parte dela.

Essa peculiaridade da sociedade antiga, a que voltaremos adiante com mais frequência, é igualmente importante, como imagem ou contraponto, para a compreensão do passado e do presente. É claro que o contraste da sociedade de massas burguesas aparece cada vez com mais força. *Na sociedade burguesa, a esfera profissional é a área em que as coerções sociais e a modelagem social dos homens se exercem com mais força.* Entretanto, a vida particular é sempre afetada por sua dependência da condição profissional. Suas atitudes singulares e suas formas de comportamento não são modeladas com a mesma intensidade da sociedade aristocrática de corte, em que as pessoas não tinham "profissão" alguma nem conheciam a separação entre esfera particular e esfera profissional no sentido atual. Geralmente o indivíduo da sociedade de massas burguesa sabe muito bem como tem de se comportar dentro de sua esfera profissional. A sociedade dirige suas tendências modeladoras primordiais ao comportamento profissional. É aqui, sobretudo, que se colocam suas coerções. Mas tudo o que se refere à esfera do comportamento privado, seja no caso da habitação, das relações entre os sexos ou do gosto artístico, seja no caso da comida ou da maneira de celebrar as festas, não recebe mais sua conformação decisiva de um modo imediato e autônomo como antes, no próprio convívio social entre as pessoas, mas sim de um modo indireto e heterônomo, em função de interesses e condições profissionais. Podem estar em jogo os interesses de quem preenche assim seu tempo livre particular, ou os daqueles cuja função profissional é entreter o ócio dos outros, e, na maioria das vezes, trata-se de um cruzamento das duas tendências.[45]

# VI O rei prisioneiro da etiqueta e das chances de prestígio

1. Se, à primeira vista, talvez estejamos inclinados a responder à pergunta sobre a sociologia da etiqueta fazendo referência ao modo como a nobreza depende do governante, um estado de coisas mais complexo vem à tona ao observarmos a situação com maior atenção. A necessidade de os nobres formarem uma elite, cujo desaparecimento equivaleria à sua destruição, convém às necessidades de dominação do rei. Esse desejo de segregação por parte dos grupos de elite ameaçados é o ponto fraco que o rei pode atacar para tornar os nobres submissos. A tendência à autoafirmação por parte da aristocracia e a incumbência de dominação do rei encaixam-se como elos de uma corrente que envolve a nobreza.

Quando um cortesão dizia: Não me importa a *distinction*, a *considération*, o *valeur* ou *honeur*, ou como quer que chamem esses símbolos característicos do prestígio e da posição social, então a corrente era rompida.

Contudo, a interdependência e as correntes em torno da nobreza têm um alcance ainda maior: o próprio rei — por vários motivos, que ainda serão expostos em maior detalhe — tinha interesse na manutenção da nobreza como camada distinta e separada. Basta a indicação de que ele mesmo se considerava "indivíduo nobre", "o primeiro entre os nobres". Na corte, costumava-se dizer às vezes a respeito de alguém: "Ou ele é louco ou o rei não é nobre" (*Il est fou ou le roi n'est pas noble*). Permitir a ruína da nobreza significava também, para o rei, permitir a ruína da nobreza de sua própria casa. O próprio fato de o rei, como chefe da nobreza, se colocar acima dela, dizendo-se no entanto seu membro, determina sua posição face à etiqueta e explica a importância que esta tinha a seus olhos.

Tudo o que podia se tornar visível através da etiqueta, pelo lado da nobreza, é encontrado novamente quando se examina o que diz respeito ao rei: distanciamento como fim em si, racionalidade, apreço por nuances, controle das emoções; entretanto, a partir da perspectiva do rei tudo isso tem um outro sentido. Para o rei, a etiqueta não é apenas um instrumento de distanciamento, mas também um instrumento de dominação. O próprio Luís XIV formulou isso com bastante clareza em suas *Memórias* (II, 15):

> Estão grandemente enganados aqueles que imaginam tratar-se aí apenas de questões de cerimônia. Os povos sobre os quais reinamos, não podendo penetrar o fundo das coisas, pautam em geral seu julgamento pelo que veem exteriormente, e o mais frequentemente é pelas primazias e posições que medem seu respeito e sua obediên-

cia. Como é importante para o público ser governado apenas por um único, também é importante para ele que este que exerce essa função seja elevado de tal maneira acima dos outros que não haja ninguém que possa confundir ou comparar-se com ele, e podemos, sem sermos injustos para com o corpo do Estado, retirar-lhe as menores marcas de superioridade que o distingue dos membros.

Eis o sentido da etiqueta para o próprio Luís XIV. Não se trata de mera cerimônia, mas de um instrumento de dominação dos súditos. O povo não acredita em um poder que, embora existindo de fato, não apareça explicitamente na figura de seu possuidor. É preciso ver para crer.[1] Quanto mais um soberano se mantém distante, maior é o respeito que o povo lhe confere.

No caso da nobreza de corte, que não tem mais nenhuma função de governo, o distanciamento é um fim em si. Também significa a mesma coisa para o rei; pois ele considera sua pessoa e sua existência como o próprio sentido do Estado. "Antes só se falava", diz um opositor[2], "dos interesses do Estado, das necessidades do Estado, da conservação do Estado. Hoje em dia isso seria um crime de lesa-majestade, por assim dizer. O rei tomou o lugar do Estado, o rei é tudo, o Estado não é mais nada. Ele é o ídolo a quem se oferecem as províncias, as cidades, as finanças, os grandes e os pequenos, em uma palavra, tudo".

Assim como para a nobreza, para Luís XIV sua própria existência como rei já é um fim em si. Mas a essa existência pertence, como um de seus atributos, o monopólio da soberania. Assim, por um lado, se o rei considerava a etiqueta como um instrumento de dominação, o fim da dominação acabava sendo ele mesmo, sua existência, sua glória, sua honra. A manifestação visível dessa integração total da dominação à pessoa do rei, com sua elevação e distinção, é a etiqueta.

2. Não é possível compreender um instrumento de poder sem considerar a estrutura do espaço onde ele é exercido, e os parâmetros que o determinam. Resulta daí uma incumbência peculiar para a sociologia: a corte deve ser investigada como estrutura de dominação que, assim como qualquer outra, prescreve vias ou meios de dominação específicos para quem quer exercer o controle nela ou a partir dela. Certamente a corte constitui apenas um setor da região mais ampla de domínio do rei. Representa, não totalmente, mas até certo ponto, a figuração central de toda a estrutura de dominação, e é por meio dela que o rei governa essa região mais ampla.

Inicialmente, portanto, nossa tarefa é tornar compreensível em sua estrutura esse campo de atuação do rei como meio de dominação. Em seguida será preciso responder como a corte se constituiu paralelamente à estruturação do reinado e como se reproduziu sucessivamente de geração em geração.

É possível determinar as estruturas de um sistema de dominação como figuração de indivíduos interdependentes, quase com o mesmo rigor de um cientista ao determinar a estrutura de uma molécula específica. Com isso, não se pretende afirmar a existência de uma identidade ontológica entre o objeto das ciências naturais e o objeto da sociologia. Essa questão, aliás, não está sendo discutida aqui. A comparação serve simplesmente para delimitar com mais distinção e rigor a imagem que o sociólogo tem em mente. Cada campo de dominação apresenta-se como uma rede de homens e grupos humanos interdependentes, agindo em conjunto ou em oposição num sentido bem-determinado. É possível, como ainda mostraremos, distinguir diversos tipos de campos de dominação, de acordo com a orientação da pressão que os diversos grupos de um campo exercem uns sobre os outros, segundo as modalidades e a intensidade da dependência relativa de todos os homens e grupos que formam a estrutura de dominação. Assim, como se definem as interdependências que ligam entre si os cortesãos, campo de dominação do rei?

O rei se encontra em uma situação única dentro da corte. Qualquer outro indivíduo está submetido a uma pressão vinda de baixo, dos lados e de cima. Apenas o rei não experimenta pressão alguma vinda de cima. Mas a pressão dos que ocupam um nível abaixo do seu certamente não é insignificante. Ela seria insuportável, reduzi-lo-ia a nada num instante, caso todos os grupos sociais, ou mesmo todos os grupos de corte abaixo dele, agissem na mesma direção, qual seja, contra ele.

Mas eles não agem todos na mesma direção: o potencial de ação dos súditos, determinado por sua interdependência, é dirigido em boa parte uns contra os outros, de modo que anulam mutuamente seu efeito sobre o rei. Isso vale em sentido mais amplo (que não será comentado aqui) para todo território dominado. Tem validade diretamente, em sentido mais restrito, no que diz respeito à corte como espaço de atuação primordial e campo de dominação do rei. Neste caso, não só todos concorrem entre si individualmente por chances de prestígio, como os diversos grupos também lutam uns contra os outros; os príncipes e as princesas de sangue com os bastardos legitimados do rei, contra os quais os "grandes", os duques e pares também entram em disputa. Como um grupo autônomo, há os ministros vindos da burguesia, e muitas vezes da *noblesse de robe*. Eles também pertencem à corte, não podendo tomar nenhuma atitude caso não compreendam as leis não escritas da vida cortesã.

Entretanto, todos esses grupos, e ainda alguns outros, estão divididos internamente. Indivíduos de diferentes grupos e patamares associam-se entre si. Determinados duques, ministros e príncipes se aliam, algumas vezes sustentados por suas mulheres, contra outros. O círculo do Delfim e o círculo da amante do rei, todos intervêm, ora aqui, ora ali, na frágil e multiforme balança das tensões.

3. Na corte cabe ao rei, como vemos, uma tarefa de governo muito específica: ele precisa vigiar continuamente para que as tendências divergentes dos cortesãos trabalhem a seu favor. Saint-Simon diz em certa passagem:

> O rei utilizava as numerosas festas, passeios e excursões como um meio de recompensar e castigar aqueles a quem convidava ou não. Como percebia que não dispunha de

graças suficientes para conceder a ponto de causar uma impressão favorável permanente, substituiu as recompensas reais por imaginárias, pela incitação de ciúmes, por pequenos agrados cotidianos, por seu favorecimento. Nesse aspecto, ninguém era mais inventivo do que ele.[3]

Era dessa maneira que o rei "dividia e governava". Mas ele não se limitava a dividir. O que se pode observar no caso é uma ponderação exata das relações de força em sua corte e um balanceamento cuidadoso do equilíbrio de tensões que, a partir da pressão e da reação à pressão, assim se produz na corte.

Para mostrar aqui apenas um dos fios condutores dessa estratégia: o rei protege aqueles que lhes devem tudo e nada são sem ele, e isso significa ao mesmo tempo que se liga sempre a eles, sem hesitação. O duque de Orléans, seu sobrinho e futuro regente, e seu neto e príncipe herdeiro são homens que continuam importantes, mesmo não sendo especialmente favorecidos por ele. São rivais em potencial. O duque de Saint-Simon, para dar outro exemplo, que não desagradava ao rei particularmente, mas nunca obteve propriamente nenhum favorecimento, também desempenhava certo papel importante no jogo de forças da corte, por ser duque e par. Ele tentava conscientemente aliar-se ao sucessor no trono, e caso um morresse, procurava o apoio do seguinte: "Com a corte transformada pela morte de *Monseigneur* [isto é, depois que a morte do sucessor no trono fizera oscilar o equilíbrio de tensões e todo o ordenamento hierárquico dos cortesãos], tive que mudar minha conduta em relação ao novo Delfim."[4]

Era essa a *sua* tática pessoal. Para a alta nobreza havia sempre um certo grau de independência em relação ao rei, o que naturalmente não podia nunca se converter numa oposição aberta. Por isso Luís XIV se apoiava preferencialmente e com tanto empenho nos homens que lhe deviam sua posição na corte, e que seriam reduzidos a nada se *ele* os abandonasse — especialmente as amantes, os ministros[5] e os filhos bastardos. Protegia sobretudo estes últimos, para grande irritação dos nobres autênticos.

Eis, portanto, um dos métodos pelos quais o rei impedia uma união da sociedade de corte contra ele, promovendo e mantendo o equilíbrio de tensões que lhe convinha e que constituía o pressuposto de sua dominação. É um tipo peculiar de campo de dominação (e, por conseguinte, de forma de dominação) que se mostra aqui, a princípio em relação à corte, mas que vai aparecer de modo análogo também no âmbito mais amplo de dominação do rei absolutista. O que é característico desse âmbito de dominação é o uso das hostilidades entre os súditos para a diminuição da hostilidade dirigida ao rei e para o aumento da dependência na relação com o soberano autocrata.

4. Existem campos de dominação que possuem uma estrutura totalmente diferente e, com isso, de tipos totalmente distintos. É sabido que, em sua tipologia das formas de dominação, Max Weber contrapõe à forma de dominação corporativa e patrimonial, na qual se inclui também o reino absolutista da França, uma outra

forma que ele chama de "carismática".[6] Quando se observa essa outra forma da mesma maneira como fizemos com a sociedade de corte, percebe-se o seguinte: aqui também há um primeiro campo de atuação do soberano no interior de um campo de dominação mais amplo, pelo menos no Ocidente e onde tende à dominação política. A relação destes três fatores, soberano autocrata, grupo central ou grupos centrais de elite e campo de dominação mais amplo, é decisiva para a estruturação e para o destino do poder carismático.

A princípio podemos dizer, em termos gerais, que processos de formação de camadas dentro do campo de dominação mais amplo, transformações maiores ou menores, mudanças ou perdas de equilíbrio na balança de tensões existente — tudo isso constitui pressupostos para se instituir um poder carismático. Tal transformação e tal perda de equilíbrio fornecem a quem aparece como portador de carisma a chance decisiva; são elas que dão à sua progressão aquele caráter enfatizado por Max Weber, o "caráter do extraordinário".[7] A dominação carismática é uma dominação dos tempos de crise. Ela não tem nenhuma constância, a não ser que a crise, a guerra e a revolta se tornem regra em uma sociedade. Ou seja, essa progressão é extraordinária segundo a medida do cotidiano tradicional e das formas de ascensão tradicionais de uma determinada organização social dominante. Sua eclosão, encoberta ou às claras, e seu abalo estrutural criam nos homens que pertencem ao grupo carismático central, via de regra, a predisposição para o caráter extraordinário. Entretanto, a tarefa que passa a se impor para o futuro detentor do poder — e cuja realização e solução exigem justamente o que Max Weber chama de "carisma" — é muito específica e claramente distinta da tarefa que se impõe ao soberano absolutista. Enquanto ele e seus partidários ainda têm de lutar para impor seu poder, o líder carismático precisa orientar, com maior ou menor consciência, as metas de todos os indivíduos que compõem o núcleo de seu poder *em uma única direção*. Assim, dentro de um campo social bem-fechado e a salvo da desagregação social, ele é capaz de agrupar um número limitado de homens, de tal modo que sua pressão social se dirija e atue na mesma direção, ou seja, para fora, para a esfera de poder mais ampla.

O detentor do poder absolutista também é cercado por um grupo central, a corte, por cuja mediação ele governa, assim como o líder carismático pela mediação de *seu* grupo central. Mas àquele cabe a tarefa, como soberano, de conservar, ou sempre renová-los, tanto a tensão quanto o seu equilíbrio relativo dentro de um campo social cuja estrutura de fato ofereça uma grande chance para equilibrar as tensões sociais. Isso vale para sua esfera de domínio mais ampla; mas vale também para seu grupo central. Aqui, como já foi mostrado, ele deve explorar com cuidado as tensões, suscitar os ciúmes e as invejas, mantendo com isso, diligentemente, as dissensões dentro dos grupos, e orientar suas metas e sua pressão. Ele precisa deixar o caminho livre, até certo ponto, para a consumação da pressão e da reação a ela e, assim, equilibrá-las, orientando e movendo as tensões; e nessa tarefa entra sempre um alto grau de cálculo.

O rei prisioneiro da etiqueta e das chances de prestígio    137

Bem diversa é a situação do soberano autocrata que aparece como executor de um profundo remanejamento ou reagrupamento social — o líder carismático. A princípio, se o observamos no momento de sua ascensão, vemos o seguinte: para ele, as invejas, as rivalidades e as tensões provocadas dentro do grupo central são perigosas. É claro que elas continuam existindo, mas não podem, contudo, manifestar-se com muita intensidade. Precisam ser reprimidas. Pois aqui, como foi dito, a questão é orientar para fora a força, a meta, e com isso a pressão social de todos os indivíduos unidos nesse grupo, dirigindo-as assim contra o campo social desagregado, a esfera de poder mais ampla que deve ser conquistada. É na realização dessa tarefa que reside o verdadeiro segredo daquela forma de liderança e de dominação que Max Weber chamou de carismática. É preciso que se produza uma unidade dos interesses e do sentido da pressão, a mais abrangente possível, entre o soberano e o grupo central — relativamente restrito, em comparação à ampla dimensão do campo social restante —, de modo que a ação de cada um dos comandados funcione como um prolongamento da ação do líder.

Na situação em que se encontra quem aspira à dominação carismática, a possibilidade de planejamento já é mais restrita, inicialmente porque a previsibilidade é menor do que no campo de dominação absolutista. Nos assuntos sociais humanos, as coisas são mais previsíveis para os atores quanto mais estável se mantiver, em um campo social, determinada estrutura e determinado equilíbrio das tensões. Em contrapartida, o líder carismático, que se beneficia precisamente de um equilíbrio instável, flutuante, ou até mesmo profundamente abalado, apresenta-se frequentemente, mas nem sempre, como a novidade no campo social, que promete subverter em sua passagem todas as atitudes e motivações dominantes, rotineiras, previsíveis. O mesmo vale, até certo ponto, para o grupo central que o sustenta. Ambos precisam ter a ousadia de avançar para algo que é relativamente desconhecido e imprevisível. Assim, seu objetivo acaba assumindo facilmente o caráter de "crença". Ambos têm que se servir de meios, atitudes e comportamentos que ainda não foram postos à prova. É possível estabelecer, numa investigação mais precisa, como e onde eles se atrelam, com seus comportamentos e objetivos, ao que já existia. Mas, de todo modo, o risco calculável de seu empreendimento também faz parte, nesse caso, das particularidades estruturais dessa forma de dominação. Eles dissimulam a incerteza e a extensão do risco — que talvez os paralisassem caso vistas em toda a sua dimensão — por meio da crença no dom, no "carisma" de seu líder, o aspirante ao poder. Por conseguinte, a supressão de muitas regras, prescrições e comportamentos estabelecidos, com os quais os soberanos guiavam seus súditos em vários níveis, confronta os grupos carismáticos com uma tarefa muito específica. A liderança não pode mais ser concretizada e transmitida desde o líder até o nível mais baixo sob seu controle por vias e meios já relativamente experimentados e fixados, mas apenas por meio da intervenção pessoal sempre recorrente do próprio líder, ou de poucos dos seus subordinados. Ou seja, ela só pode ser concretizada produzindo-se uma relação pessoal, e a mais direta possível, entre o líder e os membros do grupo central.

Todas as pessoas que pertencem a esse grupo trazem consigo os traços da camada de onde provêm, traços que compõem o caráter pessoal de cada uma delas. Entretanto, as relações, a importância e sobretudo a ascensão do indivíduo dentro do próprio grupo central não são determinadas primordialmente a partir do nível social, válido até então para a esfera de poder mais ampla, nem por meio da aura que o homem singular obtém daí, mas sim por determinadas qualidades individuais que correspondem à tarefa e à situação específicas do grupo central. A posse de qualidades, assim, também é decisiva para a escolha do próprio soberano ou líder. Ela determina sua relação com os outros membros do grupo central num grau mais intenso do que qualquer nível social herdado ou conquistado anteriormente.

No grupo central carismático produz-se um ordenamento hierárquico característico. Naturalmente, ele também é condicionado, em maior ou menor grau, pelo ordenamento social e pelas camadas da esfera de poder mais ampla a ser conquistada ou invadida. Contudo a seleção interna se realiza segundo outra norma e outros critérios, diferentes daqueles da esfera conquistada. O grupo central carismático oferece, em outras palavras, *chances de ascensão*[8] muito específicas. Aqui, pessoas que não tinham nenhum poder de comando podem chegar a alcançá-lo. E não só isso: o mero fato de pertencer a um grupo central, mesmo ocupando a posição mais baixa, representa uma ascensão para os indivíduos provenientes dos campos sociais em torno dele. Elas se colocam acima da massa e de sua rotina, passando a integrar o círculo mais restrito de um grupo que constitui uma elite e no qual, por isso, seus membros sentem-se como parte de algo especial.

Sendo o grupo central carismático também um mecanismo de "promoção" ao qual se opõe — ao menos numa certa medida — o grupo central dos cortesãos enquanto mecanismo de defesa e salvaguarda, assiste-se a uma modificação importante no comportamento e nas características dos indivíduos levados pela corrente promocional: a sua identificação com a camada social ou o grupo do qual é oriundo, seja a aldeia, a cidade ou a família, seja esse ou aquele grupo profissional ou corporativo, ou qualquer outra formação social da esfera dominada — tomada aqui num sentido bastante amplo — se enfraquece progressivamente, chegando mesmo a desaparecer. Ela é substituída pouco a pouco por uma nova identificação com o grupo central carismático. Para a sensibilidade de seus membros, este desempenha a função de "pátria social".

A alienação mais ou menos marcada em relação ao grupo de origem, a identificação com uma formação social como um instrumento de promoção em vários níveis, o interesse comum em realizar as missões de conquista e de promoção do grupo, a necessidade de assegurar seu caráter de elite, isto é, de garantir a promoção consumada ou em vias de se consumar — tudo isso são condições da característica pela qual o grupo central carismático se distingue tão nitidamente do grupo central da corte: o grupo carismático impõe um freio às tensões e dissensões internas — que entretanto não são abolidas —, canalizando os esforços de todos os seus membros para o espaço exterior enquanto o acesso ao poder ainda não estiver plenamente assegurado. Uma vez que o objetivo tenha sido alcançado e o poder conquistado, as tensões costumam manifestar-se com muita rapidez.[9]

Além disso, em geral, não se encontra à disposição do líder carismático, como no caso do detentor de um poder consolidado, nenhum mecanismo firme de poder e administração fora de seu grupo central. Assim, seu poder pessoal, sua superioridade individual e sua intervenção dentro do grupo central permanecem sempre como uma condição imprescindível para o funcionamento do mecanismo. Mas com isso fica delimitado o âmbito dentro do qual o líder carismático pode ou deve exercer seu poder. Como sempre, aqui também a estrutura do grupo central, no plano funcional, depende da estrutura e da situação do campo social como um todo, tendo um efeito retroativo sobre o governante. A maior parte das pessoas envolvidas identifica-se com esse detentor do poder, ou líder, como sendo a encarnação viva do grupo, enquanto permanecem vivas a confiança, a esperança e a crença em sua capacidade de levá-los ao objetivo comum, ou de confirmar e assegurar a posição alcançada no caminho para tal objetivo. Assim como o soberano absolutista (cercado por sua corte) guia os homens de seu grupo central apoiando-se em sua necessidade de formar uma elite e nas rivalidades internas, o líder carismático guia seu grupo central durante sua ascensão com base na sua necessidade de ascensão, simultaneamente ocultando o risco e a vertigem do medo que ela acarreta. Os dois tipos de soberanos precisam de qualidades muito distintas para cumprir sua tarefa de guiar os homens. O primeiro pode criar para si um mecanismo que minimize o risco e a coerção de intervenções pessoais extraordinárias. Em contrapartida, no caso do líder carismático, exige-se constantemente que ele prove sua capacidade na ação, assumindo o risco de intervir sempre de uma maneira inédita e imprevisível. Não há nenhuma posição dentro do grupo central carismático, nem mesmo a do líder, nenhum ordenamento hierárquico, nenhum cerimonial, nenhum ritual que não seja determinado pelo objetivo comum do grupo, que não seja ameaçado nem possa ser alterado pelas diversas ações voltadas para esse objetivo. Todo mecanismo auxiliar do líder carismático para guiar seu grupo recebe daí seu sentido primordial. Mesmo que não deixe de existir por completo, na dominação carismática não consolidada, a necessidade de guiar de maneira equilibrada as tensões entre diferentes indivíduos e facções do grupo central — necessidade que ocupa o primeiro plano na dominação consolidada de um rei autocrata —, tem apenas papel secundário. Nesse caso, a configuração geral não favorece a formação de grupos estáveis que, mal ou bem, acabem por equilibrar-se mutuamente. A capacidade de articular uma estratégia bem-calculada, duradoura, no modo de lidar com os homens, tem aqui um papel restrito, comparando-se à capacidade de uma ousadia imprevisível, de saltar no escuro, aliada à certeza absoluta e intuitiva de que no fim haverá um salto para a luz e o sucesso. De fato, é possível dizer que faz parte da atitude fundamental dos líderes carismáticos essa convicção absoluta no próprio dom de, em meio às relações sociais convulsionadas e à incerteza geral, sempre tomar aquela decisão

140     A sociedade de corte

que no fim se mostrará como a correta e bem-sucedida. Essa atitude precisaria de uma investigação mais detalhada; no entanto trata-se de uma certeza que não tem nenhum fundamento racional e não parece carecer disso. Em certo sentido, todo líder carismático é o cavaleiro que atravessa o Lago de Constanz na lenda.[10] Caso consiga alcançar a outra margem passando sobre o gelo quebradiço, muitos historiadores, de acordo com a tendência muito difundida de confundir êxito com grandeza pessoal, irão atribuir-lhe uma aptidão extraordinária para fazer sempre a coisa certa em situações difíceis. Caso quebre o gelo e se afogue com seus seguidores, talvez entre para a história como um aventureiro malsucedido. A capacidade de tais indivíduos de transmitir a outros sua convicção inabalável quanto ao dom de chegar sempre à decisão correta e que promete êxito faz parte dos elos que proporcionam a seu grupo central unidade e coesão, acima de todas as rivalidades e conflitos de interesses. Essa capacidade e convicção constituem a substância autêntica da crença em seu carisma. Êxito no controle de situações de crise imprevisíveis legitimam o detentor do poder como "carismático" aos olhos do grupo central e dos homens submetidos a seu domínio numa esfera mais ampla. E o caráter "carismático" do líder e de seus seguidores só se mantém enquanto tais situações de crise continuam a ocorrer, ou enquanto é possível criá-las. Quando a situação favorável não se apresenta de modo espontâneo, ele busca provocá-la: pois as tarefas que acarretam o exercício de um poder consolidado exigem outras qualidades e outras formas de realização, diferentes daquelas que estão em jogo enquanto o objetivo não tiver sido alcançado.

É em grande medida a partir de seus próprios recursos que o líder carismático tem de cumprir as tarefas sempre novas que a sua situação impõe. O encontro com o homem mais insignificante de seu grupo central pode converter-se em uma provação. Nenhuma etiqueta, nenhuma aura social, nenhum mecanismo pode protegê-lo ou ajudá-lo. Sua força individual e seu espírito inventivo precisam confirmá-lo sempre, em cada um desses encontros, como o indivíduo superior, o soberano.

5. Bem diverso era o caso de Luís XIV, que pode ser contraposto a esse tipo de soberano autocrata ascendente como exemplo muito marcante de um soberano conservador e tradicional. À sua maneira, Luís XIV certamente está entre os "grandes homens" da história ocidental, entre os homens que tiveram uma influência extraordinariamente abrangente. Mas seus recursos pessoais e sua aptidão individual não eram de modo algum excepcionais. Eram talentos mais para medianos do que para grandes. Esse aparente paradoxo nos leva ao cerne do problema.

Aquilo a que nos referimos como "grandes homens" diz respeito, em poucas palavras, a indivíduos que, sendo bem-sucedidos na resolução de determinados problemas que a situação social de sua época impunha, tiveram uma notoriedade extraordinariamente ampla, seja num período curto com maior intensidade, seja num período mais longo de suas vidas, seja durante a vida toda, ou só depois da morte. Quanto maior o alcance da influência (que, na maior parte das vezes, mas

O rei prisioneiro da etiqueta e das chances de prestígio    141

nem sempre, é simultaneamente influência espacial e influência temporal, ou histórica), maior nos parece o homem em questão.

O paradoxo, sobre o qual falávamos ao tratar da "grandeza" de Luís XIV, indica um estado de coisas peculiar: há situações que, para serem controladas, requerem não homens dotados daquilo que chamamos, de modo algo romântico, de "originalidade" ou "força criativa", não personagens agressivos e dinâmicos, mas homens cuja marca característica é uma calma e regular mediocridade. Era esse o caso de Luís XIV. Já indicamos as tarefas que o esperavam: em contraposição ao líder carismático, ele tinha de tentar impedir que a pressão social dos súditos, especialmente de sua elite, se voltasse contra ele.

6. Luís XIV conhecera, em sua juventude, a Fronda, tentativa de uma revolução contra a ordem estabelecida e contra sua dinastia. O movimento de quase todos os grupos tomou, naquele tempo, uma mesma direção, contra o representante da realeza. Essa unidade voltou a se esfacelar com relativa rapidez. Quando Luís XIV alcançou a maioridade, ao subir ao trono, a soberania da realeza absoluta já havia sido reconquistada e ele era o seu herdeiro. A tarefa que passava a ter não consistia em conquistar e realizar novas criações, mas em assegurar, consolidar e estender a estrutura de dominação existente. Ele precisava supervisionar cuidadosamente e manter em curso a estrutura de tensões que opunha as diversas ordens e camadas sociais. Um gênio inovador talvez tivesse sucumbido; teria operado erroneamente essa máquina, destruindo a figuração conveniente a ela. Luís XIV não era nenhum inovador e não precisava ser: "Se ele tivesse sido indolente e intermitente, os conflitos entre as instituições teriam levado a monarquia à anarquia, como aconteceria um século mais tarde; homem de gênio e vigor, a máquina lenta e complicada o teria impacientado, e ele a teria esfacelado. Ele era calmo e regular; nada rico pessoalmente, precisava das ideias dos outros."[11]

Segundo Saint-Simon, sua inteligência era abaixo da média. Pode ser um exagero, mas ela certamente não chegava a sobressair.

Contribuía para isso o fato de que toda a sua educação, incluindo também a educação de seu intelecto, havia sido bastante negligenciada. O período de insurreição em que sua juventude transcorreu não deixou a seus preceptores, sobretudo Mazarin, muito tempo livre para se preocuparem com a formação do príncipe. "Era comum ouvi-lo falar com amargura sobre essa época; sim, ele contava até que certa tarde tinham-no achado no jardim do palácio real, dentro de um tanque onde acabara de cair. Mal chegaram a ensiná-lo a ler e escrever, e ele ficou tão ignorante que nada sabia sobre os acontecimentos mais conhecidos da história."[12] O próprio Luís XIV declarou certa vez: "É um desgosto atroz não saber coisas que qualquer outra pessoa domina."[13]

Apesar disso, sem dúvida foi um dos maiores reis e um dos homens mais influentes do Ocidente. Não só esteve à altura da tarefa específica que o esperava — defender e expandir uma importante posição de domínio que havia herdado —, como fora feito para ela. E enquanto cumpria essa tarefa com grande perfeição,

142    A sociedade de corte

agia em favor de todos os que, de uma forma ou de outra, participavam do esplendor de seu poder, mesmo que fossem pressionados por ele em muitos aspectos:

"O grande poder e autoridade de Luís XIV provêm da conformidade de sua pessoa com o espírito de sua época."[14]

É interessante observar como ele mesmo define a tarefa que lhe foi dada, de ser um soberano em consonância direta com suas próprias necessidades e inclinações:

> Você não deve imaginar, disse certa vez a seu filho, que os assuntos de Estado são algo como esses problemas espinhosos e obscuros das ciências, que talvez o tenham entediado. A tarefa do rei consiste principalmente em deixar agir o *bon sens*, que sempre pode ser manejado sem esforço e naturalmente... Tudo o que é necessário para essa tarefa é, ao mesmo tempo, agradável; pois ela consiste, meu filho, em suma, em manter os olhos abertos sobre toda a Terra, em se informar, incessantemente, das novidades provenientes de todas as províncias e de todas as nações, do segredo de todas as cortes, em conhecer os caprichos e as fraquezas de todos os príncipes e de todos os ministros estrangeiros, em obter informações sobre uma quantidade interminável de acontecimentos a respeito dos quais acham que não sabemos nada, e em ver em torno de nós aquilo que se esforçam por ocultar com todo cuidado, descobrindo as opiniões e os pontos de vista de nossos próprios cortesãos.[15]

Em outras palavras, esse soberano mostrava-se curioso a respeito de tudo o que acontecia com os indivíduos ao seu redor, tanto os mais próximos quanto os mais distantes. Ficar sabendo de suas motivações ocultas significava, para ele, uma espécie de esporte, que lhe dava um prazer extraordinário. Contudo, tratava-se também de uma das tarefas mais importantes que se impunham a partir de sua função social de soberano. Assim, vemos aqui como o mundo todo parecia, sob a perspectiva desse soberano, uma corte ampliada, ou seja, algo que podia ser conduzido segundo a maneira da corte.

Já salientamos que "governar" é uma atividade complexa, e que guiar as pessoas está entre as funções mais importantes desse complexo de funções. Guiar as pessoas aparece como uma função central de dominação tanto no caso da dominação carismática ou conquistadora quanto no da dominação defensiva e conservadora de Luís XIV.

Todavia, a *maneira* de guiar os indivíduos é muito diferente nos dois casos. Nas recomendações que Luís XIV dirige a seu filho fica indicado como o soberano conservador e defensivo guiava as pessoas: por meio do conhecimento preciso das paixões, das fraquezas, dos erros, dos segredos e interesses de todos os homens. Pensar a partir das pessoas, em todo caso a partir das "pessoas em uma determinada situação", que foi mostrado antes como traço característico dos cortesãos em geral, também é um método utilizado pelo rei. Se, no caso dos cortesãos submetidos a pressões vindas de todos os lados, isso tem o sentido de um instrumento de luta para a auto afirmação e a autopromoção dentro da concorrência por prestígio

— "quem tem ambições precisa estar bem-informado"[16] —, no caso do rei, submetido apenas a uma pressão vinda de baixo, isso tem o sentido de um instrumento contra seus súditos, um instrumento de dominação.

O soberano conquistador tem de confiar amplamente na lealdade sincera das pessoas de seu grupo central. Ele pode fazê-lo porque os interesses dele identificam-se em larga escala com os de seus seguidores. A pressão que ele exerce necessariamente sobre eles é compensada pelo sentido e objetivo voltados para o êxito da ação comum, dentro da esfera de domínio mais ampla.

Em contrapartida, o soberano conservador na situação de Luís XIV, que já sofreu uma ameaça vinda de baixo e vive sob a pressão de uma possível ameaça do mesmo tipo, nunca pode contar tão intensamente com uma fidelidade sincera dos súditos. Pois a pressão que ele mesmo precisa exercer, para preservar seu poder, não é compensada por nenhuma ação conjunta voltada para fora, salvo numa situação de guerra. Assim, a observação e supervisão significam, para ele, um indispensável instrumento de defesa. Luís XIV cumpriu essa tarefa com um zelo que correspondia a seu prazer em relação a essa atividade. Isso já foi mostrado ao expormos sua doutrina. Servindo de exemplo, sua prática tornará ainda mais evidente o modo como essa coerção e essa tendência à observação das pessoas, características da nobreza de corte e da realeza de corte, dirigem-se pelo lado do rei imediatamente *contra* a nobreza e para sua sujeição:

> A curiosidade do rei em saber o que estava ocorrendo em torno dele crescia cada vez mais; encarregava seu primeiro criado de quarto e o *gouverneur* de Versailles de contratar um certo número de vigilantes suíços a seu serviço. Estes recebiam a libré real, dependiam apenas dos criados já mencionados, e tinham o encargo secreto de perambular noite e dia pelos corredores e passagens, pátios e jardins, escondendo-se, observando e seguindo as pessoas, vendo aonde elas iam e quando retornavam, escutando suas conversas, para depois relatarem tudo com exatidão.[17]

Depois de tudo o que foi dito sobre a estrutura da dominação a ser assegurada, quase não é preciso enfatizar mais o fato de que, no âmbito dessa vigilância geral, a observação das tensões e das discórdias entre as pessoas tem um papel especialmente importante. A manutenção das tensões entre os súditos era vital para o rei, e a união deles chegava a ser uma ameaça à sua existência. Entretanto, é interessante perceber a consciência com que ele realizava sua tarefa, fomentando e até criando dissensões e tensões, tanto no caso de assuntos importantes como no de pequenas questões irrelevantes.

> Você tem, disse ele a seu filho, que dividir sua confiança entre muitos. A inveja que uma pessoa tem serve como estímulo para a ambição dos outros. Mas, embora eles se odeiem, têm interesses comuns e podem chegar a um acordo para enganar seu senhor. Este precisa, portanto, obter informações também de fora do círculo estreito de seu conselho, e manter uma relação duradoura com aquelas pessoas que dispõem de informações importantes dentro do Estado.[18]

144    A sociedade de corte

7. A preocupação com sua própria segurança impõe a esse soberano uma forma peculiar de atividade. Poderíamos chamar de "passiva" a sua atitude, em comparação com a atitude bem mais ativa do soberano conquistador e carismático; mas os conceitos de "ativo" e "passivo" são demasiado vagos para descrever essa realidade social assim diferenciada. O autocrata conquistador impele seu próprio grupo central à ação. E, com frequência, quando ele está ausente, a atividade de seu grupo se interrompe. O soberano conservador de certo modo é sustentado e mantido em sua posição pelos ciúmes, oposições e tensões no campo social que cria a sua função. *Ele precisa apenas regular essas tensões e criar organizações que conservem as diferenças e as tensões, facilitando uma visão conjunta da situação.*

Do ponto de vista do rei, tal mecanismo de regulação, consolidação e supervisão — um entre outros — são a corte e a etiqueta. Já falamos sobre um *perpetuum mobile* social dentro do Ancien Régime. Ele pode ser visto de novo, claramente, em contraste com a dominação carismático-conquistadora. O grupo central do soberano conquistador se desagrega com mais força quanto mais intensas forem as tensões surgidas dentro dele, pois então ele tem de renunciar em larga escala à *sua* tarefa. O grupo central da dominação defensiva, que não visa a ação e a conquista em conjunto, mas a preservação de uma elite e o distanciamento interno, mantém-se e reproduz-se — e com ele também o espaço decisório mais amplo do rei — de certo modo, renovadamente, com o auxílio das ambições em choque dos súditos, enquanto estes podem permanecer em xeque pelo controle do rei. Do círculo dos competidores por prestígio (se nos é permitido fazer uso de uma imagem um tanto tosca), aparece um que segreda ao ouvido do rei o que pode prejudicar outro, em seguida vem um segundo e conta o que pode prejudicar aquele primeiro; e assim o círculo vai sendo percorrido. Entretanto, o rei é quem decide, e de certo modo sua decisão contra determinada pessoa ou contra determinado grupo, caso não afete o fundamento comum da existência das camadas e do sistema como um todo, tem todos os outros indivíduos daquele círculo a seu lado, como aliados.

Portanto, nesse caso, não havia necessidade de um espírito muito inventivo para reinar. Uma vez que esse sistema já estava produzido, bastava aquilo que o próprio Luís XIV denominava *bon sens* e possuía em alto grau para regulá-lo e manter seu equilíbrio. *Antes de tudo, porém, dentro dessa engrenagem social era possível, para o soberano, com uma intervenção relativamente restrita de sua própria força, obter efeitos relativamente significativos.* As energias eram consumidas no *perpetuum mobile* impulsionado pelas lutas da competição por prestígio — "a inveja de um serve de freio à ambições dos outros", para usar as palavras do próprio rei —, e assim o soberano precisava apenas canalizá-las. As engrenagens funcionavam como uma estação de energia, dentro da qual o movimento de uma alavanca por parte de um controlador libera forças que são muito maiores do que as que ele mesmo empregou.

De certa maneira, o líder carismático sempre se aproxima pessoalmente dos homens, encorajando-os, participando ativamente, tentando impor a realização de suas ideias. No caso de um soberano como Luís XIV, eram as pessoas que se aproximavam dele; propunham-lhe algo, pediam algo, e ele tomava sua decisão após ouvir os prós e contras das bocas de diversas pessoas prestativas. As energias eram como que dirigidas para ele, que se continha e sabia tirar proveito delas. Não precisava ter nenhuma grande ideia própria, e realmente não tinha; as ideias alheias afluíam para seus ouvidos, e ele sabia utilizá-las:

> Ninguém sabia melhor do que ele vender suas palavras, seu sorriso, até mesmo seus olhares. Tudo que provinha dele era valioso, porque fazia distinções e porque sua atitude majestosa ganhava com a raridade e a brevidade das falas. Quando se voltava para alguém, dirigia-lhe uma pergunta, fazia um comentário insignificante, os olhos de todos os presentes também se voltavam para aquela pessoa. Era uma distinção de que se falava depois, e que sempre trazia um acréscimo de reputação. ... Nenhum outro homem nunca foi tão cortês por natureza; nenhum tinha respeito tão grande pela diferença de idade, de posição e de mérito, tanto em suas respostas — quando dizia um pouco mais do que seu "Eu verei" — quanto em sua conduta.[19]

Ciúmes e invejas rondavam o rei, mantendo o equilíbrio social. O rei fazia o seu papel como um artista. Seu interesse preponderante, à parte a simples manutenção do poder, era a possibilidade de supervisionar a engrenagem humana que tinha de controlar, a qual sem dúvida continha uma carga de explosivo. Essa tendência de vigiar e planejar previamente, a cada momento, a própria engrenagem de dominação (cujas energias possibilitavam ao rei maior alcance de sua influência) é uma característica da forma de dominação conservadora e defensiva. Enquanto o líder carismático não consegue se resguardar do imprevisível, toda a vida de Luís XIV foi construída de tal modo que nada de novo e imprevisto, a não ser a doença e a morte, podia chegar perto do rei. É a essa diferença na figuração como um todo, e não simplesmente a diferenças entre determinadas pessoas, que se referem quando falam da "racionalidade" da dominação absolutista e da "irracionalidade" da dominação carismática: "Com um almanaque e um relógio, podia-se, a trezentas léguas dele, dizer o que ele fazia", declarou Saint-Simon sobre Luís XIV.[20]

Cada passo, tanto do rei quanto daqueles à sua volta, era predeterminado. Cada ação de um homem influenciava todos os outros.

8. Cada indivíduo dentro da rede de interdependências tendia, em função do prestígio, a vigiar cada passo prescrito aos outros e sua pontualidade. Assim, no âmbito de tal figuração, cada um controlava automaticamente os outros. Qualquer "passo fora da linha" prejudicava os outros, trazendo-lhes desvantagens. Por isso era extraordinariamente difícil, se não impossível, que um homem singular pudesse romper aquela cadeia. Sem as coerções da organização, da etiqueta, do cerimonial, o indivíduo teria a possibilidade, por exemplo, de se ausentar à vontade durante um certo período; para ele, continuaria havendo uma margem de

146    A sociedade de corte

atuação comparativamente grande. Contudo, o mecanismo da etiqueta e do cerimonial de corte não se restringia a sujeitar os passos de cada pessoa singular ao controle do soberano autocrata. Ele tornava simultaneamente visíveis centenas de cortesãos, funcionando em certa medida como um mecanismo de sinalização, em que cada vontade própria, cada rebeldia, cada erro de uma pessoa em particular, porque incomodava muito ou pouco os outros e afetava suas chances de prestígio, tornava-se publicamente visível e, passando por uma série de articulações intermediárias, acabava chegando ao rei.

Diante de uma estrutura tão funcional, a diferença entre "racionalidade de valor" e "racionalidade de fins" perde sua força, como vemos. O mecanismo da etiqueta era altamente "funcional", destinado à manutenção e consolidação do poder do rei. Nesse sentido, era também uma organização com "racionalidade de fins", em todo caso não menos do que os instrumentos de dominação produzidos por uma sociedade em que há competição por chances financeiras e profissionais. Em ambos os casos, embora talvez mais às claras no caso da sociedade de corte, a "dominação" é ao mesmo tempo um fim autêntico e um valor autêntico para seu detentor, ou pelo menos algo orientado por valores que não parecem necessitar de nenhuma fundamentação. Assim, os instrumentos que servem para assegurar essas "dominações" também participam simultaneamente da "racionalidade de fins" e da "racionalidade de valor".

A posição do rei, como foi constituída no campo social do Ancien Régime, liberava as energias do seu ocupante de um modo notável. Não apenas dinheiro afluía para o rei — por exemplo na forma de impostos ou de rendimentos a partir da venda de cargos —, sem que ele tivesse de estar sempre à procura de chances de exercer uma atividade profissional lucrativa. Afluíam para ele também outras energias sociais, quantitativamente difíceis de medir, na forma de forças humanas que estavam à sua disposição incondicionalmente. Ele tinha o poder de dispor delas não apenas, mas essencialmente, porque a estrutura das interdependências sociais lhe permitia isso, porque a posição social do rei era constituída de acordo com as necessidades dos indivíduos e grupos envolvidos em tais interdependências, e também, em grau bem menor, porque o rei as extraía do campo social por meio de sua atividade. Além disso, todos esses potenciais humanos de que o rei podia dispor eram ordenados de tal maneira, naquilo que os seus próprios contemporâneos denominavam "*la mécanique*",[21] que funcionavam como um mecanismo de fortalecimento para as energias do rei. Dizendo de outro modo, se o rei movesse apenas um dedo, ou pronunciasse uma única palavra, eram postas em movimento energias extraordinariamente maiores, dentro do campo social, do que as empregadas por ele próprio. Assim, as próprias energias do rei, fossem grandes ou pequenas, de fato permaneciam livres, em larga escala.

9. Luís XV, que herdara uma monarquia já consolidada, não experimentara na pele nenhuma ameaça ao seu poder e não tivera que lutar para conservá-lo, não dedicava o esforço permanente de seu antecessor na condução do governo. Em seu

reinado, uma grande parte das energias disponíveis era consumida na busca de prazeres e divertimentos, os quais deviam controlar a falta de rumo e o tédio, que com frequência caracterizam a segunda geração de camadas dominantes e que são produzidas pela liberação relativamente grande daquelas energias.

Para Luís XIV, em contrapartida, o exercício e a consolidação do poder exigiam ainda grandes esforços. É verdade que, à medida que seu reinado se prolongava, a distância efetiva que, em sua qualidade de rei, o separava dos outros era cada vez menos ameaçada, o momento decisivo tendo se dado antes de sua subida ao trono. Mas como conhecera o perigo quando jovem, a manutenção e a defesa de sua função de soberano o preocupavam de uma maneira bem mais direta que a Luís XV.

O que foi dito antes sobre o universo de ideias e a perspectiva dos cortesãos, e com isso também das camadas conservadoras em geral, aplica-se a Luís XIV de maneira muito marcante: ele tinha um objetivo, mas este nada era fora do próprio rei, nem se situava no futuro. Em um contexto um pouco mais específico ele escreveu certa vez: "Proteger-se da esperança, mau guia."[22] No fundo, o mesmo vale também para o contexto mais amplo: ele atingira o ponto culminante. Sua posição proibia a esperança. Assim, ele reservava às energias que lhe garantiam sua posição a tarefa de consolidar, defender e sobretudo glorificar sua existência atual: "Luís XIV — e isso é visível desde suas primeiras palavras e seus primeiros gestos — coloca portanto simplesmente em si próprio o princípio e o fim das coisas ... Se pronunciou a frase: 'O Estado sou eu', quis na verdade dizer: 'Eu, Luís, que vos falo.'"[23]

Quando se fala de Luís XIV como um dos criadores do Estado moderno, é preciso saber pelo menos, para que essa compreensão não seja um equívoco completo, que, em sua motivação de monarca, o Estado como um fim em si não tinha absolutamente papel algum. É indubitável o fato de sua atividade ter contribuído para o progresso da França no sentido de um Estado rigidamente centralizado. Entretanto, devemos ter em vista, nesse contexto, a passagem de Jurien citada anteriormente: "O rei tomou o lugar do Estado, o rei é tudo, o Estado não é mais nada."[24] Saint-Simon, que às vezes tinha algo do caráter de um *Whig* e, em todo caso, sempre participava secretamente da oposição, certa vez fez o elogio do delfim, numa investida explícita contra a atitude de Luís XIV: "Esta grande, sublime máxima, 'que os reis são feitos para os povos e não os povos para os reis', estava tão entranhada em sua alma que lhe proporcionara o luxo e a guerra odiosa."

Aqui, o Estado como um valor autêntico é uma ideia subversiva. A essa ideia se opõe em Luís XIV uma atitude que motiva e aciona sob seu reinado toda a política da França: ela fundamenta-se na sede de prestígio do próprio rei, na exigência de não apenas possuir o poder sobre os outros, mas também de vê-lo constantemente reconhecido, e assim duplamente assegurado, por meio das palavras e dos gestos de todos. No reinado de Luís XIV nota-se que, para ele, a demonstração pública e a representação simbólica do poder tornam-se valores por si mesmas. Símbolos de poder ganham assim vida própria, passando a ter o caráter

## 148    A sociedade de corte

de fetiches de prestígio. A noção de *gloire* é o fetiche de prestígio que melhor expressa o caráter de valor autêntico da existência do rei.

Esse fetiche de prestígio continuou determinante para a política da França, de tempos em tempos, até os dias de hoje. Contudo, transferiu-se para a nação como valor autêntico, ou para pessoas que acreditam incorporá-lo. Além disso, passou a estar intimamente ligado a motivações econômicas utilitárias. Em contrapartida, para o próprio Luís XIV, a motivação por prestígio tinha primazia absoluta em relação às motivações de outra espécie, pelas razões apresentadas antes. Sem que ele estivesse ciente, restrições econômicas certamente influenciavam com bastante frequência a direção de suas ações. Mas não podemos compreender corretamente o curso dos acontecimentos, se não atentarmos para o fato de que essa estrutura de sociedade levava os detentores do poder a colocar as reivindicações de prestígio muito acima das financeiras, considerando estas últimas em certa medida como acessórios daquelas.

Tanto a política externa de Luís XIV quanto a interna permanecem incompreensíveis se não tivermos em vista essa conexão da estrutura de sua imagem — a imagem de si próprio e de sua *gloire* como um valor definitivo — com a estrutura de sua posição social de soberano e com a estrutura de seu campo de dominação. Também nesse aspecto as chances e as tarefas de sua posição interagem intimamente com suas inclinações pessoais. Dois fatos estão entre as condições decisivas daquilo que pode ser denominado sua grandeza como rei: o fato de ele ter desenvolvido com uma ênfase especial as chances que sua posição lhe oferecia visando a glória e o prestígio do rei — dele mesmo —, e o fato de suas inclinações pessoais tenderem para a mesma direção. Ele não se destacava pela inteligência, nem pela inventividade ou criatividade, mas pela seriedade e consciência com que procurava apresentar, através de seu comportamento ao longo de toda a vida, a cada passo, seu próprio ideal da grandeza, da dignidade e da glória do rei da França.

Ele ocupou a posição de rei em uma fase do desenvolvimento social da França que lhe permitiu expressar, num grau extraordinário, sua demanda pessoal por *réputation* e *gloire*. Por conseguinte, aqueles súditos que mais importavam no jogo de forças, as pessoas que faziam parte da elite da sociedade, da camada superior, que eram movidas com muita intensidade por suas demandas de prestígio, encontravam magnificada no rei a mesma coisa que os impelia numa escala mais reduzida.

Eles o compreendiam; e, pelo menos em parte, pelo menos durante um certo período, identificavam-se com o brilho que emanava de seu reinado, sentindo o seu prestígio aumentado pelo dele.

10. Um historiador moderno disse, com relação à monarquia de Luís XIV, que, aos olhos da França,

> o absolutismo monárquico não foi apenas a solução para a questão do melhor governo, foi também quando jovem uma graça, um socorro providencial: idealizar-se e

adorar-se ela própria na realeza foi para ela uma necessidade. Já absoluta de direito, a realeza o foi então também de fato, por uma espécie de consentimento universal que permaneceu por longo tempo o dogma político essencial da nação.[25]

Trata-se certamente da generalização de um fenômeno muito mais parcial. A identificação dos súditos com o rei durava apenas enquanto havia êxitos visíveis e enquanto a miséria não estivesse pesando demais sobre a sociedade. Contudo, o que se oculta por meio de tal representação idealizada é sobretudo a ambivalência característica da atitude de muitos dos súditos em relação ao rei. Era realmente algo significativo, para a estrutura desse campo social, que quase todos os grupos de súditos por um lado se identificassem com o rei, vendo nele seu aliado e suporte na luta contra os grupos restantes, mas que todos eles, por outro lado, também vivessem sempre em tensão com o rei. Pretendendo ou não manifestar sua postura, opunham-se a ele.

Podemos dizer, com essa restrição importante, que o acordo geral[26] mencionado antes, entre a pessoa do rei e os objetivos das camadas superiores, tinha suas raízes na igualdade da motivação primordial, da motivação pelo prestígio. É preciso ouvir o que o próprio rei tem a dizer, a fim de compreendermos todo o significado desse tipo de motivação:

> O amor da glória precede seguramente todos os outros em minh'alma ... O entusiasmo de minha idade e o desejo violento que eu tinha de aumentar minha reputação me davam uma imensa paixão de agir, mas experimentei a partir desse momento que o amor da glória tem a mesma delicadeza, e, se ouso dizer, a mesma timidez que as mais ternas paixões ... eu me encontrava atrasado e apressado quase da mesma maneira por um único e mesmo desejo de glória.[27]

Luís XV declarava guerras simplesmente porque a "reputação" de conquistador era o título "mais nobre" e sublime de todos, ou porque um rei tem que declarar guerras em virtude de sua função, em virtude de sua determinação como soberano. "E quando fazia um acordo de paz, Luís XIV vangloriava-se de que o seu amor paternal pelos súditos impunha-se sobre sua *propre gloire*."

A celebridade era para o rei o mesmo que a "honra" para os nobres. Entretanto, a glorificação de sua própria existência social e sua reivindicação de prestígio sobrepujavam em grandeza e intensidade as de todos os outros em seu reino, na mesma medida em que seu poder sobrepujava o de todos os outros. A necessidade do rei de não apenas exercer seu poder, mas também de demonstrá-lo constantemente, em parte por meio de atos simbólicos, e de vê-lo triunfar incessantemente sobre outros, refletido na sujeição dos outros — é isso mesmo a *gloire* —, indica a força das tensões por trás de tudo. Ele tinha de mantê-las em xeque e guiá-las com o máximo de atenção, caso quisesse exercer e preservar seu próprio poder.

11. A violenta reivindicação de importância e a necessidade de glorificar a própria existência como soberano, que aparentemente o elevavam acima de todos os

outros homens, acabavam ao mesmo tempo prendendo o rei em correntes que o empurravam inexoravelmente para dentro da engrenagem social. Já colocamos a questão acerca do motivo pelo qual o rei envolvia no mecanismo da etiqueta e do cerimonial não só a nobreza, mas também a si mesmo. Como vemos, o seu ideal era ao mesmo tempo reinar e apresentar a si mesmo como soberano a cada passo, representando o líder supremo em cada ato. Precisamos compreender as condições de seu poder autocrático e, simultaneamente, da influência que a necessidade do prestígio e da autorrepresentação de acordo com seu nível exercia em seu pensamento e em sua sensibilidade, ou seja, a influência dos ideais da sociedade aristocrática de corte a que ele pertencia. Tal compreensão abre um caminho para respondermos à pergunta acerca do autoengajamento do rei. Ele não podia submeter os outros indivíduos ao cerimonial e à coerção de representar sem submeter-se a si mesmo.

As interdependências dos indivíduos, e as coerções que sua dependência recíproca exerce, têm origem em determinadas necessidades e ideais humanos, socialmente marcantes. O modo da dependência recíproca varia conforme aparecem as necessidades sociais que levam a novos vínculos entre as pessoas.

Já demonstramos antes como a necessidade de distanciamento e de prestígio fornecia ao rei o pretexto para atrelar a nobreza ao mecanismo da corte. Agora estamos mostrando como a coerção do mecanismo reagia sobre o rei. Após a morte do cardeal Mazarin, Luís XIV desejava reinar por si próprio, desejava ter em suas mãos todos os fios condutores do poder, sem dividir com ninguém a celebridade e a reputação de soberano. Vemos como era forte a influência da situação de seu antecessor sobre sua atitude, por exemplo no fato de que ele se manteve fiel durante todo o seu reinado ao mandamento de nunca permitir que um religioso entrasse para o conselho real. Ele não queria dar a ninguém a possibilidade de se tornar um segundo Richelieu. Talvez o momento mais difícil da vida de Luís XIV tenha sido aquele em que afirmou, após a morte de Mazarin, que não iria nomear nenhum novo *premier ministre*, e que ele próprio assumiria o governo. Mais tarde, ele mesmo disse, acerca dessa sua estreia como rei: "Preferindo sem dúvida, sinceramente, a todas as coisas e à vida uma alta reputação, se eu conseguisse conquistá-la, mas compreendendo ao mesmo tempo que minhas primeiras providências ou lançariam seus fundamentos ou me fariam perder para sempre até a esperança dela..."[28]

Entretanto, após ter dado esse passo, passou a ser prisioneiro dessa posição de rei, que não apenas governa mas também reina, achando-se submetido à coerção dessa tarefa que assumira em favor de sua *haute réputation*. A partir de então ninguém mais devia ou podia ajudá-lo a vigiar e guiar os homens ao seu redor. Seus próprios atos não dependiam mais de seus humores ou de encontros casuais. Para conservar com firmeza em suas mãos as rédeas do poder, tinha de se organizar e manter o controle firme sobre si mesmo. Assim como procurava transformar seu reino, e especialmente o grupo central, a corte, na organização mais previsível e calculável de que podia dispor, também precisava submeter sua própria vida a um ordenamento precisamente calculado e previsível. Sem esse ordenamento, aquela organização não podia funcionar; ela não tinha sentido algum sem ele.

Se o rei tivesse sido confrontado por um "Estado", como uma estrutura social com sentido próprio e caráter de um valor autêntico, talvez tivesse sido possível para ele separar, também na sua vida particular, as atividades voltadas para o Estado daquelas que só diziam respeito a ele. Todavia, como o Estado não tinha para ele nenhum sentido próprio e nenhum valor autêntico, como nessa estrutura social tudo girava em torno da glorificação do rei como valor propriamente autêntico, de acordo com a motivação por prestígio, como, enfim, tudo (povo, corte e mesmo a família) tinha de servir para a exaltação do rei, então não havia na vida do rei nenhuma separação entre ação estatal e ação privada. Ele era o senhor e com isso o "sentido de tudo", governando o reino como dono de casa e a sua casa como dono do reino. Como já dissemos, os gestos do rei, o desejo e a necessidade de se apresentar como rei e representar sua dignidade invadiam também os assuntos mais particulares. Seu despertar ou o momento de ir dormir e seus amores eram ações tão importantes quanto a assinatura de um acordo governamental, e eram configuradas com o mesmo nível de organização. Todas elas serviam em certa medida para manter sua dominação pessoal e sua *réputation*.

12. Quanto maior a amplitude de seu poder e quanto maior a dependência direta de todos os cortesãos em relação a ele, mais pessoas se concentravam em torno do rei. Ele amava, desejava tal concentração, que também era uma maneira de glorificar sua existência. No entanto, estaria perdido se não organizasse essa grande concentração de gente. Cada gesto, cada frase, cada passo do rei tinham grande significado para as pessoas que se concentravam em torno dele, na medida em que representavam chances de prestígio; sendo um detentor do monopólio de chances pelas quais um número incomparavelmente grande de concorrentes lutava, ele precisava organizar e planejar em detalhe a distribuição de tais chances, cuja doação tinha simultaneamente função de prestígio e de dominação. E, junto com a organização das chances, precisava manter a sua própria organização, se não quisesse perder o domínio sobre a estrutura da sociedade.

Se sua esfera de dominação tivesse sido menor — como, por exemplo, a dos reis da França medieval, que haviam deixado a seus vassalos a função de governar vastas regiões, mas com isso também lhes davam uma reputação e um poder autônomos —, então sua dedicação poderia não ser tão absoluta. Uma pequena esfera de dominação é relativamente fácil de ser controlada, e o número de indivíduos que procuram o soberano, fazendo pedidos ou reclamando decisões, não pode ser tão grande. Quanto mais se estende a esfera de seu poder e quanto mais diretamente todos na corte dependem dele, maior é o número dos que buscam se aproximar. Isso sem levar em conta que, conforme a tradição, o soberano procura governar sozinho essa esfera mais ampla de domínio da mesma maneira como governaria a menor, ou seja, como dono da casa. Ora, quanto mais a pressão aumenta, maior o esforço que ele precisa fazer para satisfazer as exigências impostas por sua função e por si mesmo. Quanto maior o país, maior a *réputation* do soberano, mas com isso também aumentam as coerções a que ele está submetido e a exigência de dedicação do soberano para mantê-la. É à etiqueta e ao cerimonial que todos os seus passos estão ligados, e é através deles que, em meio à enorme afluência de pessoas, fica estabelecida com precisão a distância que ele precisa conservar em relação a elas, e vice-versa. Vistos assim, a etiqueta e o cerimonial são instrumentos de dominação, formas de expressar a coerção que o próprio poder exerce sobre o seu detentor.

"Nada falta a um rei, salvo as delícias de uma vida privada", diz La Bruyère.[29] Segundo a necessidade de conservar as chances de poder de sua posição, sem que elas se reduzam, é sobretudo essa exigência de *gloire*, de prestígio, que o obriga a organizar sua vida nos mínimos detalhes. Impelido por isso, Luís XIV talvez tenha sido o último a assumir em toda a sua extensão um tal entrelaçamento de sua existência, conforme a antiga tradição em que as funções de senhor da casa e senhor do país ainda não eram bem-diferenciadas para o rei. A disposição e a função de seu quarto, que foram o ponto de partida para as considerações do presente capítulo, são um símbolo desse fato. O rei praticamente não tinha, em Versailles, algo que pudéssemos denominar como *appartement privée*. Quando ele desejava escapar da coerção da etiqueta, à qual sua vida estava submetida em Versailles, partia para Marly ou algum outro de seus castelos no campo, onde a etiqueta e o cerimonial o pressionavam menos do que em Versailles, embora ainda se tratasse de uma pressão suficientemente grande para nossos parâmetros.

Luís XV, por sua vez, abandonou o quarto de Luís XIV, seguindo aquela tendência de distensão que já mencionamos, e mandou preparar uma ala no lado frontal do pátio de mármore, com cômodos mais íntimos, menos voltados para a representação ostensiva, e que deveria ser seu *appartement privée*. Começavam a se mostrar os vestígios da gradual diferenciação entre o Estado e o rei, o que acabaria levando o Estado ou o povo a se tornar um fim em si, e faria de seu líder supremo um funcionário com uma vida pública e uma vida particular distintas.

13. Como vemos, a posição de Luís XIV como rei é um bom exemplo para a possível conjunção de dois fenômenos que, sem relação com acontecimentos observáveis, portanto contemplados de maneira puramente filosófica, podem parecer completamente inconciliáveis: a amplitude de sua margem de decisão — muitas vezes concebida como "liberdade individual" — e a amplitude de sua dependência dos outros, em suma, das coerções a que ele precisava submeter-se e que precisava impor. Essas duas grandezas eram, no seu caso, dois lados do mesmo fenômeno.

A abundância de chances de poder disponíveis para ele, em virtude de sua posição, só podia ser conservada por meio de uma manipulação cuidadosa e bem-calculada do complexo equilíbrio de tensões de seu campo de dominação, no caso tanto do mais amplo quanto do mais restrito. Etiqueta e cerimonial eram alguns dos instrumentos de planejamento dos quais ele se servia para manter a

O rei prisioneiro da etiqueta e das chances de prestígio    153

distância entre todos os grupos e pessoas da sociedade de corte, incluindo ele próprio, e com isso também para manter o equilíbrio das tensões de todos os grupos e indivíduos do núcleo central. Certamente não eram os únicos instrumentos de que dispunha para esse fim. Sem outros meios de exercer o poder, dos quais falamos detalhadamente em outros trabalhos,[30] sobretudo sem o controle do exército e sem ter à disposição as rendas do Estado, o controle da sociedade de corte com auxílio da etiqueta e do cerimonial não poderia sobreviver por muito tempo, assim como a vigilância e as contraposições de todos os participantes e de todos os níveis, intimamente ligadas a tal controle. Todavia, sem uma manipulação hábil desses instrumentos de dominação da corte, o rei cairia facilmente sob o controle de um dos grupos ou indivíduos rivais, e com isso teria perdido uma parcela de seus privilégios de dispor dos monopólios básicos do uso da força física e da taxação dos impostos.

Essa interdependência dos indivíduos relativamente mais livres e mais poderosos nas posições dirigentes e mais altas de uma grande organização é um fenômeno bastante genérico. Mas quando falamos atualmente de grandes organizações, pensamos exclusivamente em termos industriais. Esquecemos que, entre as figurações a que o conceito de "Estado" se refere, encontra-se toda uma série de desenvolvimentos de grandes organizações, que já existiam antes de padrões industriais surgirem no âmbito de algumas organizações do Estado. O fato de as questões acerca da organização estatal desempenharem um papel muito mais restrito nas discussões e investigações atuais sobre o problema geral das organizações, se compararmos com as questões acerca da organização industrial, está ligado em parte às diferentes classificações conceituais das duas. "Estados" são concebidos como fenômenos políticos, enquanto os empreendimentos industriais são classificados como fenômenos econômicos. No estudo de acontecimentos políticos, assim como no caso dos acontecimentos históricos, a investigação dos tipos de organização da época tem um papel relativamente pequeno. Sejam quais forem os motivos disso, podemos aprender muitas coisas sobre Estados de tipos diversos, ao considerá-los simplesmente como organizações, cuja construção e maneira de funcionamento procuramos compreender. Com tal questionamento talvez seja possível ver com mais clareza o problema diante do qual Luís XIV estava colocado. Trata-se de um problema que diz respeito a qualquer indivíduo na posição de liderança de uma grande organização: como conservar durante tanto tempo seu controle sobre todo esse esquema multiforme? No caso do estágio atual de desenvolvimento da sociedade, estão à disposição do líder, mesmo nas raras grandes organizações (por exemplo as do tipo industrial) que têm o seu controle principal exercido por um único homem, inúmeros métodos de controle impessoais. A competência, o nível e a capacidade dos diversos funcionários encontram-se parcialmente estabelecidos por escrito, na forma de preceitos e regras gerais. Documentos escritos, sem levar em conta seus outros fins, têm função de controle; pois eles tornam possível verificar com alto grau de precisão o que aconteceu ou o que foi decidido em determinado caso, e quem tomou a decisão. Além disso, na

154    A sociedade de corte

maioria das grandes organizações há especialistas em controle, cuja função principal consiste em verificar o que está acontecendo, minorando assim essa responsabilidade de controle dos superiores.

A despeito da estrutura formal da organização, constituída com base em contratos e documentos escritos, que a princípio era desenvolvida apenas de modo rudimentar na organização estatal de Luís XIV, também há em muitas das grandes organizações de nossos dias, mesmo nas industriais e comerciais, rivalidades em função de status, oscilações no equilíbrio das tensões entre grupos, exploração de rivalidades internas por superiores, além de outros fenômenos surgidos ao examinarmos a rede de interdependências da corte. Todavia, como a regra principal dos relacionamentos humanos em grandes organizações passou a ser estabelecida formalmente de modo muito impessoal, esses fenômenos costumam ter hoje em dia um caráter mais ou menos informal, não oficial. Por conseguinte, acham-se na sociedade de corte, de um modo aberto e em larga escala, alguns fenômenos que são encontrados atualmente de modo muito mais velado e dissimulado sob a superfície das organizações altamente burocratizadas.

14. Não podemos abandonar o problema da interdependência de Luís XIV, mesmo tratando-se de um soberano tão poderoso, sem acrescentar algumas palavras sobre o significado fundamental dessa investigação. Na maneira de pensar cotidiana, muitas vezes parece que os súditos são dependentes do soberano, mas que a recíproca não é verdadeira. Não é fácil mostrar que a posição social de um soberano, por exemplo a de um rei, surge das interdependências funcionais de uma sociedade, exatamente no mesmo sentido que a de um engenheiro ou de um médico. Observadores perspicazes, como por exemplo Saint-Simon no caso de Luís XIV, habituados a viverem próximos de um monarca, discernem com bastante frequência as dependências que influenciam suas resoluções e decisões. Contudo, examinados à distância, os soberanos costumam apresentar-se como atores independentes, que decidem livremente acerca de suas ações. Na historiografia, essa imagem fictícia encontra-se expressa na tendência amplamente difundida de usar determinados governantes, como Luís XIV ou Frederico o Grande, ou Bismarck, como causa primeira de eventos históricos, sem esboçar (como fizemos aqui no caso específico de Luís XIV) a rede de dependências que constitui a moldura de suas decisões e fornece o caráter único de sua esfera de atuação. Dessa maneira, os soberanos, ou mesmo os membros das elites poderosas entre os súditos, são representados com frequência como símbolos da liberdade do indivíduo, enquanto a própria história é representada como uma coleção das ações de tais indivíduos.

Na sociologia, atualmente, representações semelhantes se expressam muitas vezes em teorias da ação ou da interação que — tácita ou explicitamente — baseiam-se na concepção de que o ponto de partida para todas as investigações sociais se encontra nos indivíduos que decidem livremente, os senhores absolutamente independentes e mestres de seu próprio agir, que "interagem" entre si. Se uma abordagem que parte de tal teoria da ação não chega a solucionar os problemas sociológicos, ela é substituída por uma teoria dos sistemas. Enquanto uma teoria sociológica da ação normalmente é fundamentada na representação de um indivíduo singular destacado de um sistema social, a teoria dos sistemas costuma basear-se na representação de um sistema social destacado dos indivíduos singulares.

A investigação precedente acerca da corte, especialmente a investigação da posição de um homem singular, o rei, pode atenuar as dificuldades conceituais com que nos defrontamos ao tentar solucionar tais problemas teóricos sem nos referirmos aos dados empíricos, pois nesse caso temos a oportunidade de remeter todas as concepções teóricas diretamente a fatos observáveis precisos.

No caso de uma corte real, de uma sociedade de corte, trata-se de uma formação constituída por muitos indivíduos. Certamente é possível designar uma tal formação como um "sistema". Entretanto não é tão fácil vincular o uso dessa palavra aos fenômenos aos quais ela se refere no âmbito sociológico de investigação. Ela soa um tanto inadequada quando se fala de um "sistema de indivíduos". Por isso preferiu-se aqui o conceito de figuração. Podemos dizer: "Uma corte é uma figuração de indivíduos", sem violentar o uso das palavras. Assim, de fato fica atenuada a dificuldade que sempre reaparece na história da teoria sociológica, com certa regularidade, tanto no caso das teorias que dirigem a atenção para os indivíduos como tais, quanto no daquelas que a dirigem para a sociedade como tal; uma dificuldade que acaba levando a disputas pendentes entre si.

Além disso, o conceito de figuração ainda tem a vantagem de não evocar, como faz o de "sistema", nem a ideia de uma entidade totalmente fechada, nem a de uma dotada de harmonia imanente. O conceito de figuração é neutro. Ele pode se referir a relações harmoniosas, pacíficas e amigáveis entre as pessoas, assim como a relações hostis e tensas. A sociedade de corte é carregada de tensões, mas isso não prejudica em nada seu caráter como uma figuração específica de indivíduos.

Será que, com isso, o problema da relação entre o indivíduo e a sociedade se encontra mais perto de uma solução? É necessário avançar mais alguns passos, se quisermos mostrar pelo menos o esboço de uma solução. Como já foi explicado inicialmente, as figurações que os indivíduos formam entre si possuem a particularidade de poder continuar existindo, com poucas exceções, mesmo quando todos os indivíduos que as constituíram em determinado momento já estão mortos e seu lugar já foi tomado por outros. Assim, houve uma corte francesa tanto durante o reinado de Luís XIV quanto durante o de Luís XV. A última foi formada por outros indivíduos, diferentes dos que compunham a primeira. Todavia, uma figuração deu continuidade à outra, no ir e vir dos que faziam parte delas. Em que sentido podemos dizer que se trata em ambos os casos de uma figuração específica, para a qual se usa o mesmo conceito — a figuração de uma "corte" e de uma "sociedade de corte"? O que nos autoriza a falar nos dois casos de uma "corte" e de uma "sociedade de corte", apesar de serem outros os indivíduos que formam essa figuração, e apesar de determinadas alterações na própria figuração, às quais o conceito de "desenvolvimento da corte" se refere? O que permanece propriamente igual, em tais casos, apesar de todas as mudanças?

À primeira vista, talvez ficássemos satisfeitos com a resposta segundo a qual os indivíduos realmente mudam, mas as relações entre eles não. Entretanto, com essa resposta ficamos parados no meio do caminho. O conceito de relação pode ser facilmente explicado como algo que emana apenas deste ou daquele homem singular. Mas as relações entre cortesãos, ou a relação entre o rei e cortesãos de diferentes níveis, mesmo que as variações individuais fossem infinitas, acabavam sendo determinadas por condições específicas, inalteráveis para os indivíduos, incluindo o rei.

A dificuldade conceitual que encontramos aqui está no fato de que, frequentemente, essas condições são compreendidas como algo fora dos indivíduos existentes, da mesma maneira que quando falamos de condições "econômicas", "sociais" ou "culturais". Observando com mais atenção, descobrimos que se trata de maneiras específicas de dependência dos indivíduos entre si, ou, com um *terminus technicus*, de interdependências específicas que mantêm os homens ligados em uma determinada formação e que conferem a essa formação, muitas vezes ao longo de várias gerações — com certas mudanças e desenvolvimentos — , sua durabilidade. A análise de interdependências realizada anteriormente mostra que tais vínculos nem sempre são apenas de natureza harmônica e pacífica. É possível depender tanto de rivais e oponentes quanto de amigos e aliados. Balanças de tensões multipolares, como as que vêm à tona no caso da investigação da sociedade de corte, são fatores característicos no caso de muitas interdependências: elas se encontram em todas as sociedades diferenciadas. Suas modificações a longo prazo, assim como muitas vezes sua dissolução, a destruição de um equilíbrio de tensões tradicional e a ascensão de um novo, podem ser estudadas através de uma análise minuciosa.

É esse estado de coisas que se obscurece pela utilização, sem a devida crítica, de termos como "condições sociais", "espírito do tempo", "ambiente", além de muitos outros do mesmo gênero. Também o conceito de "interação", como é compreendido hoje, não dá conta das situações observadas. Assim como o conceito sociológico de "ação" ou de "atividade", o de "interação" também não é tão evidente e unívoco quanto pode parecer à primeira vista. Assim como os primeiros sugerem que o caráter e o sentido da atividade resultam apenas da iniciativa de quem age, o último sugere que ele resulta da iniciativa de dois indivíduos originalmente independentes — de um *ego* e de um *alter*, de um "eu" e de um "outro" — ou do encontro de muitos indivíduos originalmente independentes.

As análises precedentes mostram com bastante clareza o motivo pelo qual as teorias da ação e da interação possibilitam, em termos comparativos, poucos avanços na pesquisa sociológica empírica. Elas se fundamentam na mesma imagem do homem que — implicitamente — está por trás de muitas investigações históricas realizadas segundo a maneira clássica, ou seja, o indivíduo seria absolutamente autônomo, fechado sobre si mesmo, um *homo clausus*.

A teoria sociológica da interdependência, que serviu de fio condutor para as investigações precedentes e que, por sua vez, ganhou precisão e clareza por meio delas, atém-se estritamente aos fatos. Ela parte da observação de que cada homem, desde a infância, faz parte de uma multiplicidade de pessoas dependentes umas das outras. Dentro da rede de interdependências em que ele é posto no mundo, desenvolve-se e conserva-se — em diversos graus e segundo diversos padrões — sua relativa autonomia como um indivíduo que decide por si mesmo. Quando, investigando problemas históricos e sociais, o pensamento se detém nas atividades e nas decisões de homens isolados, como se pudessem ser explicados sem se recorrer às dependências que ligam os indivíduos entre si, então se oculta precisamente aquele aspecto das relações humanas que constitui o contexto de suas interações. A análise da rede de interdependências no caso de um rei tão poderoso como era Luís XIV é um bom exemplo do grau de certeza que se pode alcançar em uma análise de interdependências. O que foi dito anteriormente — reiterando — constitui um modelo dessa rede de dependências que é passível de verificação e necessita ser verificado. Assim, por meio de tal análise figuracional orienta-se a pesquisa histórica e social por uma via que torna possível uma maior continuidade da pesquisa. As conexões que vêm à tona aqui não são determinadas por ideais preconcebidos do pesquisador; para que possamos percebê-las e elaborá-las de modo claro e distinto, muitas vezes é preciso fazer uma abstração de nossos próprios ideais. Caso não se tratasse de pessoas, poderíamos dizer: aqui penetramos no âmago das próprias coisas. As interdependências de um rei ou de seus cortesãos são dados que podem ser descobertos, mas não inventados.

Será que, demonstrando intelectualmente a interdependência humana, despojam-se os homens de sua "liberdade"?

Não podemos saber o que a palavra "liberdade" significa genericamente enquanto não compreendermos melhor as coerções que os indivíduos exercem entre si, sobretudo as necessidades humanas moldadas socialmente, pelas quais eles se tornam dependentes uns dos outros. Os conceitos de que dispomos atualmente para realizar tais questionamentos, e especialmente o próprio conceito de "liberdade", ainda são pouco diferenciados para expressarmos de maneira clara e distinta o que se oferece à nossa visão quando observamos os homens — nós mesmos — *in vivo*, em suas relações mútuas.

Em virtude de suas chances de poder, um rei muito poderoso dispõe de uma margem de manobra e decisão maior que a de cada um de seus súditos. A análise precedente mostra com bastante clareza que um soberano poderoso de fato pode ser considerado "mais livre" nesse sentido; entretanto certamente não é possível considerá-lo assim, caso "livre" signifique a mesma coisa que "independente de outras pessoas". Nada é mais significativo para o problema da interdependência humana do que o fato de que toda ação de um soberano (talvez constituindo a imagem mais próxima do ideal de uma ação individual baseada na decisão livre), por se dirigir a outras pessoas, que podem se opor a ela ou, em todo caso, não reagir da maneira esperada, ao mesmo tempo torna o soberano dependente dos súditos. É isto que expressa o conceito de interdependência: como em um jogo de xadrez, cada ação decidida de maneira relativamente independente por um indivíduo representa um movimento no tabuleiro social, jogada que por sua vez acarreta um movimento de outro indivíduo — ou, na realidade, de muitos outros indivíduos —, limitando a autonomia do primeiro e demonstrando sua dependência. Cada pessoa viva que goza de certo nível de sanidade mental, inclusive um escravo, inclusive um preso acorrentado, tem um grau de autonomia, ou, dando preferência a uma expressão mais dramática, uma margem de liberdade. O fato de um preso também possuir certo grau de autonomia muitas vezes foi romanticamente glorificado como prova de uma liberdade metafísica do homem em geral. Todavia, a noção de uma liberdade absoluta do indivíduo, sem qualquer vínculo com outros homens, deve sua importância sobretudo ao fato de lisonjear a sensibilidade humana. Se deixarmos de lado todas as especulações metafísicas e filosóficas sobre o "problema da liberdade", ideias que não podem ser comprovadas por fenômenos observáveis e verificáveis, descobriremos que, diante dos fatos, observam-se diversos graus da independência e de dependência entre os indivíduos, ou seja, diversos graus de poder em suas relações recíprocas, mas não se percebe nenhum ponto de nulidade absoluta dessas coisas. Além disso, a ação relativamente independente de um homem põe em questão a sua relativa independência dos outros; ela altera o frágil equilíbrio de tensões entre eles, sempre instável. É possível prever com bastante certeza que, no próximo estágio do desenvolvimento humano, os pensadores e pesquisadores se afastarão cada vez mais das polaridades conceituais absolutas e congeladas, como "liberdade" e "determinismo", voltando-se para problemas de equilíbrio.

Mas com isso nos movemos em direção a esferas de problemas que ultrapassam os limites estabelecidos aqui. A princípio, o que foi dito anteriormente deve bastar para esclarecer que os conceitos de "liberdade" e "determinismo", da maneira como são usados seguidamente nos debates tradicionais acerca dessas alternativas absolutas, são demasiado grosseiros e indiferenciados para ter alguma importância na investigação de fenômenos humanos observáveis. A tradição que domina esses debates prende-se a um questionamento artificial e, portanto, inadequado para formular o problema. Ela põe no cerne do problema um homem isolado, que existe por si mesmo e parece absolutamente independente de todos os outros. O que se discute, no caso, é a liberdade ou o determinismo desse produto artificial da fantasia humana. Só é possível retirar as investigações e os debates da penumbra de tais fantasias coletivas se eles passam a ser considerados sobre uma base sociológica, em outras palavras, caso não se coloque como seu ponto de partida um homem absolutamente isolado e independente, mas sim aquilo que pode ser observado de fato. Ou seja, devemos partir de uma multiplicidade de indivíduos interdependentes que constituem figurações específicas, como por exemplo a corte. Formulando assim o problema, desaparecem as grandes barrei-

O rei prisioneiro da etiqueta e das chances de prestígio    159

ras que hoje em dia separam, com tanta frequência, teoria e empirismo. Como se percebe, a investigação detalhada de uma determinada sociedade fornece material para uma investigação do problema teórico mais genérico, acerca da relativa dependência ou independência dos indivíduos em suas relações recíprocas. Da mesma maneira, essa investigação mais geral também auxilia no esclarecimento daquela primeira, mais detalhada. Nesse contexto, os problemas que vêm à tona na investigação sociológica de um soberano poderoso são especialmente instrutivos. Quando passamos a focar, em nossa observação, em vez de dois conceitos absolutos diametralmente opostos entre si, como liberdade e determinismo, os problemas de grau e de equilíbrio, constatamos então que o problema da liberdade e o problema da efetiva distribuição do poder entre os homens estão em conexão bem mais estreita do que pode parecer.

# VII | A formação e a transformação da sociedade de corte francesa como funções de deslocamentos sociais de poder

1. Toda forma de dominação é resultado de uma luta social, é a consolidação do modo de distribuição do poder que resulta dessa luta. A época de tal consolidação, o estágio do desenvolvimento social na origem de um regime, é determinante para sua forma específica e para seu destino posterior. Assim, por exemplo, o absolutismo prussiano, que só adquiriu uma forma consolidada e só incluiu a nobreza feudal em sua estrutura de dominação muito depois do absolutismo francês, pôde criar uma estrutura para a qual ainda faltavam condições na época do estabelecimento do regime absolutista na França — e não só na França, mas em todo o Ocidente.

Essas duas estruturas de dominação foram antecedidas por lutas entre os reis e a nobreza feudal. Em ambas, a nobreza perdeu sua relativa autonomia política, mas aquilo que o rei francês podia e queria iniciar no século XVII, a partir do novo poder conquistado, era algo diverso daquilo que o rei prussiano desejava e podia começar no século XVIII. Revela-se aqui um fenômeno que pode ser observado com frequência na história: um país, cujo desenvolvimento foi mais tardio, adotar e constituir formas mais maduras para o controle de problemas institucionais, em relação a um país que se desenvolveu anteriormente. Muito do que Frederico II foi capaz de desenvolver em seu país — por exemplo o tipo de funcionalismo e de administração que ele introduziu — só teve correspondente na França na época da Revolução e com Napoleão. Entretanto esses desenvolvimentos posteriores, por sua vez, puderam solucionar na França problemas que a Prússia, depois Alemanha, só foi capaz de equacionar muito mais tarde. É de grande importância para o destino, para a "fisionomia" dos povos, o momento em que são gerados e solucionados os problemas sociais que se reproduzem sempre, em todos os grandes países do Ocidente — o que sempre significa também o modo como isso é feito. Os reis não se encontravam, de maneira alguma, fora dessa linha de desenvolvimento. Ela ditava os problemas e as tarefas, impelindo sua natureza para uma direção ou outra, ora bloqueando alguns de seus talentos naturais, ora aprimorando alguns deles. Assim como os indivíduos em geral, os reis também eram submetidos às coerções da interdependência humana. Seu poder ilimitado era a expressão e a consequência disso.

2. Certamente existe forte tentação de considerar os reis como indivíduos que se encontram acima das contingências e interdependências sociais, porque não pare-

cem pertencer diretamente a uma das camadas sociais de seus povos. No mínimo, somos inclinados a compreender os motivos e os rumos de seu comportamento e de seus feitos essencialmente a partir de suas personalidades, por exemplo a partir de suas predisposições naturais. É claro que sua inserção no campo social, suas chances de realizar suas inclinações pessoais, ou seja, a maneira de seu desenvolvimento no todo social, costumava ser algo bastante peculiar. Todavia eles também faziam parte, a seu modo, da rede de interdependências humana. Um rei, ou uma série de reis, também se encontrava sempre inserido em uma determinada tradição social. Poderosos ou não, seu comportamento, o tipo de suas motivações e objetivos foram sempre tributários de uma trajetória social específica, por sua relação com determinadas camadas sociais e determinadas gerações humanas. Por isso é que alguns deles, como Napoleão I, ou Frederico II da Prússia, sendo executores de uma revolução social ou de uma transformação do Estado, sendo soberanos em tempos de rompimento com a tradição, são ambíguos em relação ao gênero de suas motivações e ao tipo de seu comportamento, enquanto outros reis podem ser considerados de modo unívoco. Entre estes últimos encontraram-se os reis franceses do Ancien Régime. Eles eram, segundo o tipo de seu comportamento, de suas motivações e de sua ética, aristocratas de corte, representantes de uma camada social que hoje designamos pejorativamente como uma "classe ociosa", pois a linguagem burguesa de nosso tempo cercou suas qualidades positivas de um caráter de reprovação.

O fato de o rei francês sentir-se como um nobre e proclamar-se como *"le premier Gentilhomme"*,[1] o fato de ele ter sido educado segundo os costumes e a mentalidade da corte, de ser formado por esses costumes em termos de atitude e pensamento, é um fenômeno que não pode ser compreendido satisfatoriamente caso não retracemos a origem e o desenvolvimento da realeza na França desde tempos remotos. Não é este o nosso propósito. O que importa aqui é apenas perceber que, num país como a França, uma tradição rica dos costumes nobres, firmemente consolidada, atravessou toda a Idade Média, até a época moderna, sem uma ruptura verdadeira — em contraposição a regiões da Alemanha. Justamente por isso, o rei — sendo um elo dessa tradição e precisando conviver com pessoas do mesmo nível de cultura — estava mais ligado aos costumes tradicionais do que os reis de países em que havia um fosso profundo entre a Idade Média e a Modernidade, ou onde a cultura aristocrática não era tão rica nem constituída de modo tão característico.

3. Um segundo fato, igualmente importante, está estreitamente ligado ao primeiro e frequentemente passa desapercebido. Os reis franceses travaram durante séculos, até Henrique IV e, em certa medida, até Luís XIV, uma luta não decidida. A disputa não era com a nobreza em geral, pois uma parte significativa dela havia sempre lutado ao lado dos reis, mas com a alta nobreza e seus partidários. Ora, as estruturas do modo de vida aristocrático se transformavam necessariamente à medida que o rei se aproximava da vitória e que aumentava a centralização dessa

162     A sociedade de corte

cultura em um *único* lugar, Paris, e em um *único* órgão social, a corte real, o que opunha tal cultura à sua variedade anterior. No entanto, os reis que assim contribuíram para essa transformação eram, por sua vez, extremamente afetados por ela. Eles nunca se encontravam fora da nobreza, como os burgueses estariam depois. A respeito destes, podemos dizer com razão que descartaram gradativamente os costumes nobres como modelo, e que acabaram por não compreender mais a atitude dos nobres; desse modo acabaram derrubando a nobreza a partir de fora, como portadores de uma atitude própria, não nobre. Mas o que ocorreu no caso da instauração da realeza absolutista, no caso da subjugação da grande e da pequena nobreza pelo rei, na França dos séculos XVI e XVII, nada mais foi do que um gradativo deslocamento do centro de gravidade dentro de uma mesma camada social.

A nobreza espalhada por todo o país deu origem à nobreza de corte reunida em torno do rei como centro e poder determinante. E assim como a maior parte dos nobres passou de cavaleiros a *seigneurs* e *grands seigneurs* da corte, os reis também sofreram uma transformação no mesmo sentido. Francisco I ainda era um rei cavaleiro, *le roi chevalier*.[2] Ele amava os torneios, amava as caçadas; a guerra era para ele um brilhante jogo cavaleiresco em que valia a pena arriscar a vida como o mais corajoso *chevalier*. Pois tratava-se de uma convenção de cavaleiros nobres; era uma questão de honra: mesmo sendo rei, ele estava ligado a essa lei do comportamento cavaleiresco, assim como qualquer outro cavaleiro.

O caso de Henrique IV foi similar: ao receber a notícia, quando ainda era um líder dos huguenotes e grande vassalo dos reis de França, de que seu adversário, o duque de Guise, se preparava para a guerra, ofereceu-se para resolver o assunto por meio de um combate homem a homem: "A desigualdade de posição não me deve impedir."[3] Um contra um, dois contra dois, dez contra dez ou vinte contra vinte, desejavam duelar com as armas usualmente utilizadas em uma questão de honra entre cavaleiros. Foi o que Henrique IV manifestou. Após sua subida ao trono, de certo modo ele incorporou a transição do rei cavaleiresco para aquele tipo aristocrático de corte, que teve seu primeiro representante pleno com Luís XIV. Trata-se daquele tipo que não se dirigia mais para a batalha à frente de seus nobres, como um cavaleiro, como Henrique IV, mas mandava generais travarem suas guerras com tropas que recebiam soldo. Se ocasionalmente se expunha aos disparos, percebia-se que não estava acostumado aos esforços físicos e às atividades da batalha. Mesmo os torneios tinham perdido então, sob o reinado de Luís XIV, o caráter de luta pessoal, homem contra homem; transformaram-se em uma espécie de jogo da corte. E se procuramos um exemplo de como o rei se tonara um aristocrata de corte em seu comportamento, e também de como sua pessoa desfrutava de um prestígio especial na sociedade de corte, o qual o distanciava dos nobres restantes, podemos citar esta descrição que Ranke faz de um torneio de cavaleiros no ano de 1662, sob o reinado de Luís XIV:

> Eram cinco equipes, cada uma usando cores diferentes e representando uma nação diferente; romanos, persas, turcos, mouros, russos, cada equipe obedecendo a seu

líder supremo. O rei conduzia a primeira tropa, que representava os romanos; sua divisa era o sol que dispersava as nuvens. Entre os cavaleiros de seu séquito, o primeiro levava um espelho que refletia os raios do sol, o outro carregava um ramo de louros, pois essa árvore é consagrada ao sol, o terceiro uma águia que voltava os olhos para o sol...[4]

"Se não fosse um torneio", diz Ranke, "soaria como idolatria. Todas as divisas da primeira tropa têm o mesmo sentido; as dos outros o indicam. É como se todos desistissem de ser algo em si mesmos; *eles só são alguma coisa na medida em que se encontram em relação com o rei.*"

Esse torneio é um símbolo. Quando o consideramos, não em si mesmo, mas a partir do desenvolvimento da balança de poder, confrontando o comportamento de Luís XIV com a atitude de Henrique IV no que diz respeito à proposta de combate homem a homem, percebemos claramente o que significa o fato de Henrique IV ser o último dos reis cavaleiros, ao passo que Luís XIV foi um rei aristocrata de corte. Sendo reis, ambos faziam parte da sociedade aristocrática, no que dizia respeito aos seus costumes, às suas formas de comportamento, às suas motivações. Essa sociedade e sua sociabilidade característica são elementos indissociáveis do modo de existência deles. Todavia, o peso que cada um dos reis tinha dentro de sua sociedade era diferente. No caso de Henrique IV, a posição de poder do rei diante da nobreza, embora mais significativa do que no caso de qualquer outro rei anterior, ainda não era tão grande quanto no reinado de Luís XIV. Comparativamente, ele não era tão preponderante quanto o último, e portanto seu distanciamento em relação à nobreza ainda não chegara a um grau tão elevado.

4. Luís XIV, embora vivendo em meio à sociedade de corte, havia se tornado seu único centro, e isso em uma medida que ultrapassava a de todos os seus antecessores. O equilíbrio de forças entre o rei e a nobreza da qual ele fazia parte tinha sido totalmente deslocado. Entre ele e o restante dos nobres havia agora uma enorme distância. Mas apesar de tudo, tratava-se de uma distância dentro da mesma camada social. O que se expressa de modo paradigmático no torneio de cavaleiros vale para a posição de Luís XIV dentro da nobreza de corte, para o seu comportamento em relação aos nobres em geral. A nobreza constituía *sua* sociedade. Ele pertencia a ela e necessitava dela como sociedade. Contudo, ao mesmo tempo, distanciava-se dela na mesma medida em que sua posição de poder o alçava sobre todos os outros nobres.

Assim, observam-se no comportamento de Luís XIV em relação à nobreza de corte duas tendências misturadas, que determinam a posição da nobreza nessa estrutura de dominação e que, presas às instituições, reproduzidas e impulsionadas incessantemente a partir delas, continuariam sendo características para seus sucessores até o fim do regime. Em primeiro lugar, existe a tendência a produzir e assegurar o poder pessoal e irrestrito do rei, por meio de todos os gêneros de

164     A sociedade de corte

instituições, em relação a todas as exigências de poder da pequena e da alta nobreza. Em segundo lugar, existe a tendência de conservar a nobreza como ordem dependente do rei, a serviço dele, mas totalmente diferenciada de todas as ordens restantes, constituindo a única sociedade adequada e necessária para o rei, com sua cultura específica.

Essa atitude ambivalente do rei em relação à nobreza — uma ambivalência que a partir de então passa a ter significado decisivo para a própria estruturação da nobreza — não era a expressão de arbítrios pessoais de um único soberano. Ela se impôs pouco a pouco ao longo do século XVI. Esse desenvolvimento deu origem a uma figuração específica, que privou a nobreza, além de uma grande parcela de suas chances econômicas, das bases de sua posição social e de seu distanciamento social, enquanto colocava nas mãos dos reis chances novas, imensas, produzidas a partir de seus fundamentos sociais. Segundo a tradição e os costumes, os reis estavam ligados à nobreza; com o desenvolvimento social da França, eles puderam sair da posição de *primus inter pares* para uma posição de poder que deixava muito para trás as posições de todos os outros nobres do reino. A solução dos conflitos que surgiam a partir dessa participação e distanciamento simultâneos ficava a cargo da corte.

5. Já existia na França uma luta entre a nobreza e a realeza há muito tempo. Suas causas até o século XVII não serão abordadas aqui. Assinalemos, no entanto, que essa luta finalmente foi decidida em favor da realeza, mas a consumação e a extensão desse desfecho se deveram a circunstâncias que estavam fora do alcance da vontade, da habilidade pessoal e do âmbito de dominação dos próprios reis franceses em particular. O fato de o poder real ter cabido justamente a Henrique IV, após as guerras religiosas, poder ter sido resultado de dons pessoais e de situações relativamente acidentais. O aumento contínuo e extraordinário do poder do reis em relação à nobreza foi consequência, tendo ampliado-se em seguida nesse mesmo sentido, de deslocamentos sociais que se deram fora da esfera de dominação dos reis ou dos indivíduos e mesmo de determinados grupos de indivíduos. Tais deslocamentos deixavam nas mãos dos soberanos chances significativas — das quais eles podiam se aproveitar ou não, de acordo com suas qualidades pessoais —, ao passo que abalavam as bases econômicas da nobreza.

6. As revoluções nas estruturas sociais do Ocidente, que se realizaram ao longo do século XVI, certamente foram quase tão significativas quanto as que só se manifestaram nitidamente no final do século XVIII. É claro que o afluxo de metais preciosos provenientes das terras ultramarinas e o correspondente aumento na circulação de bens que se efetuou em virtude disso, mais cedo ou mais tarde em todos os países do Ocidente, embora de modos bastante diversos, não foi a única causa dessas revoluções do século XVI. Em todo caso, podemos dizer: o afluxo de metais preciosos funcionou como um catalisador. A enxurrada de ouro e prata fez brotarem muitas sementes plantadas ao longo do desenvolvimento das sociedades

A formação e a transformação da sociedade de corte francesa 165

ocidentais, que, sem isso, provavelmente levariam bem mais tempo para germinar, tendo chegado talvez a se atrofiar, pelo menos em parte. Por outro lado, dificilmente teria ocorrido esse afluxo de metais preciosos caso o desenvolvimento das sociedades europeias já não tivesse chegado a um estágio em que eles eram necessários e podiam ser aproveitados. No caso da França, o vínculo entre o aumento dos meios de circulação de dinheiro e a direção que a mudança social tomava na época foi mostrado com bastante clareza.[5]

A primeira consequência do aumento de dinheiro em circulação foi uma inflação extraordinária. O poder de compra da moeda caiu, segundo uma avaliação da época,[6] numa proporção de quatro para um. Os preços subiram na proporção inversa. Os recursos móveis aumentaram. Mesmo que o solo e a terra continuassem sendo a base de todos os recursos, cada vez mais se tornava comum o hábito de guardar uma quantidade considerável de dinheiro em casa. Contudo, essa inflação teve consequências bem-diferentes para as diversas camadas da população. Não existe descrição mais clara e precisa dessa situação do que a exposta a seguir. Aproximadamente a partir de 1540,

> a libra não parou de cair e os preços das coisas de aumentar insensivelmente. Desse fenômeno já se podem assinalar algumas consequências sob o Reinado de Francisco I: alta dos aluguéis e do preço venal da terra; ao contrário, queda dos rendimentos fixos, como os impostos ... os resultados não foram desastrosos nem para os agricultores nem para os industriais ou os comerciantes, que podiam subir seu preço proporcionalmente. Eles o fizeram indiscriminadamente, para os proprietários de terra e para os trabalhadores ... Os senhores e os nobres procuraram as funções de corte ou do governo; os burgueses, os cargos administrativos ou os burocráticos. Alguns se concentraram em torno do Rei, outros se espalharam pelos empregos. A partir daí, se precipitou o movimento que arrastava tudo para um regime de absolutismo, de centralização, de aristocracia, de burocracia.[7]

Deixando de lado, por ora, as consequências desses acontecimentos para as outras camadas, para uma grande parte dos nobres franceses a inflação significou um profundo abalo, ou até mesmo uma destruição dos fundamentos econômicos de sua existência. A nobreza tirava de suas terras rendimentos fixos. Como os preços estavam subindo continuamente, o produto de seus rendimentos contratuais não supria mais os seus gastos. A maioria dos membros da nobreza estava mergulhada em dívidas após o término das guerras religiosas; em muitos casos, os credores tomaram posse de suas terras. A maior parte das propriedades trocou de dono nesse período. E uma parcela considerável da nobreza destituída de terras chegou à corte em busca de uma vida nova. Vemos como as circunstâncias sociais restringiram aqui as chances de toda uma camada, diminuindo, com isso, sua posição de poder e reputação na sociedade, assim como sua distância em relação às outras camadas.

7. Se pretendemos incluir o rei entre os nobres, podemos dizer então que ele, em virtude de sua função, era o único nobre do país cuja base econômica, posição de

poder e distância social não foram reduzidas por esses acontecimentos; muito pelo contrário, foram aumentadas.

Originalmente, assim como para todos os nobres, eram os produtos das propriedades do rei que constituíam sua principal fonte de renda. Essa situação havia se modificado há muito tempo. Tinham importância cada vez maior para os rendimentos do rei os impostos, ou tributos similares, que ele subtraía dos recursos financeiros de seus súditos. Assim, passou-se gradativamente de uma realeza em que o rei possui e distribui terras para uma realeza em que o rei possui e distribui dinheiro.

Os últimos reis do século XVI representam tipos intermediários. Em contrapartida, a realeza de corte dos séculos XVII e XVIII é, do ponto de vista econômico, uma realeza alicerçada em rendimentos financeiros. Sendo assim, enquanto a nobreza — que vivia essencialmente de suas terras no final do século XVI e começo do XVII, praticamente sem participar dos movimentos comerciais de sua época — empobrecia em decorrência da inflação, os recursos do rei, por diversos meios (sobretudo provenientes dos impostos ou da venda de cargos oficiais), não só podiam subir acompanhando a inflação, como chegaram a aumentar muito além disso, em consequência da crescente riqueza de certas camadas obrigadas a pagar impostos. Esses rendimentos cada vez maiores que afluíam para os reis, em virtude da peculiaridade de seu posicionamento na figuração da sociedade estatal, com o crescimento urbano e comercial desta, foram uma das condições mais decisivas para o relativo acréscimo do poder real. Distribuindo dinheiro a serviço de sua soberania, eles criaram o aparelho de poder. Neste caso, não pode passar desapercebido o fato de que esses rendimentos dos reis não eram como os de comerciantes ou artesãos, ou seja, não se tratava propriamente de resultado de um trabalho, de uma atividade profissional. Eles eram pagos ao rei a partir da renda do trabalho das camadas profissionais por intermédio da atividade de funcionários remunerados. Uma das funções dos reis era controlar esses funcionários, coordenar suas atividades e tomar as decisões nos níveis mais altos de organização da sociedade estatal. Sob este ponto de vista, faz sentido dizer que os reis eram os únicos membros da camada nobre para quem essa mudança da figuração trouxe uma melhoria de suas chances. Pois eles podiam se dedicar a preservar, em linhas gerais, seu caráter senhorial, não precisando recorrer a nenhuma atividade profissional; contudo, podiam aumentar seus recursos financeiros com base no enriquecimento do país que governavam.

Enquanto o rei estava em ascensão, o resto da nobreza se encontrava em decadência; foi este o deslocamento de equilíbrio que comentamos anteriormente. E a distância que Luís XIV passou a manter entre si e a nobreza (distância manifestada conscienciosamente na etiqueta , por exemplo) não havia sido "criada" simplesmente por ele, mas por todo esse desenvolvimento da sociedade que dotou a função social do rei de chances imensas, enquanto diminuía as chances do restante da nobreza.

Igualmente significativa para o destino dos nobres foi a mudança na prática da guerra que se realizou no mesmo período. O peso comparativamente grande da nobreza medieval, no equilíbrio de tensões entre ela e os príncipes suseranos, não deixava de se basear em grande medida na dependência destes últimos em relação a seus nobres em todos os empreendimentos bélicos. Os nobres tinham que arcar sozinhos com a maior parte das despesas para os preparativos militares — armaduras, cavalos e armas, tanto para si quanto para seus homens —, usando os lucros de suas propriedades ou, em certos casos, os próprios produtos de pilhagens. Quando não acatavam o chamado de seu senhor para os campos de batalha, quando desertavam do exército após o período tradicionalmente prescrito, como acontecia às vezes, retornando para suas terras, suas vilas e suas cortes, apenas uma expedição punitiva podia forçá-los a permanecer nas frentes de batalha. Contudo uma expedição assim, ou mesmo a ameaça dela só prometia êxito quando o suserano comandava uma tropa bastante numerosa de guerreiros. Ora, uma tal força dependia, por seu turno, da confiança que ele depositava em sua nobreza guerreira.

No decorrer do século XVI as modificações na prática da guerra, que vinham sendo preparadas fazia tempo e que, em parte, estavam ligadas ao crescimento das operações financeiras, fizeram-se cada vez mais perceptíveis. A citação seguinte aponta algumas particularidades estruturais que distinguem o período de transição:

> Nos exércitos franceses do século XVI misturavam-se elementos os mais diversos. Apenas em casos de necessidade, e sem muito proveito ou êxito militar, fazia-se a convocação da nobreza feudal. Na verdade, o antigo exército feudal estava desfeito. Os nobres em condições de guerrear incorporavam-se às companhias de cavalaria pesada, as companhias de ordenança, que formavam a *gendarmerie*: os *gendarmes* forneciam seus próprios cavalos e os equipamentos mais valiosos; os menos abastados eram incluídos nessas companhias como guardas montados ... Nos ataques pesados de cavalaria, mas também nos serviços pessoais, esses guerreiros, que tinham uma formação baseada na honra, eram indispensáveis aos generais. Mas o futuro não pertencia mais a esse tipo de arma. Separada dessa cavalaria, muito abaixo dela em termos de nível social, desenvolvia-se uma cavalaria leve, que se baseava cada vez mais no uso de armas de fogo ... Toda a organização do exército estava fundada no soldo.

Na balança de tensões entre a grande maioria da nobreza guerreira e o príncipe suserano, os pesos também foram se deslocando a favor deste último na esfera da prática da guerra. O afluxo crescente de recursos financeiros lhe permitiu contratar tropas para guerrear em seu nome. Comandantes de tropas, que eram ao mesmo tempo homens empreendedores, equipavam exércitos recrutados nas camadas inferiores. Em vez de doar feudos em troca de serviços militares, como se fazia na fase anterior do desenvolvimento da sociedade, menos monetarizada e menos comercial, agora o pagamento em moeda, o soldo, passava a ser a forma dominante de remuneração. Príncipes contratavam mercenários ou soldados. O

168 A sociedade de corte

próprio termo "soldado" evoca essa fase do desenvolvimento social. Com isso, a dependência deles em relação à nobreza feudal tornou-se significativamente menor, ao passo que a dependência de fontes financeiras aumentava, trazendo todas as implicações daí decorrentes. O deslocamento do centro de gravidade na prática da guerra, com os exércitos, que eram recrutados nas camadas superiores, passando a ser recrutados em sua maior parte nas camadas inferiores, foi ainda mais favorecido pelo desenvolvimento das armas de fogo. As armas de tiro mais antigas, como por exemplo as bestas, também eram tradicionalmente armas de camponeses ou de outras tropas não pertencentes à nobreza. Nas batalhas entre as cavalarias, elas tinham o papel de tropas de auxílio, entre outros motivos porque as armaduras de cavaleiros e cavalos limitavam o efeito das flechas disparadas. Com o desenvolvimento de armas contra as quais as armaduras não eram mais eficazes, sobretudo armas de fogo, o equilíbrio social se deslocou em detrimento da antiga nobreza guerreira. O desenvolvimento geral dos Estados, que possibilitou a seus príncipes a prática da guerra com exércitos de mercenários, favoreceu o aperfeiçoamento de armas de fogo para a infantaria e, simultaneamente, foi favorecido por elas.

No futuro poderemos representar mudanças de figuração desse tipo por meio de modelos mais precisos e abrangentes do que é possível neste estudo. Aqui é suficiente indicar que as crescentes chances financeiras, proporcionadas aos governantes por sua posição social, eram acompanhadas pela redução simultânea das chances financeiras tradicionais da nobreza rural. Do mesmo modo, a valorização cada vez maior da prática da guerra baseada em exércitos de soldados com armas de fogo era acompanhada pela desvalorização simultânea da prática de guerra tradicional dos cavaleiros. Essas circunstâncias diminuíam a dependência do soberano em relação à nobreza e aumentavam a dependência inversa. O deslocamento do equilíbrio de forças no relacionamento entre a nobreza e o rei não pode ser compreendido conceitualmente como se tivesse seu início em uma única esfera do desenvolvimento social. O incremento do comércio não pode ser compreendido sem referência à proteção das vias de comércio e à garantia legal do direito de comerciar, por parte do Estado, e vice-versa. Sem tropas suficientes, os reis não podiam esperar um rendimento regular proveniente do pagamento de impostos, e sem esse rendimento não podiam financiar exércitos poderosos.

8. São diversos os problemas que surgem da transição de um equilíbrio de forças para outro, de uma distribuição de poder para outra. Algumas indicações complementares ajudam a dar mais consistência ao esboço que traçamos. A distribuição de terras em um campo social baseado em trocas e a distribuição de dinheiro em um campo social fundado numa economia monetária, ambas feitas pelo rei, fundamentaram modos de relação muito diferentes. A primeira afastava os vassalos do rei espacialmente. Como o crédito era difícil e pouco desenvolvido, nunca havia facilidade para se permanecer muito tempo longe das próprias terras. Mesmo durante as campanhas e batalhas que levaram à vitória de Henrique IV, os

A formação e a transformação da sociedade de corte francesa 169

nobres logo deixavam o exército e voltavam para casa, caso não houvesse expectativa de nenhuma vitória ou pilhagem iminente.[8]

O dinheiro que o rei tinha para distribuir, porém, possibilitava e até obrigava os nobres a permanecerem em sua proximidade. Se a posse de terras produtoras de recursos naturais exercia uma pressão maior ou menor para que eles não deixassem suas propriedades, sua posse apenas como fonte de rendimento financeiro permitia que se afastassem delas; assim, o dinheiro que vinha diretamente dos recursos do rei, na forma de pensões ou presentes que podiam ser renovados por um favorecimento permanente ou retirados em função de um desfavorecimento qualquer, exerciam forte pressão para uma permanência duradoura perto do rei, compelindo as pessoas a comprarem a benevolência deste por meio de serviços pessoais renovados. Portanto, o tipo de dependência condicionado pela distribuição de recursos naturais, por um lado, e o tipo condicionado pela distribuição de salários, pensões e donativos, por outro, eram muito diferentes. Aquele permitia uma autonomia maior. Pois em seu feudo, quaisquer que fossem as dimensões deste, o nobre era um rei em dimensões menores, sendo que, uma vez concedidas e ocupadas as terras, o vassalo estava seguro. Pelo menos, ele não tinha necessidade de buscar incessantemente o favorecimento do rei a fim de conservar aquilo que lhe fora dado.

Quanto aos donativos em dinheiro, tinham de ser obtidos ininterruptamente, de algum modo retirados do tesouro real. Era muito mais fácil e rápido abolir uma pensão de alguém que retomar uma terra, ou as fontes de renda naturais que se encontravam em algum lugar distante da residência do rei. Assim, os indivíduos que dependiam de rendimentos financeiros do rei viviam em terreno mais instável do que aqueles que haviam recebido terras como propriedades feudais.

O favorecimento do rei sob a forma de renda financeira, para os beneficiados, encobria um risco maior, pois, ao mesmo tempo em que oferecia maiores chances de promoção social, exigia por parte do beneficiário atitudes e feições mais diferenciadas e complexas. Portanto, no primeiro caso, a falta de autonomia dos favorecidos, sua dependência em relação ao rei, era maior, mais visível e mais presente.

O rei que vivia em meio à sua corte, que distribuía dinheiro ou rendas, com todos os seus humores, ações e sentimentos, tinha poder sobre um grande círculo de seguidores de maneira imediata e permanente, um círculo maior do que o de qualquer rei em uma economia natural. Seu dinheiro atraía as pessoas.

Temos boas razões para comparar assim o rei que distribuía terras com o rei que distribuía dinheiro. Pois o segundo tipo procedia diretamente do outro, num processo gradual, dando-lhe sequência em sua maneira de se comportar.

Em outras palavras, não é possível compreender a atitude dos reis da corte francesa, em relação à sua nobreza, no caso dos distribuidores de chances financeiras, se não percebermos que ela se desdobrou a partir da atitude do senhor feudal em relação a seus vassalos. A antiga ligação do rei com a nobreza, que se manifesta por exemplo quando o rei se denomina *premier gentilhomme*, quando a nobreza se sente como a *"vraie force active, le corps vivant du pays"*,[9] o dever tradicional que o rei tinha de sustentar os nobres, assim como o dever dos nobres de servir ao rei — nada disso desapareceu. Ao considerarmos a economia das pensões do Ancien Régime, não podemos esquecer o fato de que as antigas relações feudais estão presentes nessa economia, mesmo transformadas pela corte. Um dos elementos constitutivos desse comportamento do rei de corte em relação à nobreza de corte, e vice-versa, é o fato de ele ter se desdobrado a partir da antiga interdependência feudal dos reis cavaleiros e de seus vassalos e seguidores.

Entretanto, o ethos feudal era baseado, originalmente, em uma dependência equilibrada e recíproca por parte dos envolvidos. Onde quer que essa dependência fosse menor, por exemplo no caso dos grandes vassalos, esse ethos era facilmente violado. Os vassalos precisavam do príncipe suserano como um comandante que coordenava as ações, como um detentor e distribuidor das terras conquistadas; já o suserano necessitava dos seguidores e vassalos como guerreiros e líderes subordinados para a defesa de suas posses, ou para a aquisição de novas terras, como homens de confiança em suas batalhas e disputas. Além disso, o rei precisava do resto da nobreza — sem esquecer que provinham dela seus companheiros de caçadas e torneios, os amigos com quem convivia e os guerreiros ao lado dos quais lutava —, pois era apenas entre os indivíduos dessa camada que podia escolher seus conselheiros, mesmo se fossem religiosos. Do grupo de seus guerreiros provinham aqueles que administravam o país para ele, de modo mais ou menos autônomo, tributando e impondo a lei. No caso de uma dependência tão ampla da nobreza, por parte do rei, no caso de tal entrelaçamento entre os interesses dos nobres e os interesses reais, a distância entre o soberano e os outros nobres não podia tomar as proporções que chegou a ter mais tarde.

Com o passar do tempo, os príncipes suseranos foram se destacando cada vez mais da nobreza, passando por diferentes estágios. Eles podiam ampliar o próprio poder em detrimento dos outros nobres, em parte confiando a indivíduos de outra ordem — a burguesia, que lentamente emergira — funções antes reservadas apenas à nobreza e ao clero. Na França eles de fato conseguiram retirar quase todas essas funções da nobreza e concedê-las a homens que vinham da *roture* [plebe]. Nas mãos destes encontrava-se então a maior parte das funções legais, administrativas e mesmo ministeriais, no final do século XVI.

9. O que restava a nobreza para se fazer indispensável ao rei? Eis — como se vê — a questão crucial. Pois se é verdade que as relações vitais entre o rei e a nobreza se perpetuaram sob uma forma modificada na corte, podemos contudo estimar que os antigos deveres, que o antigo ethos não teriam sobrevivido à desigualdade das chances do rei e da nobreza num campo social regido pela economia financeira, em que uma nobreza em vias de empobrecimento dependia para sua existência exclusivamente do rei, ao passo que este não a considerava mais, sob nenhum aspecto, uma ordem particular e insubstituível. Por que, então, o rei ainda precisava da nobreza?

A formação e a transformação da sociedade de corte francesa   171

Essa pergunta aponta para outra questão mais abrangente: cada instituição é o produto de uma bem-determinada distribuição de poder no equilíbrio das tensões entre grupos humanos interdependentes. Uma instituição não é produzida apenas *uma vez,* mas produz-se durante certo período muitas vezes, repetidamente, como uma figuração que dura mais do que muitos indivíduos. Assim, podemos formular acerca da corte do Ancien Régime a questão da *produção e reprodução social da distribuição de poder.*

A pergunta feita antes, acerca do gênero e do grau de dependência recíproca entre o rei e a nobreza na corte, não passa de outra formulação do problema da produção e reprodução social da corte. A instituição social de uma fábrica, por exemplo, não pode ser compreendida enquanto não se tornar compreensível a estrutura do campo social que a produziu, em que sentido as pessoas eram e são dependentes umas das outras para se empregarem como trabalhadores de um empresário, e em que sentido, ou até que ponto, este depende delas. Assim, tampouco podemos compreender a instituição social da corte enquanto não estabelecermos as *fórmulas das necessidades,* isto é, o modo e a medida das interdependências que reuniram diversos indivíduos e grupos de indivíduos na corte e depois os conservou juntos.

Só assim a corte aparece a nossos olhos como era de fato, ou seja, não mais como um agrupamento reunido por uma vontade, ou criado aleatoriamente, caso em que não seria possível nem necessário perguntar por seu "porquê", mas sim como uma figuração composta por pessoas de certas camadas, que voltava sempre a se produzir porque oferecia, aos indivíduos daquele modo relacionados entre si, chances de satisfazer diversas necessidades ou dependências criadas socialmente.

Da corte dos Capetos, sobretudo a corte de são Luís (1226-70), à corte de Francisco I, seguindo até à de Luís XIV e seus sucessores, existe uma linha de desenvolvimento contínua. O fato de a tradição de corte ter perseverado no país, mantendo-se viva do século XIII ao século XVIII, apesar de todas as transformações profundas na estrutura social, foi uma das causas mais importantes do refinamento de uma tradição cultural de corte na França, e de uma tradição tipicamente "francesa" em geral. Ora, esse desenvolvimento passa por uma virada decisiva nos séculos XV e XVI. Antes disso, um número cada vez menor de grandes vassalos tinha suas cortes ao lado do rei,[10] de modo que a corte do rei francês era apenas a primeira, e nem sempre a mais rica, brilhante e significativa. Mas, durante esses séculos, com o crescente poder do rei, a corte real passou gradativamente a ser o centro máximo do país. Do ponto de vista dos nobres, tal desenvolvimento significou uma transformação da nobreza feudal, com uma economia baseada em terras, em uma aristocracia de corte. Quando tentamos determinar com mais precisão o período em que essa mudança ocorreu, vamos nos deparar sobretudo com o regime de Francisco I.

10. Como dissemos, Francisco I representou a passagem entre o rei cavaleiro e o rei cortesão, talvez tendendo mais para aquele polo do que para este.

172    A sociedade de corte

Justamente porque se tratava, no caso dele, de um tipo de transição, é difícil analisar com mais precisão a estrutura de sua corte — o que de qualquer modo não poderia ser feito aqui. Entretanto, como que tomando impulso para estudar a corte caracterizada pelas chances financeiras à disposição do rei em sua forma mais elaborada mencionaremos alguns elementos constitutivos da corte transitória do século XVI. "O século XVI", diz um historiador francês, "viu nascer algo de novo na França: a sociedade aristocrática. A Nobreza substitui definitivamente o Feudalismo, o que é uma revolução."[11]

De fato, acontecia uma espécie de revolução, e, no que diz respeito à nobreza, não se tratava apenas de uma transformação, mas quase de uma reconstrução.

Certamente ainda existiam alguns grandes feudos durante o reinado de Francisco I. Mas o rei não tolerava mais nenhuma independência, e suas *baillis* burguesas, suas cortes de justiça compostas por *roturiers*, os parlamentos, repeliam cada vez mais a forma feudal de administração e de justiça.

Ao mesmo tempo, Francisco I foi criando, ao lado da antiga nobreza de proprietários de terras — cujo ordenamento hierárquico correspondia à hierarquia dos feudos —, uma nova nobreza titular, na qual se incluíam desde simples fidalgos até príncipes e pares de França. Esses títulos de nobreza concedidos pelo rei ainda estavam ligados à posse de terras e à renda delas extraída; contudo, o nível hierárquico não dependia mais ou apenas da hierarquia tradicionalmente associada a determinados domínios, representando uma distinção concedida pelo rei, e com a qual as funções de poder estavam ligadas numa medida cada vez mais restrita. Em geral, o rei não respeitava mais a tradição presa à terra, rompendo-a a seu bel-prazer.[12] Eram principalmente os serviços militares que o rei recompensava com títulos de nobreza. Portanto, havia chances extraordinárias de ascensão para os *homines novi*, e em particular para os guerreiros. Formou-se, em parte paralelamente, em parte no interior da antiga, uma nova hierarquia da nobreza, na qual as distinções eram determinadas muito mais pelos títulos conferidos pelo rei e pelo rendimento em dinheiro ligado a eles do que pela tradição. As consequências disso para a nobreza logo se fizeram sentir. Já na segunda metade do século XVI, quase todos os nomes da aristocracia eram de origem recente.

Como antes, a nobreza continuou sendo uma ordem de guerreiros. Era sobretudo como tal que o rei necessitava dela. Entretanto, com base nas chances crescentes à sua disposição, ele empreendeu o que seria denominado, em relação a um período posterior, "racionalização", reforma esclarecida: ele rompeu com a tradição e deu início a uma reestruturação da nobreza voltada para seus fins de dominação.

O aumento das chances que o rei tinha à sua disposição já pode ser percebido no fato de que suas despesas com presentes, pensões, ordenados etc. cresceram consideravelmente em relação às despesas de seus antecessores. Além disso, Francisco I também adotou aquela economia de dívidas que iria ser típica dos reis franceses posteriores. As reservas que eram acumuladas como tesouro de guerra logo são usadas, buscam-se novas receitas por meio da distribuição de rendas, do aumento dos impostos, da venda de cargos oficiais e assim por diante. Mas tudo isso apenas demonstra como se ofereciam cada vez mais chances de poder para o rei, a partir do desenvolvimento de seu campo social e de sua posição específica dentro de tal campo.

Por conseguinte, o afluxo de pessoas para a corte era cada vez maior. É um traço marcante do caráter de transição desse período, em que começavam a ser controladas as novas formas surgidas no curso de tal desenvolvimento social, o fato de não haver nenhuma construção espaçosa o suficiente para abrigar a corte em expansão, pelo menos durante a primeira metade do reinado de Francisco I. Era preciso construir sempre novas habitações para essa corte baseada numa economia monetária, que crescia cada vez mais, até finalmente o castelo de Versailles, ao mesmo tempo símbolo do apogeu e da estagnação desse desenvolvimento. Trata-se de um fato bastante significativo para o paralelismo entre o desenvolvimento da corte do rei e o desenvolvimento da sociedade estatal como um todo. As tarefas de integração crescem, mais cedo ou mais tarde, à medida que aumenta a diferenciação das funções, que acompanha o desenvolvimento da sociedade e do Estado. Assim, de certo modo é possível notar no crescimento da corte real — com restrições, segundo a distribuição de poder específica nas sociedades dinásticas — o aumento da divisão do trabalho no seio da sociedade estatal.

Além disso, também é um fator característico desse período de transição o fato de os indivíduos reunidos na corte já viverem em dependência permanente do rei de uma maneira mais direta do que antes. Mas eles ainda eram, essencialmente, cavaleiros e guerreiros, e não cortesãos que algumas vezes iam para a guerra, como se tornariam depois. O período é repleto de guerras e expedições guerreiras, que tornam incerto o destino dos homens. Basta pensar no aprisionamento de Francisco I. Assim, a corte ainda tinha algo do caráter de um acampamento de guerra.

Ao que se acrescenta outra circunstância de importância considerável: quanto maior se tornava a corte, mais difícil era abastecê-la em um só local durante muito tempo.

Sabemos que já se fizeram tentativas de esclarecer o surgimento das grandes cidades pré-capitalistas a partir da concentração de um poderoso grupo de consumidores nas cortes dos príncipes ou dos reis.[13] Temos aí um exemplo eloquente do quanto o esclarecimento de um determinado fato a partir de uma *única* razão permanece sempre, na elucidação de processos sociais, um esclarecimento parcial. Simples conexões "causa e efeito" não bastam aqui como forma de esclarecimento. No caso em questão, a tarefa também diz respeito à apresentação de interdependências, pelas quais o desenvolvimento de uma formação social isolada está ligada ao desenvolvimento da cadeia de funções na sociedade toda. O aumento da camada consumidora na corte e, com ele, o crescimento da cidade pré-capitalista não constituem por si relação de causa e efeito, trata-se de funções de uma metamorfose na estrutura da figuração como um todo. Apenas um conjunto de diversos fatores, como os progressos da circulação do dinheiro e das mercadorias, a

174 A sociedade de corte

expansão do comércio, a comercialização do campo social, permite manter uma quantidade de pessoas *permanentemente* reunidas em um único lugar, cujos arredores não eram suficientes para a alimentação de grandes contingentes. Além disso, era preciso que as relações entre os proprietários de terras tivessem assumido, direta ou indiretamente, o caráter de transações financeiras, era preciso que a própria circulação de dinheiro tomasse determinadas formas, mais seguras, para que uma parcela dos proprietários se liberasse de suas terras e pudesse fixar residência permanentemente longe delas, na cidade, como um grupo consumidor. A formação da camada consumidora na corte é, em outras palavras, um processo parcial dentro de um movimento mais abrangente.

Quanto mais unificada a administração, quanto mais amplo o domínio do qual o rei tirava seus rendimentos, quanto maiores esses rendimentos com a crescente comercialização e eficiência da administração civil e militar, tanto maior podia tornar-se a sociedade consumidora que vivia e se beneficiava, direta ou indiretamente, dos rendimentos e posses do rei. Maiores também eram as vantagens daquela cidade, para a qual afluíam de todo o reino, no fim das contas, as somas destinadas ao rei. É neste contexto que devemos compreender a estrutura da corte naquele período de transição. Até o século XVII, ela ainda não estava fixada em um local determinado. Paris era de fato a capital do rei, mas outras cidades rivalizavam com ela em termos de importância. Estavam apenas começando a centralização absoluta, a produção de uma *única* sociedade aristocrática e, com isso, a formação e consolidação de um tipo humano bem-determinado que seria modelo para todos os outros. A corte real ainda mostrava-se peripatética,[14] viajando de castelo em castelo. Montados em cavalos e animais de carga, viajavam o rei, os grandes senhores e também as damas, com todo o seu séquito. Uma longa fileira de carruagens, carroças e seguidores de todos os tipos os acompanhava, e até mesmo os móveis, tapetes, talheres e louças seguiam junto na peregrinação da corte.

Desse modo, as artérias que ligavam a vida na província à vida na corte, a vida no campo à vida na cidade, ainda não eram tão congestionadas quanto mais tarde, embora tal processo de congestionamento já se fizesse sentir, com uma parte considerável da nobreza passando a morar permanentemente na corte e afastando-se de suas propriedades. Realiza-se então um processo de distanciamento. Mas a movimentação perpétua da corte não permite ainda que a distância seja consolidada.

A estrutura básica das repartições e dos cargos de corte já anuncia, em linhas gerais, aquela de Luís XIV, embora em escala menor. Um *grand maître de l'hôtel* supervisionava todos os cargos da casa real. Tanto ele quanto *le grand écuyer*, *le grand chambellan*, *le grand échanson* e outros detentores de grandes cargos eram pessoas poderosas não só na corte, mas em todo o reino. É possível reconhecer o quanto a nobreza estava crescendo, progressivamente inserida na casa real, sobretudo pelo fato de ter se tornado costume, durante o reinado de Francisco I, que os reis e os príncipes de sangue se fizessem servir por nobres, mesmo nas funções subalternas, como por exemplo na de criado de quarto.[15] Entretanto, todas as relações são fluidas nesse período, algumas mais outras menos; o ordenamento hierárquico dos cortesãos é instável, a transmissão hereditária de cargos é mais restrita. Por isso a mobilidade da corte e a vida guerreira não deixam muito espaço para elaboração de uma etiqueta rígida.

Mas uma tendência que tem especial importância daí em diante já aparece nitidamente durante o reinado de Francisco I. A distância existente entre os que pertencem e os que não pertencem à corte ganha peso cada vez maior, no campo social. À medida que as funções tradicionais dos suseranos, dos vassalos e dos cavaleiros — nas quais a distância entre a nobreza e as outras camadas estava baseada até então — perdiam a importância, tanto maior era o valor social de se "pertencer à corte", como fundamento da distância e do prestígio.[16] A linha divisória assim estabelecida também dividia a própria nobreza. Uma parcela da antiga nobreza passou a fazer parte da nova aristocracia, cujo critério era o pertencimento à corte; em contrapartida, uma outra parcela da nobreza não conseguiu se juntar ao novo grupo, fechando-se em si mesma. Ao mesmo tempo, uma série de burgueses teve acesso a esse grupo, e chegava a progredir dentro dele. Realizava-se, assim, durante esse período, uma reestruturação da nobreza, fundada em outro princípio de distanciamento e de constituição.

É da maior importância para estrutura social do Ancien Régime a existência conjunta e paralela dessas duas formas de distanciamento. Uma das formas se baseia na função aristocrática e feudal herdada, ou em funções profissionais; a outra se baseia no pertencimento ou na proximidade da corte, situação que se manifesta na existência de uma nobreza de corte e de uma nobreza que não faz parte da corte, e mais tarde também na existência de uma burguesia que estava mais próxima da sociedade de corte, almejando chegar a ela, e de uma burguesia de profissionais que não eram da corte.

"Os *seigneurs* dos reis franceses a princípio não eram simples conselheiros, mas legisladores."[17] A partir de Filipe IV, o poder do rei em relação à nobreza aumentava *de modo gradual e contínuo* na França, a despeito de certas oscilações; no período que costumamos denominar Renascimento, com Francisco I, e no século XVII, com Henrique IV, apenas se consumou algo que já vinha sendo preparado há tempos. Eis um dos principais motivos pelos quais muitos aspectos da ordem medieval e feudal, embora tendo sido transformados na ordem da corte, foram preservados. Não foi repentinamente e num tempo curto, mas ao longo de um processo gradual que os direitos de dominação da nobreza e a voz de decisão dos estados gerais foram sendo revogados pelo rei.[18] Podemos perceber o papel decisivo desempenhado "pelo livre acesso ao controle dos recursos financeiros dos súditos por meio de sua independência das assembleias dos estados",[19] por exemplo, quando comparamos a situação de Francisco I, que era praticamente independente das deliberações dos estados, com a de Carlos V, muito mais amarrada e difícil no que diz respeito a essa relação.

176   A sociedade de corte

No século XVI houve uma espécie de reação. As assembleias eram convocadas com mais frequência, as lutas[20] entre as classes e os reis, em torno da divisão e das chances de poder do reino, voltaram a se acirrar. Certamente os bastidores sociais das guerras religiosas francesas são relativamente difíceis de perceber sem uma investigação sociológica muito atenta — ainda não realizada. E isso sobretudo porque nelas, desconsiderando as divergências propriamente religiosas entre os grupos, misturavam-se de diversas maneiras as disputas pela coroa entre facções das grandes famílias, e as lutas da nobreza empobrecida e desagregada pelos efeitos da economia com vistas a obter uma nova estabilidade. Ao mesmo tempo, tanto no caso de uma parte da nobreza quanto, sobretudo, no caso das camadas urbanas, também se misturavam a tais disputas fortes tendências a buscar a preservação ou restabelecimento dos direitos e da liberdade dos estados.[21]

Contudo, ainda que seja verdade afirmarmos que no fim das guerras religiosas, com a vitória de Henrique IV, decidiu-se também a vitória da realeza absolutista sobre todas as camadas sociais oponentes, portanto inclusive sobre a nobreza, existe um dado que não pode ser omitido. De fato, até certo ponto essas afirmações expressam corretamente o desfecho de tais lutas; entretanto, as frentes em conflito e as intenções dos combatentes não podem ser definidas exclusivamente assim. Como acontece com frequência, as conclusões são formuladas aqui como se aquilo que veio depois fosse idêntico ao que determinados indivíduos e grupos pretendiam de fato, antes. Certos indivíduos são vistos como planejadores, criadores e autores daquilo que só pode ser compreendido de fato a partir de toda a imbricação social dos homens e suas pretensões, a partir da posição do campo social em seu conjunto e a partir das chances por ele oferecidas a uns e a outros.

11. Henrique IV era, originalmente, um grande vassalo do rei da França, uma espécie de príncipe territorial, sendo pouco provável que aprovasse prontamente, nessa posição, a ideia de reprimir todos os grandes vassalos em favor do poder absoluto do rei francês. Depois, ao tornar-se rei, a princípio sem deter o poder de fato, sobretudo o poder financeiro de um soberano, foi justamente ele quem lutou, liderando um exército de cavaleiros nobres de *estilo antigo*,[22] contra exércitos de mercenários enviados em parte pelo rei da Espanha, em parte pelo papa. Ele não podia pagar por seus próprios meios um exército de mercenários de força considerável; assim, o homem que mais tarde abriria de maneira praticamente definitiva o caminho para o poder absoluto do rei, inclusive e especialmente em relação à nobreza, conquistou sua vitória com o auxílio da própria nobreza, liderando um exército de nobres. É claro que ele também foi amparado por forças externas, que lhe enviaram dinheiro e tropas, além de ter sido um tanto favorecido pelas circunstâncias (como a morte de Gregório XIV) e pelas desavenças entre seus inimigos.

Podemos dizer com justiça que, ao final das guerras religiosas, a luta entre a realeza e a nobreza no fundo estava decidida, e o caminho para a monarquia absolutista encontrava-se livre. Nessas guerras, uma nobreza católica, a favor da

A formação e a transformação da sociedade de corte francesa        177

realeza, lutou lado a lado com os protestantes de todas as camadas nas frentes de batalha de Henrique IV contra uma outra parte da nobreza, aliada às cidades católicas, ao clero, ao rei da Espanha e ao papa. Portanto, mesmo sem levarmos em conta os movimentos sociais, já mencionados, que favoreciam a expansão do poder de um rei e lhe forneciam os meios de assegurar e organizar seu reino, são precisamente tais guerras que mostram um outro aspecto da situação social, da qual se originou a supremacia do rei sobre os representantes de todas as outras funções.

Os próprios contemporâneos de Henrique IV viam simplesmente, em muitos casos, que um rei estava lutando à frente da nobreza contra uma coalizão de famílias nobres concorrentes, de corporações urbanas e de parte do clero. As frentes de batalha certamente não eram muito claras, pois algumas cidades protestantes também apoiavam Henrique IV. O certo era que do lado dos protestantes encontrava-se a nobreza católica a favor da realeza, composta por nobres moderados em acirrada oposição aos grupos católicos radicais dos oponentes, já que o regicídio, o assassinato de Henrique III, fora tramado nos acampamentos de guerra desses grupos, onde ele era reverenciado.

Como sempre acontece em tais casos, os motivos pelos quais a maioria da nobreza aliou-se a Henrique IV eram vários. Um dos mais evidentes, que levou à oposição ao clero católico, deve ser mencionado aqui, visto que em geral não recebe a atenção devida.

Francisco I garantira para si, por meio de uma concordata, o controle sobre uma grande parte dos lucros eclesiásticos na França. Possuía assim em suas mãos, depois que as propriedades reais se reduziram, ao menos parcialmente, um fundo a partir do qual podia voltar a recompensar regiamente os nobres que o merecessem. Assim, uma boa parte da nobreza da França tornou-se beneficiária das propriedades da Igreja, a exemplo do que ocorrera do outro lado do canal da Mancha, onde uma parcela da nobreza da Inglaterra recebeu terras expropriadas da Igreja com base em medidas análogas tomadas por Henrique VIII. Em ambos os casos, o procedimento dos reis levou uma parte importante da nobreza a um conflito com o clero. Seria interessante acompanhar a partir de quais interdependências uma parte considerável da burguesia da capital inglesa tomou o partido dos inimigos da velha Igreja, enquanto na França era Paris que "valia uma missa". Mas o que aqui nos interessa é o problema da nobreza.

A penhora dos lucros eclesiásticos por parte de Francisco I, e sua utilização para recompensar os serviços que os homens prestavam ao rei, criou uma situação que devia provocar conflitos de interesse de longa duração entre a nobreza e o clero.

Brantôme descreveu essa situação e esse conflito de interesses com tanta lucidez que suas palavras valem mais que quaisquer comentários:

> O que decidiu o rei Francisco à concordata com o papa a fim de abolir todas as eleições para os bispados, abadias e priorados, concedendo a si mesmo o direito de nomeação, foram em parte os enormes abusos que se haviam cometido nas eleições, em parte o

178     A sociedade de corte

desejo do rei de obter uma nova fonte de recursos para recompensar sua nobreza. Os rendimentos da terra da Coroa e os impostos não eram suficientes, pois serviam para cobrir os altos custos de guerra. Achava que era melhor recompensar os homens que o haviam servido proveitosamente, usando os bens expropriados da Igreja do que deixar tal riqueza para esses monges preguiçosos, gente que, dizia ele, não servia para nada que não fosse beber, comer, esbaldar-se, jogar, e também para tecer cordas de tripa, construir ratoeiras ou capturar pardais.

Devo observar aqui, porém, que desde algum tempo antes, especialmente desde a fundação da Liga, entraram em cena certas pessoas conscienciosas ou, mais exatamente, aduladores astutos, que começaram a reclamar muito dos nobres, possuidores de bens da Igreja. Eles afirmavam que esses bens não lhes pertenciam, mas aos religiosos, e que aquilo era um erro grosseiro e uma violação, algo que pesava sobre a consciência do rei.

Isso seria admissível se os nobres tivessem aqueles mesmos bens da Igreja como propriedades privadas. Mas assim, que dano é causado ao direito de posse desses senhores ..., se, após manterem as abadias, e os monges, e os pobres, pagando o dízimo e outros tributos ao rei, os nobres aproveitam o excedente, uma ninharia, meras migalhas que caem da mesa do seu senhor (o rei), para servi-lo melhor?[23]

E em outra passagem Brantôme diz: "Ouvi muitas pessoas sensatas se espantarem com o fato de que um grande número de fidalgos na França pudesse juntar-se à Liga, pois se ela tivesse a supremacia não haveria nenhuma dúvida de que o clero lhes teria despojado dos bens eclesiásticos."[24]

Temos aqui, apresentado drasticamente, um dos motivos pelos quais a grande maioria da nobreza estava contra a "Santa Liga". Mas, por outro lado, estavam a favor do clero sobretudo as cidades, com Paris na dianteira, já que a capital havia crescido enormemente no século XVI e pouco a pouco começava a desempenhar, com suas diversas corporações burguesas, um papel preponderante na história da França. É claro que também havia nobres a favor da Liga. Sobretudo na liderança do partido católico radical, havia indivíduos oriundos das grandes famílias com pretensões ao trono. Mas os "grandes" da França nunca chegaram a formar uma frente única, por motivos fáceis de compreender. Esse pequeno grupo de famílias concorrentes entre si, tendo à frente os príncipes de sangue e os nobres que dependiam deles, acabava se aliando, conforme a necessidade, a outras grandes forças sociais do país, a fim de que defendessem sua causa. Traçamos este rápido esboço dos fundamentos sociais dessas lutas porque ele permite compreender o fato peculiar de que o sistema social na França, apesar de todas as perturbações, revoltas e lutas que marcaram esses séculos, voltou sempre a se equilibrar, retomando de modo contínuo a direção de uma monarquia absolutista.

O que encontramos nas lutas do século XVI e também do XVII são, em termos gerais, "corporações burguesas" que já se tornaram suficientemente ricas, numerosas, poderosas e conscientes de seu valor, a ponto de oporem uma feroz resistência às reivindicações de dominação e poder da nobreza. Todavia, elas não têm capacidade nem força suficiente para reivindicar a dominação para si mesmas. Por

A formação e a transformação da sociedade de corte francesa    179

outro lado, o que encontramos é uma nobreza ainda forte o bastante para desafiar a camada burguesa ascendente e afirmar-se em relação a ela, mas já fraca demais, sobretudo do ponto de vista econômico, para conseguir sua dominação sobre a burguesia. O fator decisivo nessa situação é que as funções judiciárias e administrativas da época já não cabiam mais à nobreza, de modo que ricas e poderosas corporações, à frente o parlamento, deram origem a uma espécie de camada superior da burguesia. Assim, com sua base financeira reduzida, a nobreza precisava do rei para fazer face à pressão das camadas burguesas e à sua riqueza crescente; as corporações burguesas necessitavam do rei, que as protegia das ameaças, pretensões, e também dos privilégios unilaterais de uma nobreza ainda presa à tradição cavalheiresca. Uma figuração com tal equilíbrio de tensões, na qual as duas ordens preservavam um razoável equilíbrio (em todo caso nenhum dos grupos antagônicos conseguia manter durante muito tempo uma preponderância decisiva sobre o outro), dava ao rei legítimo, aparentemente distanciado de ambos os grupos, a chance de aparecer pacificador, trazendo para os adversários esgotados a tranquilidade ansiada por todos. De fato, era essa uma das principais tarefas de Henrique IV. Ela também contribuiu de maneira decisiva para a sua vitória. No final, o rei sempre renovava o seu caráter de aliado de todas as camadas ou corporações ante as ameaças de outros grupos e corporações que elas não podiam dominar sozinhas.

12. O que foi apresentado acima a respeito do grupo central do rei absolutista, de sua esfera de ação primordial, a corte, vale também, com as modificações correspondentes, para a esfera de domínio mais ampla do rei: ele governava porque e enquanto os grandes grupos sociais da burguesia e da nobreza, em acirrada rivalidade pelas chances de poder, mantinham a balança em equilíbrio. Seria preciso verificar se com isso descobrimos uma lei sociológica que rege de maneira geral as estruturas da sociedade absolutista de corte. Se assim fosse, poderíamos dizer: as chances do príncipe aumentam, dentro de um campo social organizado em ordens, quando e porque o poder social que as forças sociais conferem — em conexão com a progressiva predominância da economia monetária — aos grupos burgueses e aos grupos aristocráticos não permite que nenhum deles prevaleça em sua luta pela supremacia. O príncipe reina, por sua vez, e de modo tão absoluto, que cada uma das camadas adversárias precisa dele na luta contra a outra, porque pode jogar uma contra a outra. O fato de ele ser oriundo de uma das duas facções, a nobreza, tem um significado notável para a estruturação da corte, mas para isso também contribuem outros fatores. Como ele pode se apoiar nos grupos burgueses em determinadas questões, cada vez mais vai deixando de ser um *primus inter pares*, distanciando-se da nobreza; e, pelo fato de poder se apoiar nos grupos aristocráticos no que diz respeito a outras questões, distancia-se da burguesia. E assim como ele reina sobre sua corte mantendo as distâncias, ele mantém em xeque as ordens e os grupos de seu reino vigiando e controlando o equilíbrio das tensões.

180     A sociedade de corte

Não importa, portanto, se podemos encontrar essas estruturas em outros países; no caso da França não é difícil comprová-la. Quase não seria preciso insistir no fato de que apontar todas as chances oferecidas ao rei a partir da situação de seu campo social, das quais ele podia e devia se servir para consolidar sua dominação, não diminui a grandeza dos reis nem as suas realizações. Mas isso é sempre interpretado como uma redução ou mesmo uma negação do valor da personalidade. Ao contrário, só se compreende propriamente em que consiste a grandeza de um indivíduo quando se observam as interdependências e as restrições a partir das quais e dentro das quais esse indivíduo age e pensa. Em conexão com essa função dos reis de equilibrar um campo cheio de tensões sociais, deve-se notar, ao mesmo tempo, uma particularidade na atitude das camadas superiores da França em relação ao rei: a saber, a ambivalência de sua atitude, que se torna mais perceptível à medida que os reis se apoderam, graças à sua situação de árbitros, de todos os recursos do reino.

Cada uma dessas camadas — o grupo de elite da camada burguesa, os parlamentos, assim como o grupo de elite dos nobres, a hierarquia da nobreza de corte — gostaria de restringir o poder do rei. E as tentativas nesse sentido, ou pelo menos vontade reprimida, perpassam todo o Ancien Régime, embora raramente apareçam às claras durante o reinado de Luís XIV. Mas, ao mesmo tempo, cada uma dessas camadas precisava da força e do poder do rei legítimo para proteger e conservar sua própria posição diante das múltiplas ameaças e restrições a que estavam submetidas, no período de uma crescente interpenetração de outros grupos. Assim, em certas ocasiões, muitos grupos nobres chegaram a se aliar aos parlamentos contra os representantes do rei, como por exemplo na época da Fronda. Entretanto, eles só seguiam juntos por um pequeno trecho, pois logo temiam o aumento do poder de seus aliados momentâneos, mais do que o poder do rei. Essa atitude nitidamente ambivalente e a situação de conflito por ela gerada possibilitam alianças dos diversos grupos dominantes, inclusive contra o rei, mesmo que por pouco tempo — a massa dos burgueses desempenhando, quase sempre, um papel mais ou menos passivo até a Revolução e servindo de instrumento para as pretensões dos grupos de elite. Após uma breve coalizão, contudo, um ou outro dos grupos volta a se aproximar dos partidários do rei, abandonando a aliança com o grupo restante. Dos dias das guerras religiosas até o período que antecedeu a Revolução, esse foi um dos padrões constantes, a despeito de todas as alterações e deslocamentos do equilíbrio social, nessa fase de desenvolvimento da figuração.

13. Contribuía para isso o fato de que nem a burguesia nem a nobreza — para não mencionar o clero, cuja atitude nesse jogo de forças devia ser objeto de uma análise à parte — era homogênea. Os parlamentos, por exemplo, que no século XVII representavam um grupo de elite plebeu, e no século XVIII uma camada intermediária entre a nobreza e a burguesia, denominada *noblesse de robe*, aproveitavam-se com bastante frequência da massa do povo, muitas vezes protegendo os

A formação e a transformação da sociedade de corte francesa

direitos tradicionais quando considerados favoráveis a seus próprios interesses, sobretudo os interesses das corporações de ofícios. Mas, ao contrário do que ocorria em muitas cidades, eles não tinham nenhum interesse especial na antiga organização das ordens, muito menos na convocação dos Estados Gerais. Pois reivindicavam para si a tarefa de representar a nação, de fazer objeções e admoestações ao rei em nome dela contra os decretos que lhes parecessem ilegítimos. Em certas circunstâncias, negavam o registro de tais decretos, necessário para que tivessem força de lei, justificando-se por serem herdeiros do antigo conselho do rei (*Conseil du Roi*) e, assim, considerando-se superiores aos Estados Gerais. Por outro lado, em função de seus privilégios e dos cargos que haviam comprado e que representavam sua riqueza, estavam intimamente ligados à realeza. Pois, contra as tentativas de outras ordens, sobretudo da nobreza, de abolir a venda de cargos e, com isso, a base fundamental de sua existência, os burgueses parlamentares dependiam da ajuda do rei. E também dependiam do rei quando distúrbios e levantes populares (para os quais eles mesmos contribuíram notavelmente, como no caso da Fronda por exemplo) ultrapassavam certa medida e ameaçavam a segurança de suas propriedades.

> Os membros do Parlamento às vezes fazem barulho mexendo suas cadeiras, mas não têm vontade de morrer sob elas, abatidos pela mão dos bárbaros. Esses pais da pátria se lembram sempre no último momento de que são pais de família e que a boa e saudável tradição burguesa exige que não deixem reduzir para seus filhos o capital que receberam de seus ancestrais. E assim o conflito entre o Rei e a grande *Robe* assume um caráter acirrado que chega às vezes à prisão mas se detém na frente da bolsa.[25]

Justamente porque o prestígio do cargo e a algibeira dos grandes indivíduos da *robe,* assim como a apropriação de rendas vinculadas a certos cargos, estavam intimamente ligados à permanência da dominação tradicional do rei, originou-se aquela atitude ambivalente dos parlamentos e de toda a *noblesse de robe* em relação ao rei. Eles queriam participação no governo, e, em consequência disso, restringir o poder do rei, mas tinham necessidade da realeza porque sua existência e seus cargos estavam fundados nela. Portanto, à medida que a posição de poder da realeza superava de longe a de todas as outras camadas, seus conflitos com o rei têm um desdobramento típico: "Deliberação da assembleia das Câmaras, decreto do conselho, i.e. o Rei, que cassa a deliberação, resistência da Companhia, cólera do príncipe, amarguras, ressentimentos e, finalmente, obediência dos rebeldes."[26] Isso se aplica ao século XVII. Mais tarde, quando a posição dos reis foi se enfraquecendo em relação aos outros grupos do campo social, eles mesmos, que antes subjugavam e administravam as tensões e reivindicações dos grupos, tornaram-se peças do jogo, necessitando de alianças com esses outros grupos. No decorrer do século XVIII, tais conflitos típicos têm um outro desdobramento: terminam, cada vez mais, com a vitória do parlamento. Entretanto a atitude deste, como um todo, é característica de uma abastada camada intermediária com diversas frentes: con-

182    A sociedade de corte

tra a nobreza, contra o clero e ocasionalmente contra o povo, eles necessitam da força do rei; contra o rei utilizam muitas vezes o povo e se aliam ocasionalmente à nobreza. Fazem alianças sobretudo com a alta nobreza, com a qual essa camada tem em comum o fato de não possuir, como era o caso da massa da nobreza, interesses diretamente ligados a um estado. Em relação ao clero, caso não se tratasse de homens provenientes de seu próprio círculo, sua atitude é radicalmente intransigente, sobretudo em relação aos jesuítas.

Isso mostra a força dos rivais oriundos da burguesia, com os quais a *noblesse d'épée*, destituída de quase todas as funções administrativas e jurídicas, tinha de lidar. Ao mesmo tempo, vemos claramente por que e o quanto essa nobreza necessitava do rei, e como os reis podiam fundar e consolidar sua dominação com base em grupos sociais que se aproximavam e mantinham um equilíbrio mútuo, até que finalmente eles mesmos fossem cada vez mais diretamente envolvidos na cadeia das tensões e das interdependências.

14. Assim como o terceiro estado, a própria nobreza estava dividida em diversos grupos, o que complicava a situação, aumentando o número de frentes e as possibilidades de aliança. Aqui também podemos deixar de lado a nobreza camponesa da província, que, na época que se estende das guerras religiosas à Revolução, não tinha mais nenhum papel político e nenhum poder.

Eram bem diversas as situações da alta nobreza, por exemplo dos príncipes e duques, que eram chamados de "Grandes".[27] Pois, esses "Grandes" estavam especialmente próximos ao rei dentro da hierarquia da nobreza. Seus parentes mais próximos constituíam, de certo modo, o núcleo de tal nobreza, e minar a autoridade, a plenitude do poder do rei em relação às outras camadas não era sua intenção, uma vez que prejudicaria também sua própria posição privilegiada no reino, pois sua reputação estava estreitamente vinculada à do rei.

Por outro lado, justamente por estarem tão próximos do rei, esses "Grandes" eram especialmente invejosos de seu poder, especialmente ressentidos por sua posição subordinada, seu rebaixamento ao nível de "súditos" e, sob tal aspecto, a uma igualdade com todos os outros súditos.

Marmontel, no verbete da *Enciclopédia* que se refere aos "Grandes", apresentou de modo muito claro, embora um tanto adornado ideologicamente, essa atitude ambígua. Após discorrer, para fundamentar sua análise, sobre a imagem do Estado como uma máquina que só é mantida em movimento por meio de uma sincronização exata de todas as partes — imagem frequentemente usada no século XVIII —, ele descreve a situação dos "Grandes" da seguinte maneira: "Primeiros súditos, eles são escravos se o Estado se torna despótico; eles retornam à massa, se o Estado se torna republicano; eles se voltam então para o príncipe pela superioridade deste sobre o povo; para o povo, pela dependência deste em relação ao príncipe ... também os grandes se apegam à constituição monárquica por interesse e por dever, dois vínculos indissolúveis."

A formação e a transformação da sociedade de corte francesa     183

Ao mesmo tempo, esses "Grandes" representavam grande perigo para o rei. Pois era desse círculo, e apenas dele, que podiam surgir os rivais. De fato, até mesmo na época de Luís XIV havia um plano, concebido em tal círculo, de forçar o rei a abdicar e substituí-lo por um de seus parentes. E, embora no século XVIII os reis voltassem a nomear ministros entre a pequena e a média nobreza, desde Luís XIV fazia parte da tradição do regime, raramente quebrada, negar até onde fosse possível qualquer participação no governo a esses "Grandes", incluindo participações não oficiais. O que também é um exemplo das tensões e oposições dentro da própria nobreza.

A *Enciclopédia* afirma em certa passagem:

> A ambição dos "Grandes" parece direcionar-se para uma aristocracia; contudo, mesmo que o "povo" se deixasse conduzir a ela, a nobreza simples iria opor-se, pelo menos enquanto não lhe fosse concedida uma parcela da autoridade. Mas nesse caso os "Grandes" teriam 20.000 iguais em lugar de *um* senhor e por isso nunca concordariam com tal solução. Pois a ambição de governar, que é a causa das revoluções, sem dúvida sofre bem menos intensamente diante da supremacia de um único do que da igualdade de um grande número.[28]

Essas alternativas mostram perfeitamente os aspectos sociais e psicológicos da figuração de tensões — vista da perspectiva dos "Grandes". A "superioridade" do rei é sua melhor garantia de distância em relação aos que estão abaixo. Cada luta contra a superioridade do rei os obriga a procurar aliados nas camadas inferiores, e seu orgulho sofre ante a perspectiva de se colocar no mesmo patamar deles. A exigência de distanciamento e de superioridade, de preservar sua existência como "Grandes", os força a adotar uma atitude ambivalente, cheia de repulsões e atrações tanto para cima quanto para baixo — atitude sem saída.

Um outro fenômeno vem complicar a situação dos "Grandes": seu círculo é tão pequeno e, além disso, tão intimamente ligado à realeza, que seus membros não defendem os interesses de uma "classe", de uma "ordem", da nobreza como um todo, embora em determinadas circunstâncias se coloquem à frente de seus interesses ou, para conseguirem alianças, façam pelo menos algumas concessões à nobreza, como foi o caso do regente. Todavia, nesse pequeno círculo, dentro do qual cada um vê em quase todos os outros um rival direto, cada indivíduo age em função de seus interesses pessoais, isto é, em função dos interesses de suas "casas". O grupo dos "Grandes" era sempre dividido em casas rivais e facções inimigas. Pelo menos até a época de Luís XIV, e de modo mais discreto e dissimulado durante o reinado de seus sucessores, cada uma dessas casas queria, se não tomar o poder, partilhá-lo, como os grandes vassalos do rei.

Ora, quando um dos "Grandes" fazia uma investida nessa direção, mostrava-se com muita clareza o modo como o equilíbrio de tal campo social acabava sempre pendendo para o rei legítimo. Certos fatores podiam mudar, mas a estrutura básica permanecia, ou seja, o equilíbrio possuía uma base poderosa o bastante para estabelecer sua dominação em relação a todos os outros grupos e ao rei.

184 A sociedade de corte

Em consequência disso, todo usurpador acabava envolvido na rede inextricável dos diversos grupos e frentes sociais. Quanto mais forte ele se tornava, mais fortes as uniões de todos os outros. Quanto ao rei legítimo, porém, ou ao herdeiro legítimo, desfrutava de uma grande vantagem: a legitimidade. Pois esta o distanciava não apenas de seu próprio grupo, mas também de todos os outros grupos e camadas sociais, predestinando-o para sua função de conservar e estabilizar o equilíbrio sempre instável do campo social.

Um exemplo típico dessa situação é a trajetória de um dos homens mais importantes dessa camada, o grande Condé. Quando Mazarin estava no governo e Luís XIV ainda era menor de idade, os grupos mais diversos se aliaram por algum tempo, pela última vez antes da estabilização definitiva da realeza absolutista, para lançar um ataque conjunto contra o monopólio da realeza, representado pelo ministro. Os parlamentos, a camada nobre, as corporações urbanas, os representantes da alta nobreza — todos tentaram se aproveitar da fraqueza momentânea da realeza, da regência da rainha exercida por um cardeal. Contudo, essa revolta da Fronda revelou exatamente o quadro caracterizado há pouco: grupos se aliam contra o ministro, o representante da rainha; parte dos aliados faz um acordo com o ministro; abandona a aliança; enfrenta aqueles que estavam a seu lado; e acaba retomando, em parte, a aliança com estes. Cada um desses grupos quer enfraquecer o poder do rei, mas ao mesmo tempo todos temem reforçar o poder de grupo rival. O príncipe Luís II de Condé é uma das peças mais importantes nesse tabuleiro. O que ele quer é bem claro, e inicialmente é algo que transcende a Fronda propriamente dita: participação nas chances de poder dos monopólios do Estado. Em outubro de 1649, exige "que, sem seu conhecimento prévio e seu conselho, nenhum alto posto seja ocupado, nem na corte nem na guerra, tanto para os negócios internos quanto para os externos; que seus servidores e amigos sejam levados em consideração no caso de vagar algum posto; e que nenhuma decisão a respeito de assuntos importantes seja tomada sem a sua autorização".[29] Inicialmente, Mazarin lhe promete cumprir suas exigências, depois se alia aos adversários de Condé. Para manter as aparências, ainda escreve uma carta para o príncipe no dia 16 de janeiro de 1650, na qual assegura solenemente que nunca irá separar-se dele e pede por sua proteção. No dia 18 de janeiro, manda prendê-lo.

Mas com isso a situação se reverte rapidamente. O temor diante de Mazarin espalha-se por todos os lados. Outros Grandes, que temem compartilhar do mesmo destino de Condé, os parlamentos, as assembleias corporativas dos nobres em Paris, todos pressionam para a libertação do príncipe. No dia 18 de fevereiro ele retorna a Paris. Ranke, como sempre incomparavelmente lúcido na exposição de determinadas situações, descreveu da seguinte maneira a posição em que o príncipe se encontrava ao retornar a Paris.[30]

> A situação toda tinha se alterado. Parecia caber somente a Condé tomar posse do lugar que ele tentara obter um ano antes, de ser o primeiro homem do país ... Todavia, para exercer uma grande autoridade, é preciso depender apenas de si mesmo. Condé era

A formação e a transformação da sociedade de corte francesa     185

prisioneiro de milhares de considerações. A amizade que prometera aos mais eminentes dos *frondeurs* pesava sobre ele como uma dura obrigação. ... Não mandando nem no parlamento nem no ministério, não estando seguro em relação ao duque de Orléans, não estando de acordo nem com a nobreza nem com o clero, que grande ato podia ele realizar?[31]

Uma situação de conflito semelhante à que se constatou no caso desse homem e da facção que o apoiava poderia ser constatada, numa análise mais detalhada, no caso da maioria dos outros grupos e corporações da Fronda. Em relação a toda essa situação, com suas múltiplas possibilidades de alianças, na qual cada um observava o outro cuidadosamente para que ele não ficasse forte demais, outro traço característico aparece em uma passagem também citada por Ranke (segundo Aubery), em que lemos: "O príncipe reservava-se o direito de ser amigo ou inimigo de alguém, conforme sua conduta lhe desse motivo para um ou para outro..."

Também é possível ler em Ranke — cuja admirável descrição não foi superada, em seus traços essenciais, nem pela moderna historiografia francesa — como o príncipe firma alianças tanto internamente quanto com os espanhóis, favorecido pela hostilidade geral de quase todas as camadas contra Mazarin, e assim conquista novamente a supremacia. Lutando bravamente e tendo a sorte a seu favor, ele derrota o exército do rei no *faubourg* St. Antoine, e a burguesia parisiense lhe abre as portas da cidade. Justamente no momento em que pretende consolidar sua dominação, confiando a seus amigos e partidários os postos de liderança,[32] é na própria burguesia de Paris que o temor desse poder excessivo passa a prevalecer. O desejo de reduzir o poder real encarnado na pessoa particularmente detestada de Mazarin recua diante da visão do poder cada vez maior do príncipe, em função do medo de que se pusesse em risco a posição garantida pela realeza legítima, o temor de que a ordem vigente se alterasse. Até que finalmente a burguesia provoca a queda de seus aliados. Então, gradativamente é restabelecido o equilíbrio de tensões entre os grupos sociais do país, sob o poder definitivamente consolidado do rei legítimo.

A estrutura desses conflitos, e da figuração cujas oscilações eles representam, demonstra, no sentido exposto acima, nossa tese: grupos e corporações fazem alianças, mas cada um deles teme que o outro possa conquistar um poder excessivo. Cada um se sente ameaçado pelo poder que o outro adquire, e essa divisão da França em camadas e grupos, entre os quais nenhum é capaz de conquistar uma clara supremacia a partir de suas bases sociais, tornava todos eles dependentes em maior ou menor grau do rei, dependentes de um pacificador social, da única garantia de uma relativa segurança diante da ameaça dos rivais. Se essa tensão entre grupos sociais que tinham aproximadamente a mesma força proporcionava ao monarca uma chance única de poder, as rendas crescentes que chegavam dos quatro cantos do país e o controle do exército — mantido por ele com auxílio desses recursos e capaz de assegurar direta e indiretamente o fluxo regular da

186    A sociedade de corte

renda tirada de todas as camadas da sociedade — tornavam possível para o rei aproveitar-se desse equilíbrio de tensões e garantir para sua dominação uma grande margem de liberdade.

15. "Luís XIV", diz Ranke, "teve a sorte, assim como Henrique IV, de aparecer como libertador de um poder *ilegítimo*, que oprimia a todos e satisfazia a poucos, ou não satisfazia a ninguém."

Não era apenas sorte o que estava em jogo. Dentro desse campo social, um usurpador do poder só poderia se impor se existisse um forte deslocamento na relação das forças sociais, e se estivesse à frente da camada fortalecida como um líder carismático, ou então se fosse tão superior ao rei em termos financeiros, e com isso em termos militares, que pudesse não só derrotar o exército do rei de modo decisivo, mas também quebrar a resistência de todos os grupos interessados na manutenção do equilíbrio vigente. Não sendo o caso, era muito grande a probabilidade de que a figuração desenvolvida até aquele momento voltasse a se repetir, aproximadamente no mesmo estado de equilíbrio já alcançado. Assim, o novo detentor do poder acabava aparecendo como ilegítimo, ou seja, como um poder que ameaçava o estado de equilíbrio vigente: em relação ao rei legítimo, mesmo quando ele se via desacreditado por representantes impopulares, tinha poucas chances.

A partir dessa perspectiva precisa, revela-se aqui o significado sociológico da legalidade ou legitimidade de um rei em tal figuração. Sabemos que a sucessão hereditária do rei por seu filho foi muitas vezes criticada, pois nela o princípio de seleção usado não se baseia na virtude, mas apenas na descendência. Do ponto de vista sociológico, esse modo de escolha do soberano certamente tinha uma função específica na França antiga, ainda amplamente ligada às tradições. Nesse campo social, com o equilíbrio instável de suas camadas politicamente ativas, tal critério de escolha dava uma certa garantia de que o interesse do rei era a manutenção da ordem vigente. Esse critério também garantia a cada grupo de elite que o rei não estaria ligado de maneira muito explícita aos interesses dos grupos adversários, pois para chegar ao poder não precisava, como um usurpador, participar da luta entre os grupos sociais em busca de alianças. A descendência legítima dos reis os *distanciava igualmente de todos os grupos sociais do país*. O que importa não é tanto se isso acontecia de fato. O fator decisivo era que a legitimidade da descendência elevava o rei acima dos grupos em tensão, tanto na consciência das diversas camadas quanto na sua própria. Em um campo no qual as camadas e os grupos mantêm-se razoavelmente em equilíbrio, nenhum dos grupos tolera alguém de outra facção como soberano, nem deseja, no caso das camadas superiores,[33] a ruptura da ordem estabelecida ou grandes distúrbios sociais. Assim, para todos os grupos em tais campos, a "legitimidade" da descendência do rei acaba aparecendo como uma garantia de que o soberano, levado ao poder com base no direito vigente, não tem obrigações em relação aos outros grupos, nem está envolvido unilateralmente com os interesses destes. Podemos analisar a situação de Henri-

A formação e a transformação da sociedade de corte francesa    187

que IV ou de Luís XIV a partir desse ponto de vista, assim como a do regente[34] — como uma espécie de antítese —, que ficava na fronteira da legitimidade. Encontraremos em toda parte a sequência lógica de eventos que advém do equilíbrio específico da balança de tensões multipolar dessa figuração. Quanto mais duvidosa a legitimidade, quanto mais distante o parentesco do novo soberano com seus antecessores, maior a coerção para que ele assegure seu poder por meio de alianças com certos grupos, e com isso mais significativa, ao mesmo tempo, a ameaça aos outros e ao equilíbrio do campo social em questão.

Ao mesmo tempo, porém, essa figuração exercia sobre o próprio rei, uma vez ele tivesse chegado ao poder, uma pressão no sentido esperado pelos diversos grupos, obrigando-o a não dar a nenhum deles em particular vantagens que proporcionariam um poder grande demais em relação aos outros grupos. Pois, justamente porque sua dominação era fundada no equilíbrio instável entre grupos que se mantinham mutuamente em xeque, qualquer aumento de poder de um deles em particular teria posto em risco seu próprio poder, assim como as posições dos grupos restantes e, com isso, a figuração como um todo. Portanto, os reis tinham grande interesse na manutenção do equilíbrio sempre instável e oscilante. Eles podiam ser ligados à nobreza de uma maneira especial, por sua origem e costumes. Entretanto, não podiam atribuir-lhe uma preponderância que colocasse em risco o equilíbrio da sociedade de Estado, tampouco às corporações burguesas, caso não quisessem ameaçar os fundamentos de seu próprio espaço de exercício do poder. Para manter o equilíbrio de seu reino, os reis tinham que sustentar a nobreza, mas ao mesmo tempo precisavam distanciar-se dela. Com isso atingimos um ponto que é da maior importância para o entendimento da relação entre o rei e a nobreza, respondendo tanto à questão acerca dos motivos pelos quais o rei sustentava a nobreza, quanto à questão acerca da função da nobreza no reino.

16. Considerando o tema atentamente, a noção de que as relações entre as camadas e os grupos de um campo social são em geral destituídas de ambiguidade — por exemplo, que a hostilidade é um fator dominante entre eles e por isso a sua história é a história da luta de classes — talvez não seja totalmente falsa, embora seja um tanto unilateral. Relações ambivalentes entre camadas sociais em um mesmo Estado, assim como a oscilação de tais camadas entre a dependência mútua e a hostilidade, são bem mais comuns do que se pensava, especialmente em figurações diversificadas em que a maioria dos grupos combate em várias frentes. O Ancien Régime abundava em relações ambivalentes desse gênero. Não podemos entendê-lo sem introduzir essa categoria da ambivalência, ou outra similar. A atitude da nobreza e da burguesia politicamente ativa frente ao rei, ou a da *noblesse de robe*, eram relações tão ambivalentes quanto a que existia entre burgueses e nobres. Um dos problemas mais interessantes do Ancien Régime é o modo como, no curso de uma transformação peculiar da burguesia, sua atitude ambivalente diante da nobreza acabou se tornando, em determinada situação, uma atitude claramente hostil de parcelas da burguesia em relação à nobreza, ao rei e a outras

## 188    A sociedade de corte

parcelas da burguesia. Entretanto, não era menor a ambivalência de atitude do próprio rei frente às camadas sociais, sobretudo frente à nobreza. Justamente porque a nobreza estava tão próxima do rei, do ponto de vista social, mais próxima que as outras camadas do povo, justamente porque o rei era sempre um homem oriundo da nobreza, é que o distanciamento entre o rei e a nobreza era especialmente difícil e importante. A nobreza era particularmente perigosa para o rei. Quanto mais próximo dele estava um grupo na hierarquia da nobreza, mais perigoso era esse grupo. Já mencionamos que os *grands seigneurs*, os "pares" e sobretudo os príncipes de sangue não só mostravam, do mesmo modo que outras parcelas da nobreza e as elites da pirâmide burguesa, uma inclinação para limitar o poder do rei, como entre eles (descendentes de antigos grandes vassalos ou de antigos reis) e o soberano no poder existia uma competição latente. Assim, se por um lado os reis pertenciam à nobreza, sentiam-se e agiam como homens da nobreza e precisavam dela como um elemento integrante de seu aparelho de dominação, se por todos esses motivos faziam tudo para preservá-la, por outro lado sabiam que a existência da nobreza significava ao mesmo tempo uma ameaça latente a seu poder, que tinham de se precaver sempre. Essa relação ambivalente do rei com a nobreza constitui, portanto, o fundamento — e a chave para a compreensão — da natureza peculiar que a corte ganhou no Ancien Régime. Como já dissemos, a nobreza de província não desempenhava nessa época mais nenhum papel político.

17. Já dissemos para que o rei precisava da nobreza: subjetivamente e de acordo com a tradição, precisava dela como uma "sociedade" sua, e dos nobres como seus servidores pessoais. O fato de o rei ser servido pela nobreza o distanciava de todas as outras pessoas do reino. Até mesmo os encargos militares e diplomáticos da nobreza não passavam, no fundo, de funções derivadas daquelas funções de corte. Objetivamente, ele precisava da nobreza como contrapeso às outras camadas de seu reino. A aniquilação da nobreza, a supressão da distância que a separava da burguesia, o aburguesamento da nobreza, essas coisas teriam provocado um grande deslocamento do equilíbrio dessa figuração, um significativo aumento do poder das camadas burguesas e uma dependência dos reis em relação a elas. Tanto que os soberanos, mesmo sem compreender com clareza o sentido desse equilíbrio para sua própria posição social em seu reino, zelavam ciosamente pela preservação das distinções entre os estados, mantendo assim a condição da nobreza como uma camada própria, bem-diferenciada.

Contudo, se os reis precisavam da nobreza e por isso a sustentavam, também tinham de preservá-la de maneira que o perigo que ela representava para a realeza fosse suprimido amplamente. Um desenvolvimento lento e muito gradual preparou a solução definitiva desse problema. Primeiro, com o auxílio de um funcionalismo constituído por burgueses, o rei afastou a nobreza de quase todas os cargos elevados do judiciário e da administração. Desse modo surgiu a poderosa camada da *noblesse de robe*, que se equiparava à nobreza em poder, e às vezes até em prestígio social. Mantendo tal procedimento e reativando-o sempre, a preocupação do rei era ocupar todas as posições de poder do seu governo com pessoas sem relações, que dependessem exclusivamente dele. Assim, no século XVI a maior parte da nobreza foi lançada de volta às suas funções de cavaleiros e proprietários de terra. Com o lento progresso da economia monetária e as mudanças daí advindas, sobretudo em termos do valor do dinheiro e da reforma do exército, essa base estava extremamente abalada. Foi tal abalo, principalmente, que obrigou boa parte da nobreza a se dirigir para a corte, vinculando-a ao rei sob uma nova forma. Os reis souberam se aproveitar dessa situação. É só nesse contexto que a fórmula "vitória da realeza sobre a nobreza" faz sentido. Considerando apenas esse desfecho, temos o direito de afirmar que a luta entre a realeza e a nobreza foi decidida essencialmente com o término das guerras religiosas, tornando livre o caminho para a monarquia "absoluta". Já dissemos que a luta entre a nobreza e a realeza não foi, de modo algum, conduzida às claras pelas facções adversárias.

Entretanto, o fato de Henrique IV ter aberto caminho para a monarquia absoluta à frente do exército da nobreza não deixa de ter importância para o entendimento da relação entre nobres e rei em tal monarquia. Se deixarmos de lado a dependência da nobreza em relação ao rei e dos reis em relação à nobreza, ainda existia uma tradição que os ligava. O ethos dessa relação — que realmente não teria se mantido sem o elo das dependências, mas que tinha um peso próprio como tradição — nunca foi totalmente extinto pelo Ancien Régime, sendo transformado lentamente no período de Henrique IV de sua forma feudal para sua forma de corte. O órgão social que exercia e abrangia as duas funções, de dependência e de distanciamento, no sentido da nova relação de poder que se produziu depois das guerras religiosas, era a corte sob a forma definitiva que assumiu durante o reinado de Luís XIV. Pela corte e a partir dela, boa parte da nobreza foi destituída desde então de sua autonomia e mantida, ao mesmo tempo, em dependência permanente do rei.

A dupla face da corte, instrumento pelo qual o rei ao mesmo tempo governava e sustentava a nobreza como uma aristocracia, corresponde de modo preciso ao caráter ambivalente das relações entre a nobreza e o rei. Mas a corte não assumiu essa função dupla de uma só vez, sob a inspiração genial de um único rei; ela se desenvolveu nesse sentido lentamente, em função das mudanças da posição de poder real da nobreza e dos reis, até Luís XIV finalmente aproveitar a chance que lhe fora dada e, com toda a consciência, fazer da corte um instrumento de sua dominação no duplo sentido de sustentar e submeter a nobreza. Deve ser suficiente mostrar aqui, ao menos em linhas gerais, como a corte se formou orientada nesse sentido.

18. Durante o reinado de Henrique IV, e ainda durante o de Luís XIII, os cargos oficiais de corte caracterizavam-se, assim como a maior parte dos cargos militares, por sua venalidade, marca típica do absolutismo senhorial: eles eram compráveis e, portanto, propriedades de seus ocupantes. Isso se aplicava até mesmo às posi-

ções de *gouverneur* e de comando militar dos diversos distritos do reino. É claro que em determinados casos os ocupantes só podiam exercer seu cargo com o consentimento do rei e que em outros casos eles eram simplesmente concedidos pelo favor deste. Os dois métodos misturavam-se. Mas a ocupação pela compra foi pouco a pouco prevalecendo, e como a maior parte da nobreza não podia medir-se de modo algum com a burguesia em termos financeiros, o terceiro estado, ou pelo menos famílias que provinham dele e haviam se nobilitado recentemente, passou a ocupar também esses postos, lentamente, mas de modo perceptível. Apenas as grandes famílias nobres do país tinham — em parte pela extensão de suas propriedades, em parte pelas pensões que recebiam do rei — rendimentos suficientes para manter seu nível.[35] Assim, a disposição de ajudar a nobreza nessa situação era patente, tanto no caso de Henrique IV quanto no de Luís XIII e de Richelieu. Todos queriam e precisavam mantê-la afastada da esfera de poder político, do mesmo modo que todos queriam e precisavam salvaguardá-la como fator social.

A princípio, após o assassinato de seu predecessor, Henrique IV dependia totalmente da nobreza, e nessa situação prestou um juramento — também por exigência de seus partidários —, um pacto escrito em que se lia, entre outras coisas:

> Prometemos a ele serviço e obediência ao juramento e à promessa que nos deu por escrito, e sob a condição de que dentro de dois meses Sua Majestade irá consultar e reunir ... os príncipes, duques, pares e oficiais da Coroa designados, além de outros súditos que eram servidores leais do falecido rei, a fim de que todos juntos formem um conselho e deliberem sobre os assuntos do reino, até as decisões dos ... Estados Gerais, como consta da dita promessa da dita majestade.[36]

É preciso somar a isso o modo como Henrique IV, após sua proclamação como rei e ainda em vias de reconquistar seu reino, propõe aos principais membros de sua nobreza do Périgord "se reunirem e deixarem suas casas para vir encontrá-lo e servir nas ocasiões que se apresentem"[37]; o modo como ele convoca "sua fiel nobreza da Ile de France, Beauce, Champagne e Brie", como encarrega seus governadores na Picardia de conduzirem a ele "seus bons e amados servidores".[38] Todavia, foi justamente ele quem deu os últimos e decisivos passos que iriam transformar a antiga relação patriarcal entre rei e nobreza, a ligação entre senhor feudal e vassalos ou seguidores, no modo cortesão-absolutista de dependência, entre rei e cortesãos, relação que alcançaria sua forma definitiva durante o reinado de Luís XIV. Ou seja, a atitude necessariamente contraditória do rei e de seus representantes frente à nobreza ficou logo clara também no caso de Henrique IV. O sentimento de ligação com a nobreza ainda é algo evidente em seu reinado. Ele vive em meio a uma sociedade de nobres.[39] Lamenta a situação que ameaçava arruinar tantas "boas e antigas famílias", procurando ajudar, no que dizia respeito às suas dívidas, por meio de leis.[40] Fez o melhor que podia para conciliar os que o haviam ajudado antes com o novo rumo que as coisas tomaram, através do qual o líder da nobreza protestante tornara-se o soberano católico que reinava também sobre essa nobreza. Mas a lógica imanente de sua posição como rei o obrigava, ao mesmo tempo, a reprimir quaisquer manifestações de insatisfação por parte dos nobres em decadência, homens que se sentiam muitas vezes preteridos. A princípio ele tratou essas manifestações rebeldes de modo brando e humano, levando em conta as lutas conjuntas e reconhecendo suas obrigações. Não exigia nada mais do que a confissão pública da culpa por parte dos opositores, e quando estes se mostravam arrependidos oferecia-lhes a reconciliação, perdoando sua conduta sem puni-la. Contudo, submissão e reconhecimento da culpa eram coisas que ele exigia implacavelmente. Tinha de exigi-lo. Por exemplo, no caso do duque de Biron, que planejara uma rebelião, o rei a princípio o intimou a confessar seus planos numa conversa confidencial a dois, prometendo-lhe certa indulgência em caso de reconhecimento e arrependimento. Tendo o duque recusado, foi enviado ao tribunal e executado — apesar de ser lembrado constantemente dos serviços que este lhe prestara.[41] O rei, diante desse conflito entre sua solidariedade para com a nobreza e as exigências incontornáveis de sua soberania, encontrou a saída em uma atitude, decidida mas no fundo sempre branda e conciliadora, que está expressa no Edito de Nantes. Ao mesmo tempo, porém, como que levado pela grandeza das forças que estavam em suas mãos, foi gradativamente guiado para o caminho da realeza absolutista. Sua promessa de convocar os Estados Gerais nunca se cumpriu. "*Il vouloit au maniement de ses affaires d'Etat estre creu absolument et un peu plus que ses prédécesseures n'avoient faict*" ["Ele queria que a gestão de seus negócios de Estado fosse absolutamente frouxa mas representasse um pouco mais do que seus predecessores haviam feito"], diz um membro da *noblesse de robe*[42] a seu respeito.

19. Se, apesar de tudo, Henrique IV buscou socorrer e se reconciliar com a nobreza, na medida em que seus deveres como soberano o permitiam, havia um ponto decisivo em que o rei podia ajudar muito pouco a nobreza, mesmo querendo: sua situação econômica.

Já mostramos o significado que o afluxo de novos meios financeiros e a comercialização progressiva do campo social tiveram para os nobres.[43] Esse desenvolvimento significou a ruína econômica para grande parte da nobreza. Essa ruína foi ainda maior porque as guerras religiosas tiveram, para a nobreza em decadência, a mesma função que as guerras civis costumam ter para todas as camadas em decadência: encobriram a inexorabilidade de seu destino. Os tumultos e reviravoltas, as provocações das batalhas, a possibilidade de pilhagem e a facilidade dos ganhos, tudo isso despertou nos nobres a esperança e a crença de conseguir manter a posição social ameaçada e salvar-se da queda, do empobrecimento. Pois os envolvidos não tinham ideia das reviravoltas sociais em cujo turbilhão eram carregados. Os novos fenômenos com que se deparavam eram interpretados por eles ainda no sentido de suas experiências anteriores, ou seja, com seus antigos instrumentos de concepção das coisas.

192    A sociedade de corte

Nesse sentido, podemos perceber a rede em que os nobres estavam envolvidos quando ouvimos o testemunho de um dos atingidos sobre esse fluxo inesperado de materiais preciosos e seu significado para a nobreza:

> Longe de ter empobrecido a França, essa guerra civil a enriqueceu muito, revelando uma infinidade de tesouros escondidos sob a terra e nas igrejas inaproveitados. Trouxe esses tesouros à luz e transformou-os em dinheiro válido, numa tal quantidade que mais ouro foi visto na França do que até então se vira libras e prata. Foram forjadas mais moedas de prata, novas e belas, a partir desses tesouros escondidos, do que existira em cobre até então.
>
> Isso não é tudo: os ricos comerciantes, usuários, banqueiros e outros avarentos, incluindo os padres, guardavam seu dinheiro em cofres e não o desfrutavam nem o emprestavam, a não ser sob juros excessivos ou através da compra ou da penhora de terras, bens e casas a preços módicos. Assim, os nobres que vinham empobrecendo durante as guerras externas e haviam penhorado ou vendido seus bens estavam a ponto de perder a razão, sem ter sequer lenha para aquecer-se, tal o efeito da ação dos usuários. Essa boa guerra civil devolveu-lhes seu lugar de direito. Eu tenho visto fidalgos de alta classe que, antes da guerra civil, vagavam apenas com dois cavalos e um lacaio recuperarem-se a ponto de, durante e após a guerra, serem vistos com seis ou sete bons cavalos ... Eis como a brava nobreza francesa se recuperou pelo favor ou, pode-se dizer, pelos proventos dessa boa guerra civil.[44]

Contudo, a maior parte da nobreza da França, ao retornar dessa "boa" guerra civil que ela acreditava ter sido restauradora, na verdade encontrava-se arruinada e pressionada por dívidas. O custo de vida era alto.[45] Os credores, os comerciantes ricos, os agiotas e banqueiros, e sobretudo os indivíduos da *noblesse de robe*, pressionavam os nobres em todos os espaços possíveis, apossando-se de suas propriedades e muitas vezes também de seus títulos.

Os nobres que mantiveram suas propriedades, por sua vez, perceberam subitamente que seus rendimentos não eram mais suficientes para cobrir os custos de sua vida dispendiosa: "Os senhores que cederam terras a seus camponeses, contra pagamentos em espécie, continuavam a receber os mesmos rendimentos, mas estes não tinham mais o mesmo valor. O que custava cinco soldos anteriormente passou a custar vinte no tempo de Henrique III. Os nobres empobreciam sem o saber."[46]

Como sempre acontece no caso das camadas superiores que entram em decadência, não se trata simplesmente de um empobrecimento puro e simples, mas de uma redução de seus recursos face às exigências sociais e às necessidades usuais de sua classe:

> Se os nobres que perderam suas fontes de renda e que estão bastante endividados tivessem prudência e boa capacidade de administração, não há dúvida de que, com a facilidade de vida que têm, poderiam restabelecer seus negócios, se não por completo, pelo menos em parte. Pois, vivendo normalmente em suas propriedades, poderiam

A formação e a transformação da sociedade de corte francesa 193

fazê-lo sem gastar dinheiro do próprio bolso. Na verdade, não há nenhum deles sem lenha para aquecer, campos para cultivar trigo e vinho, jardins, frutos, belas avenidas arborizadas para passear, cercados para lebres e coelhos, bosque para a caça, pombais para os pombos, terreiros para as aves etc.[47]

Em outras palavras, se os nobres tivessem decidido viver dos recursos naturais, renunciando ao dinheiro, a tudo que só podia ser adquirido com dinheiro, se ficassem satisfeitos em se tornar melhores agricultores, então poderiam viver muito bem, segundo pensa o autor do relato citado, o embaixador veneziano Duodo.

Mas precisamente porque muitos nobres não queriam viver assim, porque lutavam para manter sua existência como nobres, dirigiam-se para a corte, caindo na dependência direta do rei. Assim se decidiu aquilo a que nos referimos, em certo sentido com propriedade, como a luta entre a realeza e a nobreza. Os elos da corrente através dos quais a nobreza se associava articulam-se uns aos outros. Os nobres empobrecem porque, em virtude de uma determinada tradição e de uma concepção social, são obrigados a viver de rendas, sem profissão, a fim de conservar sua posição social e seu prestígio na sociedade. Ora, a inflação os impossibilita de acompanhar o padrão de vida das camadas burguesas enriquecidas. De modo mais preciso, a maior parte dos nobres estava diante da alternativa de ter uma vida semelhante à dos agricultores, em todo caso bastante pobre e sem mais nenhuma relação com o valor que se atribuem, ou enfrentar o aprisionamento da corte e, com isso, manter seu prestígio com base em um novo fundamento. Uma parte é bem-sucedida, a outra fracassa. A reestruturação da nobreza e sua constituição com base no distanciamento da corte, que já aparece claramente em primeiro plano no reinado de Francisco I, são coisas que não se consolidaram de uma só vez; mesmo no reinado de Henrique IV tais mudanças ainda não estão consumadas. Pois esse afluxo da nobreza provinciana e rural em direção à corte, assim como a tentativa desses círculos desprezados de se integrar na sociedade de corte, continuaram acontecendo durante todo o Ancien Régime, embora tal integração tenha se tornado cada vez mais difícil.

A corte regida por uma economia monetária, assim como a reestruturação da antiga economia baseada na terra, de certo modo constitui o recipiente em que desaguam determinadas correntes sociais. Quanto mais esse recipiente enche, menos pessoas podem ser carregadas para dentro dele por essa corrente, sejam as provenientes da nobreza de província, sejam as provenientes da burguesia. Assim, no interior dessa circulação social, cujo órgão dominante é a corte, as pressões como um todo acabam se alterando gradativamente, até que por fim o sistema todo seja despedaçado por suas tensões internas.

20. A princípio, ainda não era parte de uma política deliberada do rei exigir peremptoriamente que a pequena e a alta nobreza, em busca de favores do rei, se instalassem na corte. Henrique IV ainda não dispunha de meios para financiar um

aparato de corte tão gigantesco, para distribuir cargos oficiais, dádivas e pensões com a mesma abundância de Luís XIV, mais tarde. Ainda não era tão clara sua intenção de fazer da corte uma sociedade de nobres, uma instituição de sustento da nobreza, como foi posteriormente. A figuração ainda se encontra em intenso movimento. Famílias nobres decaem, famílias burguesas sobem. As ordens permanecem, mas a flutuação entre elas é grande, os muros que as separam continuam cheios de brechas. A competência ou a incompetência pessoal, a sorte ou o azar determinam, nesse período, as chances de uma família, muitas vezes em um grau tão elevado quanto o fato de ela pertencer originalmente a um ou outro dos grupos sociais.

Pouco a pouco vão se tornando mais estreitas as vias de acesso que levam de fora para dentro, das camadas exteriores à corte para a sociedade de corte. Lentamente, a corte real e a sociedade de corte se transformam em uma formação social cujos costumes, usos, e até a maneira de falar, de vestir e de movimentar o corpo ao andar, bem como os gestos durante as conversas, contrastavam notavelmente com os costumes das formações não cortesãos. Era bem mais difícil do que antes, para pessoas que não tinham crescido nos "ares da corte", ou conseguido cedo o acesso aos seus círculos, formar os traços de caráter pessoais pelos quais a aristocracia cortesã se distinguia dos nobres e dos burgueses que não faziam parte dela, traços pelos quais os membros da corte se reconheciam mutuamente.

Com a transformação gradativa da corte real francesa em uma formação social de elite rigorosamente delimitada, assiste-se ao nascimento — corolário inevitável de uma formação social particular em expansão contínua — de uma "cultura de corte". Existiram formas prévias dessa cultura cortesã do comportamento, da maneira de falar e de amar, do gosto — para designar apenas esses aspectos —, já na Idade Média, não só nas cortes reais, mas também nas cortes de senhores feudais, e muitas vezes especialmente nessas últimas. Fazendo o esforço necessário, é possível acompanhar com precisão o modo como isso que podemos denominar "cultura de corte" desdobra-se paulatinamente, constituindo um aspecto do desenvolvimento da sociedade de corte, formação de elite claramente destacada do campo social como um todo. Uma tal investigação poderia contribuir em muito para modificar a noção atual de cultura. Hoje em dia, o termo "cultura" é empregado frequentemente como se designasse um fenômeno livre e independente, pairando acima dos homens e não em conexão com o desenvolvimento social de associações humanas, dentro das quais é possível esclarecer e estudar de fato os fenômenos culturais — ou, para usar outras palavras, as tradições sociais. A cultura de corte foi se tornando uma cultura dominante no decorrer dos séculos XVI e XVII, porque a sociedade de corte tornou-se a principal formação de elite ao longo da progressiva centralização da estrutura estatal, especialmente na França. O processo de distanciamento e isolamento da sociedade de corte se consumou, em certa medida, com Luís XIV. No período de seu reinado restringiram-se consideravelmente as chances de acesso à corte, tanto para os burgueses quanto para os nobres de província. Contudo, mesmo nesse período elas ainda existiam.

Pouco a pouco, a corte assumiu o caráter de um organismo de assistência à nobreza e, ao mesmo tempo, de um instrumento de dominação do rei em relação aos nobres. Isso aconteceu depois que os grupos envolvidos haviam testado a força relativa de suas dependências mútuas, assim como as de outras chances de poder, em muitos conflitos, abertos e reservados. Luís XIV apenas aproveitou as chances que esse campo social lhe oferecia, a partir do poder de sua posição, e certamente as aproveitou de modo intenso e decidido. Talvez compreendamos melhor a natureza dessas chances lendo um requerimento que a nobreza dirigiu em 10 de fevereiro de 1627 ao antecessor de Luís XIV sob o título "Petição e artigos para o restabelecimento da Nobreza".[48]

O documento começa afirmando que, depois da ajuda de Deus e da espada de Henrique IV, é à nobreza que se deve a conservação da Coroa, num período em que a maioria das outras camadas teria sido incitada à revolta, mas, apesar disso "ela [a nobreza] se encontra no estado mais deplorável ... a pobreza ... o ócio a torna doentia ... a opressão praticamente a reduziu ao desespero".

Entre as causas dessa situação, encontra-se expressamente citada a desconfiança que alguns membros dessa ordem teriam despertado no rei, por sua arrogância e por suas ambições. Com isso os reis acabaram por acreditar que era necessário reduzir o poder da nobreza aumentando o do terceiro estado e excluindo a nobreza de cargos e dignidades dos quais talvez tivessem se aproveitado, de modo que a partir de então os nobres foram afastados da administração da justiça e dos impostos e banidos do Conselho Real.

As manobras de um estado contra o outro e a oscilação no equilíbrio das tensões entre eles são compreendidas, aqui, como uma política tradicional do rei.

Entretanto, a própria nobreza apresenta suas exigências em 22 artigos que incluem, entre outras coisas, o seguinte: além dos postos de comando militar de todos os *gouvernements* do reino, os cargos civis e militares da casa real — portanto o próprio esqueleto daquilo que mais tarde fez da corte uma instituição que sustentava a nobreza — deveriam deixar de ser negociáveis, permanecendo reservados exclusivamente aos nobres. Atendendo a esta solicitação, Luís XIV de fato assegurou a sobrevivência dos nobres, mas também a sua submissão. Ele reservou os cargos de corte para a nobreza e os distribuiu a seu bel-prazer, embora naturalmente tivessem que ser pagos quando passavam de uma família para outra, pois eram uma propriedade, assim como qualquer outro cargo.

Mas a nobreza fazia muitas outras exigências nesses artigos. Ela reivindicava uma certa influência sobre a administração das províncias e o acesso de alguns nobres especialmente qualificados ao parlamento, pelo menos com voto consultivo e a título honorífico. Exigia que um terço dos membros do Conselho das Finanças, do Conselho da Guerra e de outros órgãos do governo real saísse de suas fileiras. Mas de todas essas outras exigências da nobreza, à exceção de algumas insignificantes, só a primeira foi considerada: os cargos de corte passaram a ser

196 A sociedade de corte

reservados aos nobres. Todas as outras exigências da nobreza, como diziam respeito em certo sentido a uma participação no poder ou a um interesse dos nobres na administração, permaneceram descartadas até a morte de Luís XIV.

21. Temos aqui uma imagem clara do deslocamento de equilíbrio que levou, na França, à instituição da corte como órgão de sustento de uma parte da nobreza. O contraponto dessa imagem, talvez o mais evidente e adequado aos olhos dos alemães, é a solução prussiana para esse problema.

> Frederico II, diz Taine, em certa passagem, ao ter que explicar essa etiqueta, dizia que, se fosse rei da França, seu primeiro edito seria para fazer um outro rei que manteria a corte em seu lugar; de fato, para esses desocupados que reverenciam, é preciso um desocupado a ser reverenciado. Só haveria um meio de desafogar o monarca: fundir a nobreza francesa e transformá-la, segundo o modelo prussiano, *em um regimento laborioso de funcionários úteis.*[49]

Fazer da nobreza um regimento laborioso de funcionários é a antítese perfeita da forma de nobreza que a postura tradicional dos reis franceses contribuiu de modo tão decisivo para preservar.

Perguntar por que o desenvolvimento tomou essa direção na Prússia e aquela outra na França quer dizer, ao mesmo tempo, desdobrar o problema da diferenciação dos desenvolvimentos nacionais como um todo. Seria possível mostrar o significado que teve, para a formação da Prússia, o fato de que a corte prussiana moderna precisou ser recriada segundo modelos estrangeiros, enquanto na França, com um desenvolvimento gradativo ao longo de séculos, ela ganhou uma determinada conformação tradicional, sem que fosse preciso ser "criada". Também seria possível mostrar o que significava, para a relação entre a nobreza e a realeza na Prússia, a falta de uma formação comum, no sentido de uma cultura de corte, e da ligação tradicional do rei e da nobreza com base em tal cultura. O desenvolvimento comparativamente restrito da burguesia urbana deu ao equilíbrio de tensões da sociedade prussiana um outro caráter. Nesse sentido, basta evocar aqui uma única diferença entre as duas figurações, pois está em relação direta com o tema da formação da corte na França. Na Alemanha era evidente uma certa inclinação, nos círculos aristocráticos, a partir do período da Reforma, para o estudo jurídico e para as carreiras administrativas.[50] Em contrapartida, na França a nobreza era e continuou sendo tradicionalmente uma ordem de guerreiros sem atividade profissional, cujos membros em geral só frequentavam a universidade para abraçar a carreira eclesiástica. Em toda a história moderna da França quase nunca nos deparamos com nomes de juristas pertencentes à *noblesse d'épée.*[51] Assinalemos de passagem que esse problema está intimamente ligado à formação e ao recrutamento da intelectualidade alemã e da francesa. Na Alemanha, a universidade se tornou um instrumento de formação cultural decisivo, e na França a universidade do Ancien Régime quase não mantinha contato com a sociedade de corte, celeiro da cultura propriamente dita. Na Alemanha, a intelectualidade era composta em larga escala por acadêmicos, ou em todo caso por homens que haviam frequentado a universidade, ao passo que na França o mecanismo de seleção dos intelectuais não era a universidade, mas a sociedade de corte, o *monde*, no sentido tanto restrito quanto lato do termo. Por último, na Alemanha, apesar de todas as relações sociais entre os membros da intelectualidade, o livro constituía um meio especialmente importante, senão o primordial, de comunicação entre as pessoas, ao passo que na França por mais que se amasse o livro, a conversação ocupava o primeiro lugar como forma de comunicação entre os homens. Esses são apenas alguns fenômenos diretamente ligados à posição privilegiada da universidade na Alemanha e à separação, na França, entre universidade e cultura de corte.

22. Não só a estruturação da nobreza é diferente na França e na Alemanha, ou melhor, na Prússia, mas também a estruturação da função pública; os dois fatos estão intimamente ligados, um não pode ser compreendido sem o outro. Esse nexo também é importante para esclarecer a transformação da corte num lugar de sustento da nobreza. É possível indicar isso resumidamente. Um dos aspectos característicos da função pública no Ancien Régime era a instituição da compra de cargos oficiais. Independentemente de como isso surgiu, o fato é que se consolidou de modo cada vez mais decisivo no decorrer do século XVI, com algumas oscilações, sendo que no período de Henrique IV tornou-se praticamente impossível suprimi-lo sem violentas reviravoltas nas relações sociais como um todo. Ao longo de toda a sua estruturação, a realeza de corte do Ancien Régime esteve ligada indissoluvelmente a tal instituição.

Perguntar se a compra de cargos era "boa" ou "ruim" à luz dos critérios de valor de nossa época — que representa um estágio posterior do desenvolvimento — não só é irrelevante, como também um equívoco. Os critérios de valor que marcam nossa ética da função pública, assim como a própria estruturação atual da burocracia, procedem de formas anteriores, entre elas a venalidade dos cargos. A legitimação desta, que Henrique IV consolidou, tinha razões financeiras bem-determinadas: a venda de cargos significava para o rei uma importante fonte de renda. Além disso, a legitimação foi levada adiante explicitamente para tirar da nobreza a influência sobre a distribuição dos cargos, tornando impossível aquele tipo feudal de direito de concessão. Essa instituição também significava, sob determinado ponto de vista, um instrumento de luta do rei contra a nobreza, sobretudo contra a alta nobreza.

Seria algo despropositado, um esforço incompatível com a política do rei, forçar a nobreza a entrar nesse circuito da venalidade dos cargos, legitimada definitivamente durante o reinado de Henrique IV e oriunda das tensões entre o rei e a nobreza. Além do mais, seria totalmente impossível fazê-lo. Pois só a abolição da venalidade dos cargos — pela qual a nobreza de fato nunca deixou de lutar —, portanto só a mudança do sistema todo teria sido capaz de reabrir os acessos a essas funções administrativas, financeiras e judiciárias para os nobres, uma vez que seus recursos eram bastante limitados. Uma tal reforma seria extremamente onerosa, já que o rei precisaria devolver as somas gastas ou confiscar sem contrapartida os bens que eram os cargos venais; nesse caso teria dado um golpe decisivo na burguesia e, portanto, no equilíbrio de forças. Os próprios soberanos não tinham nenhum interesse em tomar tais medidas. Além de a compra e venda de cargos ter se tornado uma fonte de renda indispensável para eles, abolir essa instituição comprometeria o equilíbrio social do Estado.

Assim, toda tentativa de abolir a negociação de cargos de fato foi frustrada durante o Ancien Régime, em parte por razões financeiras, em parte graças à feroz resistência dos proprietários. Também podemos dizer que, no período decisivo da reestruturação da nobreza na França, ninguém considerou seriamente a possibilidade de solucionar o problema dos nobres fazendo deles funcionários. Era uma medida que não fazia sentido, que estava fora da esfera das soluções possíveis nesse campo social, indo de encontro ao que desejavam os vários centros de interesse (*noblesse de robe, noblesse d'épée* e realeza). A petição de 1627 mencionada anteriormente, ao considerar todas as alternativas possíveis para socorrer e ajudar os nobres, ignora solenemente essa possibilidade. Como dissemos, a própria nobreza exige apenas a admissão de um determinado número de *consultores* não remunerados nas cortes de justiça e parlamentos; portanto essa reivindicação de cargos significa pleitear não uma forma de sustento, mas a ocupação de uma posição no poder.

23. O que restou como base de sustento para a nobreza, além da propriedade de terras, das pensões e presentes do rei, foram sobretudo cargos na corte e alguns postos diplomáticos e militares. Portanto, a reivindicação de que certos cargos fossem reservados aos nobres teve algum êxito apenas no que dizia respeito a esse tipo de postos oficiais. Mas isso só foi acontecer durante o reinado de Luís XIV. No período de Luís XIII e Richelieu, quando foi feita a petição da nobreza, a situação não estava amadurecida. O equilíbrio entre os grupos principais ainda não se havia definido claramente a favor da posição do rei. Os Grandes do reino, alguns dos quais lideravam o movimento huguenote, ainda constituíam um perigo para a soberania real absoluta.

Quando tentamos compreender a figuração de corte e o nível das tensões sociais em que ela lentamente se formou — as tensões entre a realeza e seus representantes, de um lado, e a nobreza pressionada pelo terceiro estado em ascensão, de outro — no período de reinado de Richelieu, vemos o que segue:

As assembleias de representação da nobreza, e com isso a maior parte dessa ordem, quase não tinham importância como fatores políticos na luta contra a realeza. Os Estados Gerais de 1614 mostram pela primeira vez com toda a clareza a força e as pretensões que o terceiro estado passou a ter, enquanto a nobreza tinha grande necessidade da realeza, como proteção e poder decisório, para poder fazer frente à burguesia, sendo impossibilitada por isso de resistir às exigências do rei.

A formação e a transformação da sociedade de corte francesa     199

Em contrapartida, os grupos da nobreza mais próximos ao rei — a alta nobreza, principalmente os príncipes de sangue, os duques e pares da França — ainda detinham um poder considerável como adversários da realeza. O fundamento e a fonte desse poder são bastante evidentes: baseiam-se, em primeira instância, na função deles como *gouverneurs*, como altos comandantes militares de suas províncias e fortalezas. Depois de ter sido gradativamente excluída de todos os mecanismos de dominação restantes, coube-lhe essa última posição de poder autônoma.

O que contribuiu para preservar esse poder dos Grandes foi o fato de tanto o rei quanto Richelieu terem sido, a princípio, complacentes em relação aos membros da casa real, sobretudo em relação à mãe e aos irmãos do rei. Foram necessárias a experiência recorrente da ameaça ao rei, ao poder real, pela intromissão e participação dos seus parentes mais próximos nos assuntos do governo, e a superação de todos os escrúpulos familiares para que Luís XIV, no apogeu do absolutismo, adotasse uma política rigorosa e consciente de exclusão dos seus parentes mais próximos do governo, centralizando todas as decisões em suas mãos. Esse foi um passo significativo no desenvolvimento da fase dinástica[52] da formação dos Estados. Inicialmente, durante o reinado de Luís XIII e Richelieu, todas as sublevações dos nobres contra a realeza ainda eram centralizadas e se apoiavam na posição de poderio militar, relativamente intacta, dos homens e das mulheres da alta nobreza. Graças a eles, as facções da corte que sempre existiram — mas que teriam permanecido insignificantes sem o apoio desse centro militar, não podendo representar perigo algum para o rei — tinham a princípio uma força social que não devia ser subestimada.

Um acontecimento especialmente relevante foi o fato de o irmão de Luís XIII, Gaston, duque de Orléans, assim como os irmãos inimigos de reis anteriores, ter deixado Paris de imediato, logo após ter decidido liderar as facções hostis ao cardeal e assegurado a este a sua amizade. Partindo para Orléans, ele pretendia enfrentar Richelieu e o rei a partir de uma posição militar fortalecida.

Em circunstâncias similares, uma facção havia se reunido anteriormente em torno do filho bastardo de Henrique IV, o duque de Vendôme, irmão natural do rei. Seu ponto de apoio era a Bretanha: o duque era *gouverneur* dessa província e acreditava, com base em um casamento, ter direitos hereditários sobre ela.

Assim, as antigas aspirações dos vassalos da Coroa continuavam vivas na alta nobreza durante o reinado de Luís XIII. O particularismo regional, aliado a uma descentralização militar ainda bastante ampla e à relativa autonomia dos comandantes militares nas províncias, fornecia a base efetiva para tais aspirações. Em todas as tensões e lutas entre o representante do rei, Richelieu, e a alta nobreza, mostra-se a mesma estrutura. Ora a resistência provinha do *gouverneur* da Provence, ora do *gouverneur* do Languedoc, o duque de Montmorency. Uma posição de poder similar também fornecia a base para as insurreições da nobreza huguenote. Como o exército do país ainda não estava definitivamente centralizado, como os *gouverneurs* das províncias podiam considerar propriedades suas os postos comprados e pagos, como os comandantes de fortalezas e os capitães de fortificações ainda possuíam um alto grau de autonomia, a alta nobreza conservara ao menos uma última posição de poder que tornava possível, mais uma vez, a resistência contra a dominação absoluta da realeza.

Certamente não foi por acaso que a assembleia dos notáveis convocada por Richelieu em 1627 exigiu antes de tudo que nenhuma fortaleza fosse deixada nas mãos dos Grandes, que todas as fortalezas não necessárias diretamente para a defesa do país fossem demolidas, que ninguém tivesse o direito de possuir ou de mandar fabricar canhões sem a aprovação da Coroa. A partir dessa assembleia, após algumas controvérsias sobre a maneira de coletar e sobre o montante das contribuições de cada província, aprovou-se sem nenhuma oposição a verba para um exército permanente, de aproximadamente 20.000 homens, cuja incumbência era, além de defender o país contra os inimigos externos, assegurar a ordem pública e defender a reputação do rei. Desse modo, Richelieu atacava a última posição de poder da alta nobreza. Os que opuseram resistência foram vencidos, uma parte morreu na prisão, outra em batalhas, outra no exílio; mesmo a mãe do rei Richelieu deixou morrer fora do país. O poder da alta nobreza possibilitou ainda uma revolta contra a realeza; entretanto, como um homem de personalidade enérgica havia assumido a causa da realeza, esse poder não foi suficiente para dar aos Grandes, que se hostilizavam e se mantinham em perpétua concorrência, a vitória sobre o rei. Mesmo que Richelieu não tenha levado adiante seu plano de a cada três anos trocar os comandantes militares das províncias, os *gouverneurs,* ele mantinha[53] em todo caso um controle rigoroso sobre eles, voltando a convocá-los a seu bel-prazer, o que era uma humilhação suficiente para eles.

Em uma passagem de suas memórias, Richelieu afirma explicitamente: "Acreditar que por ser filho ou irmão do Rei ou príncipe de seu sangue eles possam impunemente perturbar o Reino é enganar-se. É bem mais razoável consolidar o Reino e a Realeza que lidar com suas qualidades que gerariam impunidade."[54]

Assim, ele subordinava a *qualité* da nobreza às exigências do poder do rei. A divisão de poder entre a nobreza e a realeza determina, ao mesmo tempo, a configuração assumida pela corte durante o reinado de Luís XIII. A corte cresceu imensamente com o afluxo de nobres desarraigados, sendo, como na época de Henrique IV, uma espécie de caldeirão onde se encontravam e se misturavam por casamentos[55] os burgueses em ascensão — sobretudo pela compra de cargos oficiais —, nobres recentes, saídos especialmente da *noblesse de robe,* e membros da antiga nobreza. A corte ainda não havia se tornado o domicílio permanente dos Grandes do país, e portanto o único centro social da França. Mas, para muitos nobres, não havia mais condições para a vida livre de cavaleiros, que ainda era assegurada aos homens por um domínio territorial, um domicílio fixo e pelos acampamentos de guerra, da mesma maneira que as mulheres perderam o espaço de atuação que era garantido para elas em suas propriedades.

24. Uma parte da nobreza não apenas assistia à degradação progressiva de sua base material, como também via se estreitar seu campo de atuação e suas perspectivas

de vida. Os nobres ficavam limitados a uma vida bastante modesta, confinados em suas terras. Ao menos em parte, a compensação dessa limitação pelos acampamentos e pelos deslocamentos na guerra desapareceu. O florescimento e o prestígio que só a vida de corte podia dar permaneciam inacessíveis a esses nobres.

Outros encontravam na corte real, em Paris, uma nova pátria, mais instável. Ou então iam procurá-la nas cortes de um dos Grandes do país, sendo que as residências no campo passaram a não ser mais do que dependências de um *hôtel* e de uma corte, localizados na capital de seu distrito. Eles também viviam, pelo menos de tempos em tempos, na corte real, a não ser que estivessem banidos ou em desgraça, embora essa corte ainda não fosse um domicílio permanente. A sociedade, durante o reinado de Luís XIII, já era uma sociedade de corte, caracterizada pela importância das mulheres, que os homens, destituídos de grande parte de suas funções de cavaleiros, agora ofuscavam muito menos do ponto de vista social; mas ainda se tratava de uma sociedade de corte relativamente descentralizada. O estilo de vida cavalheiresco e seu ethos específico ainda não haviam desaparecido por completo, mas acarretavam lentamente a ruína da *noblesse d'épée*, da qual outrora foram a fonte de todo prestígio e todo sucesso.

Ninguém pode ficar indiferente ao caráter trágico dessa "perda de função", pela qual indivíduos, cuja existência e consciência estão ligadas a uma determinada postura tradicional — que possibilitou grande êxitos a seus pais, e talvez a eles mesmos quando jovens — agora são condenados ao fracasso e à decadência, num mundo transformado a partir de causas que não compreendem inteiramente. Uma cena descrita por Ranke ilustra tão bem o destino de um dos últimos representantes nobres de uma tradição de cavaleiros que não resistimos a reproduzi-la aqui: o duque de Montmorency, filho de um dos principais artífices da vitória de Henrique IV, havia se rebelado. Sua natureza era principesca, o caráter de um cavaleiro, generoso e brilhante, corajoso e ambicioso. Ele também servia ao rei, mas não compreendia o fato de que o poder e o direito de governar pertencessem exclusivamente a este, ou, melhor dizendo, a Richelieu. Portanto rebelou-se. O general do rei, Henri de Schomberg, não se encontrava em uma posição favorável para enfrentá-lo. Mas vamos ao relato de Ranke:

> Era uma vantagem à qual Montmorency deu pouca importância; ao avistar as hordas inimigas, propôs a seus companheiros que atacassem sem demora. Pois, segundo sua maneira de ver, a base da guerra era o avanço audacioso da cavalaria. Um companheiro experiente, o conde de Rieux, rogou-lhe que esperasse até a formação inimiga ter sido abalada por alguns disparos dos canhões, que já tinham sido posicionados. Mas Montmorency estava tomado por um desejo ardente de batalha. Afirmou que não havia tempo a perder, e seu conselheiro não ousou contrariar a vontade expressa de seu chefe, embora pressentindo a desgraça. "Senhor", gritou, "desejo morrer a seus pés." Montmorency podia ser reconhecido pelo seu garanhão, adornado para a batalha com penachos suntuosos e enfeites vermelhos, azuis e amarelos; apenas uma pequena tropa de homens transpôs as trincheiras junto com ele, destruindo tudo que cruzava seu caminho; lutando, eles finalmente alcançaram a frente inimiga. Contudo,

A sociedade de corte

ali chegando, foram atingidos a pouca distância por um cerrado de mosquetes: cavalos e homens caíram feridos ou mortos; o conde de Rieux e a maioria dos outros foram derrubados; o duque de Montmorency, ferido, caiu junto com seu cavalo, também atingido pelos disparos, e foi feito prisioneiro.[56]

Richelieu enviou-o ao tribunal, já seguro de qual seria o veredito, e pouco depois o último Montmorency foi decapitado no pátio da prefeitura de Toulouse.

Trata-se de um evento sem importância, insignificante para o curso da chamada "grande História". Entretanto, tem o sentido de um evento *típico*, o valor de um símbolo. Não foram só as armas de fogo que puseram fim à antiga nobreza, mas sua incapacidade de abrir mão de um modo de vida e de comportamento sobre o qual apoiavam-se sua autoestima e seu prazer. Vemos aqui o que significa, em uma figuração que se transforma gradativamente, isto é, na redução das chances de alguns e no aumento das chances de outros, o fato de um comportamento outrora realista tornar-se distante da realidade. Ao mesmo tempo, vemos por que a realeza venceu e como uma aristocracia de corte relativamente resignada surgiu a partir de uma nobreza guerreira.

Quando Luís XIV atingiu a maioridade e assumiu o poder, o destino da nobreza já estava decidido. A desigualdade das chances que cabiam, nesse campo social, à realeza e à nobreza tinha tornado possível excluir esta última de todas as posições de poder autônomas; a energia e a competência dos representantes do rei, desdobradas com base naquelas chances, consumaram tal exclusão.

25. Apesar dessa debilidade da posição dos nobres, Luís XIV se sentia de tal modo ameaçado pela nobreza, principalmente pela alta nobreza mais próxima a ele, que essa sensação, nascida das experiências de sua juventude, havia se tornado uma segunda natureza sua. Sua vigilância incansável em relação aos nobres — assim como em relação a todos os súditos — era um de seus traços dominantes. A indiferença que ele mostrava a respeito de questões econômicas (da mesma maneira que os cortesãos em geral), pois em sua consciência essa esfera não afetava as raízes de sua existência social, desaparecia por completo quando se tratava de questões de dominação, de nível, de prestígio e de superioridade pessoal. Nessas esferas, Luís XIV podia ser qualquer coisa, menos indiferente. Aqui, ele era implacável e totalmente alerta.

Abandonar a nobreza à sua sorte era algo que não passava por sua cabeça. Não era só o brilho exterior e o prestígio de sua soberania, não era só sua reputação como nobre, sua necessidade de uma sociedade e de um *monde* requintados, e, finalmente, não era só a tradição que o impediam de ter tais pensamentos, mas também o equilíbrio das estruturas de sua dominação. Ele não podia decidir livremente se ia conservar a nobreza ou deixá-la sucumbir. Precisava dela sob vários aspectos, como foi mostrado. Quando Saint-Simon se retira do serviço militar e ele declara "Mais um que nos deixa", isso é apenas um dos exemplos de tal necessidade.

A formação e a transformação da sociedade de corte francesa       203

Assim, ele expandiu deliberadamente a corte com base nas relações ambivalentes de que falamos tantas vezes, com base no estabelecimento de uma maneira de sustentar e submeter a nobreza. Para fazê-lo, tomou como ponto de partida as realizações prévias e as experiências de seus antecessores, mas já numa situação mais favorável que a deles.

O rei quer "reunir diretamente sob seu olhar todos aqueles possíveis chefes de uma rebelião, e cujos castelos poderiam servir como local de reuniões ..."[57]

Em que medida e em que sentido a estrutura da corte foi compreendida, a partir da perspectiva dos próprios nobres, como uma manifestação da política de submetê-los ao controle do rei, é algo que aparece na descrição feita por Saint-Simon:

> Até mesmo a vida na corte servia como instrumento para a política despótica. Já comentei de que maneira, com auxílio dela, os nobres mais eminentes eram enxovalhados, humilhados, misturados com a multidão, enquanto os ministros superavam todos os outros, mesmo os príncipes de sangue, em termos de influência e poder ... Várias outras circunstâncias fortaleceram a resolução do rei de transferir a corte para fora de Paris e residir sempre no campo. Os distúrbios que tiveram lugar em Paris, enquanto era menor de idade, haviam tornado a cidade intragável para ele. Também considerava perigoso morar lá; acreditava estar dificultando as intrigas ao transferir a corte de local. O que também teve papel importante em sua resolução foi o número de amantes que mantinha e o cuidado para que isso não fosse ofensivo em meio a uma população tão grande. Ainda havia certa precaução ... acerca de sua segurança ... Além disso, sentia cada vez mais prazer com a construção; e acreditava ser mais estimado pela massa, caso não se mostrasse todos os dias.[58]

Como vemos, havia muitos motivos para a formação definitiva da corte em Versailles. Mas todos esses motivos tinham uma comunicação estreita entre si, todos giravam em torno do estabelecimento e consolidação do poder e do prestígio.

De fato, a estrutura de Versailles correspondeu perfeitamente a essas tendências interligadas de Luís XIV. Em Versailles e no âmbito da etiqueta, todas as pessoas de nível encontravam-se diretamente sob seu campo de observação:

> O rei não cuidava somente para que a alta nobreza se encontrasse na corte, ele exigia isso também da pequena nobreza. Em seu *lever* e em seu *coucher*, durante suas refeições, em seus jardins de Versailles, sempre olhava em torno, reparando em todos os presentes. Ofendia-se com os nobres mais eminentes, caso não vivessem permanentemente na corte, e com os outros, caso viessem só raramente, e quanto àqueles que não apareciam nunca ou quase nunca, eram pessoas que passavam a desagradá-lo por completo. Quando alguma delas queria algo, o rei dizia com orgulho: "Não o conheço", sendo esse veredito inapelável. Ele não levava a mal se alguém gostasse de temporadas no campo, mas era preciso ter moderação e tomar as devidas precauções no caso de uma temporada longa. Em uma viagem a Rouen que fiz quando jovem por causa

204     A sociedade de corte

de um processo, o rei mandou um ministro me escrever para ficar sabendo dos motivos da partida.[59]

Era compreensível que Luís XIV dedicasse atenção particular àqueles que tinham nível mais próximo do dele. Isso também constitui uma expressão daquela peculiaridade estrutural dos Estados dinásticos que, superando todas as particularidades pessoais, com frequência levavam os pretendentes à Coroa, e até mesmo os sucessores imediatos ao trono, a uma oposição aberta ou velada em relação ao príncipe regente. Luís XIV via com especial pesar o fato de seu filho primogênito manter uma corte separada em Meudon, o que "dividia a corte", conforme diziam. Quando esse futuro sucessor ao trono morreu, o rei mandou vender com toda a pressa os móveis do castelo, temendo que seu neto, a quem Meudon coubera como herança, pudesse fazer uso do castelo e "dividisse assim a corte de novo".[60]

Tal preocupação era, como diz Saint-Simon, totalmente sem fundamento. Pois nenhum dos netos do rei teria ousado desagradá-lo. Entretanto, quando se tratava de manter o seu prestígio e de assegurar seu poder pessoal, o rei não fazia distinções entre os parentes e os outros nobres no rigor de sua conduta.

Há exemplos assustadores disso, que todavia ajudam-nos a compreender essa coexistência de repulsão e atração, de proximidade e distanciamento entre o rei e a nobreza.

Como de costume, o rei partia de seu castelo em Marly para Versailles. Toda a corte, naturalmente incluindo seus parentes, devia segui-lo. Todavia, a duquesa de Berry, mulher de seu neto, estava grávida pela primeira vez, de aproximadamente três meses. Não se sentia bem e estava com febre bastante alta. O médico pessoal do rei e da família real, Fagon, achou que a viagem para Versailles seria muito prejudicial e difícil para a moça. Mas nem ela mesma, nem seu pai, o duque de Orléans, ousavam falar com o rei a respeito. O marido, bastante preocupado, mencionou o fato, que contudo foi mal recebido. Tentaram alcançar algum resultado junto ao rei, ajudados por Madame de Maintenon, que, embora também achasse arriscado, acabou falando com ele sobre o caso, apoiada pelo médico. Não obteve nenhum êxito. Ela e o médico não se deixaram intimidar, e essa disputa durou três ou quatro dias. No fim, o rei simplesmente ficou aborrecido, capitulando até certo ponto e permitindo que a duquesa adoecida pudesse fazer a viagem de barco, em vez de partir na carruagem real. Para isso, era necessário que ela e o duque saíssem de Marly um dia antes, passassem a noite no Palais-Royal, descansassem por um dia e depois seguissem adiante. O duque recebeu permissão de acompanhar sua mulher, mas o rei o proibiu de deixar o Palais-Royal para ir a qualquer lugar, mesmo à Ópera, embora fosse possível ir diretamente do palácio ao camarote do duque de Orléans.

Saint-Simon diz: "Eu iria suprimir essa bagatela, ocorrida casualmente nessa viagem, se ela não servisse para caracterizar o rei com uma precisão cada vez maior."[61]

Se o rei procedia dessa maneira em assuntos que atingiam diretamente o seu prestígio e sua autoridade em uma esfera restrita, é claro que não era menos implacável quando se tratava de questões que diziam respeito diretamente à sua dominação. Ele não tolerava, em hipótese alguma, que qualquer de seus parentes tivesse um posto no qual passasse a ter influência sobre o governo. Nunca esqueceu, por exemplo, a importância que tiveram como pontos de apoio para as revoltas os postos de *gouverneurs*, no reinado de seu pai. Nem as dificuldades que seu tio, Gaston d'Orléans, causou ao rei, apoiado em seu posto de *gouverneur*. Assim, quando seu próprio irmão veio lhe pedir um *gouvernement* e uma fortificação, uma *"place de sûreté"*, ele respondeu: "O lugar mais seguro para um filho da França é o coração do Rei." Uma resposta que não é menos característica da maneira de falar do que de sua atitude em geral.

26. A nobreza estava subjugada. Mas como suportava ela esse jugo, que era também uma humilhação? Uma vez que estava vedada qualquer possibilidade de uma resistência aberta, como ainda expressava sua resistência interna? A ligação da nobreza com o rei e sua completa dependência dele manifestavam-se diretamente no aspecto exterior da vida de corte. Será que a nobreza tornou-se dividida e submissa também internamente, ou será que a ambivalência de sua relação com o rei extravasava algumas vezes o aspecto exterior pacífico, mesmo durante o reinado de Luís XIV?

Havia diversos meios para os nobres atados à corte, dentro do espaço que essa instituição lhes oferecia, reagirem às situações de conflito decorrentes de sua atitude ambivalente em relação ao rei.

Eles podiam compensar de tal modo todos as aflições e humilhações que tinham de tolerar a serviço do rei — pela consciência de serem influentes na corte, pelas chances financeiras e de prestígio de que se beneficiavam — que mesmo de acordo com a maneira de pensar desses homens, a aversão ao rei e a exigência de se libertar da sua pressão restringiam-se em grande medida. Seja como for, isso se expressava de modo tortuoso, por exemplo nas conversas com outros nobres. Essa atitude compensatória constituía um dos polos na escala de possibilidades em que a nobreza se movia. Nós a encontramos, em um grau bastante elevado, representada pelo duque de la Rochefoucauld, filho do autor das *Máximas* e *grand-maître de la garde-robe* do rei.

Por outro lado, um nobre cortesão podia dar prioridade aos aspectos negativos dessa relação ambivalente. Nesse caso, ele se permitiria, pessoalmente — e talvez em círculos íntimos de confiança —, dirigir críticas severas ao governo do soberano, fazendo planos secretos, para depois da morte do rei, que possibilitariam à nobreza, sobretudo à alta nobreza, recuperar seus direitos perante o rei e os ministros de origem burguesa. Na época em que Luís XIV viveu, havia apenas uma única forma de ação efetiva para expressar a reação dos nobres, se excetuarmos o afastamento da corte (o que significava uma renúncia a qualquer tipo de reputação): a aliança com o possível sucessor no trono e a tentativa de conquistá-lo em

206     A sociedade de corte

nome das ideias de resistência. A resistência aberta tinha se tornado completamente impossível. Um representante *desta* possibilidade a que nos referimos é o duque de Saint-Simon. Ele mesmo descreve o tipo que se contrapõe ao seu, de um representante da nobreza submissa, o duque de La Rochefoucauld, da seguinte maneira:

> Se M. de la Rochefoucauld passou sua vida no favor mais declarado, é preciso também dizer que esse favor lhe custou caro, caso ele tivesse algum sentimento de liberdade. Nunca criado algum foi pessoa com tanta assiduidade e baixeza, é preciso usar o termo, com tanta escravidão. Não é fácil compreender como ele pôde aguentar um segundo dos quarenta anos de semelhante vida. O *lever* e o *coucher*, as duas outras trocas de roupa todos os dias, as caças e os passeios do rei todos os dias também, ele jamais faltava, dez anos seguidos sem descolar de onde estava o rei, e a ponto de pedir permissão não para sair de perto dele, pois em mais de quarenta anos não chegou a dormir mais de vinte vezes em Paris, mas para ir jantar fora da corte e não estar presente ao passeio: nunca ficou doente e, no fim, rara e brevemente sofreu de gota.[62]

Acompanhando a carreira desse homem, vemos o seguinte: seu pai havia se destacado nas batalhas da Fronda; depois disso, não ia mais à corte, uma vez que o rei nunca havia perdoado sua rebelião.

Assim, seu filho pareceria à corte como um homem sem quaisquer chances. "Ninguém o temia", diz Saint-Simon. Ele não tinha cargo ou privilégios. Não podia esperar nem mesmo uma herança considerável; as posses da família haviam se perdido durante os distúrbios sociais. Além disso, sua aparência era desagradável e bastante comum. Mas de algum modo conseguiu o favorecimento do rei. A partir daí começava sua ascensão na hierarquia da corte. Recebeu o cargo de *grand-veneur* e *grand-maître de la garde-robe*. Tinha relações amistosas com a amante do rei, Madame de Montespan. Depois, quando esta deixou a corte, o único apoio que ele possuía era o do próprio rei. E era justamente disso que o rei precisava. Vemos aqui a trama interna das dependências. La Rochefoucauld, como era favorecido por Madame de Montespan, desagradava de antemão sua sucessora, Madame de Maintenon. Com os ministros, dava-se pouco. E o restante da sociedade de corte quase não convivia socialmente com ele, excetuando-se o círculo íntimo de Madame de Montespan. Entretanto, o rei pagou três vezes suas dívidas, dava-lhe muito — não tudo — do que pedia, e ele pedia muitas coisas. Podia falar com o rei à vontade, sem ter de levar os outros em consideração. O rei o estimava; os outros o temiam por causa disso. Não foi só uma decisão e uma escolha dedicar a vida inteiramente ao serviço do rei, mas sua existência social estava inteiramente nas mãos deste. Sendo o duque de La Rochefoucauld pobre, filho de um rebelde, sem relações dentro da sociedade de corte, sem uma aparência agradável que pudesse ajudá-lo, ele não era nada. A partir de tal nulidade o rei o elevou às alturas.

Trata-se de um traço típico dessa curva de desenvolvimento. Os filhos dos rebeldes, perdidos a não ser que o rei os favoreça, tornam-se os cortesãos mais devotados: "Essa história de La Rochefoucauld parece com a de Condé. O príncipe se tornou cortesão, ele também; seu filho não sairá de perto do Rei; seu neto esposará uma bastarda do Rei. Os La Rochefoucauld e os Condé decaíram da revolta para a servidão."[63]

No caso de Saint-Simon acontecia exatamente o inverso. Seu pai havia sido honrado por Luís XIII com cargos importantes e grandes dignidades. Era o homem de confiança do rei, permanecendo inequivocamente fiel à realeza em meio aos tumultos, mesmo depois da morte do soberano, apesar das tentações que a nobreza opositora lhe oferecia para que mudasse de lado. Assim, conquistando uma reputação sólida e recursos consideráveis, Saint-Simon, o autor das *Memórias*, chegou à corte. É claro que ele também dependia do rei, pois ser desprezado por este — como o próprio duque afirmou algumas vezes — significaria a destruição de sua existência social. Contudo, sua existência não dependia da graça do rei na mesma medida que a de La Rochefoucauld. Ele era o herdeiro de cargos e de honrarias bem mais importantes. Os deveres do rei para com ele, isto é, para com o filho de um homem que servira à família real, sustentavam-no; e nesse sentido ele tinha muito mais autonomia. Sua independência foi logo demonstrada quando desistiu de seu regimento em função de uma desavença a respeito da hierarquia. Teve esperanças de que o rei lhe confiasse um posto diplomático, o que nunca aconteceu; vivia na corte sem um cargo oficial, cumprindo seus deveres como duque e par de França, assim como as exigências que o rei fazia a todos os indivíduos da alta nobreza.

Após a morte do primeiro e do segundo príncipe herdeiro, todos passaram a ver no duque de Orléans o futuro regente. Durante algum tempo Saint-Simon foi praticamente o único a conviver com ele, embora Luís XIV desaprovasse esse convívio, por atribuir ao duque de Orléans a culpa pela morte de seu neto, o que o deixou inteiramente isolado na corte. A se fiar nas palavras de Saint-Simon, ele era o único a ficar ao lado do duque nas questões da corte. Saint-Simon passeava junto com ele pelos jardins de Versailles, até que o rei o ameaçou, exigindo que deixasse a corte por algum tempo, se não quisesse ser banido para sempre. Saint-Simon obedeceu. Só nesses termos era possível uma atitude independente.

Mas sua autonomia se mostrou bem antes, nas relações que mantinha com o segundo delfim, o neto de Luís XIV. A descrição dessas relações e o universo de ideias que surgia nas conversas entre esses dois homens é de especial importância, pois aqui se pode observar um pouco melhor a psicologia daquela parcela da nobreza que se mantinha em oposição secreta ao rei.

Era necessário grande prudência antes que dois homens, sem se conhecerem ainda muito bem, pudessem se abrir em tal corte.

Saint-Simon conta:

> Eu achava mais vantajoso sondar um pouco o delfim nos primeiros dias de sua nova glória ... não deixei de emitir uma palavra sobre a nossa dignidade ... Disse a ele o quão

208 A sociedade de corte

estava certo em não abrir mão de observar mesmo o menor de seus direitos legítimos, e aproveitei o momento favorável para acrescentar que, se ele que era tão grande, e com uma posição hierárquica tão segura, tinha razão em velar por isso, nós tínhamos ainda mais, pois nossa posição era disputada e às vezes até tomada, sem que pudéssemos nem mesmo nos atrever a reclamar ...

Finalmente a conversa desviou para o rei. O delfim falou dele com extrema ternura e imensa gratidão; expressei de imediato os mesmos sentimentos, só evitando que a afeição e a gratidão se tornassem indicadoras de uma idolatria perigosa. Introduzi na conversa algumas palavras sobre a ignorância do rei acerca de muitas coisas, às quais ele, em sua bondade, certamente não ficaria indiferente se soubesse.

Essa corda, tocada levemente, logo repercutiu vivamente. O príncipe admitiu a verdade do que eu dizia e passou sem demora a atacar os ministros. Estendeu-se sobre a autoridade sem limites que eles haviam usurpado e de que podiam fazer uso perigosamente, à revelia do rei, e sobre a impossibilidade de conseguir qualquer coisa do rei sem a interferência deles. Não designou ninguém, mas fez-me entender muito claramente que essa forma de governo era totalmente contrária ao seu gosto e a seus princípios.

Voltando ao rei, deplorou a educação ruim que ele tivera e as mãos perniciosas em que caíra sucessivamente. Desse modo, sob o pretexto da política e da autoridade, todo o poder e todo o proveito estavam à disposição dos ministros; seu coração, por natureza bom e justo, havia sido desviado incessantemente do caminho certo sem que ele se desse conta.

Percebi que aquela era uma oportunidade para fazer referência à arrogância dos ministros frente aos duques, e mesmo frente a nobres de posição ainda mais elevada. Ele se indignou com o fato de que eles nos recusassem o título de *monseigneur*, enquanto o exigiam da parte de todos que não tinham título algum, a não ser o da *robe*.

É quase impossível reproduzir o quanto essa impertinência o chocou, assim como essa distinção favorável aos burgueses em detrimento da alta nobreza.[64]

Nessas últimas palavras ressurge o problema central. Sob a superfície do regime absolutista, a tensão entre nobreza e burguesia perdurava com a mesma intensidade. Não obstante as amizades que uniam alguns nobres da corte, incluindo o próprio Saint-Simon, a certos ministros, não obstante os casamentos das filhas de ministros com nobres da corte, essa tensão crucial do campo social mais amplo manifestava-se também, embora modificada, no grupo central da corte. Em certa passagem, Saint-Simon cita com visível satisfação o ditado "admirável" do velho marechal de Villeroy[65]: "É preferível ter um primeiro-ministro da nobreza como inimigo do que um burguês como amigo."[66] Ao mesmo tempo, nessa conversa também se manifesta claramente a relação ambivalente da nobreza com o rei; certamente não é por acaso que vem à tona a oposição da nobreza de corte ao rei e aos burgueses arrivistas. Trata-se das duas frentes pelas quais a nobreza é ameaçada. E esse estado de coisas torna-se ainda mais claro ao lermos a série de reflexões que Saint-Simon divulgou em suas *Memórias* como sendo pensamentos do delfim, após a morte deste. Eles manifestam claramente a maneira de pensar do

A formação e a transformação da sociedade de corte francesa     209

próprio Saint-Simon e a situação e os planos da nobreza de corte que constituía em segredo a oposição, sob o reinado de Luís XIV:

> O aniquilamento da nobreza era odioso para ele, diz Saint-Simon sobre o delfim, e sua igualdade com ela, insuportável. Essa última novidade, que só cedia ante a altos dignitários, e que confundia o nobre com o fidalgo, e este com os *seigneur*, lhe parecia a injustiça máxima, e essa falha na hierarquia, uma causa da ruína e da destruição iminentes de um reino inteiramente militar. Ele se lembrava que a monarquia devia sua salvação dos grandes perigos sob Filipe de Valois, sob Carlos V, sob Carlos VII, sob Luís XII, sob Francisco I, sob seus netos, sob Henrique IV, a essa nobreza que se conhecia e se mantinha nos limites de suas diferenças recíprocas, que tinha a vontade e os meios de marchar em socorro do Estado, em grupos e por províncias, sem embaraços e sem confusão, pois ninguém saíra de seu posto ou tivera dificuldades em obedecer a alguém de posição mais elevada. Via agora esse socorro extinto; todos reivindicavam igualdade a todos os outros, de modo que toda organização, todo comando e toda obediência haviam desaparecido.
>
> Quanto aos meios, ele [o delfim] era profundamente tocado pela ruína da nobreza, pelos caminhos tomados para reduzi-la e dominá-la, pelo abastardamento que a miséria e a mistura de sangue pelas contínuas e danosas alianças necessárias para ter pão incutiram na coragem, no valor, na virtude e nos sentimentos dos nobres. Indignava-se ao ver essa nobreza francesa tão célebre, tão ilustre, transformada num povo quase da mesma espécie que o próprio povo, somente distinta dele no sentido de que o povo tem a liberdade de engajar-se em qualquer trabalho ou negócio, inclusive no serviço militar, ao passo que a nobreza se tornou um outro povo que não tem outra escolha senão um mortal e vicioso ócio; um povo que por sua inutilidade para tudo torna-se um encargo desprezível, servindo apenas para morrer nas guerras, ser insultado pelo clero, pelos secretários de Estado e pelos secretários dos intendentes. Nem mesmo os nobres mais bem-nascidos, que por sua dignidade estão acima de sua própria classe — embora ainda pertençam a ela —, podem evitar essa mesma espécie de inutilidade, ou o desprezo dos *maîtres de la plume* quando servem nos exércitos ...
>
> O príncipe não podia acostumar-se à ideia de que o Estado não pudesse ser governado, no todo ou em parte, se não tivesse o controle da arrecadação de impostos, e de que o governo de todas as províncias tinha sido posto nas mãos dos descendentes da magistratura, cada um com a sua própria província e com um poder e uma autoridade infinitamente maiores do que quaisquer governadores dessas províncias jamais tiveram.[67]

Essa crítica e esse programa de um círculo de oposição na corte tornam novamente visível, em seu conjunto, o problema do qual trata a presente investigação.

Já demonstramos como existia, dentro da corte, um estado peculiar de tensão, sobretudo entre os grupos e pessoas que o rei havia distinguido e aqueles que se destacavam com base em seus próprios títulos de nobreza; era manipulando essa tensão que o rei governava sua corte. Demonstramos ainda como fazia parte das condições de dominação do rei um equilíbrio de tensões específico no reino,

210     A sociedade de corte

fornecendo aos representantes da realeza a chance de uma concentração especialmente ampla de seu poder, cuja consumação era o sistema da monarquia absolutista. Essas tensões em um caso e, no outro, os equilíbrios de tensões na corte e no reino, eram particularidades estruturais de um mesmo estágio de desenvolvimento da sociedade estatal francesa como um todo — da figuração em seu conjunto.

Apoiado na crescente posição de poder das camadas burguesas, o rei se distanciava cada vez mais do restante da nobreza, e vice-versa: simultaneamente, promovia o avanço dos burgueses; oferecia-lhes tanto chances econômicas quanto cargos e prestígio de diversos tipos, ao mesmo tempo mantendo-os em xeque. Burguesia e rei ascendiam graças a seu apoio mútuo, enquanto o restante da nobreza decaía. Entretanto, se as formações burguesas, se os indivíduos com cargos jurídicos ou administrativos do alto escalão, aos quais Saint-Simon se refere com os termos *magistrature* e *plume*, avançavam mais do que agradava ao rei, ele lhes mostrava seus limites de modo tão implacável como fazia com seus aristocratas.

Pois os reis só podiam tolerar a decadência da nobreza até certo ponto. Com seu desaparecimento, eles próprios teriam comprometidos sua existência e o sentido desta; era justamente para a luta contra a nobreza que as camadas burguesas em ascensão necessitavam do rei. Assim, a nobreza foi perdendo passo a passo muitas das funções que tivera até então, nesse campo social, para os grupos burgueses; ela perdeu as funções administrativas, judiciárias e, em parte, até as funções militares para membros das camadas burguesas; mesmo a parcela mais significativa das funções de um *gouverneur* estava nas mãos de burgueses.

27. Todavia, se a nobreza perdia algumas de suas funções tradicionais, por outro lado ela ganhava uma nova função, ou melhor dizendo: no caso dela, uma nova função passava a aparecer em primeiro plano, a que ela tinha *para* o rei.

Tornou-se costume designar a nobreza do Ancien Régime como uma camada "sem função". Isso tem sua razão de ser quando pensamos em um encadeamento de funções dentro do qual, direta e indiretamente, cada camada ou grupo do campo social em questão satisfaz necessidades de cada um dos outros grupos, portanto um encadeamento de funções como os que são encontrados às vezes em nações profissionais-burguesas. A nobreza do Ancien Régime não tinha nenhuma função para a "nação".

Mas o encadeamento de funções, o circuito das interdependências do Ancien Régime, era em muitos aspectos diferente do das "nações" profissionais-burguesas. O fato de a nobreza da França ter sido capaz de se manter praticamente sem nenhuma função social é algo impensável. De fato, ela não tinha nenhuma função para a "nação". Contudo, na consciência dos funcionários mais influentes dessa sociedade — os reis e seus representantes — o conceito de "nação" ou de "Estado" como um fim em si era, por assim dizer, inexistente. Já explicamos como, para Luís XIV, a finalidade desse campo social culminava no rei e que, para ele, todos os outros elementos da dominação real constituíam apenas meios para alcançar esse fim, para glorificar e conservar o rei. Nesse contexto e nesse sentido, é possível compreender a afirmação de que a nobreza realmente não tinha nenhuma função para a "nação", embora tivesse uma função para o rei. A soberania deste tinha como pressuposto a existência de uma nobreza que contrabalançasse as camadas burguesas, assim como a existência e a força de camadas burguesas como um contrapeso à nobreza. E foi precisamente essa função que deu à nobreza sua característica própria.

É fácil perceber que essa transformação de uma nobreza relativamente autônoma em uma nobreza de corte também acarretou uma transformação e uma reestruturação de sua hierarquia. As reflexões de Saint-Simon reproduzidas acima mostram o quanto a nobreza resistia a essa reestruturação, à destruição da hierarquia original ou tradicional, em favor de um novo ordenamento forçado pelo rei, ainda na época de Luís XIV, e como ainda sonhava em restaurar sua condição independente. A bem da verdade, a nobreza não percebia sua posição, e não podia percebê-la. Ela estava mais ou menos à mercê do rei. E assim como ele cuidava para que a burguesia e a nobreza mantivessem o equilíbrio em sua esfera mais ampla de poder, sua política dentro da corte também visava resistir à pressão conservadora da nobreza valorizando os burgueses, ou nem sempre burgueses, mas em todo caso homens que haviam subido de posição dentro da nobreza e que deviam tudo exclusivamente ao rei, e não a um nível social herdado.

É justamente contra essa política que Saint-Simon se insurge, justamente essa a situação em que se consolidam, em grande medida, aqueles traços humanos designados como traços de caráter dos "cortesãos".

28. Perguntamos anteriormente pelas condições sociais a partir das quais uma instituição como a corte, da maneira como a observamos, pôde se reproduzir ao longo de gerações. Eis a resposta: a nobreza precisava do rei porque nesse campo social somente a vida em sua corte lhes dava acesso às chances econômicas e de prestígio que possibilitavam uma existência de nobres.

O rei precisava da nobreza. Além de todas as dependências específicas que foram questionadas ao longo deste estudo (por exemplo, a dependência tradicional oriunda da relação entre os suseranos e seus vassalos), da necessidade de convívio com a sociedade a que ele próprio pertencia e de cujos costumes partilhava, e da necessidade de distanciamento de seu povo, por meio dos serviços daquele estado que estava acima de todos os outros, em termos de nível e de prestígio — além de tudo isso, o rei necessitava da nobreza para assegurar o equilíbrio de tensões entre as camadas em que ele se apoiava.

É um equívoco ver o rei *apenas* como o opressor da nobreza; é igualmente um equívoco vê-lo *apenas* como o provedor da nobreza. Ele era ambas as coisas. Também seria errôneo destacar apenas a dependência da nobreza em relação ao rei. Até certo ponto, o rei também era dependente da nobreza — assim como todo soberano autocrata também depende de seus súditos, especialmente dos grupos de elite desses súditos. Entretanto, embora o rei dependesse em grande parte da existência da nobreza para consolidar e conservar as chances de poder de sua posição social, a dependência de cada nobre em relação ao rei era extraordinariamente maior do que a dependência do rei em relação a cada nobre em particular. Se um determinado nobre desagradava ao rei, havia sempre um "contingente de reserva" de nobres dentre os quais o rei podia escolher à vontade outro nobre e trazê-lo para perto. É essa balança das interdependências, essa defesa do equilíbrio das dependências que dava o caráter específico disso que denominamos "corte", se exceptuarmos os ministros e funcionários oriundos da burguesia e da *noblesse de robe*, que pertenciam à corte mas costumavam fazer parte da sociedade aristocrática de corte no máximo como figura marginais. Em tal balança de tensões, eles seguravam-se firmemente, como lutadores de boxe em um *clinch*: ninguém ousava modificar sua posição, temendo que o adversário pudesse atingi-lo; e não havia nenhum árbitro que fosse capaz de desfazer esse *clinch*. Todas essas dependências mútuas eram tão bem-planejadas e tão ambivalentes que a atração e a repulsão de parte a parte acabavam mantendo mais ou menos o equilíbrio.

29. Vimos anteriormente como, na última fase desse regime, mesmo as pessoas com posições mais elevadas em termos de status — rei, rainha, membros da família real junto com seus acompanhantes — tornaram-se prisioneiros de seu próprio cerimonial e de sua etiqueta, seguindo literalmente seus mandamentos, embora constituíssem um fardo para eles. Justamente porque qualquer procedimento e qualquer gesto representavam um privilégio de determinadas pessoas ou famílias em relação a outras, e porque qualquer alteração de um privilégio tradicional em favor de outrem provocava o descontentamento, e muitas vezes a resistência ativa, das outras famílias e grupos, renunciava-se a qualquer mudança, temendo que, se certos privilégios fossem violados, outros também pudessem sê-lo, inclusive os seus próprios. A etiqueta e o cerimonial da corte simbolizavam de certa maneira as inter-relações das elites privilegiadas do Ancien Régime em geral. Tratando-se de um monopólio sobre determinados cargos oficiais e sobre outras fontes de renda ou tratando-se de direitos oriundos da posição hierárquica e do prestígio, toda a gama desses privilégios representava uma espécie de propriedade — e não se incluem aí apenas os privilégios das famílias reais e de seus cortesãos, mas também os da *noblesse d'épée* e da *noblesse de robe*, ou os de *fermiers généraux*, uma vez que, apesar de todas as correlações entre eles, todos permaneciam reconhecíveis como grupos distintos, com seus privilégios específicos. E cada grupo, cada família procurava vigiar com extrema atenção a sua propriedade e protegê-la contra todas as ameaças, inclusive contra a ameaça decorrente do aumento dos direitos de outros grupos. Luís XIV ainda tinha poder suficiente para, dentro de certos limites, aumentar ou reduzir os privilégios, adaptando desse modo a rede de tensões de acordo com as necessidades da posição do rei. Mas Luís XVI, assim como toda a longa dinastia da família real, era um prisioneiro desse mecanismo de tensões interdependentes. Em vez de guiar o mecanismo, era guiado por ele. Como um *perpetuum mobile* fantasmagórico, ele forçava todos aqueles

que constituíam sua engrenagem à concorrência incessante entre si, para defenderem as bases privilegiadas de sua própria existência, assegurando-se o máximo possível em sua posição. Esse enganchamento, o *clinch* social, que fazia com que cada grupo se imobilizasse temendo permanentemente um deslocamento desfavorável no equilíbrio de poder, frustrava toda tentativa de uma reforma mais radical da estrutura de dominação a partir de dentro, feita por indivíduos oriundos das próprias elites privilegiadas. Certamente não faltaram tentativas de reforma, e havia inúmeras propostas de reestruturação. Contudo, elas raramente se baseavam em uma análise realista dessa figuração privilegiada.

A consciência da necessidade de uma reforma tornava-se mais urgente quanto mais forte era a pressão de grupos não privilegiados contra as elites privilegiadas. Assim, para compreender a situação corretamente, não podemos esquecer o quanto era grande, em uma figuração como a do Ancien Régime, a distância social entre os grupos de elite privilegiados e aqueles que eles mesmos designavam como o "povo", a massa dos não privilegiados, apesar da proximidade física que existia entre os senhores e os criados, por exemplo. A grande maioria dos privilegiados ainda vivia em um mundo relativamente exclusivo — tanto mais hermético quanto mais elevado o seu nível. A noção de que seria possível desenvolver o país e elevar os padrões de vida do povo era estranha à maior parte desses homens. Ela não correspondia a seus valores. A conservação de sua própria existência social privilegiada continuava sendo um valor autossuficiente. O que acontecia com o grosso da população se passava bem além de seu horizonte e não interessava à maioria dos privilegiados. Mal viam eles as nuvens que se acumulavam sobre suas cabeças. Como era impossível para eles romper o gelo das tensões sociais estagnado nas camadas superiores, tudo foi arrastado pelo turbilhão desencadeado sob essa camada de gelo.

Essa imobilização das elites privilegiadas do Ancien Régime em um *clinch*, um equilíbrio travado das tensões do qual ninguém podia se desvencilhar de maneira pacífica apesar de todas as injustiças evidentes, certamente foi uma das causas do movimento revolucionário que subverteu brutalmente o quadro legal e institucional, instalando, depois de muitas hesitações, uma estrutura de dominação com outra distribuição de poder e outro equilíbrio das tensões sociais. Nossa análise nos permite afirmar — ainda que seja necessária uma exposição mais longa para dar conta do problema — que a imagem da "burguesia" revolucionária ascendente investindo contra a nobreza e fazendo-a em pedaços, peca por um certo simplismo. Entre os privilegiados varridos pela Revolução, havia também as camadas burguesas ou originárias da burguesia. Talvez seja o caso de distinguir melhor entre a burguesia privilegiada, cujo ponto máximo é a *noblesse de robe*, e a burguesia em ascensão, composta pelos profissionais burgueses.

30. Uma das questões centrais da sociologia, talvez *a* questão central, seja saber de que modo e por que os indivíduos estão ligados entre si, constituindo, assim, figurações dinâmicas específicas. Só é possível seguir a pista de uma resposta para

214     A sociedade de corte

tal questão se determinarmos as interdependências entre os indivíduos. Atualmente, há uma carência muito grande de modelos para investigações sistemáticas de interdependências. Não apenas faltam modelos empíricos detalhados, mas também uma verificação sistemática dos instrumentos de pensamento, dos conceitos e categorias tradicionais que podem ser utilizados nessa tarefa. Além disso, ainda não se reconheceu que esses instrumentos de pensamento tradicionais foram desenvolvidos para explorar determinadas áreas de conhecimento — sobretudo o que chamamos "natureza" — e por isso não são necessariamente apropriados para explorar outras áreas — por exemplo, o domínio que distinguimos da "natureza", correta ou incorretamente, sob a denominação de "sociedade".

Essa falta de clareza leva, com frequência, a uma confusão característica na reflexão sobre os problemas da sociedade. Toda uma série de categorias de pensamento e conceitos, provenientes do desenvolvimento das ciências naturais e depois diluídas de modo variado pelo uso popular, evidentemente não é apropriada para o estudo de problemas sociológicos. O conceito clássico e unilinear de causalidade é um bom exemplo. Daí os sociólogos se considerarem livres para inventar conceitos mais ou menos arbitrários, sem verificar no trabalho empírico minucioso se, e até que ponto, eles podem servir como instrumentos na investigação científica de fenômenos sociais.

Fizemos aqui uma tentativa de pôr à prova um esquema teórico básico, desenvolvido no trabalho sociológico minucioso por meio de sua aplicação num estudo empírico. Com isso nos distanciamos da teoria da sociologia nominalista, ainda dominante em larga escala, cujos partidários, apesar de todos os sinais de confiança demonstrada no estudo de sociedades humanas, acabam considerando como reais e existentes de fato apenas indivíduos isolados, separados uns dos outros. Desse modo, tudo o que eles têm a dizer sobre as sociedades aparece, no fim, apenas como particularidades abstraídas de indivíduos singularizados, ou então, muitas vezes, como sistemas ou essências metafísicas independentes dos indivíduos.

Em oposição a tais orientações nominalistas da sociologia, a investigação das formas sociais como figurações de indivíduos interdependentes prepara o caminho para uma sociologia realista. Pois o fato de os homens não se apresentarem como seres totalmente fechados em si mesmos, mas sim interdependentes, constituindo diversas figurações em sua convivência, pode ser observado e comprovado por meio de investigações empíricas. Além disso, como vimos, na investigação empírica é possível determinar o surgimento e o desenvolvimento de figurações específicas — no caso os de uma corte real e de uma sociedade de corte — com alto grau de precisão, embora não de maneira exaustiva. Podemos estabelecer que condições tornam os homens interdependentes numa dada situação, e como essas interdependências se modificam sob o efeito das alterações, tanto endógenas como exógenas, da figuração em seu conjunto.

Aqui nos limitamos a trazer à tona alguns aspectos das mudanças ocorridas na rede das interdependências que acabaram levando, na França dos séculos XVI e

XVII, a um deslocamento do equilíbrio instável das tensões entre o rei e o restante da nobreza em favor do primeiro e sua supremacia absoluta sobre toda a extensão do território submetido à sua dominação. Passamos em revista apenas os deslocamentos de equilíbrio em relação a determinadas elites. Muitas inter-relações no campo mais amplo do desenvolvimento da sociedade francesa nessa época permanecem com isso em segundo plano ou obscurecidas.

Mas a sociedade de corte é útil também como modelo restrito, pois nos oferece a oportunidade de pôr à prova alguns conceitos que hoje em dia ainda nos parecem estranhos, como "figuração", "interdependência", "equilíbrio das tensões", "desenvolvimento da sociedade" ou "desenvolvimento da figuração", esclarecendo assim o seu significado.

31. Alguns sociólogos se perguntarão se vale a pena aprofundar-se desse modo nos detalhes da distribuição de poder e das interdependências de duques, príncipes e reis, uma vez que agora posições sociais desse tipo perderam muito do seu valor e tornaram-se, há muito tempo, fenômenos marginais das sociedades desenvolvidas. Todavia, isso seria equivocar-se a respeito do próprio sentido da tarefa da sociologia. Afinal a tarefa da sociologia é tornar os indivíduos de quaisquer associações compreensíveis para si mesmos e em relação aos outros. Quando investigamos de que maneira eles se ligam e se tornam dependentes uns dos outros, quando procuramos elucidar a partir de que motivos o mecanismo das interdependências humanas assume determinada conformação específica em determinada fase, chegamos a uma compreensão melhor do desenvolvimento da figuração que leva a um entrelaçamento próprio de interdependências. Ao mesmo tempo, também descobrimos, no caso de indivíduos que a princípio nos parecem inter-relacionados em figurações totalmente estranhas — e por isso nos parecem estranhos e incompreensíveis também quando considerados individualmente —, as posições-chave que tornam possível colocarmo-nos a nós próprios no lugar de pessoas que convivem entre si de modo totalmente diferente do nosso, pessoas de uma outra sociedade e portanto possuidoras de um caráter totalmente diverso. Ao descobrirmos as interdependências, reproduzimos a identidade última de todos os indivíduos, sem a qual toda relação humana (mesmo a do pesquisador com o pesquisado, do vivo com o morto) tem algo do período selvagem mais remoto no desenvolvimento da humanidade, algo de bárbaro, dos tempos em que os indivíduos de outras sociedades eram concebidos apenas como estranhos, de fora, muitas vezes nem mesmo como seres humanos. Conseguimos penetrar por trás do plano dos fenômenos sociais em que eles aparecem simplesmente como uma cadeia de diversas sociedades ou "culturas", em que o observador tem a impressão de que as investigações sociológicas só podem ser feitas sobre uma base relativista. Assim, alcançamos um outro plano, no qual a alteridade das outras sociedades e dos indivíduos que as constituem não é sentida como estranha e extravagante, e no qual os indivíduos de outras sociedades se tornam reconhecíveis e compreensíveis como pessoas semelhantes a nós mesmos. Dito de outro modo, no caso de um

216    A sociedade de corte

procedimento proeminentemente descritivo da pesquisa sociológica, ou histórica, permanecemos na linha demarcatória a partir da qual só podemos ver os indivíduos que procuramos compreender como tais em terceira pessoa, como "eles". Só quando o pesquisador avança e percebe os objetos de sua investigação como pessoas semelhantes a ele mesmo, só quando penetra no plano em que a experiência própria da *perspectiva-eu* e da *perspectiva-nós* se torna acessível, só então ele pode se aproximar de uma compreensão realista.

A análise das interdependências serve como acesso a esse campo. Assim, a determinação de uma parte da trama de interdependências da posição do rei na época de Luís XIV mostra, por um lado, o rei a partir da *"perspectiva-ele"*, mas ao mesmo tempo abre caminho para uma reconstrução bastante precisa de sua experiência pessoal. Sem a determinação da estrutura de interdependências, na qual ele se encontra como um dos indivíduos que a constituem, não é possível colocar-se em sua situação e compreender quais alternativas ele tinha de fato, na condução de seu governo, e como ele mesmo as compreendia de acordo com seu desenvolvimento e posição. Só quando temos em vista seu comportamento, especialmente as decisões que tomava em função dessas alternativas, e da margem de ação que lhe permitia sua rede de interdependências, podemos fazer uma imagem satisfatória de sua pessoa. Só então podemos começar a ver Luís XIV como um homem que também tinha, como nós, seus problemas específicos. Só quando entendemos como ele enfrentava ou tirava do caminho os problemas com que se defrontava podemos determinar seu valor, e portanto também sua grandeza. Pois o valor de um homem não está naquilo que ele aparenta ser, quando considerado apenas em si, enquanto um indivíduo isolado e independente de suas relações com os outros. Esse valor só pode ser determinado quando o vemos como um homem entre homens, lidando com a resolução das tarefas impostas pela convivência com os outros. Podemos então compreender, mas não aceitar, a fórmula segundo a qual Luís XIV foi um homem insignificante mas um rei significativo. Talvez ela exprima simplesmente a ideia de que ele de fato explorou ao máximo as possibilidades de seu percurso como rei, mas talvez em outro percurso social não tivesse o mesmo êxito, como filósofo, historiador, erudito, ou simplesmente "homens em si". Mas acerca do "homem em si" não é possível formular nenhuma declaração verificável. Não se pode determinar o valor de alguém sem considerar seu percurso no âmbito de sua interdependência, de sua posição e de sua função em relação aos outros.

Atualmente esse procedimento é ainda bastante frequente. Existe uma tendência de, ao julgar os homens de outras épocas ou de outras sociedades, partir dos juízos de valor de sua própria época, selecionando na infinidade de fatos justamente aqueles que, à luz de seus próprios critérios, parecem revestir-se de importância. Assim procedendo, torna-se impossível discernir as interdependências entre os indivíduos cujo comportamento se busca compreender. Os homens são isolados das inter-relações que mantêm com os outros e inseridos em inter-relações heterônomas que não são as suas — e que são determinadas pelas avaliações contemporâneas do pesquisador. Em contrapartida, só é possível compreen-

A formação e a transformação da sociedade de corte francesa          217

dê-los propriamente como indivíduos quando são preservadas a relativa autonomia das inter-relações, das figurações que eles mesmos constituem em sua época junto com outros indivíduos, e também a autonomia de seus valores, como aspectos de tais figurações.

A análise das figurações é simplesmente um método que visa garantir a quem pesquisa maior distância e autonomia em relação aos critérios de valor, muitas vezes fúteis e passageiros, que surgem das grandes facções em que os pesquisadores de cada época estão envolvidos. Só o esforço por uma maior autonomia do objeto de pesquisa, como parâmetro de avaliação central que orienta os pesquisadores, possibilita um controle dos ideais heterônomos que influenciam o pesquisador em seu estudo dos indivíduos. Se valores autônomos substituem em larga escala os valores heterônomos no esforço de pesquisa, então é possível ter esperança de um contato mais próximo com o contexto dos fatos, com a rede de interdependências dos indivíduos pesquisados, desenvolvendo modelos dessas interdependências, modelos que não se submetam às nossas posições ou ideologias. Trata-se de modelos nos quais outras gerações podem continuar trabalhando, possibilitando assim maior continuidade da pesquisa sobre o indivíduo.

O esboço da sociedade de corte que vem à tona em nosso estudo constitui, em escala reduzida, um tal modelo. Vimos como as pessoas que formavam essa sociedade estavam ligadas, em muitos aspectos, de modo diferente — constituindo figurações diferentes — do modo de ligação dos membros das sociedades industriais. Por conseguinte, também se desenvolviam e se comportavam de modo diferente, em muitos aspectos, dos indivíduos das sociedades industriais. Vimos aqui que esse "ser diferente" dos indivíduos de outras sociedades não foi tratado na investigação de figurações nem como estranho e extravagante — de um modo relativista —, nem reduzido a um "humano geral e eterno" — de um modo absoluto. Segundo mostramos, a determinação das interdependências torna possível preservar totalmente, nos indivíduos de outras sociedades, sua singularidade, sua exclusividade e diferenciação, ao mesmo tempo reconhecendo-os como pessoas em cuja situação podemos nos colocar, ou seja, como homens semelhantes a nós, com os quais estamos ligados por meio de uma identificação última enquanto seres humanos.

Isso não se aplica apenas ao rei, cuja posição social favorece muito a noção de uma individualidade totalmente autônoma e dependente apenas de si mesma, mas se aplica também aos homens da nobreza, caso façamos o esforço de discernir o perfil individual dos nobres como pessoas. É o caso do duque de Montmorency. O processo de sua decadência, cuja descrição foi escolhida para ilustrar a análise, revela determinados traços de sua pessoa. Ao mesmo tempo, revela o deslocamento do eixo em torno do qual oscilava o movimento de pêndulo das lutas pelo poder, entre os representantes da nobreza e os representantes da posição do rei, em favor desta última. Do mesmo modo, podemos chegar a uma compreensão mais clara a respeito do duque de Saint-Simon ou do duque de La Rochefoucauld, quando prestamos atenção no modo como eles tendiam para polos opostos dentro da esfera de ação de que dispunha a aristocracia de corte durante o reinado de Luís XIV. A noção de que as investigações sociológicas nivelam e igualam os homens como indivíduos só é justificada na medida em que se faz uso, na pesquisa, de teorias e métodos sociológicos que tratam os fenômenos sociais não como figurações de indivíduos, mas como fenômenos que existem fora e além dos indivíduos. Quando percebemos o indivíduo como uma pessoa em figurações que ele constitui junto com outras pessoas, isso aprofunda e dá vigor a nossa compreensão da individualidade.

# VIII | Sobre a sociogênese do romantismo aristocrático no processo de curialização

1. No período de transição em que uma parte da nobreza cavaleiresca da França, reforçada por alguns elementos da burguesia ascendente, transformou-se em uma nobreza aristocrática de corte, na primeira fase do processo de curialização, é possível observar alguns dos fenômenos muitas vezes associados apenas ao desenvolvimento recente e, em especial, aos processos de industrialização e de urbanização industrial. Durante o processo de urbanização industrial, o pequeno artesanato independente pouco a pouco dá lugar às fábricas, que reúnem muitas pessoas em permanente interdependência. Os filhos de camponeses e trabalhadores rurais migram para as cidades. E as recordações idealizadas do artesanato e da vida no campo como símbolos de um passado melhor, de uma vida livre, natural, opõem-se às coerções do ambiente urbano e industrial.

Sentimentos semelhantes também emergem ao longo do processo de curialização, voltando sempre a aparecer mais tarde, na sociedade de corte. Se buscamos uma ideia precisa da nobreza de corte de Luís XIV, é preciso lembrar que sua estrutura, sua organização e seu modo de vida são resultados de um processo ao longo do qual parte da antiga nobreza, anterior à de corte, encontrava-se diante de duas alternativas. Ou aqueles nobres continuavam vivendo em suas terras, tendo relações mais limitadas e em condições materiais medíocres, e com isso sofrendo o desprezo da nobreza de corte que os consideraria "gente provinciana", ou então sucumbiam às coerções e imposições da vida na corte.

Mas as pessoas que foram tragadas pelo turbilhão dessas grandes alterações não viam seu destino como consequência de um processo social de longa duração. A ideia de uma mudança de figuração, cujo poder excedia o de qualquer homem, mesmo de um rei ou da elite mais poderosa do país, era estranha a essas pessoas. Atualmente ainda se fala com bastante frequência da "época do absolutismo" como se a concentração de poder em mãos de governantes centrais se explicasse, em cada país, a partir dos grandes feitos de determinados reis ou príncipes. A pergunta sobre a natureza da transformação da sociedade como um todo, pela qual chances de poder particularmente amplas foram depositadas nas mãos dos soberanos da maioria dos Estados da Europa continental, se é que chega a ser formulada, fica na melhor das hipóteses em segundo plano, como uma pergunta de importância restrita, em comparação com as perguntas relacionadas às realizações de grandes e renomados indivíduos. Não é de admirar que os nobres, profundamente engajados no processo de formação da corte, percebessem a gradativa

220 A sociedade de corte

mudança de eixo na balança de tensões e das interdependências em geral, que os prejudicava no Estado, sempre como resultados de planos e ações de determinados indivíduos e grupos. Mesmo nos colocando no lugar deles, não podemos supor que vissem as causas profundas de seu destino como nós as vemos hoje.

A transformação da *noblesse d'épée* em nobreza de corte, cuja importância como estágio do processo civilizador europeu foi analisada com detalhe anteriormente[1], representa um dos impulsos que distanciaram gradualmente os produtores de gêneros alimentícios de seus locais de produção, da agricultura e pecuária, processo que hoje em dia talvez seja designado de uma maneira um tanto romântica como "desenraizamento" ou "alienação". Ora, a nobreza de corte já se serve de tons românticos para descrever essa experiência. Na fase de transição, nobres que haviam crescido nas propriedades de seus pais precisavam se acostumar à vida de corte, mais refinada, diversificada, rica em relações, todavia exigindo com isso um autocontrole maior. Para essa geração, já instalada na corte, a vida no campo e a paisagem campestre da juventude já são objeto de uma nostalgia melancólica. Mais tarde, depois da curialização, em uma época em que os membros dessa já olhavam com evidente desprezo a nobreza provinciana como indivíduos rústicos e pouco civilizados, mesmo assim a vida no campo continuou a ser um objeto de nostalgia. O passado assumia o caráter de uma visão onírica. A vida no campo se torna um símbolo da inocência perdida, da simplicidade e naturalidade espontâneas; torna-se o contraponto da vida urbana e de corte, com todos os seus vínculos, suas complicadas coerções hierárquicas e suas exigências de autocontrole de cada um. A transformação de parte da nobreza da França em uma nobreza de corte chegou a tal ponto no século XVII que as damas e os senhores da corte certamente não teriam apreciado caso fossem obrigados a retornar à vida de campo de seus antepassados, relativamente rústica, sem refinamento e pouco confortável. Contudo, nas suas conversas em sociedade, nos seus livros e outros divertimentos, eles não evocavam a vida no campo, a vida "natural", como ela realmente era; de acordo com suas convenções sociais, ela aparecia com um disfarce idealizado: a vida de pastores com as quais sonhavam não tinha quase nada a ver com a vida real, trabalhosa e muitas vezes bastante pobre, dos verdadeiros pastores. Isso também era, assim como a moda dos romances de cavalaria do século XVI (que Cervantes ridiculariza em sua magnífica sátira), um sintoma da progressiva transformação dos nobres guerreiros em cortesãos. A figura do grande Amadis e todo o romantismo de cavalaria — só gradativamente os conceitos de "romance" e de "romantismo" se distanciaram — mostra o intrépido guerreiro medieval à luz crepuscular da nostalgia pela vida cavalheiresca mais livre e independente, um modo de vida já em decadência no curso da crescente centralização dos Estados e, com isso, da organização dos exércitos. Da mesma maneira, o romantismo pastoral, que já aparecia prefigurado como tema episódico nos romances de cavalaria, expressa a nostalgia dos fidalgos da corte e de suas damas pela vida no campo, embelezada pelo brilho da distância. Eles iluminavam a *perspectiva-eu* e a *perspectiva-nós* do processo de curialização. Essa perspectiva põe às claras o sentimento dos nobres que, com a integração mais forte do Estado, eram impelidos para uma rede de interdependências mais rígida, que exigia um autocontrole bem mais rigoroso. Mais tarde, o nobre já nascerá no interior dessa rede.

2. Examinando essas tendências românticas da corte nos deparamos com o cerne do problema daquelas atitudes e formas de vivência que se popularizaram sob o termo "romântico". Existem muitas variedades de movimentos românticos. Mas não há uma teoria central que elabore as peculiaridades estruturais de tais movimentos de forma paradigmática, uma teoria que pudesse ser posta à prova pelas gerações futuras, e estendida, revisada, melhorada, ou então substituída definitivamente, por uma teoria central mais apropriada aos fatos. Como quer que seja, a tradição predominante na história das ideias — em virtude da qual o conjunto das ideias de determinados grupos e seu desenvolvimento são descritos sem uma investigação sistemática desses grupos, de sua estrutura, de sua situação, de sua experiência, ou seja, sem uma investigação sociológica sistemática, como se as ideias pairassem no ar independentes dos homens — confere ao conceito de "romântico" o caráter de uma classificação vaga, nebulosa e muitas vezes arbitrária. Produtos culturais e artísticos de determinados grupos humanos são qualificados de "românticos", como se atitudes românticas fossem trazidas pelo vento e voltassem a desaparecer com ele. Elas são descritas como humores e modos de pensamento sem estrutura que se apoderam de grupos de pessoas em certos períodos sem motivo visível. Bastam as descrições, como se tais tendências não pudessem ser explicadas nem precisassem de explicação.

O que foi dito antes sobre o processo de consolidação da corte, sobre as crescentes coerções — especialmente a autocoerção[2] — no decorrer da formação de Estados maiores e mais integrados, com uma divisão de funções cada vez maior e uma ampliação das cadeias de interdependências, fornece uma chave para o esclarecimento do fenômeno em questão. As correntes românticas de corte fazem parte das primeiras tendências da progressiva integração do Estado e da crescente urbanização, que constitui um de seus aspectos centrais. É claro que essas correntes têm particularidades pelas quais se diferenciam das correntes românticas posteriores, mais burguesas. No entanto não faltam propriedades em comum, que as apontam como manifestações de um redirecionamento da figuração dos indivíduos em seu conjunto, redirecionamento que se dá num sentido determinado, com padrões fundamentais similares ou recorrentes em diversos níveis. Um desses padrões recorrentes é a atitude e o tipo de vivência aos quais o conceito de "romântico" se refere. Correntes românticas de corte mostram essa atitude e esse tipo de vivência em um estágio de desenvolvimento anterior, ao passo que as correntes românticas burguesas os mostram em um estágio posterior. Assim, existe uma certa continuidade temática. O romance de cavalaria é um dos exemplos mais evidentes. Mas o que liga essas tendências entre si são as situações estruturalmente similares de certas camadas sociais. A linha geral, a orientação comum das mudanças estruturais globais tendendo a uma crescente interdependência de associações humanas cada vez maiores e mais diferenciadas, produz movimentos recorrentes e situações desse tipo. O desenvolvimento de Estados cada vez mais centralizados, com funções diversificadas, e de cortes reais cada vez mais extensas, ou, em um estágio posterior, de centros de poder e administração cada vez maiores e mais abrangentes, assim como o crescimento das capitais e cidades comerciais, crescente monetarização, comercialização e industrialização — tudo isso são apenas diversos aspectos da mesma transformação global.

Entretanto, uma peculiaridade estrutural determinante dessa transformação da convivência humana, que vem à tona de modo bem claro em nossa investigação do processo em que os guerreiros se tornaram cortesãos, costuma escapar de todas as elaborações conceituais. Trata-se da interdependência constante de movimentos de ascensão e queda, de integração e desintegração, de reconstrução e demolição, no decorrer do processo como um todo. Atualmente, ainda é comum trabalhar com um esquema simplificado dessa transformação social de longa duração. A classificação sociológica vigente das camadas sociais permanece muito defasada em relação ao conhecimento empírico que possuímos — em parte justamente porque sociólogos e historiadores trabalham separados. Enquanto os historiadores não se esforçam o bastante para tornar mais claro e preciso seu aparato conceitual e teórico, os sociólogos não se esforçam para elaborar teórica e conceitualmente os conhecimentos históricos particulares que descobrem.

Assim, contentamo-nos com um esquema básico das camadas sociais, que fornece ao pesquisador apenas três — no máximo quatro — conceitos, quando se investiga o desenvolvimento da estratificação da sociedade: nobreza, burguesia, proletariado e, às vezes, o campesinato, como categoria à parte. Nesse esquema, os movimentos ascendentes e descendentes do desenvolvimento social são apresentados sob uma forma extremamente simplificada: quando a "burguesia" está em ascensão, a nobreza está em decadência; quando o proletariado está em ascensão, a burguesia está em decadência. Desse modo o material de observação é elaborado tendo em vista apenas o desaparecimento real ou imaginário de uma das formações sociais conhecidas sob tais denominações. Todavia o mesmo nome costuma encobrir formações sociais de tipos diferentes, ou, em outras palavras, outros estágios do desenvolvimento da sociedade. Nem sempre os membros de uma camada com o mesmo nome de uma camada mais antiga são seus descendentes. Assim, como foi dito, a nobreza aristocrática de corte dos séculos XVI e XVII era formada, na França, em parte pelos descendentes de famílias não nobres. Tampouco camadas mais recentes, similares estrutural e funcionalmente, são conhecidas pela mesma classificação terminológica que designa camadas similares de um estágio anterior. Camadas de elite da burguesia, como por exemplo o patriciado, podem ter um parentesco notável com camadas nobres, do ponto de vista estrutural, e camadas de elite do proletariado com as elites burguesas. A rigidez, a falta de precisão, a carga afetiva dos conceitos tradicionais complicam a tarefa do pesquisador interessado em descrever com exatidão os resultados de suas observações.

Por conseguinte, a descrição dos processos que acabamos de analisar também permanece muitas vezes imprecisa. A ascensão de um novo tipo de determinada camada social — no caso, uma formação aristocrática — pode, como vimos, acompanhar a decadência de um tipo antigo da mesma camada, ou, em todo caso, de uma camada para a qual se utiliza o mesmo conceito, sem que haja uma diferenciação clara e distinta entre o tipo ascendente e o tipo decadente da camada assim designada. E a ascensão do monarca e seus representantes, membros de uma formação social *sui generis*, sua vitória depois de longos conflitos com os membros de outras formações parciais do mesmo estágio de desenvolvimento, não costuma ter lugar nesse esquema tradicional. O desenvolvimento da figuração como um todo, tal como constituída pelas diversas camadas sociais interdependentes — sendo que a instância máxima de coordenação, os senhores centrais e os governos de vários tipos, possui um peso próprio no equilíbrio de tensões das camadas e grupos interdependentes em uma sociedade estatal —, fica muitas vezes encoberto por fórmulas do gênero "desenvolvimento do Estado". Trata-se de termos que são utilizados sem um esclarecimento da relação de tensões e deslocamentos de forças, ligados às diversas camadas sociais, para o desenvolvimento de toda a estrutura que elas formam conjuntamente.

Na França, como vimos, a linha mestra do deslocamento de forças na relação das camadas dirigentes, e do surgimento de uma nova, a formação aristocrática de corte, era relativamente clara no final da Idade Média. Uma parte da antiga nobreza guerreira entrou em decadência, no curso da crescente centralização e integração do Estado, enquanto se desenvolvia, a partir de uma parcela da antiga nobreza e de descendentes de famílias burguesas, a nobreza de corte como uma formação distinta, com barreiras cada vez maiores, da nobreza não cortesã. Em outros países, a linha de tal desenvolvimento foi bem mais tortuosa. No Império germânico, os movimentos oscilantes em favor ou de formações burguesas, ou de formações nobres eram comparativamente violentos e extremos desde muito cedo. Na época do surgimento das cidades medievais formou-se uma burguesia urbana corporativa e comercial que não só costumava ser próspera e rica, mas que também possuía em muitos casos um grau de autonomia política, de independência, mesmo em relação ao príncipe e à nobreza de província. Isso só encontrava correspondência, na Europa — quando incluímos também as regiões associadas da Suíça e da Holanda —, no caso da Itália, e foi um fator característico para o desenvolvimento da distribuição de poder do império germânico-romano. Ao mesmo tempo, porém, parcelas consideráveis da antiga nobreza guerreira alemã empobreceram em seus burgos no final da Idade Média. Como os guerreiros, eles muitas vezes tomavam pela força o que não podiam obter por outros meios, passando para a história como "cavaleiros salteadores". Existem muitos testemunhos da dureza das contendas entre cidadãos das cidades e a nobreza provinciana, gerando o escárnio daqueles diante dos membros decaídos desta, e o ressentimento de homens da nobreza em relação ao que eles viam como pretensão dos cidadãos que antes se encontravam muito abaixo deles. Ressonâncias dessa segregação

224 A sociedade de corte

especialmente acentuada entre cidade e campo, entre burguesia e nobreza, manifestaram-se em várias, senão em todas, regiões da Alemanha durante muito tempo. E isso continuou mesmo depois que, no decorrer da integração do Estado que se seguiu no plano dos diversos domínios territoriais, o equilíbrio de poder instável entre outras formações nobres e outras formações burguesas inclinou-se um pouco mais em favor das primeiras, em favor por exemplo de uma nobreza, ou — em geral — de uma nobreza administrativa. Foi desfavorecida neste caso uma burguesia de artesãos e comerciantes, bastante empobrecida e relativamente destituída de poder político, cujas camadas de elite praticamente não incluíam mais grandes comerciantes do calibre dos Fugger, mas sim grupos de funcionários burgueses do Estado, às vezes até funcionários pertencentes à corte.

Contudo, o desenvolvimento do equilíbrio de tensões multipolar entre formações nobres, burguesas e reais era muito diversificado nos vários países. Assim, é possível reconhecer com clareza suficiente a linha-mestra desse longo processo, o deslocamento de toda a figuração rumo a uma diferenciação funcional maior e mais rica, e de uma coordenação e integração do Estado correspondente, maior e mais sólida, dentro de um determinado âmbito de dominação. Quando se tem em vista apenas essa linha com seus diversos aspectos, pode parecer tratar-se de um processo totalmente retilíneo e sem conflitos. Só quando se observam as várias descontinuidades que marcam a continuidade da grande linha de desenvolvimento, a simultaneidade de integração e desintegração, de ascensão e queda, de vitória e derrota, só então se alcança uma imagem mais realista do processo.

No curso dessa transformação das interdependências humanas, as antigas formações e posições sociais acabam sempre perdendo suas funções. Os indivíduos ligados a elas perdem sua existência social, vendo-se privados de valores tidos como essenciais, e empobrecem; ou então se adaptam a novas formações e posições. Mas esses últimos normalmente acabam envolvidos em uma rede de interdependências mais abrangente e mais rígida do que a das pessoas em decadência. Comparados aos indivíduos dos estágios anteriores, os que fazem parte das formações ascendentes encontram-se organizados em associações humanas maiores, com contatos mais instáveis, mais numerosos e diversificados. Mesmo suas dependências diretas ou indiretas em relação a outras pessoas costumam ser mais numerosas e diversificadas. As formações ascendentes requerem de seus membros, em consequência disso, um autocontrole mais atento e meticuloso em comparação com o que é exigido para a manutenção de posições sociais elevadas nas formações anteriores, em declínio. Assim, como vimos, o aristocrata de corte e mesmo o rei absolutista constituem, junto com outros indivíduos, uma figuração maior, mais integrada, mais rica em contatos, estando em interdependência direta ou indireta com mais pessoas do que no caso de um cavaleiro medieval, ou de um soberano medieval em uma estrutura de dominação correspondente. O mesmo se aplica ao nobre oficial no âmbito dos exércitos e regimentos reais, comparado ao senhor feudal que partia para o campo de batalha com seus próprios homens, com armamentos que ele mesmo comprou, obedecendo à convocação de seu soberano, e muitas vezes voltando para casa se a campanha durasse tempo demais ou ultrapassasse o prazo estipulado. Aplica-se também, em outro nível, ao caso de comerciantes que continuaram a ter seus negócios na rede de interdependências cada vez mais rígida de um Estado comercial e industrial. Em lugar de proprietários, relativamente independentes, de negócios pequenos ou médios, aparecem diretores e negociantes de grandes empresas como os principais representantes, mais dependentes, dos empreendimentos comerciais. Aplica-se ainda aos trabalhadores e empregados de grandes empresas industriais, em comparação com os artesãos e comerciantes do período pré-industrial. Quando consideramos a distribuição de poder entre soberanos e súditos como se ela existisse por si mesma, isolada, convencemo-nos facilmente de que as coerções interdependentes, no caso dos comerciantes e artesãos pré-industriais em seus pequenos negócios, eram maiores que no caso dos trabalhadores e empregados das grandes empresas industriais. Entretanto, para entender o longo processo em questão aqui, não basta considerar as coerções interdependentes de modo isolado. O que importa nesse contexto é que todas as redes de interdependências que os homens constituem no estágio anterior do desenvolvimento, comparadas àquelas que eles constituem posteriormente, são mais curtas, menos numerosas e com frequência menos estáveis, menos estruturadas. A partir de um determinado estágio de desenvolvimento, a partir de uma determinada duração, densidade e solidez das redes de interdependências, altera-se de um modo específico o tipo das coerções que os homens exercem entre si. Um desses traços distintivos é um impulso marcante na direção de maiores mudanças das coerções externas para internas. Na gênese dos movimentos românticos, é justamente essa mudança que tem papel decisivo.

3. É proveitoso ao menos indicar, mesmo de passagem, que nos deparamos aqui com alguns dos critérios do desenvolvimento da sociedade que no futuro poderão servir como base para comparar diversos estágios de desenvolvimento, portanto também para determinar a orientação do desenvolvimento em cada estágio. Isso torna possível fazer medições, com auxílio tanto de estatísticas quanto de séries de figurações. Entre os mais simples desses critérios encontra-se o número de contatos rotineiros que pessoas de diferentes camadas, de diferentes faixas etárias ou gêneros têm, em determinado estágio de desenvolvimento da sociedade. Outros critérios são o número, a duração, a densidade e a estabilidade das redes de interdependências que tais indivíduos constituem junto com outros indivíduos em determinado estágio de desenvolvimento, dentro de um *continuum* espaço-temporal em comparação com estágios anteriores ou posteriores. Podemos mencionar ainda os equilíbrios de tensões centrais de uma sociedade: o número de centros de poder aumenta com a progressiva diferenciação das funções; a distribuição irregular de poder diminui — sem chegar a desaparecer. E, por fim, entre esses critérios está o nível dos três meios fundamentais de controle dos indivíduos na sociedade: o controle sobre os acontecimentos naturais extra-humanos, o con-

226  A sociedade de corte

trole dos indivíduos sobre os outros indivíduos, e o controle de cada homem singular sobre si mesmo. Estes também se alteram de estágio para estágio, de uma maneira característica, embora não apenas no sentido de um simples acréscimo ou decréscimo.

A mudança estrutural das coerções que os homens exercem uns sobre os outros — para nomear apenas estas —, que pode ser observada no desenvolvimento social da Europa moderna, fica mais clara se compararmos por exemplo a situação da nobreza no fim da Idade Média com a da aristocracia de corte na França, ou a de camadas burguesas posteriores, na Alemanha pré-industrial, com a de camadas burguesas do mesmo país no decorrer da progressiva urbanização, industrialização e integração do Estado. Essa mudança abre uma das portas para a compreensão do fenômeno peculiar da idealização romântica de formações sociais em declínio, do ponto de vista funcional, ou já substituídas por representantes de um estágio de desenvolvimento posterior. Podemos observar essas tendências em certas camadas superiores, sobretudo as elites, cujas pretensões ao poder só são realizadas com a destruição do regime que lhes garante sua posição privilegiada. Trata-se de camadas superiores que estão submetidas a coerções da interdependência e a autocoerções de origem cultural mais fortes do que as de formações anteriores. Em virtude disso, os representantes dos estágios de desenvolvimento anteriores tornam-se, a seus olhos, símbolos de uma vida mais livre, independente, simples, natural ou, em todo caso, melhor. Tornam-se os representantes de ideais nostalgicamente admirados, os quais, no entanto, não são mais concretizáveis na vida social do presente ou do futuro. A glorificação dos cavaleiros andantes no decorrer do processo de formação da corte, ou — em uma forma mais individualizada — a glorificação da burguesia corporativa livre e autônoma da Idade Média, a idealização romântica da cavalaria medieval nas óperas de Wagner, justamente quando as esperanças da burguesia de uma maior participação no poder haviam sido destruídas e as coerções da integração do Estado em conjunto com as da industrialização se fortaleciam, são exemplos de uma tal situação. Em outras palavras, faz parte dos traços essenciais das mentalidades e ideais românticos o fato de que seus representantes veem o presente como uma degradação à luz do passado, e o futuro — se chegam a ter em vista um futuro — apenas como uma restauração do passado idealizado, melhor e mais puro. Quando perguntamos por que o olhar de tais grupos românticos está voltado para o passado, e por que eles procuram aliviar suas dificuldades presentes com um retorno a um estágio passado do desenvolvimento da sociedade, do qual possuem uma imagem romântica e irreal, então nos deparamos com um conflito específico, que pode ser apontado como o conflito fundamental da experiência romântica. Um fator constitutivo do caráter romântico das atitudes humanas, assim como dos produtos culturais que as expressam, costuma ser o dilema das camadas superiores desejosas de se libertar de seus guilhões sem abalar a ordem social estabelecida, que garante sua posição elevada e privilegiada, e sem comprometer os fundamentos de sua filosofia social e de sua razão de viver. É claro que em geral existem outras possibilidades de superar esse dilema. Na própria sociedade de corte da França, justamente no período em que o rei tinha as rédeas do poder, no período de Luís XIV, as tendências românticas — na medida em que podem ser observadas — desempenhavam um papel mais restrito do que em períodos nos quais os soberanos ainda não eram tão fortes, ou nos quais eles haviam afrouxado novamente o controle — embora tendências místicas e religiosas talvez tivessem uma função semelhante na corte de Luís XIV. A possibilidade de identificação com o "opressor" e a recompensa emocional que tal identificação oferecia, em um período no qual a fama do rei era grande e o poder de seu reinado era muito forte, podem ter tornado suportáveis as coerções dominadoras e civilizadoras do processo de curialização da corte (*Verhofung*), enfraquecendo os componentes negativos dos sentimentos ambivalentes.

Seja como for, deve ser suficiente esboçar aqui, em linhas gerais, a estrutura desse conflito básico. Trata-se de um conflito em que se expressa a ambivalência fundamental da sensibilidade de indivíduos pertencentes a uma determinada formação social. Aos sentimentos positivos — o orgulho da própria superioridade social, do maior autocontrole, das boas maneiras, de descender das melhores famílias, da melhor educação e formação — aliam-se sentimentos negativos em relação à ordem social vigente, sobretudo em relação às coerções que se localizam, do ponto de vista emocional, em determinadas pessoas e grupos de nível elevado. Ou então, quando a sensação da própria impotência e da impossibilidade de escapar das coerções é forte, isso pode se expressar em um descontentamento não muito bem-localizado, na forma de um pessimismo romântico, e normalmente também nos sentimentos negativos em relação à autocoerção civilizadora (*zivilisatorischen Selbstzwänge*), da qual realmente é impossível escapar. Em muitos casos, esses sentimentos negativos não alcançam a consciência como tais. São socialmente perigosos quando se dirigem contra indivíduos ou grupos poderosos, ou totalmente irrealizáveis quando se dirigem contra as autocoerções, contra as normas sociais interiorizadas no próprio indivíduo, que constituem, na forma de boas maneiras, normas, valores, ideais ou da boa consciência, uma parte integrante do "eu" e do autorrespeito. Uma das formas pelas quais os sentimentos podem se expressar simbolicamente é a projeção dos próprios ideais num sonho de uma vida melhor, mais livre e mais natural, situada no passado. A luz romântica que caracteriza essa evocação do passado traduz uma nostalgia irrecuperável, um ideal inatingível, um amor irrealizável. Trata-se do conflito de homens que não podem destruir as coerções sob as quais vivem — sejam elas de poder, civilizadoras, ou uma junção dos dois tipos — sem destruir os fundamentos e as marcas distintivas de sua posição social elevada, aquilo que dá sentido e valor às suas vidas do seu próprio ponto de vista — sem destruir a si próprios.

Com esse modelo aproximativo das conexões entre uma experiência vivida específica e uma figuração específica, revela-se apenas uma parcela dos fatores reais que desempenham um papel na gênese das correntes românticas. Mas tal

228 A sociedade de corte

modelo, mesmo limitado, pode contribuir para liberar de seu isolamento as correntes românticas subjacentes à aristocracia de corte da França, esclarecendo-as por meio de uma comparação com correntes similares surgidas em formações sociais de um outro estágio de desenvolvimento. Podemos pensar, por exemplo, na burguesia guilhermina da Alemanha. Ali também se encontram correntes românticas bastante fortes. Assim como a nobreza da França na época da economia mercantil e do processo de curialização, a burguesia alemã, desde o começo do século XIX, encontrava-se engajada num processo de mercantilização, de crescente industrialização e integração do Estado, no qual as interdependências se expandiam e se adensavam, enquanto aumentava notavelmente a pressão social para produzir formas mais estáveis, uniformes, abrangentes e diferenciadas de autocontrole dos indivíduos. Trata-se, é claro, de duas camadas diferentes em vários aspectos. Entretanto, mesmo distintas quando consideradas em conjunto, a maneira como se inseriam na figuração de sua sociedade mostra determinados traços estruturais similares. Em ambos os casos lidamos com camadas superiores, que, a despeito de seu orgulho e sua sede de prestígio, não participavam em nada das funções de governo nem das decisões oficiais ligadas a elas. Em ambos os casos, desejos dissimulados de dominação e poder caminhavam lado a lado com uma resignação ao papel de súditos, que se tornara uma espécie de segunda natureza. Em ambos os casos, lidamos com camadas engajadas numa intensa e inexorável concorrência, que, eliminado o emprego da violência física, tinha de ser conduzida com extrema perspicácia e autocontrole. Era uma luta na qual os indivíduos que não concorriam, ou que perdiam o controle e passavam a agir impulsivamente, seguindo a pressão das emoções extremas, estavam fadados ao fracasso social ou, muitas vezes, a perderem sua posição.

Nessas camadas de profissionais burgueses, especialmente nas elites artísticas e acadêmicas, também não faltavam inclinações românticas. Mas nesse caso o amor à beleza do passado e o anseio onírico por uma restauração associavam-se a uma certa tomada de consciência histórica. Distintas das tendências românticas posteriores, mais burguesas, as tendências aristocráticas de corte ainda não se apoiavam num conhecimento histórico e na consciência proporcionada por tal conhecimento. A projeção de anseios irrealizáveis de libertação das profundas coerções das interdependências, tanto as dominadoras quanto as civilizadoras, na imagem dos grupos humanos pertencentes a um estágio de desenvolvimento social anterior, mais simples, menos diferenciado, faz com que esses outros grupos humanos apareçam como a personificação de valores elevados que no presente se tornaram inatingíveis. Todavia, a capacidade de distanciamento do presente ainda é muito limitada, nesse estágio do desenvolvimento, para permitir que se localizem claramente as condições sociais e os personagens idealizados, objeto de sua nostalgia, em uma outra época histórica — como é o caso no século XIX, por exemplo, com a imagem dos cavaleiros ou mestres artesãos medievais. Os cavaleiros dos romances de Amadis, ou mais tarde os pastores em quem os membros da nobreza da França projetavam seus devaneios, no decorrer do processo de formação da corte, são figuras idealizadas de homens contemporâneos, apenas vestidos de outra maneira.

Entretanto, com ou sem perspectiva histórica, o que há de comum entre essas tendências românticas é seu caráter de sintoma das frustrações emocionais específicas, que têm conexão com a transição para uma rede de interdependências cada vez mais abrangente e diversificada e, como foi dito, para coerções de dominação e autocoerções igualmente diversificadas. Na nova situação assim criada, explosões afetivas e atitudes emocionais tornam-se sempre mais perigosas, acarretando fracassos sociais, sanções por parte da autoridade, ou remorsos. Diante da pressão de tais coerções, tanto em um caso quanto em outro — a contragosto — o homem procura a salvação em imagens oníricas que lhe mostram, projetada no passado, uma vida mais livre, simples, natural, menos pressionada pelas coerções. É o que explica uma tendência comum a todos os românticos: intensificam-se os traços de valor negativo na imagem de seu próprio presente, do qual anseiam escapar; todas as conquistas de sua época em relação às épocas passadas são minimizadas, desaparecendo num segundo plano. Na imagem dos grupos humanos idealizados de estágios de desenvolvimento anteriores, em que esses homens projetam seus próprios anseios, tudo aquilo que desejam, que consideram como contraponto dos traços indesejáveis de sua própria sociedade encontra-se aumentado e posto em primeiro plano, ao passo que tudo que lhes parece desagradável, se é que chegam a ter consciência de tais coisas, desaparece na obscuridade do segundo plano.

A função que as imagens idealizadas da vida no campo têm, na sociedade de corte do Ancien Régime, ilustra essa função de um passado que contrasta com as coerções e as calamidades do presente. A evocação da vida simples no campo liga-se, muitas vezes, ao anseio por uma liberdade e espontaneidade que um dia existiram mas agora desapareceram. Alguns imagens mentais desse tipo, especialmente a idealização da natureza campestre, que refletem, de início nos círculos aristocráticos de corte e depois nas elites intelectuais burguesas do século XVIII, a extensão das coerções das interdependências no decorrer da crescente diferenciação e integração social, continuam aparecendo no século XIX como temas constantes da tradição romântico-burguesa.

O papel desempenhado pelo conceito de "natureza" no pensamento de Rousseau muitas vezes é interpretado como prelúdio do romantismo burguês, uma vez que o próprio Rousseau era de origem burguesa. Mas sua reputação e a de suas ideias devem muito à ressonância que tiveram nos círculos aristocráticos de corte, no *monde*; e essa ressonância praticamente não pode ser compreendida sem referência à idealização da natureza e ao seu uso como contraponto das coerções da corte e das convenções sociais, que são temas recorrentes na tradição dos próprios círculos aristocráticos. Podemos estabelecer um nexo entre a romantização das sociedades agrárias e de suas personagens típicas, seus guerreiros, pastores ou camponeses, e o crescente êxodo rural que acompanhou a progressiva urbanização, acrescentando a esse processo todo o complexo de mudanças ao qual a urbanização pertence. Não devemos esquecer, portanto, que a transformação dos guerreiros em cortesãos, a formação de cortes reais cada vez maiores e mais numerosas, de acordo com a progressiva integração política de regiões cada vez mais vastas, faz parte desse contexto, constituindo um estágio anterior e preliminar da urbanização. Apesar de muitas descontinuidades, existem linhas associativas que levam da romantização aristocrática de corte à romantização urbana e burguesa da vida no campo e da "natureza".

Acrescentemos, para esclarecer melhor tais problemas, que, tanto nas camadas de elite, desde um passado remoto, como também em camadas cada vez mais amplas num período recente, é possível observar formas não românticas de lidar com os problemas do crescente distanciamento da vida "no campo", ao longo da progressiva urbanização. Trilhas, escaladas, esqui, assim como muitos outros esportes e atividades de lazer, incluindo sobretudo as viagens de férias regulares das pessoas de círculos urbanos, são coisas que fazem parte desse contexto. Da mesma maneira que, antigamente, os senhores e as damas da corte levavam seus aparatos para entretenimentos bucólicos no campo, hoje em dia as pessoas das sociedades industriais desenvolvidas levam para as montanhas, para o mar, para o campo seus aparatos urbanos. Nesse caso as pessoas não se fantasiam, não sonham fazer parte de um mundo perdido. Falta a esse "retorno à natureza" a nota da melancolia e da nostalgia. Ele não substitui as atividades políticas frustradas como uma válvula de escape das coerções autoritárias, um refúgio para súditos excluídos de qualquer participação política nos monopólios da soberania.

Na sociedade de corte do absolutismo francês, o enfoque da "natureza" e a imagem que fazem dela expressam, muitas vezes, uma oposição simbólica contra as coerções da soberania real e da corte, das quais se tornou impossível escapar — oposição que durante a vida de Luís XIV, e mesmo depois, com frequência só podia se expressar a meia voz ou em fantasias simbólicas.

Em certa passagem, descrevendo os jardins de Versailles, que considera de mau gosto, Saint-Simon faz uma observação bastante reveladora: "Ali, era um prazer para o rei tiranizar a natureza e domá-la com o investimento da arte e do dinheiro ... O observador se sente repelido pelos constrangimentos impostos à natureza por toda parte."[3]

Saint-Simon praticamente não pertence aos círculos de inclinação romântica da sociedade de corte. Como vimos, ele joga um jogo político arriscado e no fundo bastante fútil, contudo sempre consciente de suas metas, na medida em que isso é possível dentro do âmbito de uma corte de regime autocrático. Além disso, encontra uma forma de compensar suas frustrações, devidas ao excesso de poder do rei e às coerções da corte real, ao escrever suas *Memórias,* a princípio secretas. Ali ergue a seu modo um espelho diante do rei e da corte, dizendo coisas que não podia expressar em voz alta durante a vida do grande rei. A observação citada mostra em escala reduzida a situação geral; ilumina a conexão entre estrutura de poder, de um lado, e paisagismo e percepção da natureza, de outro. A sensibilidade produzida por sua própria posição social limitada aguça o olhar de Saint-Simon para tais conexões.

Ele se dá conta de que, no gosto do rei, na maneira como ele e seus encarregados arrumam os jardins e as dependências do parque, expressa-se a mesma tendência demonstrada na atitude real em relação à nobreza e a seus súditos em geral. Da mesma maneira que se volta contra tal atitude, Saint-Simon também se volta contra aquela forma de arranjo. De acordo com o gosto do rei, as árvores e plantas em seu jardim devem ser agrupadas em formas regulares, facilmente distinguíveis, como os cortesãos durante as cerimônias. As copas das árvores e os arbustos devem ser cortados de tal modo que desapareça qualquer vestígio de crescimento desordenado, descontrolado. As aléias e os canteiros devem ser dispostos de modo que a composição do jardim mostre a mesma clareza e elegância da articulação encontrada na arquitetura das construções reais. Na arquitetura de construções e de jardins; na integração perfeita entre as partes e o todo; na elegância da linha decorativa que constitui o reflexo da elegância dos gestos e movimentos do rei e dos senhores e damas da corte em geral; na extensão e magnificência extraordinárias das construções e dos jardins, que, sem levarmos em conta todos os objetivos práticos, servem também para exibir o poder real — tudo isso talvez se aproxime mais dos ideais do rei do que sua maneira de controlar e subjugar os homens. É compreensível, e ao mesmo tempo sintomático, o fato de Saint-Simon — que era duque e membro da alta nobreza da França e que, a confiar em suas próprias palavras, nunca se resignou a ser tratado como um súdito igual a todos os outros — abominar a arquitetura dos jardins do rei, que violenta a natureza. Seu gosto tendia mais para os jardins e parques ingleses, que davam espaço para arbustos, árvores e flores crescerem livremente, e que correspondiam ao gosto das camadas superiores de uma outra sociedade, na qual os reis e seus representantes não estavam em situação de estabelecer uma dominação autocrática ou absolutista.

4. Esse nexo entre as figurações humanas e sua sensibilidade em relação à natureza pode ser acompanhado claramente, no desenvolvimento da nobreza na França, a partir do século XVI. Na primeira fase do processo de curialização, a sensação de distanciamento da vida no campo, de perda de contato com a terra e de nostalgia de um mundo que se desvaneceu ainda corresponde a uma experiência concreta:

> Ah, e nós, enquanto desperdiçamos a vida
> nas margens desconhecidas de um rio estrangeiro,
> a infelicidade nos faz cantar esses versos tristes...

São palavras de Joachim du Bellays (1522-60), um dos grandes poetas líricos da primeira metade do século XVI. Esse "desenraizamento" da terra ao longo do processo de formação da corte e a melancolia a que ele induz mostram-se de modo ainda mais claro nos seguintes versos de du Bellays, que soam melhor em sua língua original:

> Quand revoiray-je, hélas, de mon petit village,
> Fumer la cheminée, et en quelle saison
> Revoyrai-je le clos de ma pouvre maison?

232    A sociedade de corte

Plus me plaist le séjour qu'ont basty mes ayeux
Que des palais romains le front audacieux...
Plus mon Loyre gaulois que le Tybre latin,

Plus mont petit Lyré que le mont Palatin
Plus que le marbre dur me plaist l'ardoise fine,
Et, plus que l'air romain, la doulceur angevine.[4]

Ouve-se o lamento do fidalgo condenado a viver na capital, a nostalgia de um coração oprimido, que aprendemos a compreender de modo geral como nostalgia romântica. Trata-se de uma nostalgia incapaz de ser apaziguada. A vida no grande mundo da capital torna-se insuportável. Suas coerções pesam; contudo, mesmo com as portas abertas, seria impossível fugir da gaiola; pois os vínculos que mantêm os cortesãos presos ao grande mundo são parte constitutiva deles mesmos. O cortesão poderia voltar ao torrão natal de seus antepassados, mas não iria encontrar lá aquilo que busca. A vida livre de sua infância no campo tornou-se um sonho, assim como sua própria infância. O maior dos poetas desse grupo do século XVI, que já sabia viver muito bem como cortesão e tinha tendências monarquistas, Ronsard (1524-85), figura central da famosa Pléiade, descreve sua infância:

Je n'avais pas quinze ans que les monts et les bois
et les eaux me plaisaient plus que la Cour des rois.[5]

Essa nostalgia da pátria, campestre e "natural", imagem oposta à vida urbana de corte com sua coerção, torna-se a partir daquele momento um tema constante. Após Ronsard, e em tons mais fortes que os dele, um membro da geração seguinte, Desportes, fala sobre isso em suas "Bergeries":

O champs plaisans et doux! ô vie heureuse et sainte!
Où, francs de tout soucy, nous n'avons point de crainte
D'estre accablez en bas, quand, plus ambitieux
Et d'honneurs et de biens, nous voisinons les cieux!

O gens bien fortunez, qui les champs habitez,
Sans envier l'orgueil des pompeuses citez![6]

O lamento pelo que se perdeu ao abandonar a vida no campo torna-se cada vez mais intenso, a oposição entre a cidade e o campo, cada vez mais definida. A urbanização e o processo de curialização, assim como a assimilação, nas "*pompeuses citez*", das pessoas nascidas no campo, ainda estavam longe de alcançar seu ponto culminante.[7] Mas já se percebe como lentamente se produzia aquela situação humana que, mesmo não vindo à tona sempre de modo direto, era um componente decisivo, permanecendo como fator determinante ao longo de todo o Ancien Régime, tanto para a estruturação e as experiências dos cortesãos, quanto para o estilo de corte, desde o período de Henrique IV até o de Luís XIV, e inclusive depois disso. Aqui crescia o desgosto em relação à gloria e à honra cortesãs, compradas com a própria privação da liberdade; fortalecia-se o ideal nascido de tal desgosto, e o desejo de vida simples e natural ansiada em vão voltava sempre a produzir em um novo nível essa situação, sendo ao mesmo tempo perceptível *in statu nascendi*. É onde conseguimos ver de modo especialmente claro as conexões entre a mudança da figuração e o modo de experiência das pessoas que a constituem.

O desenvolvimento da imagem humana a partir daquilo que vivenciamos como "natureza" é um dos aspectos do desenvolvimento global da sociedade. Aqui vemos uma parte disso. A grande massa dos guerreiros e senhores medievais ainda vivia em meio aos campos, fazendas, aldeias, rios, montanhas e florestas, sem pensar em se afastar muito disso tudo. Tudo isso fazia parte de seu espaço vital cotidiano. Eles ainda não vivenciavam tais coisas a partir de um distanciamento maior ou menor, como "natureza", como "paisagem". Só com o processo de curialização e de urbanização é que os campos e aldeias, planícies e montanhas tornaram-se, por contraste, um espetáculo que se desenrola à distância. E quanto mais a corte absolutista se consolidava, maior a força e a determinação desse caráter de paisagem atribuído à natureza, uma paisagem em que a sociedade da época se refletia. A evolução da pintura de corte — por exemplo, de Poussin a Watteau — permite acompanhar muito bem esse papel de natureza: de início paisagem, muitas vezes um cenário que valoriza os personagens, ela se torna uma imagem oposta, que reflete a situação da época e da sociedade de corte. Todas as atitudes e os humores despertados pela vida de corte, por exemplo a pose e os gestos calculados exigidos para se ser valorizado nessa sociedade, a gravidade heroica e pomposa ou a leveza graciosa, tudo isso era incorporado desde então à natureza campestre, na forma da paisagem. Nas mãos dos pintores de corte, a natureza torna-se uma espécie de cenário nostálgico da vida cortesã, uma paisagem clássica de início, depois barroca e, finalmente, rococó, em conformidade com o desenvolvimento da própria corte e da sociedade de corte.

No século XVI, a impossibilidade de escapar da corte ainda não era evidente. Um rompimento com o mecanismo da corte talvez parecesse possível. Entretanto, mesmo então a vida na corte não era mais, para muitos homens, simplesmente como um traje obrigatório que pudesse ser descartado por meio da vida no campo; neste caso, as máscaras de muitos homens haviam aderido ao rosto como parte integrante e essencial de sua própria autoestima, de seu orgulho e de sua satisfação. O conflito, a atitude ambivalente em relação à vida na corte ainda não havia penetrado nas profundezas do ser, mas já é perceptível, por exemplo, no canto de Desportes, quando ele fala a respeito do homem que:

Ne vend sa liberté pour plaire
aux passions des princes et des rois...
L'ambition son courage n'attise;
D'un fard trompeur son âme il ne deguise,
Il ne se plaît a violer sa foy;

234     A sociedade de corte

Des grands seigneurs l'oreille il n'importune,
Mais en vivant content de sa fortune,
Il est sa cour, sa faveur et son roy.[8]

5. Na época de Henrique IV já não há mais escapatória. O herói de uma sátira sobre o cortesão, o Barão de Foeneste, responde à pergunta sobre "como alguém se apresenta na corte hoje em dia". Sua primeira recomendação é afirmar que a pessoa precisa estar bem-vestida, segundo a moda de três ou quatro senhores, que ditam o tom. E então ele relata com grande precisão esses trajes:

> É preciso um gibão de quatro ou cinco camadas de tafetá, meias como estais vendo, nas quais para os bordados e o tecido escarlate posso vos garantir oito medidas de pano pelo menos, depois são necessárias botas, o revestimento aparente, o salto bastante alto, com certas pantufas bastante altas também, as esporas bastante grandes e as solas que envolvem a parte de baixo da pantufa ... mas é preciso que a espora seja dourada ... Depois, quando, nessa indumentária, tiverdes chegado na corte do Louvre — deve-se passar pelos guardas, compreendei —, começai a rir para o primeiro que encontrardes, saudai a um, dirigi a palavra a outro: "Irmão, és um bravo, desabrochado como uma rosa; és bem-tratado por tua amante; essa cruel, essa rebelde depõe as armas diante dessa bela fronte, desses bigodes bem-frisados: e depois esse belo corpete, é de morrer." É preciso dizer isso agitando os braços, de cabeça erguida, mudando de pé, penteando com uma das mãos ora o bigode, ora os cabelos.[9]

Ainda hoje se usa a expressão "um homem *comme il faut*". Aqui nos deparamos com o seu local de origem na sociedade de corte. Para manter o lugar e a condição na intensa concorrência por prestígio da corte, para não se expor ao escárnio, ao desprezo, à perda de prestígio, é preciso submeter a própria aparência e os gestos, ou seja, submeter a personalidade às normas flutuantes da sociedade de corte, que enfatizam, em uma medida cada vez maior, o caráter específico e distinto das pessoas pertencentes a essa sociedade. Uma pessoa *precisa* usar determinados materiais e determinados sapatos. *Precisa* se mover de uma maneira muito bem-determinada, característica de quem pertence à sociedade de corte. Mesmo o sorriso tem a sua forma definida pelos costumes da corte.

Esse *il faut*, que absorve gradativamente toda a vida das pessoas na corte, mostra de modo extremamente claro tanto o mecanismo quanto a intensidade da coerção à qual os homens que afluem à corte e nela vivem encontram-se submetidos. Certamente, em estágios anteriores do desenvolvimento da sociedade, por exemplo para a nobreza guerreira da Idade Média, sobretudo nas cortes territoriais e reais do século precedente, também era obrigatório seguir um determinado código de comportamento. Mas as coerções, assim como toda a organização dessas camadas anteriores, ainda não eram estabelecidas com tanto rigor, ainda não eram tão inevitáveis.

6. Nada mais inútil, quando lidamos com processos sociais de longa duração, do que a tentativa de determinar um começo absoluto. Quando se considera a histó-

ria, como acontece às vezes ainda hoje, como um encadeamento de ideias das elites que escrevem livros, então certamente é muito divertido brincar de um jogo social em que ganha o prêmio aquele que encontrar, num livro, uma citação que expressa determinada ideia comprovadamente antes do período que os outros participantes do jogo consideravam como sendo sua origem, baseados nos livros citados por eles. O primeiro livro é compreendido então como o "começo" da ideia, e seu autor como o criador autêntico desta. Quando observamos atentamente a mudança das figurações que os homens interdependentes formam entre si como a espinha dorsal e o centro do curso da história, fica mais fácil compreender que é inútil a busca por começos absolutos, inclusive por começos absolutos de ideias apresentadas em livros. No *continuum* dos indivíduos que vivem em tais grupos, ligados entre si, não existe nenhum ponto em que algo — quer se trate de um determinado agrupamento de indivíduos, de uma figuração, ou de pensamentos das pessoas e outros produtos individuais — surja como um começo absoluto, como que do nada, ou, o que quer dizer o mesmo, da força de criação inexplicável de um indivíduo. Em contrapartida, o que se pode observar e comprovar são começos relativos, ou seja, saltos e descontinuidades passíveis de explicação dentro de uma mudança de longa duração, geralmente bastante gradual e sempre contínua, dos agrupamentos humanos e de seus produtos. O desenvolvimento da corte real francesa e da figuração humana na corte é um exemplo disso. Pode servir como um modelo preliminar na elaboração de tais problemas, justamente porque a figuração dos indivíduos na corte está em íntima conexão, do ponto de vista funcional, com a organização do governo como um todo, com a figuração total dos indivíduos, à qual a corte pertence como *um* e cada vez mais como *o* órgão central. A organização da corte francesa durante o reinado de Henrique IV é o resultado de um longo desenvolvimento contínuo com vários saltos parciais, várias reformas e reorganizações da parte de detentores individuais do poder, a partir de perspectivas voltadas para o que acontece a curto prazo. A figuração dos indivíduos na corte, a estrutura das interdependências em que eles se encontram envolvidos e a forma das coerções a que se encontram submetidos dão continuidade, em certo sentido, às figurações, às estruturas de interdependência e à coerção das fases precedentes. Mas nossos meios de expressão ainda são tão inflexíveis que muitas vezes não nos resta nada além do uso de termos comparativos para expressar as diferenças de agrupamentos, de experiências e de comportamentos por parte dos homens em diversos estágios do desenvolvimento da sociedade. Usamos expressões como "mais" ou "menos", o que produz a impressão de que se trata somente de diferenças quantitativas. Marx — sucedendo Hegel — tentou resolver tais problemas formulando a noção de uma mudança da quantidade em qualidade. Em sua época, isso foi certamente um importante avanço conceitual. As formulações conceituais de Hegel e Marx representam uma tentativa audaciosa de ampliar nosso arsenal conceitual no sentido de melhor definir as noções de continuidade e descontinuidade nas mudanças que efetivamente ocorrem no seio dos agrupamentos humanos. Contudo não há nenhum motivo para permanecermos presos para sempre aos modelos que eles elaboraram. Esses modelos ainda são, em grande medida, especulativos. A base empírica a partir da qual foram desenvolvidos, há mais de um século, era restrita e incerta, se a compararmos com os conhecimentos empíricos disponíveis atualmente. E quanto mais as lacunas do saber diminuem, mais se torna necessário e possível procurar respostas para tais problemas no vasto campo do próprio saber empírico.

Dentro de seus limites, o desenvolvimento da corte e da sociedade de corte na França é bastante apropriado como material empírico para essa tarefa. Em parte, justamente porque esse desenvolvimento quase não tem relação direta com as lutas intensas de nossa época, de modo que pode ser observado mais facilmente, sem um envolvimento emocional. No caso do desenvolvimento da corte francesa lidamos com um único elemento, mas que é ao mesmo tempo um elemento central de todo desenvolvimento de uma determinada sociedade nacional. Assim como esse desenvolvimento geral, o da corte também se mostra como um processo contínuo, se o acompanhamos durante um período suficiente, por exemplo desde a época dos Valois até a de Luís XIV. A organização dos cargos da casa real e de seus seguidores tornou-se mais diferenciada no decorrer dos séculos. Funções domésticas e funções governamentais, que a princípio eram exercidas indistintamente pela mesma pessoa, passam a ser discriminadas, tornando-se tipos diversos de cargos. A própria hierarquia dos cargos oficiais passa a ser dividida em muitos estágios. O número dos cargos aumenta. Existem retrocessos; mas a linha mestra do desenvolvimento avança em uma única direção durante o século XVII, passando por oscilações temporárias. A continuidade do processo é irrefutável.

Podemos tentar expressá-la por meio de termos comparativos. Mas eles costumam dar a impressão de que estamos lidando com algo de ordem quantitativa. E essa impressão engana. Ela diz respeito, em grande parte, a uma insuficiência de nossos meios de expressão e de pensamento. Na realidade, estamos lidando com uma mudança gradual dos agrupamentos humanos em torno da corte, ou, dizendo de outro modo, uma mudança da estrutura da corte. Hoje em dia, nossa linguagem e nosso pensamento estão direcionados de tal maneira que, para expressar as mudanças na figuração de homens que constituem a corte, somos forçados a abstrair dessa forma de relação humana os aspectos que podem ser expressos por meio de termos comparativos, ou seja, por definições de ordem puramente quantitativa. Apesar disso, tal limitação dos nossos meios atuais de expressar as coisas não deve induzir ao engano de considerarmos que o processo que procuramos determinar conceitualmente, por esse tipo de abstração, constitui realmente uma mudança na figuração que os homens formam entre si, na forma de sua rede de interdependências. Essa mudança de figuração só pode ser compreendida conceitualmente enquanto tal. Sejam quais forem os aspectos "mais ou menos" abstraídos dessa forma, sem a determinação científica clara e precisa da mudança de figuração enquanto tal, os diversos aspectos "mais ou menos" usados para a determinação conceitual da mudança de figuração permanecem sendo, embora indispensáveis no estágio de desenvolvimento atual, apenas aproximações provisórias. A ideia de uma transformação da quantidade em qualidade se baseia, portanto, em um mal-entendido, na medida em que, em correspondência com a limitação dos meios de expressão e de pensamento disponíveis, aquilo que aparece nos desenvolvimentos de longa duração apenas como um "mais", como acumulação quantitativa, sempre constitui algo diferente de uma alteração quantitativa, ou seja, constitui uma mudança estrutural, uma mudança da rede de interdependências e, com isso, também do equilíbrio de poder dentro da estrutura de tensões da figuração como um todo. O deslocamento da distribuição de forças entre o grupo do rei e o restante da nobreza em favor do primeiro é um exemplo disso. Assim, determinações de "mais ou menos", expressões como "o aumento de poder do rei" ou "o progresso da monetarização" não passam de estruturas auxiliares pelas quais se manifesta a continuidade da mudança. Entretanto, aquilo que, na época de Henrique IV, após diversas reviravoltas, pode ser apresentado simplesmente como mais uma expansão das chances de poder do rei, mostra-se ao mesmo tempo como uma mudança profunda: a partir da mudança contínua do fluxo da figuração, surge um novo tipo de figuração.

Expressar a transformação de quantidade em qualidade indica, portanto, um problema significativo, digno de investigação teórica mais detalhada. Aqui podemos apontar apenas de passagem a sua importância teórica. Entretanto não podemos contornar totalmente o problema em si. Sem fazermos referência a ele, uma investigação da sociedade de corte francesa ficaria um tanto suspensa no ar.

O desenvolvimento da sociedade de corte francesa no século XVII é o avanço de um desenvolvimento contínuo ao longo dos séculos precedentes. Apesar dessa continuidade do desenvolvimento, as inter-relações dos indivíduos na corte, assim como suas atitudes e suas características, apresentam também algo novo. O problema é como podemos expressar essa mutação, essa transição para um outro gênero, sem evocar a noção de uma continuidade absoluta, do tipo de uma progressão aritmética, ou de uma descontinuidade absoluta do desenvolvimento. Ou seja, como podemos expressar essa transformação em uma fase do desenvolvimento do saber, na qual o desenvolvimento de modelos teóricos de tais eventos fica muito atrás do conhecimento particular dos eventos, incapaz de sintetizá-los. Sempre que nos deparamos com problemas desse tipo, tendemos a recorrer a metáforas retiradas de outras áreas, mais simples, passando a desenvolver seu significado literal no uso feito pela sociedade, até elas perderem gradualmente a referência à área original de onde vieram e mesmo o seu caráter metafórico. Adaptadas aos conteúdos para os quais foram transpostas, elas acabam se tornando expressões específicas para as coisas em questão. O próprio conceito de desenvolvimento é um exemplo da metamorfose de uma palavra, usada a princípio metaforicamente, em um conceito específico. A lembrança de seu uso literal praticamente desapareceu. Encontram-se ecos dessa origem, por exemplo, quando se fala em "envolver" alguma coisa.[10] Mas quase não nos deparamos com o fato de o significado literal ser relativamente inapropriado para o uso específico. Pratica-

238 A sociedade de corte

mente não percebemos isso. O uso específico se tornou completamente familiar e autônomo.

No âmbito dos desenvolvimentos sociais, a transição a um outro gênero costuma ser expressa pelo uso metafórico de expressões, como ao dizermos: alcançar um novo estágio, realizar a ascensão a um novo plano. Enquanto lembrarmos que esses são os primeiros passos de um longo trabalho artesanal de polimento dos conceitos específicos para a elaboração de nossas observações, tais metáforas não podem causar nenhum dano. Elas lembram as experiências dos alpinistas que, em sua subida ao pico, alcançaram um determinado platô com sua vista específica, e de lá partem para o próximo platô, que oferece uma outra vista. O fato de o montanhista subir cada vez mais alto é um aspecto quantitativo, uma questão de "mais ou menos" de sua ascensão. Quanto ao fato de a vista do platô mais alto ser diferente da vista do mais baixo, o fato de ser possível reconhecer a partir do platô mais alto contextos que permanecem ocultos à vista no platô mais baixo, trata-se de um exemplo da diferença e da relação entre uma mudança que se expressa por meio de comparativos ("mais alto" e "mais baixo") e uma mudança geral, uma mudança da configuração como um todo (a relação montanhista, platô e vista). O platô mais alto pode ser uma região nunca alcançada, que oferece uma vista de contextos até então desconhecidos a partir de sua perspectiva. Então, seja qual for o uso metafórico de tais conceitos, como "patamar mais alto" ou "novo plano", ele pode ser facilmente desenvolvido de modo a expressar não só a continuidade quantitativa, como também a relativa descontinuidade da figuração, o caráter sociológico mutante, a transição para um outro gênero de figuração.

É de uma transição desse tipo que se trata, quando dizemos que, ao longo do processo de curialização — um processo longo, do qual fazem parte, em seus primeiros estágios, as cortes territoriais relativamente pequenas dos séculos XI e XII —, surgiu definitivamente uma aristocracia de corte no século XVII, como formação mais evoluída da nobreza, ocupando o lugar dos nobres guerreiros e cavaleiros. Com isso, o desenvolvimento do órgão central do Estado alcança, de certo modo, um novo platô. Aqui, os termos comparativos e as expressões quantitativas não são mais suficientes. Trata-se, nesse caso, do surgimento de uma figuração de indivíduos relativamente nova, uma aristocracia de corte, no âmbito de um desenvolvimento contínuo da corte real e de toda a sociedade que tem a corte como órgão central.

Durante séculos, o equilíbrio multipolar de tensões da sociedade estatal francesa oscilou em confrontos entre diversos tipos de formações da burguesia, da nobreza e da realeza. Depois que Henrique IV subiu ao trono, ao cabo das intermináveis guerras civis, ficou evidente que o curso do desenvolvimento geral da sociedade havia posto nas mãos do ocupante e dos representantes da posição do rei — sobretudo na forma dos dois monopólios centrais, o dos impostos e o das organizações policiais e militares — chances de poder que lhes conferiam uma preponderância incontestável sobre todas as outras formações da realeza, enquanto estas não deixassem de lado seus conflitos mútuos para formar uma frente

Sobre a sociogênese do romantismo aristocrático    239

única e durável contra o rei. Esse deslocamento do centro de gravidade em favor do rei é o cerne daquilo que se pode denominar, metaforicamente, transição para um novo gênero ou para um novo estágio de desenvolvimento da sociedade francesa. É claro que esse fenômeno central não é isolado. Seria um equívoco compreender tais afirmações como se elas tratassem de "inícios" ou "origens". Em processos de desenvolvimento social de longa duração, não há nem começos absolutos nem causas absolutas. Precisamos procurar outros meios de expressão e de concepção a fim de investigar e esclarecer o surgimento de figurações relativamente novas dentro de um desenvolvimento geral e contínuo das sociedades. É justamente este o problema com o qual estamos lidando no momento. A alteração geral e contínua da sociedade francesa atinge um ponto em que, após muitas oscilações, o eixo central das tensões sociais se desloca em favor da posição do monarca. Lado a lado com essa mudança da posição do monarca, ocorre uma mudança correspondente na posição das formações de elite da nobreza e da burguesia. A burguesia se encontra fora do âmbito da presente investigação. No caso da nobreza, uma parte dela passa a estar mais do que nunca ligada à corte, e a depender mais dela. Poderíamos dizer que uma porta foi trancada atrás dos nobres, enquanto novas portas se abriam à sua frente. Com isso eles se isolam cada vez mais da vida no campo.

7. Em um futuro próximo ou distante — quanto ainda teremos de esperar? —, talvez possamos traçar com precisão os detalhes desse longo processo de curialização e dessa urbanização, assim como investigar o aumento gradual da nostalgia pela vida não cortesã no campo, dividindo-o em suas particularidades e fases, até alcançar o nível em que a separação se torne definitiva e incontestável. Podemos imaginar que os estudantes nas escolas conhecerão e aprenderão a entender, junto com outras linhas de desenvolvimento de longa duração, esse processo praticamente tão importante para a compreensão do modo como as sociedades europeias se formam quanto as declarações de guerra e os acordos de paz. Assim, entenderão a si mesmos. Certamente não faltam provas documentais. Para mencionar apenas um único testemunho do século XV, temos o lamento de Philippe de Vitry, bispo de Meaux: "Como é feliz a vida daquele que faz sua casa no campo" em seus versos "sobre a grande diferença da vida rústica em relação a da corte".[11] Temos os testemunhos dos poetas da *Pléiade* do século XVI, dos quais citamos anteriormente alguns exemplos. Hoje em dia, é comum falarmos, em tais casos, de uma "alienação". O conceito seria apropriado também neste contexto, se não fosse usado quase sempre dando ênfase apenas a valores românticos, se o seu próprio uso não fosse mais vinculado a um lamento sobre a "alienação" do que à questão acerca de sua natureza social e de seu esclarecimento, independentes do valor que possui.

No século XVII, a diferenciação gradual entre formações urbanas de corte e formações de campo atinge um novo platô. O grau de distanciamento social entre a corte e o campo, entre a nobreza de corte e a nobreza do campo é tão grande que na época de Luís XIV a primeira possuía, em relação à segunda, o caráter de uma formação à parte, praticamente, se não totalmente, fechada. Antes, guerreiros e senhores também costumavam viver nas cortes de príncipes ou de reis. Todavia, nos séculos precedentes os estilos de vida, interesses, características, vínculos e coerções dos homens, nos grupos sociais de corte e nos grupos sociais do campo, ainda não eram tão distintos quanto no século XVII, com a ascensão definitiva do rei a uma posição extraordinária de poder em relação a todas as outras formações sociais. Nessa época, a corte real se destacava do restante das interdependências sociais como uma organização que representava não só uma nova ordem de grandeza, mas também uma nova *order of complexity*, um novo patamar de complexidade, em comparação com outras organizações sociais seculares da época, ou comparando sua organização com propriedades, aldeias e outras unidades rurais.

Foi sobretudo esse aspecto da distância social entre a corte e o campo, a discrepância entre a grande complexidade e diversidade da vida na corte e a relativa simplicidade da vida em grupos no campo, que levou os cortesãos ao sentimento de nostalgia pelo campo, de alienação da vida simples, de idealização de uma vida campestre idílica. Justamente porque se tratava de uma imagem idealizada, ela era bastante compatível com o desprezo pela nobreza de província e pelos camponeses, acompanhado de um certo asco pela vida no campo como ela realmente era.

Além disso, a inserção dos cortesãos em uma sociedade em que todas as relações humanas eram marcadas por um alto grau de complexidade impunha exigências muito especiais à sua capacidade de autodisciplina. A corte de reis cujas chances de poder eram extraordinariamente maiores que as dos nobres, ou mesmo que as dos diversos grupos de nobres, impunha uma contenção permanente, uma estratégia muito diferenciada e, como vimos pelas observações de Saint-Simon, muito bem-planejada, em todas as relações com pessoas do mesmo nível ou de um nível superior. As fontes de renda de uma parte significativa dos nobres de corte dependiam do favorecimento do rei ou de seus confidentes. O desfavor do rei, passos errados na concorrência entre as diferentes facções da corte, a inimizade de um favorito, de uma amante, de um ministro — tudo isso podia ameaçar os rendimentos de um cortesão, o sustento de sua família, assim como seu prestígio, seu valor corrente dentro da sociedade de corte, suas expectativas e esperanças no futuro, fosse ele detentor de um cargo oficial ou militar ou beneficiário de uma pensão do rei. Mesmo para os cortesãos que possuíam uma renda familiar considerável, restrição ou diminuição do favorecimento real significava um perigo difícil de suportar. E, como já dissemos, desagradar ao rei, ser banido da corte, significava, para um cortesão, algo próximo do fim de sua existência social.

Os nobres que viveram na Idade Média, quando prevalecia uma economia predominantemente de troca, dispunham, mesmo como vassalos, de um tipo de propriedade que lhes garantia um grau de independência relativamente elevado. No momento em que se apossavam do feudo, isso diminuía notavelmente sua dependência em relação aos seus suseranos. Em contrapartida, a gratificação do rei aos serviços dos nobres na forma de pagamentos em dinheiro, dados como salários ou pensões em intervalos regulares, criava uma dependência duradoura. Era sobretudo a massa da pequena e média nobreza de corte, mas também muitos membros da alta nobreza, que recebia proventos dos cofres reais, vivendo, de certa maneira, nos âmbito da gigantesca organização da corte, que lembrava a vida de trabalhadores e empregados em uma grande empresa industrial, a despeito de todas as diferenças evidentes. Além disso, a nobreza de corte da França não dispunha praticamente de nenhuma outra alternativa. Seus membros não tinham, pelo menos durante o reinado de Luís XIV, nenhuma liberdade de movimento. Dificilmente podiam transferir-se de um lugar para outro sem perder prestígio. A dependência praticamente inevitável em que a grande maioria dos nobres de corte vivia, e as coerções a que estava submetida em consequência disso, torna compreensível o significado que a natureza e a vida no campo podiam ter para eles como imagem contrastante. Já ressaltamos o fato de essas coerções de interdependência também afetarem os reis e a família real, especialmente no final do Ancien Régime. Percebe-se com bastante clareza a função da vida campestre como contraponto às coerções da corte — por exemplo, quando Maria Antonieta e suas damas de corte se fantasiam de ordenhadoras. Podemos observar um impulso especialmente forte nessa direção depois do fim das guerras civis, no início do século XVII, quando muitos cortesãos tomaram consciência, provavelmente pela primeira vez, do caráter inelutável de sua situação.

Mas os tons peculiares da nostalgia, os tons românticos específicos que acompanhavam tantas vezes a imagem da natureza nos círculos de corte não podem ser compreendidos quando se vê a corte exclusivamente como um mecanismo exterior de coerção. O que determina o tom tipicamente romântico do ideal de uma vida bucólica, transformado em ideal inatingível, são as coerções das interdependências da corte de que falamos antes: coerções que os indivíduos formadores da corte exercem uns sobre os outros e que impõem a cada um dos cortesãos uma autodisciplina severa já relativamente diversificada e abrangente.

Assim, por exemplo, depois da guerra civil, o processo de curialização acarreta uma pacificação cada vez maior, um controle mais rigoroso dos costumes e dos entretenimentos guerreiros, o que impõe a cada cortesão uma contenção mais rígida, um autocontrole mais estável de suas pulsões agressivas. Henrique IV ainda é relativamente indulgente quando seus nobres participam de duelos. Richelieu e Luís XIV, tendo o monopólio da violência física sob custódia, já são bem pouco indulgentes quando seus nobres se enfrentam segundo os antigos costumes guerreiros. Nessa época, os duelos possuem e conservam durante muito tempo o caráter de um domínio que os nobres, e mais tarde também outras camadas, reservavam para si — com frequência desafiando o rei ou outras autoridades do Estado — como símbolo da liberdade individual, como é entendida no âmbito de uma tradição guerreira, ou seja, a liberdade que cada um tem de ferir ou matar o outro quando tem vontade. Trata-se também, após as guerras civis, de um símbolo da revolta das camadas de elite contra o crescente controle do Estado, cada vez

242    A sociedade de corte

mais inclinado a submeter todos os cidadãos às mesmas leis. Uma poderosa onda de duelos foi interrompida quando Richelieu mandou executar publicamente um dos principais duelistas de uma casa importante. Era preciso se conter. O tempo em que era permitido dar vazão a rancores e hostilidades havia passado.

A obrigação de se habituar a uma convivência pacífica com os semelhantes, na qual duelos verbais muitas vezes tomam o lugar de duelos pelas armas, exige sobretudo, no âmbito da sociedade de corte, um autocontrole especialmente minucioso e complexo, uma vez que dentro dessa sociedade numerosa entrava-se em contato constantemente com indivíduos de diversos níveis e diversas condições de poder, tendo que pautar seu comportamento de acordo com a situação. Os cortesãos precisam saber adequar com precisão suas expressões, suas palavras e seus movimentos às pessoas que encontram e às circunstâncias em que as encontram a cada vez. Não só as coerções de interdependências representadas por outros indivíduos são inevitáveis na corte, mas também as coerções que se aprende a exercer sobre si mesmos, de acordo com esse tipo de interdependência. Os fenômenos designados com palavras como "alienação" ou "romantismo" permanecem incompreensíveis em sua estrutura enquanto não incluirmos, na fundamentação teórica de tais conceitos, sua conexão com o desenvolvimento de mecanismos específicos de autocoerção, como elementos integrantes dos indivíduos. Pode ser que na vida dos cortesãos as variações da maneira de sorrir, a gama das boas maneiras, a complexidade na elaboração do comportamento, de acordo com o nível e o status do parceiro social, tenham originalmente o caráter de um disfarce aprendido pela prática consciente. Entretanto, a capacidade de controle e de autocontrole conscientes desenvolve-se em sociedades cuja estrutura específica exige uma dissimulação relativamente permanente e eficaz dos impulsos emocionais momentâneos, como meio de sobrevivência e êxito social, como característica integrante da estrutura da personalidade. Quando um cortesão, já adulto, olha-se no espelho, descobre que aquelas feições desenvolvidas por ele a princípio como uma dissimulação consciente tornaram-se parte integrante de seu próprio rosto. A dissimulação de pulsões espontâneas, o encouraçamento e a transformação das emoções elementares certamente não têm, no âmbito da sociedade de corte, a mesma conformação e estrutura que as das camadas médias pacificadas, que foram educadas para ganhar o seu sustento por meio do trabalho, ou as de todas as camadas das sociedades industriais, cujos membros são condicionados pelas coerções do trabalho e da carreira. Na sociedade de corte, a couraça ainda não chega a se tornar tão generalizada e automática como nessa sociedade de trabalhadores, uma vez que a grande desigualdade dos indivíduos, a subordinação, a dependência e a submissão de quem ocupa um nível mais baixo, sobretudo no caso das camadas mais pobres, sempre abrem um vasto campo social para os cortesãos, no qual as demonstrações afetivas de todo tipo podem ser expressas e vividas de modo relativamente aberto, sem a ameaça de fracasso ou de punições sociais. Dentro desse campo, o desenvolvimento da autocoerção e do autocontrole só é exigido em uma medida bem menor. Justamente por isso a couraça, em geral, é bem menos rígida na aristocracia cortesã. Os aristocratas de corte costumam ter consciência de que usam uma máscara em seu convívio com outros cortesãos, e talvez também cheguem a ter consciência de que o uso da máscara, o jogo de máscaras, tornou-se para eles uma segunda natureza.

Perto da virada do século, na última década do século XVI e na primeira do XVII, é possível observar, justamente na França, a centralização mais decisiva do controle estatal, o comportamento pacífico imposto pela autoridade exterior e — após a vitória de Henrique IV — a separação cada vez mais incontestável entre a nobreza de corte da capital e a nobreza provinciana do campo, ou a pequena nobreza de corte ainda provinciana. São sobretudo aqueles que passaram a fazer parte de uma grande aristocracia de corte que veem uma porta se fechar atrás de si, enquanto novas portas se abrem à sua frente. A obrigação da autocoerção os torna sensíveis a novos divertimentos e prazeres, novos enriquecimentos e refinamentos, ou seja, novos valores junto com novas opressões e perigos. Em todo caso, a autocoerção se torna para eles um valor pessoal elevado. A civilidade específica da corte, que se baseia nas autocoerções transformadas em uma segunda natureza, é uma das coisas que distinguem os aristocratas de corte de todas as outras pessoas, o que eles consideram uma vantagem. Justamente por isso é que não podem escapar de suas autocoerções.

Com a centralização de todos os controles e chances de poder na corte real, a nobreza de província, desde os nobres do campo até o que restou deles nos pequenos grupos nobres de corte, perde cada vez mais a sua importância. A sociedade francesa não é a única e certamente não foi a primeira sociedade europeia em que essa mudança estrutural se realizou. Já é possível observar anteriormente, sobretudo na Espanha e na Itália, movimentos de centralização e de formação de corte, em conexão com as distribuições de oportunidades financeiras pelos suseranos e seus representantes. Contudo, no movimento de centralização francês do século XVII, forma-se a maior e mais numerosa unidade de corte da Europa, com controles centrais que funcionavam efetivamente. Assim, determinadas propriedades estruturais do patamar de desenvolvimento alcançado com isso podem ser observadas, com grande clareza, no exemplo da França.

8. Essas propriedades podem ser melhor esclarecidas, teoricamente, pelo uso metafórico do conceito de "distanciamento". Tal conceito foi usado anteriormente em conexão com a forte diferenciação entre a vida urbana de corte e a vida rural. Urbanização, monetarização, comercialização e formação de corte são processos parciais de uma transformação mais abrangente, que faz as pessoas dessa época vivenciarem a "natureza" cada vez mais como algo contraposto a elas, como paisagem, como mundo dos "objetos", como o que deve ser explorado. Examinar em conjunto os diversos fios condutores do processo seria um desvio muito grande nesta investigação. Em todo caso, processos desse tipo têm um papel tão importante, no caso, quanto a capacidade de estabelecer um nexo entre a observação e a reflexão no que diz respeito aos fenômenos naturais. Trata-se de aspectos

244    A sociedade de corte

de um distanciamento específico: o distanciamento daquilo que até hoje gostamos de designar como "natureza" ou como "objetos". Ele se mostra claramente tanto na representação da natureza como paisagem pela pintura quanto no exame científico dos processos naturais, ou na questão filosófica acerca da capacidade humana de conhecer os "objetos" como eles realmente são, e acerca da própria existência dos objetos. Estes e outros sintomas do distanciamento da "natureza" surgem como testemunhos da ascensão social a um novo patamar, mais ou menos simultaneamente, durante a fase que ainda costumamos denominar, com um conceito um tanto antiquado, "Renascimento". Eles podem esclarecer a que se refere, nesse contexto, a metáfora da ascensão a um novo patamar. Pois as sociedades europeias estagnaram-se durante alguns séculos nesse tipo de distanciamento. Os problemas que se tornam visíveis com base nele são desenvolvidos e expandidos das maneiras mais diversas. Entretanto, o modo de distanciamento dos indivíduos, em suas associações, daquilo que eles vivenciam como "natureza", alcançado nos séculos do "Renascimento" e representado por conceitos como "sujeito" e "objeto", não mudou muito até os dias de hoje. Atualmente, é possível ver com bastante clareza, na pintura, os indícios da ascensão a um novo patamar, onde os esforços dizem respeito a algo muito diferente da representação de "objetos", os quais o observador percebe num espaço tridimensional. Mas podemos apreender melhor o processo em que nós mesmos nos encontramos caso tenhamos consciência de que o impulso de distanciamento renascentista, no decorrer do qual os homens aprenderam a conceber a diversidade dos fenômenos naturais como "natureza", é apenas um processo parcial de um impulso de distanciamento mais abrangente.

A investigação de uma sociedade de corte mostra, com muita clareza, alguns dos outros aspectos desse impulso de distanciamento mais abrangente. A couraça das autocoerções, as máscaras que os homens singulares das elites de corte desenvolvem então, como parte deles mesmos, de sua própria pessoa, a um ponto que nunca fora alcançado antes, são coisas que também aumentam a distância entre os indivíduos. Em comparação com os períodos precedentes, na corte — e certamente não só na corte — os impulsos espontâneos dos homens no convívio entre si são, em grande medida, todos refreados. Considerações, rápidos inventários da situação, suposição acerca do curso das ações, em resumo: reflexões se intercalam de modo mais ou menos automático entre o impulso de ação emocional e espontâneo e a conduta real da ação em palavras ou atos. Muitas vezes os homens têm consciência desse patamar da reflexão como parte integrante de sua couraça. De acordo com sua situação, eles a consideram de maneira positiva, sob a denominação de "entendimento" ou "razão", ou de maneira romântica e negativa, como grilhões que aprisionam os sentimentos, como barreiras, como deformações da natureza humana. Seja como for que as considerem, não percebem essas suas autocoerções, suas couraças e máscaras, e o modo de distanciamento correspondente, como sintomas de um determinado estágio do desenvolvimento humano e social, mas como características eternas da imutável natureza humana. Por toda a eternidade, segundo parece, o homem se encontra como "sujeito" diante da "natureza", o mundo dos "objetos". Teorias sobre a sociedade humana partem do pressuposto de que os homens, entre os quais cada um existe por si, atrás de sua máscara, em sua couraça, enquanto indivíduos isolados, só posteriormente entram em contato uns com os outros. Ou então elas retificam a "sociedade", exatamente como o fazem com a "natureza", como uma coisa independente de todos os indivíduos. Em ambos os casos, o panorama que se descortina a partir de um determinado nível de distanciamento — nível cujas circunstâncias temporais e condições podem ser investigadas empiricamente com muita precisão — é interpretado como *condition humaine* eterna, atemporal, imutável. Como vimos, durante o Renascimento uma instância de controle mais ou menos automatizada pelo hábito e pela educação se intercala, sob o nome de "reflexão", entre o homem e o "objeto de conhecimento" — e isso numa escala nunca atingida antes na história da Europa. Isso se aplica do mesmo modo à relação entre homens e mulheres. Aqui também — a princípio em determinadas elites — a margem de espontaneidade e de impulsividade torna-se mais restrita, mesmo para os homens, fisicamente mais fortes, no decorrer da progressiva centralização da organização do Estado. As mulheres, consideradas enquanto grupos sociais, têm mais poder na corte do que em qualquer outra formação dessa sociedade. Não só as máscaras, mas também os leques são símbolos de seus disfarces. Um sintoma característico desse grande impulso no desenvolvimento das autocoerções, dessa diminuição da espontaneidade, desse distanciamento e do grau de civilização correspondente, no que diz respeito às relações entre homens e mulheres, é o desenvolvimento das relações amorosas românticas tanto como realidade quanto, talvez mais ainda, como culto e ideal. Independentemente da possível incidência de outros fatores, a acentuação da distância entre os sexos por meio da couraça das autocoerções, que aparece na forma ora das boas maneiras, ora da consciência ou da reflexão — ou seja, os adiamentos do prazer do amor e a satisfação melancólica que daí resulta — constitui, em qualquer de suas variações, um elemento integrante, do complexo emocional que leva o nome de amor romântico. Ela marca a transição de uma afetividade relativamente simples e pura para uma afetividade complexa e compósita, o que podemos relacionar à transição, na pintura, do uso de cores relativamente puras para o de cores elaboradas e frequentemente obtidas pela mistura.

Para completar, existe ainda um outro impulso de distanciamento que faz parte do contexto geral dessa mudança das interdependências humanas, constituindo um processo parcial determinante. Um aspecto central do novo patamar que os membros das sociedades europeias começam a atingir, a partir do final da Idade Média, é uma elevada capacidade de autodistanciamento. Essa capacidade também está intimamente ligada, do ponto de vista estrutural, ao desenvolvimento de uma couraça mais forte para proteger o indivíduo, na forma de um autocontrole, às vezes mais, às vezes menos automático. Isso pode ser observado, inicialmente, em algumas camadas da elite; depois, no decorrer dos séculos, com a crescente complexificação e organização das interdependências humanas, ganha camadas cada vez mais amplas da sociedade.

Jakob Burckhardt chamou atenção, em seu *Cultura do Renascimento*, para esse impulso em direção a uma maior autoconsciência do indivíduo enquanto tal, o que pode ser observado no Renascencimento italiano. À sua maneira, ele também apontou conexões entre o processo de formação dos Estados, a tendência à centralização progressiva dos Estados e a tendência à individualização. Mas os modelos teóricos de que ele fazia uso — pois, como todo historiador, também fazia uso de modelos teóricos específicos — foram escolhidos de modo um tanto arbitrário. Ele acreditava que a melhor maneira de compreender esse desenvolvimento era com o auxílio do modelo de uma obra de arte. Concebia a nova fase no desenvolvimento dos Estados italianos, e das ideias que os homens da época faziam de tal desenvolvimento, segundo o modelo da obra de arte. E tratava de maneira similar — segundo o modelo da obra de arte — também aquilo que podemos designar talvez como "tendência à individualização", uma nova situação da consciência dos homens, a ascensão a um novo patamar de autoconsciência. Essa comparação com a obra de arte serve, entre outras coisas, para expressar o esforço mais consciente do homem no sentido de criar Estados, ou, para empregar uma fórmula mais realista, para centralizar meios de poder essenciais do Estado, e a autorrealização de cada ser humano — o que tem como pressuposto uma maior capacidade de autodistanciamento. Mas ela também dá a impressão de uma criação harmoniosa; apaga os traços diferenciadores entre mudanças de estrutura das sociedades humanas e ideais que figuram como tais nos livros da época. Nos seguidores de Buckhardt, é ainda mais fácil perceber tanto essa mistura de afirmações sobre ideias e ideais encontradas nos livros mais eminentes da época quanto o desenvolvimento geral das figurações formadas por indivíduos e dos indivíduos que formam essas figurações, do qual o desenvolvimento de ideias e ideais faz parte apenas como um fenômeno parcial. Na medida do possível, tentamos esclarecer aqui tal confusão. As mudanças de que falamos anteriormente não são apenas mudanças de ideias consignadas em livros, mas mudanças ocorridas nos próprios homens em consequência das mudanças que marcaram as figurações que eles formam uns com os outros. É de tais mudanças dos homens que se trata quando falamos de uma individualização mais intensa, de uma couraça em torno das emoções, de um distanciamento maior em relação à natureza, aos indivíduos e ao eu, além de outras mudanças que foram mencionadas aqui em conexão com essas. No decorrer da aristocratização e do processo de formação da corte, alteram-se não só as ideias, mas o *habitus* dos nobres.

Hoje em dia, quando se usa a palavra "história" nem sempre está claro que, ao longo das mudanças históricas, os próprios indivíduos podem mudar num sentido bem específico. Neste caso, também, os meios de expressão disponíveis não são muito adequados a essas observações. Assim, torna-se necessário procurar, com muito cuidado, novas metáforas que se mostrem mais apropriadas à compreensão de tais transformações do que os conceitos usuais. Boa parte destes é formada como se os desenvolvimentos históricos se realizassem sempre em um único e mesmo plano. É verdade que se fala de diversos estágios de desenvolvimento. Mas a relação a que essa metáfora se refere — a relação dos diversos estágios entre si — raramente é esclarecida. Quando se observa a maneira pela qual uma sociedade passa a um grau maior de distanciamento do indivíduo em relação a si próprio, torna-se possível esclarecer determinados aspectos, normalmente silenciados, da formação desses estágios. Um tal estudo permite, ao mesmo tempo, que se compreenda por que os desenvolvimentos sociais não podem ser assimilados apenas a processos quantitativos, apesar do uso de comparativos. Muitas vezes, só fazemos justiça a eles quando incluímos a mudança da figuração enquanto tal em nossa análise. A tendência ao distanciamento que se manifesta nos séculos XVI e XVII é um exemplo. Para descrever esse fenômeno, não bastam metáforas lineares ou superficiais; precisamos de metáforas espaço-temporais, ou, em outras palavras, de metáforas em quatro dimensões, para exprimir adequadamente esses aspectos do desenvolvimento.

Uma metáfora bem-apropriada para o que observamos aqui é a imagem de subir ou descer uma escada em espiral, portanto um modelo em várias dimensões. Uma pessoa sobe de um andar para o seguinte numa torre em espiral. Chegando ali, não só tem uma outra perspectiva do terreno em que a torre fica mas, ao olhar para baixo, vê a si mesma no andar anterior, de onde veio. Isso corresponde aproximadamente ao que podemos observar no caso dessa tendência ao autodistanciamento: os homens são capazes de observar a si mesmos em um grau mais elevado do que antes; mas ainda não se encontram na situação de se observarem como homens que observam a si mesmos. Isso só é possível com a ascensão ao patamar superior, ao estágio seguinte de autodistanciamento, que oferece perspectivas bem-diferentes das anteriores. Trata-se do estágio seguinte, em meio ao qual nos encontramos atualmente. Estamos na situação de nos afastar do impulso de distanciamento renascentista, de voltarmos os olhos para trás, podendo observar assim a nossa própria ascensão ao patamar seguinte. Desse modo, revela-se ao mesmo tempo um acesso para compreender melhor a direção em que nós mesmos podemos continuar o movimento. É exatamente isso o que está acontecendo aqui.

9. As cortes não foram as únicas figurações nas quais os indivíduos desenvolveram um elevado autocontrole e um grande distanciamento tanto em relação à natureza, quanto em relação uns aos outros, e também consigo próprios. Mas elas estão entre as primeiras e, durante algum tempo, certamente as mais poderosas dessas figurações, com a esfera de influência mais ampla. Uma indicação deve bastar aqui para elucidar, por meio de exemplos, ao menos alguns sintomas dessa alteração.

Na primeira e na segunda décadas do século XVII foi publicado, na França, em levas sucessivas, um extenso romance, que teve grande repercussão nos círculos da sociedade de corte em formação. Foi durante algum tempo objeto de um verdadeiro culto literário, organizando-se em torno dele jogos de sociedade e reuniões mundanas. Este romance até hoje desperta a atenção como um dos marcos literários mais proeminentes da época. Atualmente não podemos lê-lo com o mesmo deleite com que os homens daquele tempo o liam. Mas é justamente esse o desafio dirigido a nós por uma obra literária proeminente de uma época passada, e que foi moda então. Quando deixamos de considerar tal livro simplesmente como livro e produto literário, quando o vemos também como testemunho do tipo de indivíduos que teve retratada ali uma determinada seleção de suas inclinações, sentimentos, experiências e comportamentos, então temos acesso a uma compreensão melhor desses homens.

O romance em questão, *Astreia*, de Honoré d'Urfé, é produto de um período em que lentamente começou a se tornar claro — mesmo para aqueles representantes da nobreza que haviam sido educados na tradição dos guerreiros e senhores independentes — que era incontestável o deslocamento do equilíbrio de poder em favor do detentor da posição de rei e de seus representantes, ou, em outras palavras, o poder cada vez maior do governo central em detrimento das camadas de senhores regionais e locais, antes mais autônomas. Honoré d'Urfe lutara nas guerras civis ao lado da Liga católica contra os exércitos de protestantes comandados por Henrique de Navarra, mais tarde Henrique IV. Havia sido aprisionado, libertado e novamente aprisionado, partindo finalmente para o exílio durante algum tempo. Pertencia a uma família da nobreza provinciana, próspera e com uma boa posição local, que mantinha ligações estreitas com a Itália, com a corte de Saboia e com os altos círculos da Igreja. Era culto, no sentido do Renascimento italiano e francês. Não era um cortesão, mas tinha educação de corte. Estava no campo dos vencidos e agora fazia as pazes com o rei que finalmente trouxera a paz para os homens esgotados pelas guerras civis.

Foi a ele que dedicou *Astreia*, escrevendo: "Recebei-a portanto, Majestade, não como uma simples Pastoral, mas como uma obra de vossa própria mão. Na verdade, pode-se dizer que Vossa Majestade sois o Autor, uma vez que é a vós que toda a Europa deve o descanso e a paz."

Foi o que quisemos dizer afirmando que uma porta se fechou. O longo processo que transformou uma nobreza guerreira e senhorial, camada dirigente de um sistema de economia de troca, em uma aristocracia de corte regida por uma economia monetária, entrou na fase de acesso a um novo patamar ou, como se diz com frequência, a um novo "nível". Considerando o estágio de desenvolvimento atual dos meios de expressão, talvez devamos expressar com a ajuda de comparativos a ruptura em direção a uma nova figuração humana. Mas, ao mesmo tempo, podemos e devemos analisá-la também como uma mudança de figuração que não pode ser reduzida ao aspecto quantitativo, e em cujo centro existe uma mudança da distribuição de poder entre os homens que pode ser determinada claramente. Distinções conceituais, como a que foi estabelecida anteriormente entre "nobreza guerreira" e "aristocracia", apontam uma tal mudança de configuração dos grupos e das pessoas. Entretanto, conceitos como "nobreza feudal" e "aristocracia" ainda costumam ser usados sem referência a uma teoria sociológica que torne possível estabelecer a relação dos diversos tipos de formações nobres observáveis tanto entre si quanto no que diz respeito às modificações estruturais da sociedade em geral.

*Astreia* abre um caminho para compreendermos a situação — e a experiência a ela associada — dos nobres, que de fato já incorporam em si próprios a transição do tipo antigo de nobreza para o novo, mas que, ao mesmo tempo, ainda se identificam em muitos aspectos com o tipo antigo tal como o veem em seus juízos de valor e em seus ideais. Em consequência da crescente centralização do poder dominante nas mãos dos reis, e da formação de uma nobreza de corte a ele associada, esses nobres faziam oposição se não em suas ações — foram vencidos e estavam cansados da guerra —, ao menos em seus sonhos e devaneios. Não é raro que a arte sirva como um enclave social onde os derrotados políticos ou os excluídos das ações políticas podem se refugiar. Em seus devaneios eles estão livres para perseguir seus próprios ideais, mesmo quando a dura realidade impede que sejam vitoriosos.

O próprio d'Urfé incorpora em grande medida a onda de refinamento civilizador, cujas condições incluem, no plano do indivíduo, um aumento da capacidade de autocontrole, um fortalecimento da couraça protetora e, no plano das figurações sociais, a crescente centralização do controle do Estado baseada na arrecadação de dinheiro. Um aspecto do conflito pessoal determinante que permeia o pensamento e o sentimento do autor, e que se expressa nos traços românticos de seu livro — um romantismo de corte que lhe conferiu a classificação de *roman sentimentale* —, é o conflito entre a aceitação do refinamento civilizador e da autodisciplina e a recusa das mudanças estruturais. No caso destas, trata-se sobretudo daquela centralização crescente dos meios de controle que, considerada a longo prazo, está entre as condições para o desenvolvimento e a conservação desse refinamento e dessa autodisciplina.

Dedicar o romance a Henrique IV é um gesto cavaleiresco, da parte de um vencido, reconhecendo o rei vitorioso como seu senhor e mestre. É ao mesmo tempo um gesto de resignação. Os grupos de elite da nobreza provinciana também precisam se resignar, admitindo que o centro de poder passou para os senhores e as damas da corte. *Astreia* mostra uma das reações possíveis dessa nobreza, já meio de corte e meio pacificada a contragosto, no período da transição, quando as portas da gaiola da corte estavam se fechando, quando os indivíduos cativos tinham a impressão de que elas nunca mais se abririam, enfim, quando só restava aos nobres franceses a escolha entre ficar dentro da gaiola de ouro, e participar de sua glória, ou viver fora dela na obscuridade inglória.

Acuados por esse dilema, alguns nobres olham para trás nostalgicamente, para o mundo em vias de desaparecer, no qual possuíam a liberdade agora perdida. É essa nostalgia que se expressa em *Astreia*. O romance descreve o mundo utópico de uma nobreza que se tornava cada vez mais aristocrática, cada vez mais uma nobreza de corte. Deixando a espada de lado, criava-se um mundo protegido para atuar, um mundo mimético no qual as pessoas podem vivenciar, fantasiadas

250    A sociedade de corte

de pastores e pastoras, as aventuras não-políticas de seus corações, sobretudo os sofrimentos e as alegrias do amor, sem entrar em conflito com as coerções, os mandamentos e as proibições do mundo real, não mimético.

Como dissemos, a dificuldade é que, para homens como d'Urfé, determinados valores, mandamentos e proibições do mundo não mimético tornaram-se uma segunda natureza. Isso é reencontrado no mundo criado, no mundo mimético. Mesmo no espelho do romance pastoral, a sociedade preserva aquelas peculiaridades estruturais que, aos olhos da nobreza, fazem parte da composição de seu mundo e de qualquer mundo desejável. Preservam-se as diferenças de nível entre os indivíduos, a existência dos nobres transfigurados no romance sob uma luz romântica, senhores e damas, indivíduos de uma camada superior. As obras literárias do romantismo burguês posterior, de acordo com a individualização especificamente burguesa de cada ser humano e sua idealização, costumam mostrar as peculiaridades sociais e as diferenças de nível dos diversos grupos sociais apenas de modo recatado; damo-nos conta de que os autores não têm consciência de serem os reveladores das condições sociais de sua época. Em muitos casos, são coisas que penetram em seu mundo mimético apenas pela porta de trás. Pois, especialmente na literatura romântica alemã, o autor lida sobretudo com o destino da alma do indivíduo, que se desenrola de certo modo em um espaço social livre dos vínculos das cadeias de interdependências, livre das coerções das diferenças de poder e de nível, livre das relações de dominação.

D'Urfé transfere as diferenças de nível e a ordem hierárquica do mundo não mimético, quase sem alterações, para o seu mundo mimético. Transfere-as na medida em que interessam a ele e ao público. Seu mundo é composto por nobres. À exceção de alguns serviçais, que aparecem como figuras que não poderiam faltar na boa sociedade retratada, os não nobres não têm papel algum nesse mundo. Entretanto, as próprias diferenças de nível entre os nobres não são consideradas meros fenômenos em segundo plano no espaço em que o romance se desenrola. Elas têm exatamente os mesmos papéis e as mesmas formas que no mundo social não mimético, retratado no livro. Na boa sociedade dos nobres da França, especialmente na sociedade de elite em ascensão, os grupos nobres de diversos níveis, assim como os indivíduos de diversos níveis, encontram-se em contato íntimo uns com os outros, sem que as diferenças de nível se confundam minimamente. Cada um sabe exatamente quem faz parte de um grupo de nível superior ou inferior ao seu. O pertencimento a um grupo de determinado nível — e isso geralmente quer dizer, na época de d'Urfé, um nível herdado por descendência ou apresentado como tal — é uma parte integrante de cada indivíduo. Na versão definitiva de *Astreia*, embora nem sempre aconteça o mesmo nas versões preliminares que foram conservadas, as duas classes de nobres mais importantes, cuja relação ocupava d'Urfé especialmente após a vitória de Henrique IV, aparecem muitas vezes sob disfarces estereotipados, fáceis de reconhecer. Existem cavaleiros, príncipes e reis. Existem druidas e mágicos, que representam a nobreza eclesiástica. Existem ninfas que são mostradas, de modo totalmente inequívoco, como as grandes damas da corte. Uma das ninfas, Galateia, provavelmente tem por modelo uma figura-chave, a primeira mulher de Henrique IV. Os pastores e pastoras, por sua vez, representam uma camada nobre de nível mais baixo. Correspondem à camada da nobreza de que o próprio d'Urfé faz parte, a camada da elite meio campestre, meio de corte, proveniente da nobreza rural e provinciana. Contudo, em seu disfarce lúdico de pastores e pastoras, aparecem no romance de uma forma romanticamente idealizada. Nada é mais significativo do que esse disfarce. Mesmo uma parcela da pequena e da média nobreza já estava a tal ponto civilizada, transformada em nobreza de corte, aristocratizada e urbanizada, a tal ponto envolvida na rede crescente de interdependências criadas pelo dinheiro, e o seu distanciamento social e psicológico da vida rural já era tão avançado, que os nobres podiam expressar sua nostalgia por uma vida mais simples e livre por meio do disfarce em pastores e pastoras que vivem em cabanas simples cercadas por seu rebanho.

É a essa camada mais baixa da nobreza que cabe o papel principal no mundo mimético de d'Urfé. Pertence a ela o herói principal, o pastor Celadon, cujo amor pela bela pastora Astreia constitui um dos temas mais importantes do livro.

A partir da posição inferior dessa camada de pastores e pastoras, d'Urfé lança em seu livro uma polêmica, às vezes oculta, às vezes totalmente aberta, contra a camada superior, contra ninfas e outras personagens que incorporam a alta nobreza de corte, sobretudo contra seu modo de vida e seus valores. O autor lhes contrapõe o ideal da vida mais simples do campo, feito de autenticidade e inocência, a vida que levam os pastores e pastoras. O tema não é novo. Já no começo do século XVI Sannazaro havia usado, em sua obra *Arcádia* — certamente sob a influência de modelos mais antigos —, personagens de pastores e pastoras como um tipo de contraponto e imagem invertida da corte de Nápoles. Toda uma série de romances e peças pastorais dá prosseguimento a essa tradição no decorrer do século XVI. Seria uma tarefa recompensadora acompanhar, com o auxílio de tais obras, o desenvolvimento da "alienação" da corte, seu distanciamento em relação ao campo.

10. *Astreia* mostra com clareza, a partir de determinados pontos de vista, a conexão entre essa alienação e o despertar de uma consciência, a ascensão para um novo estágio na escada em espiral da consciência. Na obra aparece em filigrana um dos problemas centrais que caracterizam, até os dias de hoje, o estágio de consciência atingido no Renascimento. Trata-se do problema das relações entre realidade e ilusão. Um dos maiores paradoxos de toda essa época é o fato de que, em seu curso, a sociedade humana estenda mais do que nunca o alcance de seus controles sobre o mundo — especialmente sobre o que se denomina natureza, mas também sobre o mundo dos homens — enquanto, ao mesmo tempo, como um *leitmotiv* constante de todo esse período, ressurge sempre, nas mais diversas formas, a questão do que é propriamente real, efetivo, objetivo, ou como se quiser chamar, e o que é simplesmente pensamento humano, produto artificial, ilusão,

ou seja, "subjetivo" e assim irreal. Tal questionamento está ligado, na verdade, a um desenvolvimento dos mecanismos específicos de autocontrole profundamente enraizados nos homens, a armadura que os faz sentir que, em sua couraça, vivem isolados do resto do mundo, numa gaiola: não são capazes de se convencer de que as coisas que atravessam tal couraça não são aparições, algo inventado ou adicionado por ele mesmos. É preciso atingir o estágio seguinte de consciência para perceber sua couraça, para compreender sua natureza, para constatar que ela se constitui no estágio precedente, para reconhecer seus limites e dar, assim, um passo para solucionar o problema de modo convincente.

Aqui, é suficiente mostrar como essa ascensão ao patamar do "Renascimento" se apresenta no romance de d'Urfé. Ele nos fornece um exemplo típico da experiência de autopercepção que os nobres franceses das camadas superiores puderam ter durante a fase do processo definitivo da formação da corte na França. Não é possível entender esse tipo de experiência sem atentar para o fato de que, ao longo do desenvolvimento da sociedade, aquilo que os homens vivenciam como realidade se transforma num sentido bem preciso, e, na passagem do que chamamos de "Idade Média" para o que chamamos de "Modernidade", observa-se um impulso notável para uma nova noção do que é e do que não é "real". No estágio de consciência precedente — assim como em todas as fases anteriores do desenvolvimento da humanidade — a base social e pessoal do que aparece como real era uma base emocional, relativamente irrefletida. Noções que correspondiam às necessidades emocionais dos homens, que diziam respeito aos sentimentos de modo mais direto, eram consideradas reais segundo a intensidade das emoções que elas liberavam. Um exemplo simples é a atitude de certos povos primitivos em relação às suas máscaras. Em determinado contexto social, por exemplo em uma festa, a máscara pode ser vivenciada como um espírito poderoso que é temido ou a que tentam agradar por meio de determinados rituais. É perfeitamente possível que, ao fim da festa, a mesma máscara seja atirada sem cerimônia num depósito ou jogada fora. Isso é interpretado como uma expressão do fato de que o espírito poderoso abandonou a máscara. Contudo, ao observar com mais atenção, percebemos que foi a emoção dos homens envolvidos que os abandonou com a mudança da situação. A identidade do objeto ainda não se baseia primordialmente, nesse estágio, em seu caráter como objeto, mas no caráter das representações afetivas vinculadas a ele. Quando as emoções são intensas, o objeto é vivenciado como algo poderoso, e esse elemento de força é e permanece o critério determinante do que é "real". Objetos dos quais o grupo envolvido não espera nenhum efeito em relação a si mesmo são, nesse estágio de desenvolvimento, insignificantes e por isso não propriamente reais.

A partir do final da Idade Média, podemos observar um forte movimento no sentido de conferir aos objetos uma identidade, uma realidade e uma efetividade independentes das representações carregadas afetivamente que se vinculam aqui e agora com eles nos grupos, de acordo com sua tradição de experiência e sua situação momentânea. Esse impulso para uma maior consciência da autonomia dos "objetos" na vivência dos "sujeitos" está intimamente ligado ao desenvolvimento da couraça, sob a forma de um autocontrole mais ou menos profundo, que se intercala entre os afetos e os objetos aos quais ele se dirige.

Esse movimento possibilita aos homens, em sua busca por um conhecimento mais abrangente de seu mundo, obter maior grau de certeza do conhecimento, maior aproximação das imagens conceituais e dos seus objetos, e com isso mais controle sobre tais objetos em determinadas esferas de suas vidas. A transição de uma forma teológica para uma forma científica de obtenção do saber é um impulso nessa direção. De um estágio em que o conteúdo emocional de representações sociais tradicionais ainda é considerado garantia da realidade do que se apresenta, atinge-se um patamar em que os indivíduos valorizam o esforço de elaborar as leis dos nexos de acontecimentos no âmbito da natureza, de maneira relativamente independente dos afetos imediatos em relação a tais nexos. Com isso, amplia-se consideravelmente o capital de conhecimentos relativamente seguros.

Entretanto, nesse novo estágio da capacidade humana de obter uma certeza maior sobre os nexos entre os acontecimentos, abre-se ao mesmo tempo uma nova fonte de incerteza muito específica. E enquanto o desenvolvimento da consciência humana não supera esse estágio, repetem-se em incontáveis variantes as manifestações dessa incerteza específica, acompanhando a expansão contínua do capital social em conhecimentos assegurados. Portanto, em determinados domínios do saber, particularmente no da "natureza", os conceitos e as maneiras de pensar de que os homens fazem uso correspondem melhor do que nunca aos fatos observados, e assim a imagem que fazem dos nexos entre os acontecimentos torna-se mais confiável e mais próxima da realidade. Ao mesmo tempo, os homens não conseguem se convencer de que tudo aquilo que pensam sobre essa "realidade" não passa de mero pensamento, produto artificial de origem humana — não passa de ilusão.

Essa incerteza, essa dúvida sobre a relação entre realidade e ilusão, perpassa todo esse período. A transição, na pintura, para uma representação mais realista do que se percebe é um sintoma, em certo sentido, das oscilações e dos entrelaçamentos de realidade e ilusão. As tentativas de projetar fenômenos espaciais em três dimensões na tela bidimensional por um lado alcançam uma forma artística mais realista, mais próxima da realidade, e isso é de fato o objetivo pretendido nessa fase. Entretanto, o que se projeta na tela é ao mesmo tempo a ilusão de um espaço tridimensional. Trata-se de uma imagem, uma aparência. A possibilidade e a exigência de dar à ilusão a forma de realidade são a antítese da inquietação filosófica que questiona se o que aparece como realidade não passa de ilusão. A pergunta: "O que é realidade e o que é ilusão?" volta sempre a ocupar os homens nesse estágio de consciência.

O motivo da insolubilidade de tais questões é relativamente fácil de reconhecer quando estamos em situação de passar ao estágio seguinte de consciência e considerar à distância o que foi alcançado gradativamente a partir da Idade Média. Percebemos então que a incerteza sobre aquilo que a "realidade" significa, assim

254    A sociedade de corte

como a dúvida recorrente sobre a possibilidade de todos os juízos acerca do que designamos como "fatos" serem produtos artificiais do entendimento humano, baseia-se em última instância na consumação, a partir do estágio do Renascimento, daquela retração dos afetos quanto ao que é pensado, daquele distanciamento emocional dos objetos de reflexão. O ato, designado aqui metaforicamente como ato de distanciamento, aparece para aqueles indivíduos, ao refletirem, como uma distância realmente existente entre eles mesmos e os objetos de sua reflexão. O encouraçamento das formas de autocontrole, mais ou menos enraizadas, aparece para eles como um muro real interpondo-se entre eles mesmos e os objetos de sua reflexão. A incerteza sobre a natureza da "realidade", que levou Descartes a concluir que a única certeza é o próprio pensamento, constitui um bom exemplo dessa consumação de uma representação emocional que corresponde a uma peculiaridade estrutural dos indivíduos em determinado estágio de desenvolvimento da sociedade e de nível de autoconsciência. A impressão, na reflexão científica, de se estar isolado por um abismo daquilo sobre o que se reflete, e, na observação científica, daquilo que se observa, pode ser um sentimento inteiramente autêntico. Mas o abismo em si existe tão pouco, possui tão pouca realidade fora do sentimento, quanto o poder do espírito que um grupo de homens primitivos atribui a uma máscara, ao sentirem espontaneamente que ela possui tal poder. A diferença está simplesmente no fato de que, neste último caso, a couraça emocional civilizadora é consideravelmente mais firme, estável e completa do que no anterior.

Eis por que os indivíduos de sociedades europeias, ao alcançarem o novo estágio de autoconsciência, a partir do século XV aproximadamente (estágio cujos sintomas são a aquisição de conhecimento científico e a posição fundamental cartesiana e depois nominalista), ao refletirem sobre sua própria reflexão, ao tomarem consciência de sua própria tomada de consciência, ao se esforçarem por pensar sobre seu próprio esforço de pensamento, acabem sempre caindo em uma situação difícil. Enquanto o uso científico de sua capacidade de pensamento requer um saber em constante expansão, que desperta a exigência de ser o conhecimento de algo realmente existente, ao refletirem sobre seu próprio trabalho científico os homens não conseguem se convencer de que esse conhecimento, elaborado por meio de uma combinação de reflexão e observação sistemáticas, corresponde a algo "real". Uma vez que, para o sentimento, há uma cisão, um abismo entre o "sujeito" que conhece e o "objeto" a ser conhecido, a própria noção de realidade parece suspeita e ingênua. Será que tudo o que vem à tona através do conhecimento não passa de uma invenção do pensamento humano, ou de uma imagem influenciada pelos órgãos sensoriais humanos? Será que os fenômenos que têm lugar "fora" dos homens que os vivenciam são alterados de tal maneira pelo pensamento e pela sensação que o eu aparentemente existente no "interior" da couraça não é capaz de reconhecê-los como realmente são, mas apenas metamorfoseados e disfarçados pelo pensamento e pela sensação? Nesse estágio da autoconsciência, os homens conseguem se distanciar suficientemente do seu modo de pensar a ponto de perceberem, pela reflexão sobre seu modo de pensar, os objetos como algo independente e autônomo em relação a eles mesmos e especialmente a seus próprios afetos. Entretanto, ainda não podem se distanciar suficientemente de si mesmos e de seu modo de pensar a ponto de incluírem a estrutura do próprio distanciamento como elemento fundamental em sua imagem e sua concepção da relação sujeito-objeto. Assim, tais questões acabam permanecendo sem solução.

Por conseguinte, ressurge sempre nesse estágio da consciência o problema da relação de "subjetividade e objetividade", de "consciência e ser", de "ilusão e realidade", do que pode ser vivenciado com a indicação de uma categoria espacial como o "interior" de si, do "próprio eu interior" em sua couraça civilizadora, por um lado, e o que existe fora de tal couraça, o "mundo exterior", de outro lado. A dúvida de Descartes acerca da "realidade" de tudo aquilo que ocorre fora do próprio pensamento, a transição para tipos ilusionistas de pintura, a ênfase das fachadas, voltadas para o exterior, no estilo arquitetônico das igrejas e residências — estas e muitas renovações similares são manifestações da mesma mudança na estrutura da sociedade e dos indivíduos que a constituem. Trata-se de sintomas de que os homens, com base na grande contenção emocional a eles imposta, não se percebem mais simplesmente como criaturas entre outras no mundo, mas cada vez mais como seres singulares, cada um isolado no interior de sua couraça, contraposto a todas as outras criaturas e coisas, incluindo todos os outros homens, como aquilo que existe fora da couraça individual e é separado por ela do "interior".

Entre os sintomas dessa estrutura da autoconsciência — aceita por muito tempo como algo evidente — encontra-se não só a incerteza específica sobre a natureza da "realidade", de que falamos há pouco, mas também o jogo consciente com a realidade e a ilusão, a rápida transformação e transição de uma a outra ou a mistura das duas, coisas que são encontradas na arte e na literatura em variantes sempre novas. *Astreia* é um exemplo. As personagens modelares do romance não só refreiam seus sentimentos e paixões com alto grau de consciência e de reflexão de acordo com o papel pessoal que o autor lhes dá, como também se disfarçam muitas vezes conscientemente. Parece, então, que vivem durante algum tempo em seu outro papel; aparecem como algo diferente do que "realmente" são.

Quando nos perguntamos o que é considerado indubitavelmente real, na sociedade de *Astreia*, assim como na sociedade para a qual ela foi escrita, então nos deparamos, aqui também, com uma mistura peculiar de ser e dever ser, de fatos e normas sociais. Como fundamento absolutamente indubitável daquilo que uma pessoa "realmente" é, aparecem nesse romance a linha de sua ascendência e o nível social estabelecido pela proveniência de uma determinada linha familiar. Isso corresponde com exatidão ao que aparece como parte integrante, inabalável e inquestionável da realidade humana, na sociedade para a qual *Astreia* se dirige em primeiro lugar. Só quando se conhece a ascendência social, e com isso o nível social de uma pessoa, sabe-se quem e o que ela realmente é. Nesse ponto acabam as dúvidas e as reflexões; inútil ir mais longe. Pois ascendência e o nível social são os pilares da existência social da nobreza. *Astreia* é um romance da nobreza, que põe em cena aristocratas sob diversos disfarces para um público aristocrático. A primeira pergunta que interessa aos nobres, ao encontrarem outros nobres, era e continua sendo esta: "De que casa, de que família vem ele ou ela?" Com isso é possível classificar a pessoa em questão. O romance mostra que se trata aqui de uma sociedade nobre relativamente extensa e móvel. Ela se encaminha para a grande aristocracia de corte, na qual os indivíduos entram em contato uns com os outros sem se conhecerem desde a infância, o que não acontece em círculos mais restritos da nobreza. Em *Astreia* aparece uma sociedade cujos membros muitas vezes não sabem, a princípio, quem a pessoa que encontram "realmente" é. Assim, é possível disfarçar e dissimular — às vezes até mesmo o nível social.

É decisivo, para o estágio de consciência que *Astreia* representa, o fato de que os homens não apenas se disfarçam, dissimulando ou fingindo ser algo, fazer algo, sentir algo que não corresponde à "realidade" — isso também aparece com bastante frequência nas obras literárias de períodos anteriores —, mas também o fato de que aqui o disfarce e a dissimulação dos homens se torna um objeto de reflexão. A relação entre "realidade" e "disfarce" torna-se um problema sobre o qual se discute e se argumenta explicitamente, muitas vezes em debates extensos. As possibilidades de dissimulação são testadas de maneira totalmente consciente. Uma questão que surge é se alguém de fato pode mascarar a si mesmo, seus pensamentos e sentimentos. Em resumo, *Astreia* é um exemplo e um sintoma de ascensão para um nível social marcado por estruturas particulares — do qual uma das dimensões é um novo estado de consciência.

Entre essas particularidades está o nível de autorreflexão alcançado pelos homens, em outras palavras, o nível de autodistanciamento. Em comparação com as personagens de romances anteriores de gênero similar, *Astreia* — e certamente não só ele — representa um estágio em que os homens passam a ser capazes de se distanciarem de si mesmos e de se aproximarem de si mesmos. Subiram a um patamar mais alto da escada em espiral da consciência. A partir dali, podem ver a si mesmos em ação no degrau anterior, podem considerar e observar a si mesmos naquele ponto, convivendo com outros homens.

O tipo de relação amorosa que se encontra aqui é uma manifestação dessa grande capacidade de controle emocional, de distanciamento dos indivíduos em seus relacionamentos e de autodistanciamento, o que corresponde à mudança da figuração humana, especialmente a mudança das interdependências no decorrer da crescente centralização do poder do Estado e das formações de elites aristocráticas. Nesse caso, não deixa de ter importância o fato de o ideal da relação amorosa que está no centro de *Astreia* não representar propriamente o ideal da aristocracia de corte mais alta e mais poderosa, mas antes o de uma camada aristocrática intermediária. D'Urfé contrapõe intencionalmente o ethos amoroso mais nobre, mais puro e mais civilizado dos pastores e pastoras — portanto dos representantes de uma camada nobre mais modesta — aos hábitos amorosos mais liberais e sensuais da aristocracia de corte dominante. É fácil ter a impressão de que *Astreia* é um produto inteiramente apolítico e "puramente literário"; problemas amorosos estão no centro do romance. Entretanto, embora d'Urfé deponha a espada (como muitos outros participantes das guerras civis que haviam lutado em vão contra aquele que veio a ser o rei, o indivíduo no centro da corte, e algumas vezes também contra o poder crescente do soberano) e crie, para as pessoas cansadas da guerra, uma imagem onírica da vida pacífica e simples dos pastores, mesmo assim ele dá continuidade à luta, no plano ideológico e com armas ideológicas. A vida simples, boa e livre dos pastores e pastoras de nível menos elevado é sempre contraposta aos hábitos e costumes dos grandes senhores e damas de corte, os autênticos detentores do poder neste mundo. E a ênfase insistente nas diferenças do comportamento amoroso dos dois grupos mostra a continuidade da luta em outro plano, ou seja, como confronto entre duas escalas de valores, como protesto contra o processo de curialização, cada vez mais inevitável, como polêmica maldissimulada contra a aristocracia de corte dominante. *Astreia* ilustra, de uma forma precoce, mas em grande medida paradigmática, a conexão entre dois aspectos do forte impulso civilizador que pode ser observado a partir do século XV — às vezes antes, às vezes depois — nas sociedades europeias. Trata-se da conexão entre a transformação geral das coerções exteriores em autocoerções, a formação da consciência, a assim chamada "interiorização" das coerções sociais na forma de um "ethos" ou uma "moral", de um lado, e, de outro, os movimentos orientados para escapar das coerções civilizadoras, a fuga da sociedade civilizada para domínios da vida simples, na maioria das vezes no campo, domínios meio lúdicos, meio levados a sério — a fuga para um mundo de sonho. Aqui já se vê que essa dialética civilizadora das tendências à formação da consciência, à moralização, à "interiorização" das coerções civilizadoras, e das tendências de fuga buscada ou sonhada dessas coerções, é observável principalmente nas camadas intermediárias, que possuem duas frentes, e quase não se percebe nas camadas mais altas, poderosas e dominantes. Não é só no desenvolvimento das camadas médias burguesas, mas já no ethos amoroso das camadas médias da nobreza apresentadas em *Astreia*, que se mostra algo dessa divergência.

11. O uso que fazemos da palavra "amor" hoje em dia nos faz esquecer com frequência que, no caso do ideal amoroso, considerado na tradição europeia sempre como modelo de todos os relacionamentos amorosos reais, trata-se de uma forma de vínculo afetivo entre o homem e a mulher determinado em grande medida por normas sociais e pessoais. Em *Astreia* encontramos essa modelagem da afetividade como ideal de uma camada intermediária da aristocracia, já bastante assimilada pela corte. O amor do herói do romance, Celadon, pela heroína, Astreia, não é simplesmente um desejo apaixonado de um homem pela posse de uma certa mulher. Na versão aristocrática, encontramos aqui uma forma de relacionamento amoroso bastante similar ao ideal amoroso romântico da literatura burguesa posterior. Trata-se de um vínculo sentimental apaixonado e recíproco de um jovem solteiro em particular e de uma jovem solteira em particular, que só

podem encontrar sua realização no casamento, um vínculo inteiramente exclusivo. É o desejo desse homem por essa mulher e por nenhuma outra, e vice-versa. Portanto, o ideal de vínculo amoroso pressupõe um alto grau de individualização. Ele exclui qualquer relação amorosa de um dos parceiros com uma terceira pessoa, ainda que seja algo passageiro. Mas como se trata aqui de duas pessoas com autocontroles individuais bastante marcados com couraças altamente diferenciadas, a estratégia para pedir em casamento é mais difícil e morosa do que nunca. Nesse caso, os jovens são tão autossuficientes do ponto de vista social que o pai e a mãe quase nada podem fazer contra a força do vínculo amoroso, mesmo que se oponham à escolha. Justamente por isso a aproximação é difícil e cheia de perigos. Os dois têm que se pôr à prova. Seu jogo amoroso é influenciado não só pela intensidade da dissimulação das emoções, ora voluntário, ora involuntário, mas também pela consciência de tal dissimulação, pela reflexão sobre ele. O que está realmente acontecendo por trás da máscara do outro? São verdadeiros e confiáveis seus sentimentos? Em grupos menos individualizados e mais confinados, costumam haver formas de controle e rituais familiares, uma espécie de opinião da família sobre os jovens que devem ou não se casar. Aqui, porém, a moça e o rapaz têm de confiar inteiramente em seu próprio julgamento. Já por esse motivo o tipo de vínculo amoroso em questão só pode se realizar após longas provações pessoais, após a superação de muitos mal-entendidos e testes, em parte criados pelo próprio casal, em parte impostos por outras pessoas. A difícil estratégia de aproximação, muitas vezes aventureira e sempre hesitante, que ocupa uma boa parte do romance, também constitui uma manifestação do crescente distanciamento entre as pessoas.

Como mostra *Astreia*, esse vínculo amoroso das personagens principais é um ideal. Ele apresenta um amálgama complexo de impulsos de desejo e de consciência. Algo significativo para esse complexo amoroso é o fato de que a forte couraça civilizadora não apenas põe em cheque aqui, por longos períodos, as formas espontâneas e bestiais dos fenômenos das paixões humanas, mas nesse estágio do processo civilizador surge ao mesmo tempo, como uma aquisição secundária, um certo deleite em adiar o prazer amoroso, uma alegria melancólica em torno dos próprios sofrimentos, um prazer na tensão do desejo insatisfeito. Tais coisas conferem a esse tipo de vínculo amoroso seu caráter romântico.

Esse prolongamento do jogo amoroso e esse prazer secundário resultante da tensão do desejo insatisfeito têm estreita conexão com um determinado ethos amoroso, com a subordinação rigorosa dos amantes a normas sociais, ditadas por sua própria consciência. Entre essas normas encontra-se, sobretudo, a fidelidade inabalável dos amantes, especialmente do homem à sua amada. Sejam quais forem os mal-entendidos e tentações, a constância absoluta da devoção constitui, de acordo com a imagem ideal do relacionamento amoroso que d'Urfé apresenta em *Astreia*, o dever e a honra do homem que ama. É essa ética amorosa encarnada pelos pastores e pastoras — ou seja, uma camada média da nobreza que, embora esteja no caminho de se tornar uma *noblesse de robe* altamente civilizada, defende-se contra o processo de curialização e as crescentes coerções civilizadoras — que d'Urfé contrapõe aos hábitos amorosos mais livres da aristocracia de corte dominante.

Uma breve cena pode ilustrar essa situação.[12]

Galateia, no romance uma ninfa, portanto a imagem disfarçada de uma grande dama da corte, provavelmente a de Margarida de Valois, censura Celadon, o pastor simples, portanto representante da nobreza de nível menos elevado, por sua ingratidão e frieza em relação a ela. Celadon responde que o que ela chama de ingratidão não passa de uma expressão do seu dever. A grande dama retruca:

> Com isso o senhor está dizendo que o seu amor é dirigido a outra pessoa, de modo que a sua fé o submete a uma obrigação. Mas a lei da natureza prescreve algo totalmente diferente. Ordena que se tenha em vista o próprio bem-estar, e o que poderia ser melhor para o seu próprio bem-estar do que minha amizade? Que outra pessoa nessa região pode fazer tanto pelo senhor quanto eu? É uma tolice, Celadon, ficar preso a esse desvario de fidelidade e constância. São palavras que as velhas ou as senhoras que ficaram feias inventaram para acorrentar a elas as almas que seus rostos teriam libertado muito antes. Dizem que todas as virtudes estão agrilhoadas. A constância não pode existir sem sabedoria universal. Mas seria sábio desprezar o bem-estar assegurado para escapar de ser chamado inconstante?

Celador responde:

> Madame, a sabedoria universal não há de nos ensinar a procurar uma vantagem por meios inglórios. A natureza não há de nos mandar, por suas leis, erguer um edifício sem assentar-lhe os fundamentos. Existe algo mais vergonhoso do que não manter uma promessa? Existe algo mais leviano do que um espírito que, como uma abelha atraída por novas doçuras, esvoaça de uma flor para outra? Madame, se não há nenhuma fidelidade, sobre qual fundamento posso construir sua amizade? Pois, se a senhora mesma segue a lei de que falou, por quanto tempo essa sorte sorrirá para mim?

Vemos que o pastor também conhece, assim como a grande dama, a arte de duelar com as palavras, arte que no decorrer do processo de curialização e de civilização da nobreza tomou parcialmente o lugar da luta corporal. Também vemos nessa breve cena o protesto da nobreza em vias de se tornar cortesã contra o ethos das grandes cortes. Esse representante de uma camada média da nobreza defende uma ética amorosa que antecipa um ideal amplamente disseminado pelas camadas médias burguesas. A grande dama de corte se faz baluarte da sabedoria universal, segundo a visão de d'Urfé. Muitas coisas levam a crer que ela expressa aproximadamente o padrão autêntico de pensamento e de comportamento da camada superior dominante. Um conto de autoria da própria Margarida de Valois[13] mostra uma relação bastante similar entre uma grande dama e um cavaleiro simples, tendo um final feliz para a dama, neste caso. Não deixa de ser interessante notar que, no âmbito do ethos dessa camada superior de corte, antecipa-se justamente aquela interpretação do conceito de natureza que mais tarde será acolhido

260     A sociedade de corte

e desenvolvido sistematicamente, sobretudo no âmbito da filosofia social e econômica da burguesia, isto é, a interpretação da lei natural como uma norma que
permite aos indivíduos agirem em proveito próprio. Celadon, o pastor, defende
um ideal contrário ao da camada superior dominante. Assim como o romantismo
pastoral, ele permanece vivo durante muito tempo, como um ideal antitético das
coerções dominadoras e civilizadoras da corte.

Algo semelhante se aplica ao que d'Urfé apresenta como o ideal de natureza
dos pastores. Como no caso do ideal amoroso, aqui também nos deparamos com
um embelezamento, por meio da nostalgia, do que vai ficando mais longe, em
conexão com o crescente distanciamento da vida simples do campo.

Celadon explica à ninfa Silvie que ninguém sabe quem é o pastor Silvandre,
ou seja, ninguém conhece sua família e sua árvore genealógica. Conforme Celadon
esclarece, ele surgiu naquelas terras anos antes; e, como entendia muito de ervas e
de rebanhos, todos o ajudaram. Celadon diz: "Hoje ele vive confortavelmente e
pode se considerar um homem rico. Pois, oh ninfa, não precisamos de muito para
nos considerarmos ricos. A própria natureza se satisfaz com pouco, e nós que
procuramos apenas viver conforme a natureza logo ficamos ricos e satisfeitos..."

A ninfa responde: "São mais felizes do que nós."[14]

Aqui vemos novamente a tendência ideológica do romance. À vida artificial
da camada superior da corte opõe-se a vida simples e natural dos pastores. Mas a
vida dos pastores é justamente o símbolo da nostalgia por uma maneira de viver
irrealizável. Trata-se do anseio do homem "interiormente" dividido: talvez lembre
ainda a vida no campo de sua própria juventude. O próprio d'Urfé localiza conscientemente a ação principal do romance na região da França onde ele passou sua
juventude. Entretanto, essas pessoas encontram-se tão profundamente envolvidas
no processo de aristocratização, e tão alteradas pelas influências civilizadoras da
corte, que já se alienaram demais da verdadeira vida no campo para se satisfaze-
rem com a vida simples entre camponeses e pastores. D'Urfé tem consciência de
que o retorno ao campo de sua juventude, que ele povoa com cortesãos fantasiados de pastores, é um sonho e um jogo. Só a nostalgia é autêntica. A luta ideológica
contra os costumes amorosos, as formas de conduta artificiais e toda a maneira de
viver da corte também são autênticas. Mas a capacidade de autodistanciamento e
de reflexão alcançou um estágio no qual não é possível ocultar que os pastores e as
pastoras, embora sendo símbolos de uma nostalgia autêntica, não passam de
pastores dissimulados, símbolos de uma utopia, e não pastores reais. Como dissemos antes, faz parte de tal estágio conseguir se distanciar de si mesmo o suficiente
para fazer a pergunta: o que é realidade, o que é ilusão? Todavia também faz parte
dele ser impossível responder a tal pergunta. Muitas vezes, pensa-se que a aparente
ilusão poderia ser a realidade e a aparente realidade, a ilusão.

D'Urfé precede seu romance de uma dedicatória à pastora Astreia[15], na qual
diz, entre outras coisas:

> Se te censurarem por não falares a língua das vilas, e porque nem tu nem teus rebanhos
> cheiram a ovelhas e cabras, responde-lhes, minha pastora ... que nem tu mesma, nem

# Sobre a sociogênese do romantismo aristocrático 261

aqueles que te seguem estão entre esses pastores necessitados que conduzem seus rebanhos aos pastos para ganhar o sustento de suas vidas, mas que todos vós escolhestes essa forma de vida para viver mais suavemente e sem coerção [*pour vivre plus doucement et sans contrainte*]. Responde que lhes daria pouco prazer ouvi-la, caso tuas ideias e palavras fossem do mesmo tipo das de pastores comuns, e que seria vergonhoso repetir tais coisas.

A exigência que d'Urfé expressa aqui, no início do grande impulso civilizador do final da Idade Média, com as palavras "*vivre plus doucement et sans contrainte*", sempre volta à tona, como uma peculiaridade estrutural recorrente nas várias contracorrentes românticas que acompanham todos os grandes impulsos civilizadores. Isso que foi dito aqui como exemplo de um dos tipos de vivência, por parte dos cortesãos, de uma das formas iniciais de romantismo pastoral, incorporado por *Astreia*, ilumina a estrutura social de tais impulsos românticos. Mais cedo ou mais tarde chegaremos, no contexto de uma teoria da civilização mais abrangente, a um esclarecimento teórico dos diversos movimentos românticos que, como dissemos, fazem parte dos fenômenos permanentes do processo civilizador. Nosso estudo pode servir de ponto de partida.

A época de *Astreia* é uma época em que agravam-se notavelmente as coerções civilizadoras na forma de controles emocionais voluntários ou involuntários que os homens exercem sobre si mesmos, na forma das boas maneiras, da consciência e em muitas outras. Tornam-se mais difíceis os processos de socialização, o condicionamento dos jovens ao padrão cada vez mais severo de controle emocional socialmente dominante. Ficam fortalecidos a capacidade e o hábito do distanciamento em relação a todo o ambiente circundante, em relação aos "objetos", à "natureza", ao intercâmbio entre as pessoas e consigo próprias. Mas, embora a capacidade de reflexão também aumente nesse estágio do processo civilizador, a natureza da transformação a que os indivíduos estão submetidos permanece oculta para os próprios indivíduos que se transformam. Eles sentem a pressão das coerções, especialmente a pressão das coerções emocionais a que estão expostos, mas não a compreendem.

O surgimento e o desaparecimento de movimentos românticos expressam de certa maneira o anseio pela libertação dessas coerções — através de uma utopia ou uma ilusão —, muitas vezes com uma semiconsciência de que ela é irrealizável. Daí ser possível que determinadas estruturas sociais e situações específicas de grupos humanos favoreçam o surgimento de movimentos e ideais que prometem aos homens a libertação de suas coerções, às vezes das coerções civilizadoras e dominadoras ao mesmo tempo, escapando para enclaves de uma vida social mais simples, ou restaurando a vida do passado, considerada melhor, menos complexa e mais pura. As condições em que d'Urfé escreveu *Astreia* permitem o reconhecimento de algumas conexões entre determinadas estruturas sociais e o conflito específico mencionado anteriormente, característico das obras e dos movimentos românticos. Só pesquisando mais a fundo é possível descobrir se e até que ponto essa conexão entre a estrutura romântica das ideias e as estruturas sociais específicas se repete em outros casos. *Astreia* ilustra a nostalgia de uma camada superior que se acha degradada e usurpada por uma outra, mas que insiste em deixar bem-marcada, enquanto camada aristocrática e privilegiada, a distância que a separa das camadas de nível inferior. No caso de camadas burguesas na mesma situação, fala-se em geral de "camadas médias". Quando se trata de nobres, só podemos usar esse conceito de uma maneira hesitante. O que há em comum entre essas camadas pode ser melhor expresso designando-as como camadas de duas frentes. Elas estão submetidas a uma pressão social vinda de cima, de grupos que possuem maior poder, mais chances de dominação, de prestígio e de autoridade do que elas; e a uma pressão vinda de baixo, de grupos que se encontram em posição inferior quanto à autoridade e ao prestígio, mas que mesmo assim têm um papel preponderante como fator de poder na rede de interdependências da sociedade. As camadas de duas frentes podem experimentar as coerções a que se sentem submetidas, em primeiro lugar, como coerções impostas com base nas chances de poder maiores da camada superior. É essa, como vimos, a orientação da luta ideológica que d'Urfé leva adiante, em sua *Astreia*, contra a camada dominante da corte. O modo de vida dominante na corte e o seu modelo de comportamento constituem o alvo do ataque que a apresentação de uma vida simples de pastores implica. Quando d'Urfé fala que seus pastores procuram apenas uma vida mais suave, sem coerção, refere-se à coerção que emana do rei vitorioso e de sua corte. Ele não se dá conta de que as coerções que ele e sua camada social sentem pesar sobre si consistem muitas vezes em autocoerções impostas no sentido de cultivar e proteger marcas distintivas a que dão valor, não só em função de si próprios, mas em grande parte como símbolos de sua colocação social elevada, como instrumentos de sua superioridade e autoridade em relação aos que se encontram abaixo deles na sociedade. Mesmo o jogo amoroso refinado e a sublime ética do amor servem para marcar a distância que separa o ideal de relações sexuais primitivas das camadas não aristcocráticas. Assim, eles quase não têm consciência do paradoxo dessa ligação das exigências de liberdade e seu símbolo — a vida aparentemente livre dos pastores — com as autocoerções de uma ética amorosa refinada.

Nas sociedades modernas, camadas de duas frentes — sejam nobres ou burguesas — encontram-se submetidas, com frequência por longos períodos, a coerções particularmente opressivas, sobretudo autocoerções civilizadoras,[16] justamente por viverem sob a pressão de tensões permanentes e conflitos constantes em duas frentes. As recompensas sociais das camadas superiores, que não veem ninguém sobre elas e só precisam se defender da pressão vinda de baixo, estão fora do alcance. As camadas de duas frentes querem descartar os aspectos das coerções dominadoras e civilizadoras percebidos como negativos e, ao mesmo tempo, conservar intactos os aspectos da própria civilidade percebidos como positivos, os quais fazem parte dos sinais indispensáveis de sua distinção, de sua posição social elevada, constituindo, além disso, o âmago de sua identidade social e pessoal. No enredo de d'Urfé, tal conflito se mostra claramente. Seus pastores querem escapar da coerção da sociedade aristocrática de corte sem abrir mão dos privilégios e da superioridade que os diferenciam, justamente por sua civilidade de aristocratas, dos homens rústicos que cheiram a ovelhas e cabras, portanto dos verdadeiros camponeses e pastores.

Com isso, vemos com mais clareza do que antes o caráter do conflito responsável pela ambivalência especificamente romântica de tais criações, pela cristalização de nostalgias autênticas e de necessidades reais em imagens irreais. Embora tenha-se uma certa consciência do caráter utópico de tais ilusões, elas são agarradas com uma obstinação igual ao receio de assumir plena consciência de sua condição ilusória. O conflito mais evidente das camadas de duas frentes consiste no fato de elas correrem o risco de, ao derrubar as barreiras que garantem os privilégios das camadas superiores e mais poderosas, derrubar as barreiras que as protegem contra a pressão vinda de baixo. Não podem se livrar das coerções da dominação de outros sem pôr em questão sua própria dominação sobre outros. Mas isso é apenas um aspecto de um conflito localizado em um ponto mais profundo. O conflito das camadas de duas frentes não consiste apenas nas coerções decorrentes da distribuição hierárquica das chances de dominação e de autoridade; portanto, no caso de d'Urfé, não consiste apenas nas coerções da subordinação ao rei vitorioso e à camada superior da corte, mas também nas coerções civilizadoras que o homem impõe a si mesmo, e que logo se tornam parte integrante de sua pessoa. O caráter ilusório da utopia pastoral se baseia, em última instância, no fato de que seus representantes gostariam de ter uma existência simples e natural como a dos pastores, contraposta à vida aristocrática da corte, resguardando ao mesmo tempo todos os refinamentos das relações humanas, e sobretudo do amor, que os diferenciam dos pastores rústicos, demonstrando que são aristrocratas civilizados. Trata-se de algo característico dessa forma de manifestação do romantismo, e de muitas outras, o fato de que os homens que fazem dela o seu parâmetro de vida tentem escapar das coerções civilizadoras, empreendimento impossível, uma vez que tais coerções são parte integrante de sua natureza. É provável que, no caso das camadas de duas frentes, as coerções civilizadoras sejam particularmente opressivas — tanto na forma de um refinamento da convivência e dos relacionamentos, quanto na forma da consciência e da moral —, pois encontram-se integradas na rede de interdependências de tal maneira que precisam lidar continuamente com tensões e situações de conflito em duas frentes. Seja qual for a perspectiva pela qual considerarmos o conflito pessoal, fonte de todas as correntes românticas nas camadas de duas frentes, tanto do ponto de vista das coerções de dominação quanto no das coerções civilizadoras, trata-se de um conflito cujo caráter é condicionado em grande parte pelo desequilíbrio na distribuição de poder e no nível de civilização na sociedade considerada. Os indivíduos querem resguardar as vantagens, os privilégios, o valor distintivo que possuem, associados à própria civilidade superior — superioridade esta definida no plano

264 A sociedade de corte

conceitual como formação, educação, costumes ou cultura —, mas ao mesmo tempo gostariam de se libertar das coerções a que estão submetidos pela mesma desigualdade do nível de civilização que lhes concede vantagens, superioridade e distinção.

12. É interessante observar que o problema e o objetivo formulados por d'Urfé em seu romance pastoral com as palavras *vivre plus doucement et sans contrainte* ressurgem a partir daquele período em movimentos sempre renovados. Mesmo nas tendências anarquistas e psicodélicas de nossos dias encontram-se ressonâncias disso. Seu caráter romântico e utópico baseia-se, em parte, justamente no fato de que as pessoas gostariam de escapar do sofrimento das coerções que elas próprias exercem umas sobre as outras, por meio de suas interdependências, tentando evitar ou romper tais coerções sem possuir um conhecimento claro da sua estrutura. A expressão *vivre plus doucement* não é fácil de traduzir — uma convivência humana mais livre e mais amigável, mais agradável e mais suave do que a existente até então — e, como quer que seja traduzida, esse objetivo certamente constitui uma possibilidade viável. Uma convivência social sem coerções, no entanto, é inimaginável e impossível. Mas isso não quer dizer de modo algum que tais coerções têm necessariamente aquela mesma estrutura que tiveram no decorrer do desenvolvimento social até hoje, aquela estrutura que acaba sempre levando a rasgos utópicos e, por conseguinte, condenados de antemão ao fracasso no que diz respeito a seus objetivos. Tanto no caso de coerções que os indivíduos exercem uns sobre os outros, por exemplo como soberanos e súditos, quanto no caso de autocoerções, mesmo nesse estágio pouco avançado da investigação podemos ver que o peso e a severidade excepcional de muitas formas de coerção, expressas nos movimentos e ideais românticos e utópicos recorrentes, têm conexão com peculiaridades estruturais específicas da rede de interdependências existente até o momento, que não é de modo algum inalterável. A distribuição desigual das chances sociais de poder e especialmente a diferenciação, extraordinariamente grande, do nível de civilização sem dúvida são fatores que contribuem para a severidade das coerções, incluindo a autocoerção civilizadora. Em geral não temos muita consciência do efeito bumerangue peculiar às coerções que, numa rede de interdependências, os grupos mais poderosos exercem sobre os menos poderosos, os mais civilizados sobre os menos civilizados. Muitas vezes fechamos os olhos para o fato de que, em uma forma ou em outra, as coerções exercidas por grupos mais poderosos sobre os menos poderosos retornam aos primeiros como coerções dos menos poderosos sobre os mais poderosos, ou também como coerções para a autocoerção.

O uso de palavras como "dominação" ou "autoridade" como *termini technici* sociológicos também pode obstruir o caminho para compreendermos a relação entre coerção e contracoerção nas redes de interdependências humanas. Normalmente, tais termos tornam visíveis apenas as coerções dirigidas de cima para baixo, mas não as dirigidas de baixo para cima. Fazem-nos esquecer facilmente que, em toda forma de "dominação", como se mostrou ao investigarmos a "dominação" de Luís XIV, trata-se de relações de equilíbrio e sobretudo de equilíbrios de poder mais ou menos instáveis. O conceito de "coerção" é preferível, como um instrumento de análise mais abrangente, quando usado no sentido de uma coerção recíproca de indivíduos sobre outros indivíduos — embora não tenha necessariamente a mesma intensidade nas duas direções —, portanto no sentido de uma coerção no âmbito de uma análise de interdependências, e não no sentido de uma coerção por meio de normas e princípios aparentemente extra-humanos.

É compreensível que até agora os pesquisadores tenham se ocupado sobretudo com as coerções a que os grupos menos poderosos estão submetidos. Mas assim se alcança apenas uma visão unilateral. Justamente por haver, em toda sociedade, em toda rede de interdependências, uma circulação das coerções que os grupos exercem sobre os outros grupos e os homens sobre os outros homens, não podemos entender as coerções a que as camadas mais baixas estão submetidas sem investigar, ao mesmo tempo, as das camadas superiores.

A investigação precedente da sociedade de corte é um passo nessa direção. Do ponto de vista das camadas mais baixas e menos poderosas, os príncipes e os grupos aristocráticos costumam aparecer como indivíduos que levam uma vida livre e sem obrigações. Aqui, no decorrer de uma investigação mais detalhada, vieram à tona de modo claro e distinto as coerções a que estão subordinadas as camadas superiores, e mesmo o seu membro mais poderoso, o monarca absolutista. Vimos que eles estão subordinados a tais coerções na forma de uma autodisciplina constante, e isso justamente porque para eles tornou-se um objetivo que rege toda a sua existência manter sua posição elevada, sua distinção, sua superioridade em relação aos outros.

D'Urfé ainda proporciona uma imagem relativamente simples, na verdade uma imagem simplificada das coerções a que a nobreza estava subordinada ao longo do processo de curialização e da aristocratização. Em seu livro, a atenção está voltada quase exclusivamente para grupos da nobreza. Grupos burgueses praticamente não têm papel algum nesse romance. Graças ao artifício de uma simplificação ideológica, de um lado estão senhores e damas da aristocracia fantasiados de pastores e pastoras, todos do mesmo nível social; de outro estão personagens de nível mais alto, muitos dos quais representam a camada superior da aristocracia de corte. Já na época de Henrique IV, a hierarquização das camadas dominantes e o equilíbrio de tensões entre elas eram muito mais complexos do que isso na sociedade francesa. Mas a pressão das camadas que não faziam parte da elite, das camadas inferiores ainda constituídas predominantemente por camponeses, por pessoas que não sabiam ler nem escrever (mesmo nas cidades), em conjunto com os grupos de funcionários burgueses, a pressão de tais camadas sobre as camadas de elite, sua força social e suas chances de poder eram relativamente restritas em comparação com as das elites centrais, excluindo as massas concentradas da população da capital. A mera aglomeração física desta já representava um certo perigo para as elites da corte e, com isso — virtualmente — um fator de força social, de potencial para exercer o poder, cuja pressão Luís XIV procurou diminuir mudando a corte para Versailles.

# IX | Sobre a sociogênese da Revolução

Nas sociedades pré-industriais, a desigualdade na distribuição dos centros de poder é muito grande em relação à que existe nos Estados nacionais desenvolvidos e industrializados. A sociedade de corte é um exemplo de elite monopolista pré-industrial. A maior desigualdade na distribuição das chances de poder se expressava, por exemplo, no fato de que a grande maioria do povo francês só interessava propriamente aos aristocratas de corte em seu papel de servidores. Como consequência da crescente modernização e comercialização, da urbanização e centralização, as relações de dependência e referências mútuas entre as elites monopolistas tradicionais e as massas se modificaram lentamente em favor dessa última. Talvez seja útil chamar a atenção do leitor para o fato de que o início desse deslocamento do equilíbrio não se situa no período de democratização evidente que se seguiu à industrialização, mas que uma democratização latente já se observava, sob uma forma ainda rudimentar, nas sociedades do Ancien Régime, isto é, no período de mercantilização que precedeu a industrialização.

Às vezes tentou-se esclarecer deslocamentos explosivos da distribuição de poder na sociedade, como a Revolução Francesa, exclusivamente a partir dos acontecimentos que antecederam de modo imediato o período revolucionário ou que fizeram parte dele. Mas em geral só é possível compreender tais conflagrações violentas quando prestamos atenção nos deslocamentos do equilíbrio de poder de longa duração que ocorreram na sociedade em questão. Eles se realizaram lentamente, passo a passo, de modo que tanto os contemporâneos quanto as gerações posteriores só costumam perceber, ao olharem para trás, sintomas isolados, mas não a mudança na distribuição de poder como tal e por inteiro. A questão é por que essa fase da transformação latente, subterrânea e totalmente gradual na distribuição social das chances de poder a partir de determinado momento dá lugar a uma outra fase em que a transformação das relações sociais se acelera e a luta pelo poder se intensifica. Enfim, o monopólio do exercício do poder por parte dos que até então governavam passa a ser contestado com o uso da força física pelas camadas até então excluídas de tal monopólio, estendendo-se com a participação dos anteriormente excluídos, ou sendo abolido. Nesse último caso, o monopólio central da força física e da cobrança de impostos não é abolido enquanto tal, com o uso de violência para enfrentar os detentores do monopólio, embora essa abolição seja muitas vezes o objetivo dos rebeldes. O que em geral acontece é que grupos até então excluídos do controle dos monopólios centrais ou ganham uma participação neles, ou substituem as elites monopolistas por seus próprios representantes. Um problema central que não pode ser deixado de lado, ao final de uma investigação sobre a sociedade de corte do Ancien Régime, é a pergunta: em que circunstâncias um deslocamento de poder de longa duração, no âmbito de uma sociedade estatal, leva a uma ação violenta contra os detentores do monopólio da violência física?

A investigação das elites de corte do Ancien Régime fornece alguns elementos para uma resposta. Ela nos faz reconhecer que a ideia de esclarecer a transição para o uso da violência física, pelas camadas até então excluídas do controle do monopólio da força na França, como uma luta da burguesia contra a nobreza (camada dominante), não passa de uma simplificação dos acontecimentos. O que está na base de tal simplificação é uma confusão de nível social com poder social. Como vimos, no Ancien Régime a nobreza era incontestavelmente a camada de nível mais alto, embora não fosse tão incontestável sua condição de camada social mais poderosa. Na corte real francesa realmente havia, em qualquer período considerado, um ordenamento hierárquico estabelecido com bastante rigor, e era de acordo com essa hierarquia que os membros da alta aristocracia de corte, tendo à frente os membros da casa real, ocupavam o nível mais alto. Entretanto, nível social e poder social não coincidiam mais. O poder extraordinário concedido ao detentor da posição do rei e aos seus representantes, no âmbito de todo o desenvolvimento social da França, tornou possível para eles, a fim de garantir sua posição ou seguindo suas inclinações pessoais, limitar as chances de poder efetivas dos indivíduos de nível elevado e aumentar as daqueles que ocupavam níveis mais baixos. Saint-Simon se queixa certa vez de que Luís XIV rebaixou até mesmo os pares de França à condição de súditos. Com isso o soberano prestava pouca atenção às diferenças de nível entre as pessoas, incorrendo numa espécie de igualitarismo. Na realidade, era muito importante para o rei conservar e até enfatizar as diferenças de nível entre as diversas ordens. Contudo, também era importante para ele conscientizar os homens de nível mais alto de que eram seus súditos. Era nesse sentido que ele rebaixava ou promovia seus súditos e jogava seus conselheiros e funcionários burgueses e os membros da nobreza de corte uns contra os outros. Um ministro como Colbert, cuja origem burguesa ninguém esquecia, nem ele mesmo, tinha à sua disposição chances de poder incomparavelmente maiores do que as da maioria dos membros da aristocracia de corte. Amantes do rei muitas vezes eram extraordinariamente mais poderosas do que damas de níveis bem superiores, incluindo a rainha. Em razão dessa discrepância entre nível social e poder social, é falso falar de "camada dominante", caso reservemos essa denominação, como às vezes se costuma fazer, apenas à nobreza do Ancien Régime, em lugar de se perguntar que divisão efetiva do poder de Estado no Ancien Régime se escondia por trás da definição jurídica da nobreza como ordem privilegiada homogênea.

Assinalamos, ao longo de nosso estudo, os tipos conceituais específicos necessários à análise de uma estrutura de tensões tão complicada. O que se vê é uma

Sobre a sociogênese da Revolução     269

figuração com um equilíbrio de tensões multipolarizado. Ele tem um eixo principal de tensões e em torno dele agrupam-se muitas outras tensões, algumas maiores, outras menores. De um lado os ocupantes de altos cargos governamentais e administrativos, provenientes direta ou indiretamente da burguesia, a nobreza administrativa, e de outro lado os membros da *noblesse d'épée*, pertencentes à aristocracia e em parte ocupantes de cargos de corte, cargos militares ou cargos diplomáticos — são esses os dois polos desse eixo principal. Em torno dele cintilam as fagulhas de outras tensões, que às vezes possuem um caráter permanente e estrutural, às vezes um caráter passageiro e mais pessoal. Há tensões recorrentes entre grupos nobres de nível mais alto e grupos nobres de nível mais baixo; na corte de Luís XIV existem tensões específicas entre os príncipes legítimos e os filhos bastardos do rei com uma de suas amantes. O que vemos, observando a corte, é um complexo de grupos de elite interdependentes, que têm rivalidades entre si e se mantêm em xeque, sendo que o seu ponto máximo é o rei e, em sua estrutura, uma posição central é assumida pelo frágil equilíbrio de tensões entre os grupos de ocupantes de cargos oficiais provenientes da burguesia e os grupos da *noblesse d'épée*. Esse equilíbrio de tensões central das elites da corte de Luís XV é o prolongamento de um equilíbrio de tensões no campo das camadas superiores que não são de corte. A *noblesse d'épée* constitui, na corte, o vértice superior de uma pirâmide dos nobres, cujos níveis mais baixos se encontram, por exemplo, no corpo de oficiais do exército ou na nobreza provinciana espalhada por todo o território do país. Os ocupantes dos mais altos cargos governamentais e administrativos da corte têm ligações com os numerosos proprietários dos cargos jurídicos e administrativos nas províncias, incluindo desde as antigas famílias da *noblesse de robe* até as famílias que possuem os cargos menos importantes, e até os representantes das corporações. Essa pirâmide burguesa dos proprietários de cargos civis hereditários — cuja ponta, no século XVIII, é a *noblesse de robe* — constitui também um polo oposto ao da pirâmide da nobreza, na sociedade em geral. Mesmo na sociedade mais ampla, assim como na sociedade de elite da corte, existem outras numerosas polaridades de tensões que se agrupam em torno desse eixo principal. O clero, os *fermiers généraux* e muitos outros quadros especiais têm um papel significativo aqui. O que foi dito antes deve ser suficiente para mostrar por que, na compreensão do desenvolvimento estrutural do Ancien Régime, é um equívoco considerar o esquema simples da hierarquia de níveis sociais como se fosse idêntica à hierarquia de poder. No caso da hierarquia dos níveis sociais, talvez seja possível posicionar a nobreza como a camada dominante. Quando observamos a distribuição do poder, descobrimos que, séculos antes da Revolução, as formações sociais de origem burguesa e as formações sociais de origem nobre lutavam pela supremacia sem que nenhum dos dois grupos fosse capaz de derrotar definitivamente o outro, ou mesmo de obter sobre ele uma preponderância definitiva. Já foi mostrado, e não é preciso repetir, o quanto a ascensão da posição do rei como um centro de poder próprio está associada à possibilidade cada vez maior, para o soberano, de jogar uns contra os outros os grupos de origem burguesa e os grupos nobres, distanciando-se gradativamente de ambos ao manter o equilíbrio de tensões entre eles por meio de uma estratégia cuidadosamente planejada, aumentando desse modo suas próprias chances de poder.

Mas talvez valha a pena tematizar mais exatamente, de modo resumido, a contribuição que a investigação dessa figuração de corte pode dar para o entendimento do fim do Ancien Régime, da transição para o uso da violência por grupos e camadas que antes estavam excluídos tanto do controle do monopólio da violência quanto das chances de poder que tal controle trazia consigo. Não é possível compreender corretamente a explosão de violência se levarmos em consideração apenas as coerções que pesavam sobre as camadas inferiores, que acabaram por se revoltar; só podemos compreendê-la se também considerarmos as coerções a que estavam submetidas as elites, as camadas superiores, ou seja, as camadas contra as quais a irrupção da violência se dirigiu. O acesso para essas coerções, e com isso para o entendimento de uma revolução, permanece obstruído enquanto nos deixarmos guiar cegamente, na busca por um esclarecimento estrutural da revolução, pelas explicações dos revolucionários. Aos olhos destes, a aristocracia, com o rei à frente, de fato era a principal responsável pelas condições que eles combatiam. Do ponto de vista das massas revolucionárias, pouco importavam a diferença e o equilíbrio instável de tensões entre os reis ou seus representantes, a *noblesse de robe* e a *noblesse d'épée*. Historiadores burgueses também se deixaram enganar frequentemente quanto ao alcance das rivalidades entre essas elites monopolistas, pelo fato de que as relações cruzadas eram possíveis, por exemplo, na forma da ascensão de descendentes da *noblesse de robe* para a *noblesse d'épée*, ou na forma de um casamento entre os dois quadros. Todavia, tais relações cruzadas não confundiam de modo algum, aos olhos dos envolvidos, as diferenças na estrutura, na tradição e nos interesses das elites monopolistas. A *noblesse de robe*, incluindo seu grupo nobre de elite, possuía o monopólio dos cargos civis hereditários e, em grande parte, venais; a *noblesse d'épée*, além de uma espécie de monopólio das propriedades de terra, possuía os altos e alguns médios cargos de corte, cargos militares e cargos diplomáticos. Até as últimas décadas do regime, seus representantes lutavam obstinadamente, a despeito de todas as tentativas de reforma, para conservar seus monopólios e os privilégios ligados a eles, bem como para ocupar os postos mais altos no governo, em parte contra os representantes do rei, em parte uns contra os outros. A Revolução não só foi o fim de uma certa camada do Ancien Régime; ela não só destruiu uma parte da aristocracia, mas destruiu, talvez de modo muito mais radical e definitivo, as camadas privilegiadas da burguesia e a *noblesse de robe* de origem plebeia que, apesar de todas as relações cruzadas e alianças passageiras na figuração do Ancien Régime, permaneceu sendo contrária ao rei e a diversos grupos da *noblesse d'épée*. Com os aristocratas desapareceram ao mesmo tempo os parlamentos, os *fermiers généraux*, os grandes financistas, as corporações e outras instituições desse tipo antigo de burguesia. Muitas instituições do Ancien Régime que soçobraram na tormenta já não tinham, desde muito antes da Revolução, nenhuma função para a sociedade de Estado nacional que se formava sob a superfície do regime — mas ainda desempenhavam uma função para o rei e para o regime vigente. Não faltavam propostas de reforma. Um dos motivos principais da ineficácia das reformas propostas estava no fato de que as elites monopolistas do Ancien Régime não tinham unidade, sendo divididas por dentro e formando um complexo de grupos rivais que se mantinham mutuamente em xeque. Na época de Luís XIV essa estrutura de tensões das elites hostis ainda era flexível, com dois quadros principais de elites privilegiadas, um de origem burguesa, outro de origem nobre. O próprio rei, graças a seu distanciamento em relação a todos os outros grupos e à habilidade de sua estratégia de governo, podia manter a estrutura de tensões em movimento, corrigindo, dentro de certos limites, o que era inconveniente para si. Quando comparamos a figuração de tensões das elites na época de Luís XIV com a da época de Luís XVI, descobrimos uma alteração que talvez possa ser expressa mais exatamente ao dizermos que a figuração continuou a mesma em seu traços fundamentais, mas congelou-se em uma forma que não dava a supremacia absoluta a nenhum dos três principais centros de poder: os reis, os parlamentos e a *noblesse d'épée*. Intrigas, trocas de ministros, flutuações do equilíbrio de poder entre os grupos principais e muitos grupos secundários eram muito mais frequentes do que na época de Luís XIV, porque o rei tinha menos poder, porque ele mesmo acabava arrastado pela disputa das facções em lugar de, como fazia Luís XIV, dirigir os conflitos de fora, como árbitro e como regulador do equilíbrio de tensões. Encontramos nesse caso um fenômeno que tem um certo significado-modelo. Aqui nos deparamos com uma figuração de elites dominantes que estão aprisionadas nos antagonismos de suas tensões como em uma armadilha. Seus pensamentos, seus valores, seus objetivos encontram-se de tal modo orientados para os adversários que cada passo e cada movimento que elas próprias ou os adversários fazem são vistos à luz das vantagens e desvantagens que podem trazer para a própria facção ou para o lado adversário. Embora os representantes de um desses quadros principais procurassem com frequência reduzir os privilégios e os meios de exercer o poder de um dos outros grupos, em especial nas diversas lutas dentro da corte nas últimas décadas da realeza, no fundo o poder estava distribuído igualmente, e o interesse comum na manutenção dos privilégios tradicionais contra a pressão crescente de camadas não privilegiadas era grande demais para que um lado pudesse obter um ganho de poder decisivo em relação aos outros grupos. A distribuição equilibrada do poder entre as elites monopolistas — cuja manutenção Luís XIV favorecera conscientemente, como uma condição para o fortalecimento de sua própria posição de poder — regulava a si mesma. Cada lado velava atentamente para que os próprios privilégios e as próprias chances de poder não diminuíssem. E como cada reforma do regime ameaçava os privilégios e as chances de poder de uma elite em relação às outras, nenhuma reforma era possível. As elites monopolistas privilegiadas estavam congeladas no equilíbrio de tensões consolidado por Luís XIV.

Aqui nos deparamos portanto, em uma escala maior, com a mesma figuração que demonstramos em escala mais reduzida, como uma peculiaridade do último período do Ancien Régime, no desenvolvimento do cerimonial de corte. Como vimos, até mesmo os soberanos mais poderosos, mesmo as rainhas e as princesas, estavam vinculados, inexoravelmente, à tradição do cerimonial de corte, que sofrera poucas mudanças desde a época de Luís XIV. A menor alteração nesse ritual ameaçava ou abolia determinados direitos tradicionais das famílias ou dos indivíduos. Como cada indivíduo era exposto à pressão dos rivais quando se tratava de defender posições, privilégios e prestígio, cada um velava ciosamente para que sua própria posição, seus próprios direitos e seu próprio prestígio não fossem prejudicados pelos outros. Uma vez que, nessa fase final, nenhum dos interessados, nem mesmo o próprio rei, estava em condições de recuar diante de tal estrutura de tensões, de usar sua posição para romper as coerções que os indivíduos interdependentes exerciam uns sobre os outros e de fazer reformas em detrimento desses ou daqueles, a figuração se mantivera em sua imobilidade. As coerções que pesavam sobre os indivíduos, à exceção daquelas mais abrangentes impostas por suas posições elevadas e pela pressão das camadas mais baixas, eram coerções que eles exerciam uns sobre os outros, ou sobre si mesmos. Entretanto, como ninguém estava em condições de regular ou corrigir tais coerções, elas possuíam uma vida autônoma fantasmagórica. Os indivíduos se submetiam a elas mesmo quando as criticavam, porque estavam de acordo com a tradição, e porque essa tradição garantia a posição privilegiada e correspondia aos ideais e valores dentro dos quais se fora educado. Enquanto Luís XIV modelava e dirigia até certo ponto a tradição de corte, nesse período posterior era a tradição que dominava os homens, nenhum dos quais estava em situação de transformá-la ou desenvolvê-la, seguindo as mudanças que se realizavam lentamente na sociedade francesa.

Isso se aplica aos vários níveis da aristocracia de corte, a começar pela família real. Aplica-se também às duas hierarquias privilegiadas, a da nobreza e a da burguesia. Como boxeadores em um *clinch*, nenhum dos diversos grupos privilegiados ousava alterar sua posição fundamental o mínimo que fosse, pois cada facção temia perder suas vantagens, ao passo que o outro lado podia estar ganhando terreno. A diferença para uma luta de boxe é que aqui não há um árbitro capaz de intervir e separar os lutadores.

Quando, no curso do desenvolvimento de longa duração de uma sociedade, as forças sociais de suas diversas camadas e grupos se deslocam de tal modo que grupos relativamente mais fracos, até então excluídos do acesso ao controle do monopólio central — sobretudo ao controle do monopólio do exercício da violência física e da arrecadação de impostos — tornam-se socialmente mais fortes em relação às camadas até então privilegiadas, existem no fundo apenas três possibilidades de resolver os problemas surgidos de uma tal alteração do equilíbrio de poder. A primeira é a admissão institucionalmente regulada, como parceiros das elites monopolistas, de representantes dos grupos sociais que se fortaleceram em relação à posição de poder e decisão que proporciona o controle do monopólio do poder. A segunda é a tentativa de imobilizar os grupos que se fortaleceram em sua posição subordinada com concessões, principalmente econômicas, mas sem acesso ao monopólio central. A terceira se baseia na incapacidade das elites privilegiadas, condicionada socialmente, de perceber que as relações sociais se alteraram, e com elas as relações de poder. Na França, assim como mais tarde na Rússia e na China, as elites monopolistas pré-industriais do antigo regime seguiram o terceiro caminho. Elas eram incapazes de conceber concessões e compromissos no sentido de um deslocamento de poder que se anunciava com a industrialização. A transformação gradativa da sociedade, que conferia a todas as posições sociais públicas o caráter de profissões remuneradas, desfuncionalizava as posições privilegiadas, fossem hereditárias, nobres ou reais. Conceber isso teria significado conceber a total desfuncionalização e desvalorização de sua existência presente. Além do mais, a atenção dessas elites era absorvida pelas escaramuças e lutas não sangrentas que travavam em torno da distribuição das chances de poder produzidas socialmente. A imobilização de elites monopolistas competidoras, representantes de duas ou mais camadas privilegiadas, em um *clinch* paralisante, também bloqueava sua capacidade de levar em conta desenvolvimentos gerais da sociedade, que resultaram num aumento das chances de poder e da força social de camadas até então sem privilégios. Além disso, em tal situação os adversários privilegiados tinham, apesar de todo o seu antagonismo, o interesse comum de excluir os grupos não privilegiados da participação no controle do monopólio central e nas chances de poder que esse controle oferece. Portanto, é grande a probabilidade de que os grupos em vias de se tornarem socialmente mais fortes, e que até então tinham uma posição marginal, procurem combater o acesso bloqueado ao controle do monopólio da violência e dos outros monopólios no Estado pelo uso da violência física, pelo caminho da revolução. Nesse caso, ao mesmo tempo também é especialmente grande a probabilidade de que no decorrer de tais lutas os privilégios tradicionais e os grupos agora destituídos de função sejam destruídos, produzindo uma sociedade com camadas sociais de outro tipo, o que já vinha sendo esboçado sob a superfície do antigo tipo de divisão das camadas.

Para resumir, podemos dizer que era essa a figuração que levou à irrupção da violência na Revolução Francesa. Ao longo do desenvolvimento da sociedade de Estado francesa alterou-se a força latente dos diversos quadros sociais em sua relação mútua. A distribuição efetiva das chances de poder entre eles se deslocou de tal maneira que não estava mais de acordo com a distribuição do equilíbrio de poder ancorada na rígida carapaça institucional do antigo regime. Os grupos de ponta, as elites monopolistas do regime, haviam se tornado prisioneiros das instituições, mantendo-se uns aos outros prisioneiros da posição de poder assumida anteriormente. O *clinch* das elites monopolistas e a incapacidade de reconhecer a própria desfuncionalização, em conjunto com o caráter relativamente inflexível de suas fontes de renda, que dificultava concessões econômicas como a limitação voluntária dos privilégios fiscais — tudo isso impedia a transformação pacífica das instituições e sua adaptação à nova divisão de forças. Portanto, era muito grande a chance de uma transformação violenta.

# Anexo 1

## Sobre a noção de que pode haver um Estado
## sem conflitos estruturais

Promover rivalidades e tensões, especialmente entre os grupos de elite, é um fenômeno bastante comum, constituindo um importante instrumento de dominação por parte de uma autocracia não carismática, ou que deixou de ser carismática. Isso não se encontra apenas em Estados dinásticos ou absolutistas, mas também, de maneira semelhante, no Estado nacional-socialista industrial e militar de governo ditatorial.

A historiografia tradicional negligencia em muitos casos a investigação sistemática das estruturas de poder. Se percebemos a história essencialmente como um nexo de planos conscientes e propósitos engenhosos, feitos por indivíduos ou grupos, as rivalidades e discórdias entre as elites podem facilmente parecer pequenos fenômenos secundários, insignificantes para o curso ou " a explicação" da história. Sem instrução sociológica, tanto a diferença entre ideologia e distribuição efetiva de poder quanto a função das ideologias como aspecto da distribuição de poder efetiva permanecem de fato obscuras e indefiníveis. É possível observar isso frequentemente na pesquisa histórica feita até hoje.

O mesmo se aplica à possibilidade de se chegar a concepções sócio-históricas com o auxílio de comparações sistemáticas de estruturas sociais afins. A teoria da absoluta singularidade do que os historiadores percebem como sendo a história obstrui a visão também neste caso. Por isso talvez seja útil indicar — de passagem — que uma investigação do mecanismo de dominação de reis absolutistas, e em especial do cuidadoso fomento do equilíbrio de tensões entre grupos de elite no reinado de Luís XIV, pode ser capaz de contribuir para a compreensão da estratégia do governante nacional-socialista em relação a seus grupos de elite na fase de transição do governo carismático para o rotineiro (o que tal líder certamente procurava retardar com a guerra). Aqui não é possível elaborar ao mesmo tempo, junto com as afinidades estruturais, também as diferenças estruturais. Deve ser suficiente indicar uma publicação que se ocupa com as rivalidades dos grupos de ponta do nacional-socialismo no processo de consolidação do poder e de institucionalização de sua distribuição, fazendo referência aos comentários de um jovem historiador alemão que traz à tona o significado fundamental dessa investigação.

A revelação dos próprios fatos, a investigação dos conflitos e rivalidade entre os diversos grupos de elite do Estado nacional-socialista alemão foi levada adiante notavelmente pelo trabalho do editor da *Spiegel*, Heinz Höhne, que apareceu a princípio na forma de uma série de artigos sob o título "Der Orden unter dem Totenkopf" [A Ordem sob a caveira] (*Spiegel*, 1966-7). O historiador Hans Mommsen, de Heidelberg, elucidou de maneira marcante o problema que tais conflitos apresentam para a pesquisa histórica tradicional.[1] Trata-se — *mutatis mutandis* — do mesmo problema que surge quando temos em vista a estrutura da dominação absolutista e a função do equilíbrio de tensões específico dos grupos de elite, no sentido de conservar a margem de atuação especialmente grande do poder de um rei autocrata.

Exatamente do mesmo modo que a noção de um Estado unificado sem conflitos sob o domínio do rei absolutista se revela incorreta em uma investigação detalhada, a noção do *Führerstaat*, do Estado monolítico nacional-socialista, revela-se uma ficção. A imagem se dissolve, segundo Mommsen, "em um novelo inextrincável de organizações rivais, de facções que se hostilizam mutuamente, de lutas por poder e posição em todos os níveis do mecanismo partidário e estatal." A suposta unidade ideológica também se revela uma ficção; sob "as fórmulas vazias da 'visão de mundo nacional-socialista' realiza-se uma luta velada de concepções ideológicas heterogêneas, que só concordam em relação a suas negações."[2]

Em suas observações introdutórias, Höhne apresentou os motivos responsáveis, em sua opinião, pelo fato de a historiografia tradicional não ser suficientemente apta para a tarefa de lidar com tais aspectos da realidade sócio-histórica. Em conexão com o que foi dito anteriormente a respeito da relação entre historiografia e sociologia, essas observações são bastante instrutivas. Mommsen as resumiu brevemente da seguinte maneira:

> As observações introdutórias de Höhne segundo as quais o tema SS era um tabu para a grande maioria dos historiadores alemães aponta para o fato de tal objeto apresentar problemas de exposição difíceis de superar, de acordo com uma historiografia orientada segundo o modelo clássico. Pois qualquer esforço de subordinar o desenvolvimento da SS a um propósito interno, a um "sentido" histórico ou pelo menos a um processo causal se despedaça nas múltiplas contradições do mecanismo SS ... No fundo isso vale para a estrutura interna do Terceiro Reich em geral. Não porque questões sobre o assunto fossem tabu, mas porque os problemas da distribuição interna do poder e da realidade da organização pareciam secundários a partir da perspectiva do modelo da ditadura totalitária, a pesquisa se voltava para outras questões, sobretudo tendo em vista a falta de exploração das fontes disponíveis.[3]

Compreendidas corretamente, essas palavras exprimem que os historiadores foram impedidos, pelo modelo ideológico da ditadura totalitária, de trazer do segundo para o primeiro plano os problemas sociológicos da distribuição efetiva do poder, como fez Höhne, e de revelar, da mesma maneira que ele, as fontes que lhes possibilitariam investigar a distribuição do poder e o equilíbrio de tensões instável no interior da estrutura do Estado nacional-socialista. Talvez isso possa ser visto como confirmação de que uma historiografia orientada segundo o modelo clássico obstrui, em função de suas pressuposições geralmente não expressas nem testadas, o acesso para âmbitos mais amplos da realidade sócio-histórica, conforme argumentamos no início deste livro.

A análise comparativa de autocracias consolidadas em um campo de dominação altamente diferenciado aguça o olhar para a inevitabilidade com que rivalidades e discórdias entre grupos de elite, incapazes de superar uns aos outros, tornam todos igualmente dependentes do autocrata. Sem tais análises comparativas, em geral é difícil reconhecer a estratégia do soberano e a situação real dos súditos.

Assim, de acordo com Mommsen, a tolerância de Hitler para com as rivalidades aparece como hesitação, talvez até indecisão. Ele parece questionar por que o ditador não dava um fim sumário a essas rivalidades, como requeria a imagem ideal do Estado totalitário. Mas não é necessário nenhum livro erudito para ensinar a um poderoso autocrata que a unidade de seus grupos de elite significa uma diminuição do alcance de seu poder, talvez até mesmo uma ameaça à sua dominação pessoal, ao passo que a falta de unidade, caso não vá longe demais, significa um fortalecimento de seu poder. Como o caso de Hitler demonstra, é possível aprender relativamente rápido, na prática, uma estratégia que preserva cuidadosamente as rivalidades e, ao mesmo tempo — com maior ou menor êxito —, procura evitar excessos. Não é preciso que o próprio governante tenha consciência de sua estratégia enquanto tal e a formule expressamente para si mesmo em seus pensamentos.

Entretanto, para uma investigação científica dessas conexões é indispensável uma formulação clara. Sem ela nos encontramos diante de enigmas. Mommsen escreve:

> A aura e a irradiação pessoal de Hitler, que mantinham unidas na elite todas as instituições beligerantes dos setores estatais e partidários e, ao mesmo tempo, os impeliam a rivalidades hostis, ainda não oferecem nenhum esclarecimento suficiente para o fato de que mesmo as facções que lideravam o sistema, as quais tinham motivos e percepção para enxergar através do mito do líder "genial" e reconhecer o crescente distanciamento da realidade por parte do ditador, não foram capazes, apesar disso, de se desligar dele.[4]

Não faltam observações singulares penetrantes apontando a estrutura da rede de interdependências entre governantes e súditos; mas falta uma instrução teórica que possibilite sintetizar tais observações teóricas através de um modelo rigorosamente delineado dessa estrutura. Por conseguinte avaliações negativas e críticas substituem sempre a determinação ponderada dessas conexões. Mommsen fala, com referência a essas rivalidades das elites nacional-socialistas, do "processo parasitário de decomposição de um grande Estado moderno".[5] Ao mesmo tempo, vê corretamente a estrutura coercitiva, com base na qual "nenhum dos grupos rivais estava em situação de reconstruir a autoridade e com isso de fazer uma reivindicação legítima da liderança política".[6] Era justamente essa possibilidade que o governante autocrata procurava evitar através de sua estratégia de governo.

A falha mais grave da pesquisa orientada segundo os modelos clássicos se mostra no fato de aquilo que é uma parte integrante de uma ditadura em consolidação ou já consolidada — e uma condição fundamental para a continuidade de sua existência —, ser apresentado, em virtude de tais pressupostos teóricos, como algo mais ou menos acidental, como um aspecto fortuito dessa ditadura específica que só pode ser esclarecido pela maldade pessoal ou pela decadência dos indivíduos implicados. Mostra-se com isso a que ponto pressupostos levam a juízos falsos na noção admitida por Mommsen de que os "grupos de interesse e de poder rivais", que são obrigados a "superar uns ao outros na subserviência em relação ao ditador" e consequentemente "em radicalidade política", toda essa "escalada de detentores de poder antagônicos e pluralistas", na qual — segundo o próprio Mommsen — a estabilidade do regime se baseia, "era apenas a caricatura de uma dominação totalitária".[7] Apesar da percepção do fato de que essas rivalidades por parte dos grupos de ponta faziam parte dos fundamentos do regime, nesse caso se obstrui ao mesmo tempo a possibilidade de ver e dizer com clareza que essas rivalidades dos grupos no poder, longe de serem uma caricatura, constituem uma parte integrante da ditadura totalitária.

Encontramos aqui um outro exemplo das dificuldades que se colocam no caminho da pesquisa sócio-histórica, enquanto não tivermos nenhuma instrução da ciência sociológica e, consequentemente, nenhuma noção teórica clara da relação entre as ideologias das sociedades e as estruturas das mesmas.

A ideologia com que o movimento nacional-socialista chegou ao poder era determinada, como já foi dito, por sua oposição ao Estado multipartidário da República de Weimar. Em sua atitude com referência à condução dos negócios públicos, a massa do povo alemão foi influenciada em grande medida pela tradição do absolutismo alemão, especialmente do absolutismo prussiano. Nele, a condução dos negócios públicos se realizava essencialmente nas cortes dos príncipes. As rivalidades, as diferenças de opinião e os debates entre as facções das cortes absolutistas ficavam limitados aos seus círculos mais internos. Muitas vezes, tais coisas aconteciam a portas fechadas. De todo modo, a massa do povo alemão teve pouca oportunidade, até 1870 e em alguns casos até 1918, de participar desses debates com um certo senso de responsabilidade partilhada. A estrutura da personalidade de muitos cidadãos era ajustada a essa regulamentação dos assuntos públicos. Não significa muito afirmar que, de acordo com essa socialização realizada durante um longo período de dominação autocrática de dinastias principescas, inúmeros alemães sentiram-se bastante desconfortáveis quando, após 1918, os debates sobre a condução dos negócios públicos — que durante muito tempo tiveram lugar nos bastidores da corte, mesmo quando os parlamentos já estavam estabelecidos — se davam à frente de todos, diante do público. Os indivíduos sentiam-se desconfortáveis por serem chamados a participar desses debates, antes velados. Os debates públicos entre os partidos parlamentaristas requeriam um tipo específico de agressividade controlada, de hostilidade medida, que devia ser capaz de se ajustar a circunstâncias cambiantes. Era preciso algum tempo antes

278     A sociedade de corte

que camadas mais amplas do povo se habituassem a essa maneira moderada e regulada de contornar os antagonismos. Habitualmente — e com certeza na Alemanha — tais camadas estão acostumadas a confrontos relativamente simples; quando alguém é um amigo veem-no apenas como amigo, e quando alguém é inimigo veem-no apenas como inimigo. As pessoas cultivam aspectos simples dos sentimentos, que possam ser devotados inteiramente à amizade ou à inimizade. Segundo uma tal determinação básica, o modo parlamentarista de resolver os antagonismos, baseado em negociações, trocas de alianças e frentes, em amizades e inimizades moderadas e em compromissos frequentes, torna-se facilmente uma fonte de irritação. Uma forma de governo da qual faz parte um acerto das diferenças moderado e regulamentado, feito em público, pode ter um efeito extraordinariamente irritante em indivíduos incapazes de controlar sua própria agressividade e hostilidade. Por um lado, os conflitos partidários resolvidos em público por meio de negociações intensificam constantemente a hostilidade deles; por outro, o mecanismo de dominação parlamentarista não permite que essa hostilidade seja transformada em ação, permanecendo no terreno das palavras. A designação pejorativa do parlamento como "antro da tagarelice" mostra a direção desse sentimento com bastante clareza: eles só falam. Só lutam com palavras. Mas não fazem nada. Não estão lutando de verdade.

Não é preciso discutir neste contexto por que, justamente na Alemanha, essa mistura de conflitos verbais sem ações violentas, que está entre as particularidades de um regime parlamentarista, foi sentida por muitos como algo especialmente enervante. Em todo caso, o programa nacional-socialista correspondia com exatidão às necessidades emocionais daqueles que tinham atrás de si essa longa tradição de "ser-governado-de-cima" e ainda aproximavam esse modo de condução dos negócios públicos da imagem ideal de suas vidas particulares. Assim como na vida particular uma pessoa tinha, por um lado, amigos que procurava ver de modo idealizado como amigos absolutos e, por outro, inimigos absolutos, que eram simplesmente odiados e podiam ser enfrentados, encontrou-se no programa nacional-socialista uma imagem ideal com cujo auxílio o mesmo hábito emocional poderia ser transposto para o campo do Estado. Aqui também havia, de um lado, o povo unido por trás do seu líder, a imagem ideal de uma comunidade sem atritos, conflitos ou oposições, e que não abrange apenas algumas centenas de pessoas, como no caso da comunidade pré-industrial das aldeias que foi elevada a um ideal, mas vários milhões de pessoas. Do outro lado estavam os inimigos absolutos. Um dos aspectos frustrantes do regime parlamentarista era o fato de exigir das pessoas moderação e autocontrole mesmo em relação aos inimigos; o programa nacional-socialista e a estratégia política do partido, portanto, deixaram de lado, desde o princípio, essa limitação irritante. De acordo com a polarização elementar das emoções, confrontaram-se os amigos absolutos e os inimigos absolutos, que podiam ser odiados, livre e incondicionalmente, e enfrentados com ações, e não só com palavras.

Anexo 1     279

Enquanto aspiração, ideal e ideologia, é bastante compreensível a noção de uma ditadura total, assim como a da comunidade popular em que não há nenhuma oposição e nenhum conflito. Mas trata-se de um ledo engano em relação à realidade social designar o regime nacional-socialista como uma caricatura da ditadura totalitária porque ele estava impregnado de conflitos e discórdias, especialmente no caso dos grupos no poder. Isso sugere que poderia realmente haver, em um Estado industrial altamente complexo e estratificado, uma ditadura livre de conflitos e oposições, e que seria possível existir uma ditadura consolidada em sociedades industriais diferenciadas sem que o ditador, como Luís XIV no passado, precisasse manter cuidadosamente o equilíbrio entre os grupos de elite rivais, evitando assim que firmassem uma aliança contra ele. Como dissemos, isso constitui uma confusão da imagem ideal da propaganda com a realidade social. No que diz respeito aos conflitos e discussões entre grupos e camadas rivais, a diferença entre um sistema multipartidário parlamentarista e democrático e um sistema ditatorial de partido único reside sobretudo no fato de que, neste último, as discussões entre facções e grupos de interesse se dão no círculo restrito dos grupos de ponta do ditador, em sua "corte", portanto essencialmente nos bastidores, enquanto em um regime parlamentarista elas são conduzidas às claras, sob o controle público. Nesse caso, as camadas mais amplas têm um participação limitada nos debates, sob a forma de eleições recorrentes. Além disso, o regime nacional-socialista estava apenas no rumo da consolidação; o processo de consolidar a distribuição de poder entre os grupos de ponta foi retardado pela guerra. Essas circunstâncias certamente contribuíram para o caráter caótico e desregrado das rivalidades em torno de prestígio e poder. Mas tudo isso em nada justifica a noção de que tais ocorrências constituíam uma decadência do regime. Dentro da estrutura de um regime ditatorial, as rivalidades entre as elites dominantes nunca se deixam administrar na mesma medida que em um regime parlamentarista. A essência do regime parlamentarista reside propriamente no fato de que, nele, os antagonismos e discussões que fazem parte da vida normal de qualquer regime nas sociedades desenvolvidas e diferenciadas vêm à tona de modo relativamente aberto, podendo ser regulados de modo relativamente minucioso. Não é preciso discutir aqui por que o hábito emocional de ser governado de cima, por um governo absolutista ou ditatorial, e com isso a necessidade do "homem forte", havia criado raízes especialmente profundas na Alemanha. O desenvolvimento da sociedade alemã que provocou isso foi bastante complicado. Mas sem dúvida o temor traumático da tradicional desunião dos alemães entre si foi fortalecido pelo medo que as pessoas tinham de não ser capazes de manter em xeque a própria hostilidade contra outros alemães, hostilidade que foi exacerbada continuamente pelos debates partidários usuais do regime parlamentarista de uma maneira irritante para muitos alemães. A fragilidade do autocontrole individual, no que diz respeito às questões de Estado ou da política, expressa-se então na exigência pelo controle de cima, exercido por um outro, pelos representantes do poder do Estado, forma de controle a que o povo estava acostumado na Alemanha durante a longa

280 A sociedade de corte

fase do absolutismo real, a partir do período da Guerra dos Trinta Anos. A tradição social de um forte controle externo dos assuntos de Estado, por detentores do poder que eram membros do Estado e da corte, deixava apenas um espaço restrito para o desenvolvimento de uma tradição social do autocontrole do indivíduo fora do âmbito estreito da vida pessoal. E quando os príncipes detentores do poder desapareceram, a tradicional fragilidade do autocontrole nas questões de Estado e da política expressava-se na exigência de controle externo exercido por um homem forte que não fosse príncipe. Dele se esperava que eliminasse as irritantes discussões partidárias que contradiziam a imagem utópica de um povo alemão unido como um "povo de irmãos". Entretanto, como as diferenças de opinião e interesse que acarretam tensões e debates são características estruturais de sociedades complexas e diferenciadas, mesmo um governante excepcionalmente forte não pode fazer mais do que resolver as irritantes controvérsias entre alemães dentro do círculo restrito de sua corte em desenvolvimento, desviando-as dos olhos da maioria do povo.

Portanto, trata-se de uma interpretação histórica que carece da fundamentação sociológica que apresenta a ditadura nacional-socialista como algo anormal, como uma discrepância em relação à imagem ideal da ditadura totalitária, porque nela se constituíram formas de despotismo e, segundo a expressão de Mommsen, "um *lobbyismo* 'estatizado' e com isso fundamentalmente anárquico".[8] A competição entre facções das elites monopolistas em torno das chances de prestígio, das chances econômicas e de outras chances de poder, cuja distribuição acabava caindo nas mãos de um soberano autocrata, é um fenômeno normal de qualquer governo autocrático em vias de consolidação. Trata-se de uma das características estruturais das elites partidárias de Estados nacionais industrializados governados por ditadores, assim como das elites aristocráticas de corte nos Estados dinásticos pré-industriais com um governo absolutista. É igualmente necessário, do ponto de vista estrutural, que nesse caso *concorrências* e rivalidades sejam menos subordinadas a controles legais ou normas públicas do que às decisões pessoais do soberano autocrata. Assim, por mais que elas contradigam a fachada ideológica do poder autocrático, isso não significa de modo algum, como Mommsen supõe, uma destruição do Estado a partir de dentro.[9] No fundo, tais formulações significam apenas que se aceita a imagem ideal do povo unido sem conflitos como um parâmetro potencialmente realizável da interpretação histórica. Como se vê neste livro, a concorrência de *grupos de elite* em torno de *chances de poder*, sem um modelo institucional desenvolvido e com isso fortemente pessoal, está entre os fenômenos sempre encontrados em regimes monopolistas de Estados dinásticos pré-industriais. O mesmo se aplica sem dúvida, *mutatis mutandis,* às *dominações autocráticas ditatoriais* em *Estados nacionais* industrializados.

# ANEXO 2

## Sobre a posição do intendente nas questões domésticas da aristocracia de corte como contribuição para o entendimento do ethos econômico da corte

O intendente, o indivíduo a quem cabia todo o trabalho de administração dos recursos e de supervisão de todos os assuntos econômicos de um aristocrata de corte, raramente é mencionado nas investigações históricas que seguem o modelo historiográfico de seleção de dados. Entretanto, para uma investigação sociológica, para o entendimento da figuração, dos vínculos, dos modos de vida, da mentalidade dos aristocratas de corte, a posição do intendente doméstico não é insignificante. Mesmo um breve exame dessa posição social fornece uma noção do papel subordinado que os grandes senhores e damas dessa sociedade atribuem àquele aspecto de suas vidas que seria designado, hoje em dia, como "aspecto econômico". Toda a rotina da administração financeira, incluindo a supervisão dos bens e da casa e uma parte considerável das decisões, ficava em geral nas mãos de um servidor nomeado especificamente para isso, proveniente das camadas inferiores — o intendente. Pode ter havido exceções. Mas habitualmente os grandes senhores e damas de corte demonstravam pouco interesse pelos detalhes de seus rendimentos e eram pouco versados nos aspectos comerciais de suas propriedades. No fundo, o único interesse que tinham era que os rendimentos das terras, dos aluguéis, das pensões e outras fontes de renda estivessem prontamente à sua disposição para serem gastos conforme suas demandas. Era o intendente quem tinha de providenciar para que o dinheiro estivesse disponível. Para isso era pago.

A casa de um aristocrata de corte de alto nível era uma grande organização. Não se deve esquecer isso. Todavia, o ethos do consumo em função do status, que predominava na sociedade de corte, o ethos que obrigava a família individual a tornar suas despesas dependentes de seu status e nível e não de suas rendas, raramente permitia a essa grande organização centrada no consumo, na dissipação de bens, manter por sucessivas gerações o que hoje em dia se denomina uma base econômica "racional", "saudável", ou seja, orientando as despesas em função da renda. Daí a tendência a uma escalada vertiginosa das dívidas, levando por fim à ruína, ser muito grande entre os membros dessa sociedade. Desde sempre, os cálculos econômicos pareciam à nobreza guerreira, à *noblesse d'épée*, uma mesquinharia que convinha a vendeiros, mas não a guerreiros. (A língua alemã, que em determinadas regiões preserva uma grande quantidade de valores dos círculos nobres, possui uma bela seleção de termos que expressam o desprezo pelo ethos

282  A sociedade de corte

econômico burguês: p. ex., *Krämer, Pfennigfuchserei.*) Em função do perigo constante do aumento das dívidas, ouve-se falar sempre em tentativas de reforma, em bons conselhos para a administração do lar.

Existe toda uma série de comprovações de tentativas de racionalização doméstica por parte da aristocracia que na maioria das vezes paravam no meio do caminho — boa parte justamente porque a estrutura de dominação absolutista, na forma que assumiu durante o reinado de Luís XIV, obrigava os nobres de corte a submeter suas despesas primordialmente ao nível social, caso não quisessem perder o prestígio que tinham entre seus pares. Consolidada na pessoa por meio da educação, essa coerção social se expressava como um orgulho nobre diferenciador numa atitude que não subordinava as despesas à coerção das rendas, como nos cálculos econômicos burgueses.

Assim, por exemplo, um pequeno tratado publicado em 1641, "Oeconomie ou le vray Advis pour se faire bien servir, par le sieur Crespin" (em E. Fournier, *Variétés historiques,* Paris, 1863, vol.X, p.1), relata o quanto a conduta de vida e a conduta doméstica dos grandes aristocratas haviam se alterado nos últimos vinte anos. Crespin, que se intitula *"maître d'hotel de la Marquise de Lezaye"*, fala da má condução dos assuntos domésticos em períodos anteriores:

> As pessoas gastavam tudo, para depois não ter nada. Compravam para si um vento favorável, que muitas vezes era perdido na primeira chuva ... Para não cair em tal armadilha, é preciso conduzir com cuidado os assuntos domésticos de forma bem-ordenada. Por esse motivo ... os grandes senhores e damas têm de introduzir boas regras em suas casas. Mas já que nem todos podem pensar ou governar como é preciso, e já que não convém ao nível deles ocupar-se com a variedade de suas mesas, consideramos como prioridade ter um homem de confiança bem experiente na condução das questões domésticas [*bien experimenté en l'oeconomie*]. Essa pessoa deve ser absolutamente e em todos os aspectos o *chef d'hostel* e sobreposto ao restante dos criados. Ele não precisa prestar contas a ninguém que não seja o senhor da casa, de quem recebe suas ordens.

A vida doméstica também é vista da mesma maneira que o Estado dinástico, como uma unidade de dominação hierárquica e pessoal.

Aproximadamente duas gerações mais tarde, no ano de 1700, Audiger, que durante algum tempo ocupara um alto cargo na casa de um filho de Colbert, publicou instruções detalhadas para a condução e organização doméstica dos aristocratas, com o título *La Maison reglée et l'Art de diriger la Maison* (Amsterdam, 1700). Suas instruções mostram algumas características da maneira mais rigorosa de governar a casa da então recente *noblesse de robe,* maneira mais coerente com o ethos econômico burguês, e que provavelmente ainda não havia desaparecido na casa dos descendentes de Colbert, apesar de sua rápida ascensão à *noblesse d'épée.* É possível que essa pequena brochura tenha sido feita especialmente para famílias da *noblesse de robe,* que nesse período se desenvolvia com uma consciência cada vez maior para se tornar uma nova formação nobre, à parte, que reivindicava o mesmo nível e reputação da antiga, a *noblesse d'épée*.

No texto encontram-se, entre outras coisas, informações minuciosas sobre a esfera de tarefas do intendente, do *manager* da casa de uma família nobre. Ele dá uma boa noção do escopo, e, segundo os parâmetros burgueses, da importância das tarefas que a nobreza de corte, de acordo com seus próprios parâmetros, deixava aos cuidados de um criado. Uma vez que a maior parte dos nobres de corte, e especialmente os membros da alta nobreza — tendo no rei um exemplo modelar —, considerava a ocupação com cálculos e negócios financeiros uma ocupação socialmente inferior, vendo no fato de só delegarem tarefas um sinal de seus privilégios e da liberdade daí decorrente, na realidade eles se sentiam bem mais dependentes de seus criados do que eram capazes de admitir — em grande medida, eram prisioneiros de seus intendentes. Audiger descreve essa experiência de modo muito direto:

> É assim que intendentes, por seu cuidado e capacidade, sustentam e reerguem casas quase arruinadas; ou então que outros, por sua culpa e negligência, fracassam e são a causa da ruína dos mais ilustres. Temos, assim, vinte exemplos recentes e notáveis em casas de diversos príncipes e outros grandes senhores conhecidíssimos no *monde*.

Toda uma série de processos sociais, entre eles o da Revolução Francesa, só se torna compreensível quando nos conscientizamos de que o desenvolvimento do ethos econômico da "gente baixa" — o ethos econômico buguês que subordina as despesas às receitas, se possível obtendo receitas maiores em relação às despesas a fim de gerar capital e investimento —, até que se tornasse o ethos econômico de toda a sociedade do Estado, está vinculado à ascensão da antiga "gente baixa" à posição de camada dominante. Esse ethos econômico não era simplesmente, como pode parecer hoje em dia, uma expressão da "racionalidade" do pensamento, inata ou pelo menos à disposição de cada pessoa. O diferente ethos econômico da aristocracia de corte não era — conforme vimos no texto acima — uma expressão da irracionalidade daquelas pessoas, de sua falta de inteligência ou mesmo de sua "imoralidade" social. Todas essas explicações sobre atitudes características de um grupo que se baseiam na estrutura social específica desse grupo, com o auxílio de conceitos que as mostram como peculiaridades constitutivas ou inatas de indivíduos singulares, levam ao erro. A repetição regular da ruína de famílias da *noblesse d'épée* era um fenômeno inerente à sociedade do Ancien Régime e à estrutura de suas classes privilegiadas, assim como a falência de empresas é um fenômeno inerente à sociedade burguesa.

A posição social de um intendente doméstico, enquanto esfera institucionalizada de trabalho, é algo bem característico do padrão específico da divisão de tarefas nessa sociedade, e com isso também das coerções de interdependências que liberavam os homens e mulheres da aristocracia de corte, até onde era possível, da condução dos assuntos domésticos e econômicos. Eis a descrição feita por Audiger das tarefas que cabiam aos intendentes domésticos:

Seu cargo e função dizem respeito em geral a todos os bens, rendimentos e negócios do grande senhor, dos quais ele deve saber de ponta a ponta o estado, a força e o produto a fim de que sobre isso governe a despesa e quite as dívidas mais urgentes, das quais ele deve ter um conhecimento exato a fim de evitar o embaraço e as chicanas que podem ocorrer sobre o assunto.

Como a maioria do patrimônio das pessoas de qualidade encontra-se no campo, e porque eles têm arrecadadores ou recebedores em cada uma de suas terras, o intendente deve se preocupar com isso e escolher, na renovação dos arrendamentos, os melhores e mais solventes: tomar cuidado para que durante o tempo de seus contratos eles não dissipem as receitas, não deteriorem os fundos e não cortem nenhum bosque ou árvore a não ser os previstos no arrendamento. Deve também cuidar dos lagos, bosques, prados, terras arrendadas, alojamentos e particularmente dos direitos senhoriais para que não se percam, não prescrevam por não recebê-los na hora e local ou não haver feito para tal as diligências necessárias.

É preciso ainda que mantenha um registro do dinheiro que dá ao administrador doméstico para as despesas correntes da casa; ver se o empregou proveitosamente e fazê-lo prestar contas a cada oito dias, a fim de que nada escape a seu conhecimento; obrigá-lo a lhe fornecer todos os meses um balanço regular e geral da despesa que se fez, ou que será feita, a fim de que o apresente ao senhor, para que este proporcione todas as coisas de acordo com suas receitas, e não se comprometa assim com despesas supérfluas e fora de seu alcance. Deve igualmente registrar ... todo o dinheiro que recebe, assim como a distribuição que faz dele, tanto para o senhor como para os empregados e outros domésticos da casa, bem como para os comerciantes, e para o pagamento das pensões e reparação dos bens e casas tanto da cidade como do campo, pegando recibos de ambos, para justificar suas aplicações, quando for obrigado a delas prestar contas.

Ainda é de seu dever evitar a todo custo a desordem e a confusão nos negócios, e não deixar o senhor incorrer em gastos e despesas inúteis, e quando se apresentar algum negócio novo e difícil, ele deve, antes de fechar negócio, pedir conselhos e segui-los.

Seguem-se então as frases anteriormente citadas sobre intendentes capazes de reabilitar uma casa prestes a se arruinar e sobre intendentes que podem levar uma casa poderosa e próspera à falência e à ruína. Em seguida vêm outros detalhes sobre a esfera de tarefas e o âmbito de responsabilidade do intendente.

Mas as passagens citadas são suficientes para dar uma noção clara do que denominamos hoje em dia, com um termo não muito adequado, os aspectos "econômicos" da situação da nobreza de corte. O termo não é totalmente adequado aqui porque seu significado tornou-se extremamente marcado como referência à distribuição de poder e à divisão de tarefas dominantes nas sociedades industriais dos séculos XIX e XX. Eles põem nas mãos dos indivíduos que agem "economicamente", isto é, que respeitam a primazia das receitas sobre as despesas, economizando para investir o capital, grandes oportunidades de êxito e de status. A opinião social, representada em parte por teorias da ciência econômica aparentemente baseadas apenas na análise dos fatos, eleva esse comportamento a um ideal humano universal. A partir da perspectiva de tais pressupostos, indivíduos em outros estágios de desenvolvimento, como os membros da sociedade aristocrática de corte, que não se comportam de acordo com esse ideal, e não o reconhecem como um ideal — em outras palavras, pessoas que não se comportam "economicamente" ou "racionalmente", no sentido da ciência econômica —, aparecem como perdulários fracos de caráter ou como tolos. Todavia, considerando o modo de comportamento visto como normal em determinado estágio de desenvolvimento social como modo de comportamento normal dos homens em todas as épocas — implicitamente como comportamento possível a todas as formações sociais nos estágios precedentes de desenvolvimento da sociedade —, exclui-se a possibilidade de esclarecer e compreender por que tais modos de comportamento se elevaram, recentemente, na fase industrial do desenvolvimento social, ao nível de modo de comportamento normal, predominante, ideal de todos os homens. Não se compreende assim por que a "economia" começou a ser considerada um domínio separado e especializado de toda a estrutura e desenvolvimento social. Pois tal noção sem dúvida não existia antes da segunda metade do século XVIII.

Denominações reprovadoras para pessoas que costumam se comportar de modo "não econômico" acertam o alvo, portanto, quando se referem a pessoas que fazem parte de sociedades industriais. Pois no âmbito de tais sociedades um comportamento assim representa um desvio individual da norma social. Contudo, erram o alvo quando se referem a membros de outros quadros sociais, que desempenhavam um papel de liderança em estágios anteriores do desenvolvimento social, sobretudo no caso dos membros das antigas elites monopolistas. Pois nesses contextos tal comportamento não representava um desvio individual da norma social, mas sim o comportamento normal — um comportamento do indivíduo em consonância com as coerções de sua socialização, com os critérios institucionalizados de participação da sua sociedade, em resumo com a norma dominante. Dentro do padrão dessas coerções sociais, o que chamamos de coerções "econômicas" ainda não tinha papel especial na divisão de tarefas; certamente também não tinha primazia. Como vimos, no interior da sociedade de corte a honra, o nível, a manutenção ou elevação da posição social da própria casa, assim como muitas vezes a coragem e o êxito guerreiro, tinham decididamente a primazia, enquanto determinantes do comportamento, sobre o que poderíamos classificar de determinantes "econômicos" — se é que podemos isolá-los de outros fatores nessa estrutura da sociedade. Isso certamente não quer dizer que tais pessoas deixassem de dar importância ao aumento de suas posses e de seus rendimentos. O que ia contra sua postura e sua sensibilidade era somente o aumento das posses ou dos rendimentos por meio do que consideramos, hoje em dia, um comportamento especificamente econômico. Mas não tinham nada contra aumentar suas posses, por exemplo por meio de pilhagens, presentes do rei, heranças ou casamentos, e muitas vezes ansiavam por isso.

As passagens citadas sobre a esfera de funções do intendente doméstico mostram claramente o quanto o comportamento "econômico", no sentido atual do

286 A sociedade de corte

termo, era algo destoante para eles. Segundo vimos já no começo dessas citações, é o intendente quem deve cuidar para que as despesas não excedam demasiadamente as receitas. O fato de haver um déficit habitualmente é considerado inevitável e normal, assim como o conjunto da economia deficitária das grandes famílias aristocráticas. Não é necessário mais nenhum esclarecimento da diferença entre as "dívidas normais" de empreendimentos comerciais, na forma de créditos com o propósito de aumentar a produção ou o comércio (sendo essencialmente um auxílio para a formação de capital), e as "dívidas normais" das grandes famílias aristocráticas, ou seja, dívidas de entidades de consumo. O intendente doméstico tem aqui a responsabilidade de velar para que o senhor da casa seja poupado de quaisquer chicanas e desentendimentos com os credores. Ele precisa cuidar para que os administradores e locatários, de um lado, e os fornecedores, de outro, não enganem o senhor. Uma de suas obrigações é fazer o *maître d'hostel* — portanto o indivíduo responsável pela casa e não, como o intendente, pela administração de todas as posses do senhor — prestar contas semanalmente sobre todas as despesas, para que ele esteja a par de tudo. Mensalmente ele supervisiona as contas gerais da casa e as discute com o senhor para que esse não tenha gastos supérfluos, "*hors de ses forces*", que ele não possa pagar. Podemos imaginar que nem sempre era fácil impedir os senhores e damas de fazer despesas que eles sentiam ser obrigatórias, talvez de acordo com o seu nível, mas para as quais não possuíam dinheiro suficiente.

Isso deve bastar. Às vezes é útil aprofundar-se nos detalhes a fim de ver as grandes linhas estruturais do desenvolvimento. Habituamo-nos a encobrir os problemas da aristocracia de corte por meio de clichês indiferenciados, como "feudal" ou "tradicional". O que foi dito aqui sobre a condução dos assuntos domésticos, e especialmente sobre a posição do intendente, é apenas um complemento do que foi discutido no próprio texto sobre as características da sociedade de corte enquanto um formação pré-industrial específica. Mas isso mostra com clareza que conceitos como "sociedade tradicional" ou "feudalismo" são indiferenciados demais para tornar visíveis as particularidades distintas dessa última grande formação de elite pré-industrial, que dependia de rendimentos financeiros. Seria melhor se conceitos como feudalização, feudalismo e nobreza feudal se referissem primordialmente a sociedades com um tipo predominante de interdependências baseado em uma economia natural, e se conceitos como sociedade de corte e aristocracia de corte se referissem primordialmente a sociedades com um tipo predominante de interdependências baseado em uma economia financeira. Com isso se deixaria margem suficiente para a transição gradual de um tipo para outro.

Essa subfiguração aristocrata-intendente era constituída de tal modo que as pessoas que ocupavam uma posição superior, mais promissora em termos de chances de poder, eram obrigadas a adotar uma estratégia de despesas determinada pelo primado do nível e do status, ao passo que aqueles que ocupavam a posição subordinada, mais fraca em termos de chances de poder, estavam obrigados a adotar uma estratégia de despesas determinada pelos rendimentos de seus senhores e mestres. Aqui se oferece uma oportunidade para refletir sobre o que se quer dizer propriamente quando se fala de um comportamento socialmente bem ou mal-adaptado, mais ou menos "realista". Neste contexto não podemos fazer nada mais do que dar atenção aos problemas que surgem em nosso campo de visão quando nos deparamos com tais figurações e posições de uma fase anterior do desenvolvimento social.

Um dos conceitos usados às vezes para se lidar com o problema surgido aqui é o de "relativismo". Aplicado à situação aqui considerada, esse termo impede que se fale de um "ethos econômico" absolutamente válido. Qual ethos econômico, que tipo de comportamento é correto, segundo uma posição relativista, depende da estrutura social diferenciada que os indivíduos constituem a cada vez em sua convivência. Poderíamos dizer então que, em uma sociedade aristocrática de corte, um comportamento individual era "bem-adequado" ou "realista" quando alguém gastava sua renda em primeira instância de acordo com seu nível, seu status, sua honra e os costumes da corte. Pois essa era a "norma" dominante em sua sociedade. Em contrapartida, no caso de uma sociedade burguesa, um comportamento individual é "bem-adequado" ou "realista" quando alguém faz suas despesas de acordo com suas receitas porque o primado das receitas sobre as despesas faz parte das normas dominantes da sociedade em questão.

Todavia, essa formulação também mostra que algo não está totalmente em ordem nessa teoria da relatividade sociológica. Encontramos aqui um problema que em geral passa despercebido, ou, em todo caso, não é formulado claramente, na discussão do "relativismo". Trata-se do problema da "adequação", do "caráter realista" das próprias normas sociais. Não seria possível que, em uma formação social, fossem aceitas "normas" ou "padrões de comportamento" talvez "adequados" e "realistas" em uma fase anterior do desenvolvimento social, mas que, embora mantidos na sociedade em questão e transmitidos por seus membros de uma geração a outra por meio da educação social, por meio da "socialização", preservados através de controles recíprocos e sanções dos membros, viessem a se tornar cada vez menos utilizáveis ou realistas no curso do desenvolvimento social posterior? Assim, não seria possível que essas normas estivessem cada vez menos adequadas à estrutura social e especialmente às relações de poder? Discute-se com bastante frequência a adequação do comportamento individual em relação às normas sociais, mas quase não se discute a adequação das normas sociais em relação às estruturas em desenvolvimento de uma sociedade. Não seria possível que as próprias normas e seus defensores se desfuncionalizassem?

As observações sobre o ethos de consumo em função do status, característico da nobreza de corte, aqui enfocada mais uma vez com ajuda da posição do servidor líder nesse contexto, apontam de perto a possibilidade de tal desfuncionalização das normas, valores e padrões sociais, ou, melhor dizendo, a possibilidade de desfuncionalização do suporte da formação social como um todo. Para elites guerreiras de sociedades com uma especialização limitada, com um fluxo finan-

288     A sociedade de corte

ceiro limitado e pouco comércio, os modos de comportamento em relação à posse ou renda semelhantes aos da nobreza de corte podem ser totalmente adequados à figuração que elas constituem entre si e com outros grupos. A posse depende em grande medida, neste caso, da capacidade e do êxito militar, enquanto este último, por sua vez, assim como a colocação e o posto no exército, depende até certo ponto das posses. A integração do indivíduo em sociedades que se monetarizam, comercializam e urbanizam gradativamente, mesmo passando por retrocessos frequentes, leva a uma desfuncionalização gradativa das normas cavalheirescas, dos valores e gestos guerreiros que sobrevivem — muitas vezes em uma forma diluída e disfarçada — nas normas, nos valores e nos gestos de uma *noblesse d'épée* transformada em aristocracia de corte. A economia deficitária dos guerreiros não era tão "irrealista", ao passo que a garantia de acordos contratuais por meio de sanções jurídicas do Estado continuava sendo relativamente ineficiente e fraca, de modo que havia a possibilidade de evitar credores partindo para uma expedição de guerra ou para uma cruzada, ou talvez até matando-os sem nenhuma consequência maior, caso pressionassem demais para receber o pagamento da dívida. Mas nesse aspecto a França já era, nos séculos XVII e XVIII, um Estado relativamente organizado. Especialmente no século XVIII, não era fácil, mesmo para senhores em posição elevada, mesmo para príncipes, escapar de obrigações contratuais. Nobres de corte queixavam-se frequentemente de que o aumento do poder do rei reduzia-os à posição de súditos. O fato de o seu nível não ajudar muito, mesmo no caso de aristocratas bem-posicionados, quando eles procuravam escapar de contratos desfavoráveis, ou mesmo de contratos que os arruinariam, é um exemplo do que percebiam como um rebaixamento ao patamar de súditos, como uma desvalorização de seu nível social. Isso pode realmente ser observado durante aquele período, embora a nobreza continuasse desfrutando privilégios legais específicos. É um exemplo do que significa dizer que um padrão de comportamento, uma norma social que encoraja a dar privilégio ao nível social, antes que à renda, como critério para o consumo, é cada vez mais inadequado, ao longo desse desenvolvimento social específico, em relação à interdependência e à figuração dos indivíduos em processo de mudança, tornando-se, em outras palavras, cada vez menos coerentes com a realidade.

Como sucessores de uma tradição epistemológica predominantemente orientada pelo conhecimento da natureza, há algum tempo os trabalhos científicos de sociólogos desacreditaram o uso de certos conceitos, como "fatos" ou "realidade". Embora não faça parte do campo desta investigação examinar tais questões detalhadamente, talvez seja útil para a compreensão do tema concluir, ao final, que a sociedade de corte, assim como todas as outras figurações constituídas pelos indivíduos, deve ser abordada como "fatos" e "realidades" que existiram, sem depender de alguém assumir a tarefa de torná-las objetos de uma investigação científica. As diversas particularidades, as estruturas das figurações constituídas por indivíduos em conexão com interdependências específicas, podem ser esclarecidas com um alto grau de segurança. É possível mostrar como e por que se formou esse esquema específico das interdependências, a figuração da grande corte real e da sociedade de corte. Com isso não se quer dizer absolutamente que o modelo de explicação da figuração oferecido neste livro apresente a última palavra a ser dita sobre seu diagnóstico e o seu esclarecimento científico. Tal pretensão iria totalmente contra o caráter científico deste trabalho. Trata-se de um passo no caminho para elucidar essa parcela determinada da realidade social. Todavia, a modalidade dessas figurações, sua existência enquanto figurações constituídas de fato por indivíduos e que podem ser elucidadas como tais, cada vez com maior precisão no curso da pesquisa científica, não mudam em nada os erros e as falhas de cada um dos passos nesse caminho. A tarefa das próximas gerações é corrigi-los.

Justamente por isso é importante apontar, pelo menos de passagem, a complexidade dessa realidade específica constituída por homens. Comportamentos e normas da nobreza de corte, assim dissemos anteriormente, tornaram-se cada vez menos coerentes com a realidade ao longo do desenvolvimento social. O que se quer dizer com isso não é difícil de entender quando conhecemos os fatos a que tais afirmações se referem. É apenas a elaboração conceitual de tais fatos que traz dificuldades notáveis no estágio atual de desenvolvimento do nosso modo de pensar.

Quando falamos da "realidade social", não podemos restringir esse conceito a uma única figuração parcial que é investigada aqui e agora. O quadro de referências para o que é diagnosticado como realidade social é o fluxo das figurações em questão ou, em outras palavras, o processo geral de desenvolvimento das figurações constituídas por todos os indivíduos interdependentes, pela humanidade do passado, do presente e a que atualmente avança para o futuro. Em relação a isso, de fato se pode observar que normas, valores, modos de comportamento de grupos humanos, adequados a uma determinada fase de desenvolvimento das estruturas existentes, perdem sua adequação, sua função no contexto geral das interdependências em um estágio posterior do desenvolvimento. Tais processos de desfuncionalização estão entre as situações sempre observáveis no desenvolvimento da figuração. Eles não se referem às normas, valorações e modos de comportamento de grupos parciais individuais de um determinado estágio de desenvolvimento; podem se referir a formações sociais por inteiro. A nobreza de corte como um todo, para mencionar apenas este exemplo, sofreu uma desapropriação funcional, uma desfuncionalização, acompanhando a crescente diferenciação, a pressão e a amplitude das correntes de interdependência, a crescente comercialização e urbanização. A prova disso é o desaparecimento gradual das posições de nobres e príncipes na maioria das sociedades que atingiram um determinado grau de diferenciação, industrialização e urbanização. Se considerarmos a Revolução Francesa simplesmente uma luta da burguesia contra a nobreza, não estamos fazendo justiça à mudança estrutural de que se trata aqui. Uma desfuncionalização teve lugar dentro do Ancien Régime, não só das normas aristocráticas mas também da aristocracia de corte como formação social. Mas o mesmo se aplica às normas e às posições sociais da burguesia pré-industrial. A burguesia de corporações e de oficiais também perdeu suas funções ao longo da crescente comercialização e industrialização do século XVIII e do início do século XIX. Suas normas, seus valores e ethos também se tornaram "irrealistas" em uma medida cada vez maior. Rígidos e intransigentes, como costumam ser os valores de camadas privilegiadas, eles não contribuíram pouco para o fracasso de todos os esforços reformistas por parte dos representantes de novos grupos burgueses em ascensão. A perda de sentido e o desaparecimento da função daquilo que os homens dessas elites de poder consideravam o sentido e o valor mais elevados de suas vidas já estava acontecendo antes da Revolução. Contudo, muitas vezes as elites poderosas não conseguem se libertar da autocoerção de seus ideais extintos sem uma coerção vinda de fora. A eliminação violenta dos grupos sociais que estavam em processo de desfuncionalização, e de seus privilégios tradicionais, acabou ocorrendo porque a antiga estrutura institucional era tão rígida, tão cristalizada, que tornava impossível uma adequação voluntária à realidade social modificada.

# NOTAS

## Prefácio

1. N. Elias, *Die höfische Gesellschaft. Untersuchungen zur Soziologie des Königtums und der höfischen Aristokratie mit einer Einleitung: Soziologie und Geschichtswissenschaft*, Neuwied/Berlim, Hermann Luchterhand Verlag, Soziologische Texte, vol.54, 1969; reed. 1975 pelo selo Hermann Luchterhand, Darmstadt/Neuwied, e 1983 por Suhrkamp Verlag, STW 423.
2. N. Elias, *Die höfische Gesellschaft. Untersuchungen zur Soziologie des Adels, des Königtums und des Hofes, vor allem in Frankreich des XII. Jahrhunderts*. Tese de habilitação em sociologia, Universidade de Frankfurt, 1933, datilografada.
3. Única exceção: a menção feita ao livro de D. Ogg, *Louis XIV*, Londres, 1967. Encontramos no livro apenas duas outras referências a textos posteriores a 1930: uma conferência de A.W. Southern de 1961, citada no prefácio, e o livro de W. Lepenies, *Melancholie und Gesellschaft*, Frankfurt a.M., 1969.
4. *Über den Prozess der Zivilisation. Soziogenetische und Psychogenetische Untersuchungen*, Basileia, Haus zum Falken, 1939. O livro foi reeditado em 1969 com um importante prefácio por Verlag Francke AG, em Berna, e em 1978-9 por Suhrkamp Verlag, STW 158-9, em Frankfurt. [Ed. bras.: *O processo civilizador*, vol.1: *Uma história dos costumes* e vol.2: *Formação do Estado e civilização*, Rio de Janeiro, Zahar, 1990 e 1993.]
5. N. Elias, *La civilisation des moeurs*, Paris, Calmann-Levy, 1973, e *La dynamique de l'Occident*, Paris Calmann Levy, 1975. Mais recentemente a tradução inglesa foi revista pelo próprio Norbert Elias. Cf. N. Elias, *The Civilizing Process. Sociogenetic and Psychogenetic Investigations*, vol.I: *The History of Manners* e vol.II: *State Formation and Civilization*, notas e revisão do autor, Oxford, Basil Blackwell, 1978 e 1982.
6. N. Elias, *La société de cour*, Paris, Calmann-Levy, 1974, e em inglês, *The Court Society*, Oxford, Basil Blackwell, 1983.
7. N. Elias, *Was ist Soziologie?*, Munique, Juventa Verlag, Grundfragen der Soziologie, vol.I, 1970; trad. fr.: *Qu'est-ce que la sociologie?*, Pandora, 1981.
8. Esta parte da obra infelizmente não foi traduzida em francês. Podemos lê-la em alemão em N. Elias, *Über den Prozeß der Zivilisation*, vol.2, op.cit., Suhrkamp, 1979, "Zur Soziogenese des Minnesangs und der courtoisen Umgangsformen", p.88-122, ou em inglês em N. Elias, *The Civilizing Process. State Formation and Civilization*, op.cit., Basil Blackwell, 1982, "On the Sociogenesis of Minnesang and Courtly Forms of Conduct", p.66-90. [Ou ainda em português, na edição brasileira, op.cit., vol.2, "Sobre a sociogênese da *Minnesang* e das formas cortesãs de conduta", p.65-85. (N.T.)]

## I – Introdução

1. L. von Ranke, "Tagebuchblätter, 1831-1849", in *Das politische Gespräch und andere Schriften zur Wissenschaftslehre*, Halle, 1925, p.52.
2. Nesse contexto, pode ser de interesse indicar o reconhecimento atribuído ao saber dos historiadores alemães, há alguns anos, por um dos mais eminentes pesquisadores ingleses, o prof. A.W.

292     A sociedade de corte

Southern, em sua aula inaugural *The Shape and Substance of Academic History* (Oxford, 1961, p.15ss): "Em sua aula inaugural de 1867, Stubbs falou com confiança dos 'bons tempos que esperam' os estudos históricos, com uma escola histórica construída '... sobre o abundante material coletado e organizado, agora em vias de publicação'. Ele prognosticou uma época não muito distante em que a história deixaria de ser assunto para crianças, ou um instrumento 'para qualificar homens a fazer discursos úteis para ouvintes ignorantes e a escrever artigos brilhantes para pessoas que só leem jornais', para transformar-se em algo 'amado e cultivado por si próprio', legando um 'conhecimento histórico abrangente que tornará a impostura fútil e a adulteração, desvantajosa'.

Onde falhou essa previsão? Falando francamente, a Inglaterra não acompanhou o ritmo da Alemanha, ficando a cada ano mais para trás. Em 1867 Stubbs tinha conhecimento, mas acho que não o suficiente, da grande obra *Monumenta Germaniae Historica*; e, afinal de contas, ele podia pensar, a Inglaterra tinha suas próprias *Record Publications* e *Rolls Series*, com mais de 70 volumes publicados nos dez anos entre 1857 e 1867. Em virtude dessa abundância, Stubbs pode ser desculpado por não haver compreendido, em 1867, que a situação na Inglaterra era bastante diferente daquela na Alemanha. Por volta de 1877, e mais ainda de 1884, ele não podia deixar de perceber a diferença. Na Inglaterra, a fonte de impressões secara; inúmeras deficiências na erudição daquelas já publicadas vieram à luz. Na Alemanha, não apenas o trabalho de publicação se acelerara, e num nível muitíssimo mais alto de erudição do que na Inglaterra — uma dolorosa diferença que seria bem mais marcante se as obras do próprio Stubbs fossem eliminadas —, como o trabalho dos editores alemães vinha sendo complementado a cada ano por uma série cada vez mais formidável de monografias. Atualmente é moda zombar desses monumentos da diligência teutônica, mas nenhum acadêmico sério pensará em fazê-lo; e, para qualquer um que tenha sido testemunha desses fatos, eles devem ter parecido o mais prodigioso acontecimento na história da academia. Nunca houvera nada assim antes."

3. M. Weber, *Wirtschaft und Gesellschaft, Grundriß der Sozialökonomie*, seção III, Tübingen, 1922, p.133ss; 628ss.

4. Ibid., p.133.

5. Ibid., p.740.

6. N. Elias, *Über den Prozeß der Zivilisation*, vol.2, Berna/Basileia, 1969, p.123ss. [Ed. bras.: *O processo civilizador*, vol.2, Rio de Janeiro, Zahar, 1993.]


## II – Observação preliminar sobre a formulação do problema

1. Cf., entre outros, *"Tableau du siècle" par un auteur connu* (Saint-Cyr), Genebra, 1759, p.132: "La Ville est, dit-on, le singe de la Cour."

2. "Corte" tem um sentido distinto, dependendo da época a que nos referimos. A seguir, o termo se refere, assim como o adjetivo correspondente, "cortesão", ao uso da época em questão, na corte real. Se o tema principal deste livro fosse também a Alemanha, e não só a França, seria o caso de fazer uma restrição característica. Na Alemanha, sobretudo na parte ocidental, por vezes algumas famílias de nobres com uma posição menos elevada (por exemplo condes) têm caráter de corte em certos aspectos. E, como nesse país não existe uma concentração de todo o poder em *uma* corte real, essas formações de pequenas cortes, incluindo até mesmo as da nobreza rural abastada, possuem um significado social e cultural muito diferente daquele atribuído a formações análogas na França.

3. Cf. *System der Soziologie*, vol.III, 2, I, Iena, 1924, p.922.

4. Na época dos primeiros Bourbon, os rendimentos advindos das propriedades reais de terra ainda tinham um papel insignificante em comparação com os rendimentos de outras fontes, principalmente de impostos para a manutenção das famílias reais. Partes significativas das antigas propriedades haviam sido vendidas pelos reis, nos tempos de penúria e de guerras dos séculos XVI e XVII. Sully, e depois dele Richelieu, reclamaram disso com frequência. Ambos tentaram, em vão,

comprar de volta as propriedades reais. Cf. Marion, *Dictionnaire des institutions au* XVII*ᵉ et* XVIII*ᵉ siècle*, Paris 1923, verb. "Domaine".

5. Cf. M. Weber, *Wirtschaft und Gesellschaft*, Tübingen, 1922, p.750. Sua maneira de colocar o problema — e não se trata de nada mais do que isso —superou a de Thorstein Veblen, que teve o mérito, em seu *Theory of the Leisure Class* (1899), de tratar pela primeira vez dos problemas do consumo ligado à posição social como problemas sociológicos.

6. Mesmo no índice de *Wirtschaft und Gesellschaft* só se encontra uma indicação de "justiça da corte", que diz respeito a uma época bem-diferente.

7. W. Sombart, *Der moderne Kapitalismus*, vol.I, 2, 5ª ed., Munique/Leipzig, 1922, p.720-1.

## III – Estruturas de habitação como indicadores de estruturas sociais

1. B. Forbonnais, *Recherches et considérations sur les finances de France*, 6 vols., Liège, 1758, onde vários desses registros foram impressos.

2. M. Weber, *Wirtschaft und Gesellschaft*, Tübingen, 1922, p.679.

3. Ibid., p.684.

4. Em conformidade com essa formulação de Max Weber, mesmo que talvez se trate de uma generalização exagerada, em *Frankreich im 18. Jahrhundert* (Berlim, s/d, p.46), M. von Boehn diz: "Todo francês via seu rei como o líder de sua própria família. ... Entre os nobres e os altos funcionários, nenhum contrato de casamento podia ser decidido sem a concordância prévia do rei. Negligenciar essa etapa seria o mesmo que se tornar culpado de rebelião. O rei podia até arranjar casamentos sem a permissão e contra a vontade dos pais. Sua vontade era suficiente para impossibilitar qualquer oposição."

5. R. de la Bretonne escreveu, pouco antes da Revolução: "Cada homem olhava para o rei como se fosse um conhecido pessoal." E segundo La Bruyère ("Du souverain ou de la république", *Les caractères*, Firmin-Didot, 1890): "Chamar um rei de pai do povo é menos fazer seu elogio do que chamá-lo por seu nome ou defini-lo." O bom reinado é o do rei "que faz de uma corte, e até de todo um reino, uma única família, unida perfeitamente sob um mesmo chefe".

6. Para dar aqui uma visão geral sobre essa evolução, da qual ainda falaremos com mais precisão adiante, convém citar um verbete de Marmontel (*Enciclopédia*, verb. "Grands". A obra será citada sempre seguindo a edição *Encyclopédie ou Dictionnaire raisonné des sciences etc.*, Genebra, 1777ss.) que resume o assunto do seguinte modo: "A França formava outrora um governo federativo muito mal organizado e em guerra incessante consigo mesmo. Desde Luís XI, todos esses coestados haviam sido reunidos em um; mas os grandes vassalos ainda conservavam em seus domínios a autoridade que haviam tido sob seus primeiros soberanos, e os governadores que tomaram o lugar desses soberanos atribuíam-se o poder daqueles. Os dois lados opunham à autoridade do monarca obstáculos que era preciso vencer, e o meio mais suave, e por conseguinte o mais sensato, era atrair à corte aqueles que, afastados ... e no meio de povos acostumados a lhes obedecer, haviam se tornado tão temíveis."

7. *Encyclopédie, Recueil de planches*, vol.2, seção Arquitetura, prancha 23. A planta reproduzida vem de Blondel, *Architecture du Roi*. Certamente nem todos os *hôtels* do século XVIII correspondiam em detalhe a essa planta; contudo, ela nos é útil se a considerarmos um modelo. Ela mostra como um arquiteto experiente concebia a solução mais acabada para as necessidades habitacionais em questão.

8. Cf. Jombert, *Architecture moderne*, Paris, 1728, p.43ss.

9. "*Basses-cours* ... chama-se assim, em uma construção na cidade, a um pátio separado do principal em torno do qual são erigidos prédios destinados aos depósitos, às estrebarias, ou então onde se situam as cozinhas, as copas, os espaços comuns etc. As *basses-cours* deviam ter acessos livres pela parte de fora, para que o serviço de seus prédios se pudesse fazer comodamente e *sem ser percebido a partir dos apartamentos dos senhores e do pátio principal*." (*Enciclopédia*, verb. "Basse-cour". Grifo do autor.)

Nas camadas sociais ou sociedades em que a senhora da casa tem a função de dona de casa, ou em que os senhores desejam manter em suas mãos a supervisão de seus serviçais, os aposentos da criadagem ficam situados de modo a possibilitar um controle mais ou menos constante sem grandes dificuldades. Aqui, porém, a separação dos aposentos de criados (sobretudo as dependências da cozinha) em relação aos cômodos dos senhores constitui uma expressão característica do fato de que os senhores querem ter o menor contato possível com os assuntos dos bastidores. A dama de corte não é uma dona de casa. O completo isolamento da cozinha de sua esfera de supervisão demonstra isso. Um exemplo oposto torna essa realidade ainda mais visível: um escritor do século XVI (Olivier de Serres, "Dessin du bastiment champestre", *Théatre d'agriculture*, vol.1, cap.5, p.21) descreve a construção de uma casa nobre no campo deste modo:

"Vossa cozinha se localizará no primeiro andar da casa e perto de vossa sala, da qual se entrará em vosso quarto; assim, aqueles que estão na cozinha, em virtude da proximidade da sala e dos quartos onde estais frequentemente, *se veem controlados e são reprimidos a preguiça, as gritarias, as blasfêmias e pequenos furtos dos criados e criadas.*"

10. Cf. Anexo 2, p.416al./284ss ing.

11. Cf. *Enciclopédia*, verb. "Garde-manger".

12. *Enciclopédia*, verb. "Office".

13. Se procurarmos bem, ocasionalmente achamos referências a alguns *domestiques* na literatura, em observações secundárias. O suíço na função de vigia que deve receber ou mandar embora os convidados seguindo ordens é mencionado várias vezes pelo duque de Lauzun, *Pariser Gespräche*, citado por Blei, *Geist der Rokoko* (Munique, 1923, p.51 e 55).

14. Cf. A. Schulz, *Das häusliche Leben der europäischen Völker*, Munique/Berlim, 1903, p.60.

15. "O furto doméstico é punido mais severamente que outros furtos, pois ele encerra um horrível abuso da confiança e os senhores são obrigados a deixar muitas coisas em suas mãos." Aliás, em um livro publicado mais tarde, *Prix de la justice et de l'humanité* (1777), Voltaire revoltou-se violentamente contra essa barbaridade de matar pessoas por causa de uma ninharia, apenas por se tratar de um furto doméstico. Por outro lado, para vermos até que ponto podia chegar esse menosprezo pelos *domestiques*, mesmo nas esferas de convivência íntima de Voltaire, um episódio contado em suas memórias pelo seu secretário Longchamp, antigo camareiro de sua amante, a marquesa de Châtelet, é uma ilustração muito esclarecedora: a marquesa ficava nua na frente do camareiro durante o banho, de maneira que ele ficava muito embaraçado, enquanto ela o repreendia, sem nenhuma consideração, por não ter despejado direito a água quente. Brandes, que cita essa passagem das memórias em seu livro sobre Voltaire (tradução alemã, Berlim, s/d, vol.1, p.340-1), dá o seguinte esclarecimento: "Não a constrangia deixar-se ver despida por um lacaio; ela não o considerava um homem em relação a si mesma, como mulher." Um aspecto muito específico no comportamento dos cortesãos encontra sua explicação neste contexto. O mando constante sobre uma camada social, cujos pensamentos eram totalmente indiferentes para a camada dominante, permitia às pessoas desta classe aparecerem nuas diante de outras pessoas, por exemplo enquanto se vestiam — mas também no banho, ou fazendo outras atividades íntimas — com muito menos consideração do que no caso de uma sociedade sem esse amplo substrato de criados. O nobre aparece assim, despido, na frente de um serviçal, da mesma maneira que o rei aparece despido, se for o caso, diante de um nobre.

16. Caso houvesse uma segunda antecâmara aos quartos dos senhores, era reservada para os homens "acima do comum" (*Enciclopédia*, verb. "Domestique"), portanto acima do povo comum, isto é, sobretudo acima dos criados. Entretanto, não devemos pensar que tais pessoas acima do povo comum fossem convidados do mesmo nível social do dono da casa. As pessoas da mesma esfera, quando visitavam os aposentos privativos dos senhores, eram levadas para o próprio quarto de dormir, ou então para um gabinete localizado entre o quarto de dormir e a antecâmara; quando se tratava de uma visita à sala de recepção, conduziam-nas ao salão anexo à antecâmara. Algumas cenas da vida de Madame d'Épinay (Thirion, *La vie privé des financiers*, 1895, p.306) mostram as pessoas que se reuniam na antecâmara do quarto de dormir de um senhor rico (ou, quando havia duas, uma parte na primeira e uma parte na segunda antecâmara, de acordo com o nível social das pessoas em questão).

17. *Enciclopédia*, verb. "Appartement".
18. Duque de Lauzun, *Pariser Gespräch*, citado por Blei em *Geist des Rokoko*, op.cit., p.49.
19. Cf. *Enciclopédia*, verb. "Mariage (droit naturel)", onde está dito explicitamente, em certa passagem, que pelo casamento a mulher aspira "*à la liberté*".
20. Cf. *Enciclopédia*, verb. "Famille, maison".
21. Devemos reconhecer que, em certa medida, a primeira relação (aristocrática) deu o tom da segunda (burguesa), de modo que as fronteiras no uso dos conceitos "*maison*" e "*famille*" pelo Ancien Régime não coincidem diretamente com as fronteiras entre a realidade do matrimônio dos senhores, no sentido da "casa", e dos burgueses, no sentido de uma vida familiar confinada a um espaço reduzido e rica em contato.
22. Cf. D'Avenel, *Histoire de la fortune française*. Paris, 1927, p.302.
23. Cf. *Enciclopédia*, verb. "Hôtel".
24. Cf. *Enciclopédia*, verb. "Palais".
25. Essa denominação, assim como a que aparece no material trabalhado a seguir, tem como fonte a *Encyclopédie, Recueil de planches*, vol.2, Seção Arquitetura.
26. O fato de os *fermiers généraux* e seu séquito também serem considerados integrantes da camada privilegiada só causa surpresa, hoje em dia, a partir de uma perspectiva distorcida. Os *fermiers généraux* ambicionavam conseguir, em primeiro lugar, posição, status, prestígio social, de preferência para si mesmos, ou pelo menos para que seus descendentes pudessem ter um título de nobreza e uma vida condizente, ou seja, determinada primordialmente pelo prestígio. Esse fato é importante porque demonstra que a posse de capital, ou melhor, a posse de dinheiro não precisa estar ligada diretamente a uma mentalidade ou a um modo de vida "capitalista". Os objetivos que famílias de classe média em ascensão esperam alcançar e os que elas podem alcançar de fato, por meio da aquisição de capital, dependem da estrutura geral de uma sociedade.
27. Dangeul, *Remarques sur les avantages et les desavantages de la France*, 1754, p.72.
28. "*Particulier*" como antítese de "*public*": cf. *Enciclopédia*, verb. "Particulier".
29. Para plantas dos diversos tipos de casas, mencionadas aqui só para referência, cf. Jombert, op.cit.
30. Dentro do desenvolvimento social existem formas culturais e ideias ascendentes e descendentes. Aqui temos um exemplo de ascensão de formas culturais durante um longo período. É fácil reconhecer que ela está funcionalmente ligada à ascensão das camadas profissionais e das massas. Com essas classes em destaque, a economia, o conforto, a simetria e a solidez se estabeleceram, até certo ponto, como os traços predominantes das casas, seu estabelecimento vindo opor-se sobretudo àquela espécie de casas exclusivas das camadas superiores no Ancien Régime, caracterizadas especialmente pelas "*cinq ordres d'architecture*" (ver n.31). Naturalmente, o estilo tradicional de ornamentação das casas, orientado pelo prestígio e pela representação, para realçar a posição social, também teve influências sobre a organização das casas de camadas inferiores, mesmo no Ancien Régime. Transformada e simplificada, a maneira de construir as casas e fachadas sempre teve uma influência dirigida de cima para baixo. A luta entre essas duas tendências, entre a economia e a ostentação, (que servia ao mesmo tempo como símbolo do prestígio e do status), estendeu-se até os nossos dias, ainda que o caráter representativo dos antigos ornamentos tenha desaparecido. Ele foi mantido vivo pelo fato de que, vindo após as classes aristocráticas e em parte junto com elas, ondas sucessivas de burgueses que aspiravam ao destaque social, à representação e ao prestígio fizeram uso do estilo moldado pelas camadas superiores do Ancien Régime. Esse estilo, com determinadas modificações (especialmente na França, já que na Alemanha alguns estilos de outras épocas têm um papel adicional), servia como um símbolo do próprio anseio por prestígio e distinção social, enquanto a coerção para economizar que surgia das necessidades da camada profissional mais ampla vinha impor, de baixo, outras tendências formais. O conflito entre economia e ostentação, no sentido de um símbolo tradicional do prestígio, foi uma das raízes do estilo *kitsch* na arquitetura.
31. O Ancien Régime reconhecia cinco dessas "*ordres d'architecture*": a jônica, a dórica, a coríntia, uma aparentada com a coríntia que recebia o nome de "*ordre composite*" e a toscana. O conteúdo expressivo desses estilos em relação às diversas camadas sociais é definido com muita precisão (*Enciclopédia*, verb. "Ordre").

296     A sociedade de corte

32. Neste contexto não é possível definir como tais concepções foram representadas na *Enciclopédia*. Contudo, convém pelo menos apontar que há nela toda uma série de verbetes em que a diferença de status é mostrada e confirmada como algo totalmente evidente (p. ex. verb. "Noblesse"), mesmo que normalmente haja alguma reinterpretação ideológica.

33. As plantas se encontram na *Encyclopédie, Recueil de planches*, vol.2, seção Arquitetura, pranchas XXV e XXVI.

34. Nesta descrição, podemos deixar de lado as camadas intermediárias, como os financistas ou magistrados, que, embora sendo burgueses, imitam o modo de vida dos nobres e chegam a sobrepujá-los, em parte. Para compreender essa camada intermediária, é necessário antes de tudo compreender as camadas da corte que lhe servem de modelo.

35. Cf. *Encyclopédie, Recueil de planches*, vol.2, seção Arquitetura, parte V.

36. Essa caracterização, que a *Enciclopédia* elabora ainda mais, é oportunamente sustentada por referências a determinados exemplos retirados da série de *hôtels* parisienses mais conhecidos. Assim, o Hôtel de Soubise, que mais tarde se tornou Palais des Archives, na rue Vieille du Temple, serve como exemplo do "*hôtel d'un militaire*". Na mesma rua encontra-se também o exemplo para o *hôtel* de uma família na qual um alto título eclesiástico era hereditário: o Hôtel de Rohan, construído no começo do século XVIII para o arcebispo de Estrasburgo, Armand de Rohan, por Delamair, o arquiteto do Hôtel de Soubise.

37. Também no mundo burguês e capitalista do século XIX objetos utilitários possuem funções representativas de prestígio. Contudo, o que deve ser representado, na sociedade de ordens do Ancien Régime, é antes de tudo, como dissemos, o status e a posição social que ligam expressamente o indivíduo a uma série de outros indivíduos, a uma camada e a um grupo maior ou menor. Os novos membros têm de se adaptar às formas de manifestação tradicionais de seu grupo, que só chegam a mudar lentamente. São os grupos ou castas como um todo que dão prestígio. O que uma determinada composição das posses de um homem — seus objetos de uso, no sentido mais amplo da expressão — deve representar propriamente é o fato de ele pertencer a esse ou aquele grupo, o fato de ocupar um lugar em determinado nível da hierarquia e de compartilhar de seus direitos e de sua reputação. Em contrapartida, na sociedade de profissionais burgueses, sobretudo a partir do final do século XIX, o que deve ser representado é antes de tudo a posse de dinheiro, e a posse de dinheiro de *uma única família*.

Sem entrar em maiores detalhes acerca dessa diferença significativa, comparamos a descrição feita aqui com uma outra, de Ernst Heilborn (*Zwischen zwei Revolutionen*, vol.2, p.127-8), sobre a época burguesa; esta segunda descrição, embora apresente um estado de coisas complexo de modo muito talvez simplificado, nos fornece, neste contexto, uma boa imagem da alteração no sentido e na forma de representação do prestígio, assim como de suas exigências: "Para saber como é a senhora Jenny Treibel, é preciso olhar o cãozinho maltês que está sentado com ela no coche. O valor desse cãozinho não vem de sua aparência encantadora, nem de suas ótimas qualidades, mas sobretudo do fato de sabermos que ele é muito caro. É o que se pode dizer a respeito da representação da senhora Jenny Treibel: tanto faz se o efeito é ridículo ou imponente; o que importa é demonstrar seu preço. O dinheiro que a senhora Jenny Treibel gasta para suas despesas, suas roupas, seus banquetes, suas decorações, determina o seu valor social ... realizou-se uma divisão do trabalho na qual cabe ao homem ganhar dinheiro e à mulher, ostentá-lo."

38. Cf., sobre isso, *Enciclopédia*, verb. "Noblesse d'épée".

39. O material sobre este tema é retirado sobretudo de E. e J. de Goncourt, *La femme. au XVIII^e siècle* (Paris, 1877) e de V. du Bled, *La société française du XVI^e au XX^e siècle*, vol.V.

40. E. e J. de Goncourt, op.cit., vol.I.

41. O abade Coyer propõe, em seu tratado *Noblesse comerçante*, a remediação das necessidades dos nobres por meio da franquia de atividades comerciais e profissionais para eles. Na discussão sobre tal proposta (*Développement et défense du système de la noblesse commerçante*, Amsterdã, 1757, p.136-7), ele afirma: "Aqueles dentre nós que se deixam intimidar pela ideia de uma nobreza comerciante partilham com M. de Montesquieu do princípio das monarquias — *a honra*, essa honra de preconceito, pai do valor. Princípio que seria destruído, dizem eles, por um princípio absolutamente contrário, que se encontra no comércio: os juros." É possível perceber a consciên-

cia com que se experimenta a diferença entre as formas de motivação das camadas profissionais burguesas e as das ordens, no Ancien Régime.

42. Ainda hoje essa atribuição de valor ressoa em expressões como "um senhor distinto". Mas o significado rigoroso da "distinção" expressando o nível social é ouvido agora muito debilmente, e o seu valor como expressão de uma aparência que era inseparável do nível social passou para segundo plano [especialmente na Alemanha (N.E.)].

43. "Desde que o terceiro estado enriqueceu, muitos plebeus se tornaram gente do *monde*. Os sucessores de Samuel Bernard não são mais Turcaret, mas Pâris-Duverney, Saint-James, Laborde, sofisticados, educados de coração e de espírito, possuindo tato, literatura, filosofia, boas maneiras, *dando festas, sabendo receber*. Afora um detalhe ou outro, encontra-se em suas casas a mesma sociedade que se encontra na casa de um *grand seigneur*. Seus filhos jogam dinheiro pela janela tão elegantemente quanto os jovens duques com os quais ceiam. (H. Taine, "Ancien Régime", *Les origines*, vol.II, cap.III, 3, p.173.)

44. H. Sée, *Französische Wirtschaftsgeschichete*, Iena, 1930, p.170.

45. Sobre o crescente empobrecimento da nobreza, cf. Tocqueville, *L'Ancien Régime*, cap.8. Ali encontra-se também a citação da queixa de um nobre em 1755, que diz "Apesar de seus privilégios, a nobreza está arruinada e perde dia a dia sua importância, enquanto o terceiro estado assume o controle da riqueza."


## IV – Particularidades da figuração aristocrática de corte

1. Cf. H. Taine, "Ancien Régime", *Les origines,* vol.I, cap.II, 2.
2. Montesquieu, *Esprit des lois*, livro XIII, cap.XX.
3. A esse respeito cf. também Anexo 1, p.405al/276ing.
4. Cf. D. Ogg, *Louis XIV*, Londres, 1967, p.140.


## V – Etiqueta e cerimonial

1. Mesmo assim, a corte francesa não condiz de modo algum, como ainda mostraremos, com a imagem normalmente associada ao conceito de "comunidade" (*Gemeinschaft*). Entretanto, tal afirmação também não quer dizer que a formação social da corte absolutista seja mais condizente, nesse caso, com a categoria oposta, de "sociedade" (*Gesellschaft*).
2. Cf. sobre o assunto H. Taine, "Ancien Régime", *Les origines*, vol.I, cap.II, 1, p.191: "A monarquia produziu a corte, que produziu a sociedade polida."
3. Cf. E. e J. de Goncourt, *La femme au XVIIIe siècle*, Paris, 1877, cap.2.
4. Esse deslocamento do centro de gravidade da boa sociedade e do convívio social do palácio do rei para os palácios dos príncipes, destes para os *hôtels* da alta nobreza e — de modo mais distante — para os burgueses ricos que tinham boa posição expressou-se também no estilo da boa sociedade. Os passos que levaram do classicismo para o rococó, e do rococó para o estilo Luís XV, correspondem com bastante exatidão a um tal deslocamento do centro de gravidade e a uma transformação da sociedade de corte.
5. Foi quando uma parte das grandes famílias da corte, por exemplo os Rohan, os Noailles, os Montmorency, retirou-se da corte pela primeira vez. Cf. M. von Boehn, *Frankreich im 18. Jahrhundert*, Berlim, s/d, p.67.
6. O fato de ainda se encontrarem ali é percebido, por exemplo, em declarações como a seguinte, que é também uma constatação bem característica de algumas das coisas que dissemos sobre os valores e as motivações do *monde*. Necker, então ministro, dá uma festa brilhante, e um relato da época diz: "Ocorre que essa festa lhe valeu mais crédito, favores e estabilidade do que todas as suas operações financeiras. Falou-se apenas um dia sobre sua última disposição em relação aos 5%, ao

passo que ainda hoje se fala da festa que ele deu." (*Correspondance secrète*, V, citada por H. Taine, op.cit., vol.I, cap.II, 2, p.108)

7. Saint-Simon diz em certo momento, ao descrever Luís XIV, após a morte deste: "Ele mandou construir em Versailles uma quantidade interminável de aposentos, e ficava lisonjeado quando lhe pediam um." Na mesma passagem, ele fala das "edificações gigantescas" que o rei mandava construir de tempos em tempos em Versailles.

8. Saint-Simon, *Mémoires*, Paris, Delloye, 1843, vol.17, cap.35, p.248.

9. Cf. M. von Boehn, op.cit., p.109.

10. *Encyclopédie, Recueil de Planches*, vol.2, seção Arquitetura, parte V, p.25.

11. Cf. M. Blondel, *De la distribution des maisons de plaisance*, Paris, 1737.

12. Cf. a este respeito Marion, *Dictionnaire des institutions de la France au XVII$^e$ et XVIII$^e$ siècle*, Paris, 1934, verb. "Etiquette", e também Saint-Simon, *Mémoires*, 1715.

13. Saint-Simon descreve a situação de uma outra maneira neste caso: afirma que entrava em primeiro lugar o médico e depois a ama do rei, e que os dois faziam a higiene real.

14. O cargo de *grand chambellan* é um dos mais importantes da corte. O ocupante supervisionava todos os *officiers de la chambre du roi*. Cf. *Enciclopédia*, verb. "Chambellan".

15. O termo exato é *bouche*. Cf. também p.75al./47ing. e a *Enciclopédia*, verb. "Bouche".

16. Percebe-se nesse exemplo por que muitos desses títulos não foram traduzidos aqui. Seria possível falar de "altos oficiais", ou "grandes oficiais de quarto", ou de "grandes funcionários de quarto", mas essas expressões levariam a associações equivocadas. Todos esses cargos são negociáveis, sempre com a permissão do rei. Além disso eram reservados exclusivamente à nobreza, na época de Luís XIV. Nem a estrutura nem as funções dessa hierarquia de corte são semelhantes ao que se entende atualmente, na Alemanha, por *Offizier* e *Beamte*. [O mesmo vale para termos portugueses como "camareiro" ou "aio". (N.T.)]

17. Estruturas análogas, tais como um imenso terraço, eram encontradas com muita frequência nas casas de campo dos nobres mais importantes. É interessante ver como o hábito de construir é usado aqui para os propósitos da etiqueta de corte. A galeria e o terraço (cf. M. Blondel, op.cit., p.67), que em outros casos talvez sejam locais de convívio social mais informal, ganham aqui a função de uma antecâmara, um espaço de serviço para a nobreza de corte; e seu tamanho especialmente grande permite reunir no local a corte inteira.

18. Cf. *Enciclopédia*, verb. "Chambellan".

19. A reconstrução desse cerimonial a partir de uma perspectiva mais próxima facilita, como vemos, a compreensão do significado de tal fenômeno social no contexto mais amplo dessa estrutura de poder. Na cerimônia da corte em questão, pelo menos três camadas funcionais se fundem num único complexo de funções inseparáveis: função utilitária, função de prestígio e função de poder ou de Estado. A polaridade, postulada por Max Weber, da racionalidade de fins e da racionalidade de valor não pode ser aplicada corretamente no caso, quando procuramos entender tais fenômenos.

20. Segundo um relato da camareira de Maria Antonieta, Mme. de Campan, citado por M. von Boehn, op.cit., p.75.

21. Cf. idem.

22. Ibid., p.73.

23. Cf. ibid., p.128.

24. Saint-Simon, *Memoiren* (1702), Stuttgart, 1814-5, vol.I, p.142-3.

25. Ibid., cap.16.

26. Cf. N. Elias, *Über den Prozeß der Zivilisation*, vol.2, Basileia, 1939, p.312. [Ed. bras.: *O processo civilizador*, vol. 2, Rio de Janeiro, Zahar, 1993.]

27. Cf. como exemplo de uma formação social de tipo correspondente numa vila de trabalhadores N. Elias e W. Scotson, *The Estabilished and the Outsiders*, Londres, 1965. [Ed. bras.: *Os estabelecidos e os outsiders*, Rio de Janeiro, Zahar, 2000.]

28. "Nunca julgamos as coisas pelo que elas são, mas pelas pessoas a que dizem respeito." Saint-Simon, *Mémoires*, vol.X, cap.185.

29. Como esta seção apresenta simultaneamente uma contribuição à "sociologia do prestígio", ao menos no final fica indicada uma obra que tematiza o prestígio: o livro de L. Leopold, *Prestige* (Berlim, 1916). O autor trata do tema a partir de outros pressupostos e com outras intenções, diferentes dos nossos; portanto, não era possível utilizá-lo *neste* contexto. Leopold estabelece como marca geral do prestígio "que ele pertence ao universo dos sentimentos e que se manifesta na prática em submissões e omissões". Os planos das duas investigações não têm nenhuma interseção.

30. La Bruyère, "De la cour", *Les caractères*, Firmin-Didot, 1890, p.178.

31. "Um favorito deve ser observado bem de perto; pois, se ele me faz esperar menos em sua antecâmara do que habitualmente, se tem o semblante mais acolhedor, se franze menos o cenho, se me escuta com mais paciência, e se me leva até a porta, pensarei que ele começa a decair, e estarei pensando a verdade." Ibid., p.185.

32. Cf. Saint-Simon, *Mémoires*, vol.XVIII, cap.31, p.172.

33. La Bruyère, "De la cour", op.cit., p.2.

34. É facilmente compreensível que a sociedade aristocrática de corte não constituía um solo dos mais adequados para a literatura e os saberes que não satisfizessem as exigências da vida da corte e a necessidade de ascensão social. As formas de literatura e de saber que caracterizam a sociedade de corte correspondem às suas exigências e necessidades específicas. Trata-se sobretudo de memórias, cartas, aforismos ("máximas"), determinados gêneros de poesia, ou seja, formas literárias que nasciam direta ou indiretamente da conversação incessante em sociedade, que estimulava seu crescimento. Além disso, desde meados do século XVIII cultivavam-se determinadas formas de saber cujo domínio conferia aos cortesãos um renome especial em sua sociedade, possibilitando-lhes o acesso a um cargo administrativo ou diplomático. Assim, por exemplo, o cardeal Bernis dizia em suas memórias (Munique/Leipzig, 1917): "O estudo da história, da felicidade e da moral [na sociedade de corte, moral é o saber dos costumes e do caráter dos homens. Uma expressão como "moralistas franceses do século XVII" deve ser entendida nesse sentido] passou a ser minha única ocupação. Pois eu queria *imperceptivelmente que as pessoas se acostumassem a me ver como alguém mais sério, como um homem indicado para o ofício* (o serviço diplomático)." Também é característica, neste contexto, a seguinte citação das memórias do cardeal Bernis, que vinha de uma antiga família senhorial: "É preciso admitir que os grandes senhores de hoje são menos ignorantes do que os antigos. Não é raro encontrar entre eles até mesmo bons escritores; mas, entre os anteriores, alguns dos quais mal sabiam ler e escrever, achavam-se comandantes virtuosos e ministros hábeis. *Não são os livros que fazem grandes homens, mas sim os acontecimentos, a nobreza da alma e a honra.*" (cf. p.57)

   Vemos com muita clareza quais formas de literatura e de saber tinham ou não a consideração das pessoas nessa sociedade em um exemplo como o seguinte. A carta é de Mme. de Staal, a mordaz e observadora camareira da duquesa de Maine. Um dia, Voltaire e sua companheira, Mme. du Châtelet, aparecem em Anet, residência da duquesa, durante uma viagem, e bem no meio da noite. São acomodados com algum esforço, mas no dia seguinte simplesmente não aparecem. Mme. de Staal escreve para a marquesa du Deffant no dia 15 de agosto de 1747: "Eles apareceram ontem às dez horas da noite. Não acho que os veja mais cedo hoje. Um está a escrever sobre altos feitos [tratava-se de *O século de Luís XV*], a outra a comentar Newton. *Eles não querem nem jogar, nem passear. Para falar a verdade, são dois fantasmas para uma sociedade na qual seus escritos doutos não têm nenhuma serventia.*" E no dia 20 de agosto de 1747, Mme. de Staal escreve sobre Mme. de Châtelet: "Ela insiste em aparecer apenas à noite. Voltaire fez *versos galantes* [uma "Epístola à Mme. duquesa du Maine a respeito da vitória sobre Laweld em 2 de julho"] *que reparam um pouco o inconveniente de sua inusitada conduta.*" Escritos eruditos não têm nenhuma relação com a vida mundana dessa sociedade. Eles mantêm as pessoas longe do convívio social, o que é uma inconveniência. Mas *"des vers galans"* têm um lugar nessa realidade. E através deles Voltaire repara sua inconveniência e a de sua companheira. Isso é uma contribuição tanto para a sociologia de Voltaire quanto para a sociologia das formas de literatura e de saber características da sociedade de corte senhorial; entretanto, não é possível fazer uma interpretação apropriada de tais sociologias nesse contexto.

300     A sociedade de corte

35. Para ao menos traçar uma linha de desenvolvimento: das observações de Saint-Simon parte uma linha reta, passando por Balzac, Flaubert, Maupassant, até chegar a Proust, para quem a "boa sociedade" constitui simultaneamente o seu espaço vital, o seu campo de observação e a matéria-prima de sua obra.

36. Saint-Simon, *Mémoires*, vol.XVIII, cap.106, p.11ss.

37. Em outras palavras, ele começa fazendo alusão a um ponto no qual o próprio interesse do príncipe herdeiro está em jogo.

38. Ele mostra ao príncipe herdeiro que os interesses deste e da casta de Saint-Simon foram prejudicados pelos mesmos adversários.

39. Percebemos o quanto esse procedimento é típico ao ler, por exemplo, as seguintes recomendações no *Oráculo manual y arte de prudencia*, de Gracián: "A segurança da prudência reside numa moderação interior. As armadilhas armadas para a discrição consistem em provocar contradições, explicações e palavras picantes, que exaltam os ânimos" (da tradução francesa de Amelot de la Houssaie, Paris, 1691, p.217. Máxima 179).

40. Ibid., máxima 117.

41. Cf. ibid., máxima 14: "A coisa e a maneira": "A *substância* não é o bastante, a circunstância também é necessária. Um gesto inconveniente estraga tudo, desfigura inclusive a justiça e a razão. Maneiras elegantes, ao contrário, melhoram tudo: douram a recusa, adoçam o que há de amargo na verdade, evitam rugas na velhice. O *como* é de grande valia em todas as coisas. ... Não é suficiente o grande zelo de um ministro, o valor de um capitão, a sabedoria de um homem de letras, o poder em um Príncipe — se tudo isso não vem acompanhado dessa importante formalidade. Mas não há emprego em que isso seja mais necessário do que no soberano comandante. Nos superiores, é uma grande estratégia ser mais humano que despótico. Perceber que um Príncipe privilegia a humanidade em lugar da superioridade torna dupla a obrigação de amá-lo."

42. Sobre isso cf. também a citação de La Bruyère na n.31.

43. Para enxergar com mais clareza essas conexões, basta comparar o Goethe anterior à corte com o Goethe cortesão. Todavia, não devemos esquecer que Weimar era uma corte muito pequena, em alguns aspectos quase burguesa.

44. Em outras palavras, assim transformada, ela constitui em muitos casos um elemento essencial daquele modo de vida peculiar que é caracterizado — de maneira equivocada, se num sentido apenas pejorativo — pelo conceito de *kitsch*.

45. Nas sociedades industrializadas desenvolvidas, o tempo dedicado à vida profissional torna-se lentamente mais curto, enquanto o tempo livre, dedicado à vida particular, torna-se mais longo. Talvez ainda seja cedo para investigar qual a influência que essa mudança tem ou terá sobre o modelo das pessoas em geral e sobre a formação de sua consciência em especial, caso continuem nessa direção. Um trabalho preliminar acerca da teoria da atividade no tempo livre acha-se em N. Elias e E. Dunning, "The quest for excitement in leisure", *Society and* Leisure, n.2, 1969. Cf. ainda Dunning, *The Sociology of Sport*, Londres/Cass, 1968, p.64.

## VI – O rei prisioneiro da etiqueta e das chances de prestígio

1. Fazemos referência ao aspecto católico dessa atitude apenas de passagem, reconhecendo que, no contexto do presente trabalho, não seria possível discutir em termos gerais a importante relação entre o ritual da corte e o ritual da Igreja.

2. Jurien, *Soupirs de la France esclave*, 1691.

3. Saint-Simon, *Memoiren*, Berlim/Stuttgart, vol.II, p.84.

4. Ibid., vol.18, cap.360, vol.2.

5. Existem muitos exemplos sobre a situação de um ministro que comprovam ao mesmo tempo a precisão com que a posição de poder de cada pessoa era medida e observada. De tais exemplos, citamos a seguinte descrição (Saint-Simon, *Mémoires*, vol.XIII, cap.234); note-se aqui também que o conceito de *crédit*, importante nesse contexto, é usado como expressão do valor corrente de

uma pessoa na corte. Saint-Simon descreve a luta de facções da corte contra Chamillart, um ministro do rei. Assim, falando sobre o próprio Chamillart, ele diz: "Jamais ele tratou bem a Monseigneur [o sucessor no trono]. O príncipe era tímido e oprimido pelo peso de um pai que, excessivamente invejoso, não lhe permitia receber o menor crédito. Chamillart, acreditando equivocadamente que, com o Rei e Mme. de Maintenon a seu favor, qualquer outro apoio era inútil e que seria prejudicial fazer qualquer coisa que pudesse fazê-los suspeitar de que ele gostaria de se vincular a Monseigneur, tendo em vista a situação em que este se encontrava, não ligou a mínima para as ninharias que Monseigneur desejava." O ministro, como tinha o apoio do rei e de Mme. de Maintenon, acreditava não precisar *ménager* (típico e intraduzível termo da corte!) o sucessor ao trono, uma vez que o rei, *jaloux à l'excès*, não gostava muito quando as pessoas se ocupavam com seus sucessores.

6. Cf. M. Weber, *Wirtschaft und Gesellschaft, Grundriß der Sozialökonomie*, Tübingen, 1922, cap.3, §9, p.138.

7. Cf. ibid., p.142: "Em sua forma genuína, a dominação carismática é de um *caráter extraordinário* específico."

8. "Ascensão" aqui pode significar, naturalmente, coisas muito diversas. Trata-se, no caso, de um fenômeno sociológico bem mais geral do que parece a princípio, segundo a restrição comum que se faz desse conceito dentro de campos profissionais e burgueses. Quando pessoas ou grupos são salvos da decadência, isso também constitui uma "ascensão" e, com algumas modificações específicas, produz certos traços típicos do caráter ascendente. Assim, "ascensão" significa toda alteração num campo social que traz para os envolvidos, em relação a seu ponto de partida, a chance de elevar o prestígio social e a consciência que têm de si mesmos.

9. Sobre isso, cf. Anexo 1.

10. Alusão a uma lenda alemã (*Der Reiter übern Bodensee*): numa escura noite de inverno, em plena tempestade de neve, um cavaleiro busca chegar a uma aldeia nas margens do lago de Constanz, onde é esperado. Depois de ter errado durante longas horas pela planície inóspita, chega a uma choupana e pede a um morador que lhe indique a direção do lago. Fica sabendo então que acabou de atravessar, sem o saber, a imensa superfície gelada. Dando-se conta do perigo do qual escapara, cai, morto de espanto, de sua montaria. (N.T.)

11. Lavisse, "Louis XIV. La Fronde. Le Roi. Colbert", *Histoire de France*, vol.VII, I, Paris, 1905, p.157.

12. Saint-Simon, *Memoiren*, vol.II, p.69.

13. Lavisse, op.cit., p.125.

14. Ibid., p.134.

15. Ibid., p.130.

16. Saint-Simon, *Memoiren*, Berlim/Stuttgart, vol.I, p.156.

17. Ibid., p.167.

18. Cf. Lavisse, op.cit., p.158.

19. Saint-Simon, *Memoiren*, Berlim/Stuttgart, vol.II, p.86.

20. Lavisse, op.cit., p.124.

21. Por exemplo, Saint-Simon, citado por Lavisse, op.cit., p.149.

22. Cf. Lavisse, op.cit., p.122.

23. Cf. ibid., p.131.

24. Cf. Marion, *Dictionnaire des institutions au XVII$^e$ et XVIII$^e$ siècle*, Paris 1923, verb. "État".

25. Cf. Lavisse, op.cit., p.134-5.

26. Cf. ibid., p.134.

27. Cf. ibid., p.134-5.

28. Cf. ibid., p.139.

29. "Du Souverain et de la République", *Les caractères*, Firmin-Didot, 1890, p.218.

30. O problema do monopólio da força e das taxas como instrumento de poder é tratado detalhadamente em N. Elias, *Über den Prozeß der Zivilisation*, vol.2, Berna/Munique, 1969, p.123ss. [O *processo civilizador*, vol.2, Rio de Janeiro, Zahar, 1993.]

302 A sociedade de corte

## VII – A formação e a transformação da sociedade de corte francesa

1. Lemonnier, *La France sous Charles VIII, Louis XII et François I^{er}*, Paris, 1903, p.244.
2. Sobre esta citação e a seguinte, cf. Lemonnier, op.cit., p.188.
3. Cf. Ranke, *Französische Geschichte*, Leipzig, vol.I, livro 6, cap.1, 4ª ed., 1876-7.
4. Cf. Pelisson, *Histoire de Louis XIV*, I, 26, citado por Ranke, op.cit., vol.III, livro 12, cap.3, p.204.
5. Sobre isso e o que se segue, cf. especialmente H. Sée, *Französische Wirtschaftsgeschichte*, vol.I, Iena, 1930, p.118, e Lemonnier, op.cit., p.266, onde também é possível encontrar indicações bibliográficas mais precisas.
6. Cf. Mariéjol, "Henri IV et Louis XIII", *Histoire de France*, Paris, 1905, vol.IV, p.2.
7. Cf. Lemonnier, op.cit., p.269.
8. Cf. Ranke, op.cit., livro 6, cap.2, p.368.
9. Cf. Lemonnier, op.cit., p.244.
10. Uma investigação mais detalhada desse processo encontra-se em N. Elias, *Über den Prozeß der Zivilisation*, vol.II, Berna/Munique, 1969, p.160. [Ed. bras.: *O processo civilizador*, vol.2, Rio de Janeiro, Zahar, 1993.]
11. Cf. Lemonnier, op.cit., p.243. Na língua francesa, como se vê, exprime-se uma distinção mais clara entre a nobreza natural-econômico-feudal e a nobreza econômico-financeira de corte, porque a diferença dos tipos realmente era mais marcada na França do que na Alemanha.
12. Material sobre isso e o que se segue pode ser encontrado em Lemonnier, op.cit., p.244ss.
13. Sombart chamou atenção, em *Luxus und Kapitalismus* (Leipzig, 1913, cap.2), para a existência e a relevância de grandes camadas consumidoras nos séculos XVII e XVIII. Segundo ele, as cidades eram em primeiro lugar concentrações de camadas consumidoras, e sobretudo de consumidores da corte. Ele menciona como fontes, entre outras, as teorias urbanas de Cantillon, de quem cita a seguinte frase: "Se um Príncipe ou senhor ... fixa sua residência em algum lugar agradável e diversos outros senhores vêm ali construir suas residências, para poderem se ver com frequência e gozar de uma sociedade agradável, esse lugar se tornará uma cidade ... ."
14. Cf. uma descrição análoga a respeito do tempo de Henrique II em L.E. Marks, *Gaspard von Coligny*, vol.I, 1, Stuttgart, 1892, p.159-60: "Com milhares de seguidores, milhares de cavalos, a corte movia-se pelo reino, visitando os castelos do rei, dos Grandes, as cidades — constituindo um fardo pesado e difícil."
15. "Nessa época (de Francisco I), os reis e os grandes príncipes de sangue se serviam de fidalgos como criados de quarto, e, como ouvi dizer, em geral dos mais antigos." Brantôme, citado por Lemonnier, op.cit., p.207.
16. Cf. Lemonnier, op.cit., p.211.
17. Cf. Koser, "Die Epochen der absoluten Monarchie in der neueren Geschichte", *Historische Zeitschrift*, vol.61, Munique/Leipzig, 1889.
18. "A causa direta e fatal ... foi a transformação gradual e incessante da feudalidade, a diminuição insensível, mas constante, do poder dos senhores e o imenso desenvolvimento do poder real." Callery, "Les premiers Etat Génereaux", *Revue des Questions Historiques*, 1881, p.87.
19. N. Baumgarten, *Karl V*, 2, 3, citado por Koser, op.cit., p.225.
20. Koser, op.cit., p.260.
21. Cf. Ranke, op.cit., cap.3. Ele afirma: "A meta das cidades era a liberdade das cidades do reino alemão."
22. Cf. entre outros Delbrück, *Geschichte der Kriegskunst*, Berlim, 1926, parte IV, p.258: "As guerras huguenotes não fizeram as práticas de guerra nacionais-francesas avançar, mas sim retroceder um estágio. Uma guerra civil se baseia nos partidários que cada facção encontra no país, os quais vão e vêm mais ou menos de acordo com sua vontade. A tomada de partido fervorosa, necessária para incitar uma guerra civil, e que é especialmente forte no caso de uma guerra religiosa, provocou nas guerras huguenotes um florescimento tardio da cavalaria. Os fidalgos partiram pessoalmente para os campos de batalha, por um impulso próprio, servindo sem soldo. Eles combateram bravamente, mas o reverso desse modo cavalheiresco também se tornou perceptível: quando

Alexandre de Parma aterrorizou Paris, em 1590, realizou uma manobra e evitou o combate. Depois disso, o exército de Henrique IV, composto em grande parte por fidalgos que serviam por livre e espontânea vontade, acabou se dispersando, sem ter mais nada a fazer. Henrique IV declarou que, no fim, era apenas o dinheiro que fazia a diferença entre ele e o príncipe de Parma. Com melhores condições financeiras, também poderia ter mantido o seu exército nos campos de batalha. A prata de Potosi, observa Ranke, era necessária para desenvolver o espírito dos exércitos permanentes na Europa. Não há dúvida de que o metal precioso americano foi um auxílio essencial para os espanhóis."

23. Citados segundo os fragmentos biográficos de Brantôme na *Allgemeine Sammlung Historischer Memoiren*, organizada por Friedrich Schiller. Vol.XIII, parte II, Iena, 1797, p.193.

24. Brantôme, op.cit., p.197.

25. Charles Normand, *La bourgeoisie française au XVII^e siècle*, Paris, 1908, p.249.

26. Ibid., p.264.

27. A denominação *Grands*, termo padrão no âmbito da sociedade de corte do Ancien Régime, precisa ser elucidada, pois não havia nenhum grupo social que correspondesse exatamente a este na sociedade alemã do Ancien Régime, e por isso nenhum termo correspondente em alemão. A ausência de tal grupo não é irrelevante para diferenciar a estrutura do equilíbrio de tensões nos dois países. Quando procuramos, na hierarquia da nobreza alemã, um grupo cuja posição corresponda em alguma medida à dos *Grands* na hierarquia francesa, encontramos os príncipes de pequenas províncias. Mas o que se mostra prontamente com isso é a diferença extraordinária na construção das duas sociedades.

Elisabeth Charlotte, princesa do Palatinado, que por seu casamento transferiu-se da corte alemã para a corte real francesa, deixou-nos algumas observações que esclarecem bastante essa diferença. Ela escreveu (citação de Ranke, op.cit., vol.4, p.230), entre outras coisas, "que, entre o que se denomina 'duque' na Alemanha e na França, há uma diferença enorme: lá a palavra se refere a senhores livres, nascidos príncipes; aqui, é apenas um dos cargos conferidos pelo governo (i.e., pelo rei) ... Mesmo os príncipes de sangue, apesar de todas as suas pretensões, ela colocava muito abaixo dos príncipes alemães. Pois o grande Condé era casado com uma sobrinha do cardeal Richelieu, o príncipe de Conty com a sobrinha do cardeal Mazarin, ambas de uma procedência que não tinha nada de grande. Gabam-se de grandeza nessas casas, mas não sabem no que ela consiste. Um príncipe *alemão* sente muito melhor o que é isso, pois não tem nenhum parente burguês e não é *súdito* de ninguém."

Em geral não temos muita clareza a respeito do quanto a peculiar tradição da nobreza alemã de aplicar severas penas sociais ao casamento de um nobre com uma moça burguesa de nível inferior (tradição que sobreviveu, aburguesada, no nacional-socialismo, que punia o casamento de um membro da "nobreza popular" com moças de grupos vistos como socialmente inferiores) teve conexão com a fragmentação do reino alemão em muitos domínios territoriais independentes. Ao longo do processo de unificação, de centralização, do monopólio central, de papel decisivo na formação de um Estado unificado, definharam na França, assim como na Inglaterra, as funções de denominação dos senhores territoriais. Títulos de nobreza como príncipe e duque, entre outros, passaram a ter significado apenas quando indicavam a posição hereditária de uma família. E mesmo um príncipe era — em relação ao rei — um "súdito". Por conseguinte, a manutenção da diferença e das barreiras entre a nobreza e a burguesia estava, no fim, nas mãos do rei.

Na Alemanha, a nobreza se encarregava por si mesma, em grande parte, da manutenção dessa diferença e dessas barreiras. A desonra, a suspeita, o escárnio e o prejuízo que recaíam sobre um nobre que casava com uma moça de nível inferior, ou que tinha uma "mácula" em sua árvore genealógica, não podiam ser compensados pelo favorecimento do rei ou outras chances de poder. Considerando as rivalidades entre as famílias nobres de certo nível, a vingança social era bem mais implacável na Alemanha do que na França. Naturalmente havia *mésalliances*, e o rigor do tabu dizia respeito sobretudo aos casamentos dos filhos, muito mais do que aos das filhas; mas a educação recebida desde a infância, censurando o casamento de um nobre com uma burguesa, o "sangue impuro", influía em sua escala de valor emocional.

304 A sociedade de corte

Como acontecia com frequência, as pessoas de nível inferior assumiam os valores dos níveis sociais mais altos, mesmo que elas próprias fossem desonradas. Assim, círculos abrangentes da burguesia em ascensão apropriaram-se, na Alemanha, dessas atribuições de valor de sua nobreza. Será uma tarefa interessante para a sociologia, no futuro, observar por quanto tempo pode sobreviver uma tradição de valores que, como neste caso, mantém diferenças rígidas de nível social, numa sociedade em que tais valores deixaram de ter propriamente uma função.

Não podemos compreender a situação da nobreza da França se não tivermos consciência de que aqui a conservação das barreiras entre os diferentes níveis da nobreza, e entre a nobreza e a burguesia, tinha uma outra estrutura, diferente da alemã.

28. *Enciclopédia*, verb. "Grand", *Philosophie morale politique.*

29. Documento impresso na edição de Champollion das memórias de Condé. *Collection de Michard* II, p.205, segundo citação de Ranke, livro 2, cap.4.

30. Desta situação abre-se novamente um caminho para entrar em acordo com determinados lados da corte. A sociedade de corte era, se não o campo de batalha, pelo menos a arena onde se preparavam as alianças, as tomadas de posição das facções, antes de serem postas em prática. Isso a partir da época de Luís XIV; e é assim que devemos compreender, por exemplo, as anotações feitas por D'Argenson sobre Condé no ano de 1736, e que foram publicadas mais tarde, em 1787, sob o título *Loisirs d'un ministre.* Após enaltecer efusivamente os dons de Condé para a guerra, seu instinto para as técnicas militares, sua coragem e sua presença de espírito nas batalhas, D'Argenson diz: "Esse herói na guerra não foi, na corte e nos negócios, senão um político medíocre. Ele não sabia defender sua posição." O cortesão D'Argenson, cuja maior ambição era tornar-se ministro, ao anotar tais observações provavelmente não estava vendo as pressões a que o príncipe estava submetido. A partir de tudo que lhe relatam sobre Condé, compreende apenas que ele de fato corresponde às expectativas na guerra, mas não no jogo de intrigas da corte. Isso também acaba indicando a ligação entre o que normalmente se considera o caráter dos cortesãos, suas manobras e intrigas peculiares, e a figuração que eles formam uns com os outros. Seu caráter era alimentado pelas disputas dos vários grupos em oposição ou aliança. Nenhuma arte militar podia servir a alguém que não entendesse, ao mesmo tempo, da arte e da política da corte.

31. Ranke, op.cit., livro 2, cap.4.

32. Ranke, op.cit., livro 2, cap.5, p.108. Caracterizam-se aqui, introdutoriamente, os aspectos típicos desse procedimento: "A grande maioria dos proprietários permite a queda de um governo pelo qual sentem-se onerados, sem tomarem parte diretamente na vitória do oponente. Assim que este assume o poder e desenvolve então suas exigências ainda mais onerosas, vem o período de retorno à antiga ordem; é a partir das simpatias que então surgem que as restaurações são feitas." De qualquer modo, essa regularidade não condiz muito bem com o caso da Fronda. Como vemos, há outras linhas estruturais, talvez mais importantes, que determinam seu curso.

33. Os grupos "politicamente ativos" na França do Ancien Régime, pelo menos até 1750, e em um grau elevado até a Revolução, eram os grupos de elite conservadores, sobretudo os que ocupavam a ponta da pirâmide social da burguesia, da nobreza e do clero. Se, e até que ponto, grupos reformadores como os dos enciclopedistas tiveram influência na condução dos assuntos de Estado é algo que ainda precisa ser investigado.

34. Na frase com que Ranke abre a descrição das atividades de regente do duque de Orléans, percebe-se prontamente o padrão apresentado: "Mas não foi sem fazer concessões em favor daqueles que o apoiaram em suas decisões que o duque chegou à posição mais alta." Cf. Ranke, op.cit., vol.IV, p.323.

35. Entretanto, quando consideramos os movimentos de insurreição desses "Grandes" contra o rei — sempre renovados, até o período de Luís XIV —, não devemos esquecer que mesmo a sua força financeira, e com isso o seu posicionamento em relação ao padrão do rei e às posses das camadas burguesas, estava em decadência. Cf. Ranke, op.cit., vol.VII, l, p.98, n.2.

36. Citação segundo Koser, op.cit., p.232.

37. Avenel, "Lettres de Henri IV", *Collection des documents inédits de l'histoire de France,* vol.IV, p.403.

38. N. Avenel, citado por De Vaissière, op.cit., p.217.

# Notas 305

39. "O rei sabe que sou um nobre tão bom quanto ele próprio, diz um membro da pequena nobreza em um romance da época." De Valssère, op.cit., 198.

40. Mariéjol, "Henri IV et Louis XIII", *Histoire de France*, vol.IV, p.3.

41. Ranke, op.cit., vol.VII, livro 5, p.64, entre outros, cita as palavras de Biron: "Se não existíssemos, onde estarias?" Cf. também Mariéjol, op.cit., p.43: "Se ele falou mal, disse Biron sobre si mesmo, fez bem."

42. Etienne Pasquier, citado por Mariéjol, op.cit., p.30.

43. Ver p.199/200 al.

44. Brantôme, *Oeuvres complètes, publiées par L. Lalanne pour la Société de l'Histoire de France*, vol.IV, p.328-30.

45. Cf., entre outros, De Vaissière, *Gentilshommes campagnards*, Paris, 1925, p.220ss.

46. Mariéjol, op.cit., p.2.

47. Relato de Pietro Duodo (1598) in Alberi, *Relazioni Venete, Appendice*, p.99. Citado por De Vaissière, op.cit., p.226.

48. Mariéjol, op.cit., p.390.

49. Cf. Taine, "Ancien Régime", *Les origines*, vol.II, livro 4, cap.3, 2, p.170.

50. Cf. p. ex., A. Stölzer, *Die Entwicklung des gelehrten Richtertums in deutschen Territorien*, Stuttgart, 1872, p.600. "A maioria dos juízes formados dos séculos XVI e XVII pertencia principalmente às famílias senatoriais, tanto nas cidades mais importantes quanto nas menores cidades de Hessen. Aos nobres ficavam reservados os altos postos estatais; para consegui-los, aumentou consideravelmente o número de estudantes saídos das camadas nobres desde o período da Reforma." O fato de membros da nobreza (na maior parte das vezes os filhos mais novos) terem logo passado a ocupar cargos de funcionários é confirmado por uma série de provas. Os motivos desse desenvolvimento são um problema ainda não solucionado, ao qual se deu até hoje muito pouca atenção, embora seja de grande importância para o desenvolvimento do caráter nacional alemão e francês, e para a sua compreensão. No estágio atual da pesquisa, só é possível fazer suposições acerca dos motivos pelos quais a nobreza alemã, pelo menos em parte, frequentava a universidade, sendo isso evidentemente compatível com sua honra, enquanto na França não era esse o caso. Seria preciso, sobretudo, investigar mais detalhadamente se esse costume é limitado à nobreza protestante ou se se verifica também nos países católicos.

51. A esse respeito, cf. Brantôme, *Biographische Fragmente*, Iena, 1797, seção 2, vol.XIII, p.159: "O rei Francisco incluía em seu conselho secreto diversos religiosos, o que se fazia necessário, principalmente pela circunstância de que os nobres do seu reino, pelo menos os filhos mais novos (os únicos para quem estava em questão estudar), não estudavam nem aprendiam o suficiente para poderem ser usados e nomeados em suas cortes parlamentares e nos conselhos de Estado."

52. Uma linha de desenvolvimento bastante ramificada, mas muito clara em sua direção, liga as formas primitivas de Estados dinásticos (com que nos deparamos ainda hoje, por exemplo na África) a essas formas tardias. Nas formas primitivas, apesar de todo o poder do soberano, toda a sua "casa" — sua família e muitas vezes sobretudo sua mãe — tem uma influência decisiva, estabelecida pela tradição, sobre certos assuntos de governo. Especialmente a escolha de um sucessor costuma ficar nas mãos da dinastia.

53. Mariéjol, op.cit., p.363.

54. *Mémoires de Richelieu*, vol.VII, p.177, citado por Ranke, op.cit., p.293.

55. "*Les nobles épousent, mais détestent*": a nobreza se casava praguejando. Segundo Mariéjol, op.cit., p.161.

56. Ranke, op.cit., livro 10, cap.3, p.315-6.

57. Lavisse, "Louis XIV. La Fronde. Le Roi. Colbert", *Histoire de France*, vol.VII, I, Paris, 1905, p.128.

58. Saint-Simon, *Memoiren*, Berlin/Stuttgart, vol.II, p.82.

59. Ibid., p.85.

60. Saint-Simon, *Mémoires*, vol.XVII, cap.107, p.24.

61. Ibid., vol. XVIII, cap.308, p.17.

62. Ibid., vol.XIII, cap.204, p.71.

63. Lavisse, op.cit., p.103-4.

64. Saint-Simon, *Mémoires*, vol.XVIII, cap.106, p.5.

65. Ibid., vol.XVII, cap.190, p.89.

66. Como vemos, o conceito de *bourgeois* não obteve sua conotação negativa na luta entre a burguesia e o proletariado, mas na luta entre burguesia e nobreza. A partir da nobreza de corte, ela passou gradativamente para os teóricos do proletariado.

67. Saint-Simon, *Mémoires*, vol.XVIII, cap.322, p.222ss.

## VIII – Sobre a sociogênese do romantismo aristocrático

1. Cf. N. Elias, *Über den Prozeß der Zivilisation*, vol.2, Berna/Basileia, 1969, p.351. [Ed. bras.: *O processo civilizador*, vol.2, Rio de Janeiro, Zahar, 1993.]

2. Ibid., p.312ss.

3. Saint-Simon, *Memoiren*, Berlim/Stuttgart, vol.II, p.89.

4. Lemonnier, "La France sous Henri II", *Histoire de France*, vol.V, p.294.

5. Ibid., p.295.

6. Cf. Desportes, *Oeuvres complètes, publiées par A. Michieles*, 1858, p.435-7.

7. Cf. De Vaissière, *Gentilshommes campagnards* (Paris, 1925), p.175, onde aparece uma série de exemplos da tendência da nobreza *à faire ès villes sa demeurance* ["a fazer das cidades o seu pouso"], e onde se mostra como a plebe em ascensão encontrava-se a princípio num movimento oposto, pois passou a residir no campo a fim de levar uma vida "nobre" e se purificar totalmente de "elementos plebeus" ("se nettoyer de toute roture"), voltando depois a empobrecer e reaparecendo na corte como uma nobreza falida.

8. Cf. Desportes, op.cit., p.431.

9. A. d'Aubigné, "Les aventures du Baron de Foeneste", in *Oeuvres complètes*, Paris, 1877, p.395-6.

10. O autor dá exemplos específicos da língua alemã, cuja reprodução literal não traduziria o que ele pretende esclarecer. Trata-se do uso de termos como a*uswickeln* e w*ickeln*, que têm o mesmo radical de *Entwicklung*, "desenvolvimento", mas significam respectivamente "desembrulhar" e "enrolar" ou "enfaixar". (N.T.)

11. *Les oeuvres de Philippe de Vitry*, organizado por G.P. Tarbé, Reims, 1850.

12. D'Urfé, *L'Astrée*, vol.I, Lyon, 1925 (nova edição), p.438-9.

13. Marguerite de Valois, *Oeuvres*, organizado por M.F. Guessard, Paris, 1842, p.56.

14. D'Urfé, op.cit., p.389.

15. Ibid., p.7.

16. Uma investigação rica e bem detalhada dessa problemática, a partir de determinados aspectos (fuga do mundo, melancolia, tédio, fuga para a natureza etc.), encontra-se em W. Lepenies, *Melancholie und Gesellschaft*, Frankfurt a.M., 1969.

## Anexo 1

1. *Der Spiegel*, 6.3.1967. Vol.21, n.11, p.71-5.

2. Ibid., p.71.

3. Ibid., p.72.

4. Ibid., p.74.

5. Idem.

6. Idem.

7. *Der Spiegel*, 6.3.1967. Vol.21, n.11, p.75.

8. Ibid., p.74.

9. Ibid., p.75.

# ÍNDICE REMISSIVO

absolutista, governo, 47, 219-20, 274-5; estabelecido na França, 175-6, 188-91; no Ancien Régime, 27-9, 81, 88-9, 141-3, 148-9, 160-2, 179-80; e governo carismático, 135-7; prussiano, 160-1, 277-8; ditadura totalitária, 274-80
alemã(o): arquitetura, 295n.30; burguesia, 226, 228; classicismo, 127; cortes, 292n.2; Império (deslocamento nas relações de poder), 233-4; historiadores, 291n.2; nacional-socialismo, 274-80; nobreza, 113-6, 196-7, 303n.27
alienação, 239, 242, 251
alimentação, 70-1
amor, 245-6, 156-60, 262
aristocracia *ver* nobreza
arquitetura: e economia, 77; *hôtels*, 67-9, 78-80; casas, 75-8, 80; ordens, 78; ornamentação, 79-80, 93, 295n.30; *palais*, 75-6, 79-80; valor de prestígio, 78; e estrutura social, 66-84, 92-3; *ver também* Versailles
arte: obra de, 248-9; modelo de, 246; *ver também* literatura; pintura
ascensão hierárquica, 138-9
Audiger (*La maison réglée...*), 282, 283-5
autoconsciência, 246-7, 255
autocontrole, 242-6, 249, 254, 258; na Alemanha, 279-80
autodistanciamento, 245-7, 254, 256, 261
Avignon, corte em, 64-5

Bernis, cardeal (Memórias), 299n.34
Berry, duquesa de (doença), 204
Biron, duque de, 191
"boa sociedade", 81-3, 97-8, 111-3; inglesa, 113-4; alemã, 113-6; sobrevivência da, 122
*bouche* (comer e beber), 70
Brantôme, Pierrre, 177, 302n.15
Burckhardt, Jakob, 246
burocracia, 63-4

cargos na corte, 42-3, 174-5; hierarquia dos, 236-7; compra de, 189-91, 197-8
casamento: aristocrático, 72-4; burguês, 79; na nobreza alemã, 303n.27; romântico, 257-8
casas de campo, 67-8, 69, 201, 203
cavalaria, jogo da, 162-3
cavalaria, regras de, 162-3, 167
centralização: da corte, 173-4, 243; controles do Estado, 27-8, 220-1, 243-4, 248-9
cerimonial, 53-4, 106-7, 271-2; *ver também* etiqueta
Chamillart, ministro, 300-1n.5
Châtelet, marquesa de, 294n.15
cidades, 61-2, 69; e campo, 219-22, 230, 231-3, 239-40; primeiras, 173-4; moradias na, 76, 78-9; urbanização, 219-22, 226, 230
cidades capitalistas, primeiras, 173-4
civilização, avanço da, 256-64
classes burguesas, 222, 223-4, 226-7; ascensão permitida às, 81-2, 83-4; em relação com o povo, 125; ethos econômico 83-4, 85-7, 88-9; casas das, 78-9; séc.XIX, 129, 296n.37; e nobreza, 161-2, 170, 178-82, 187-8, 208-12; prestígio, 296n.37; profissionais, 74-5, 129-31; e revolução, 213, 289-90; *ver também* classes profissionais
classes de duas frentes, 262-3
classes inferiores, 81, 265-6, 267; revolta, 269; serviçais, 68-72; impostos, 292n.4
classes profissionais, 76-7, 79, 166; ethos, 85-6; casas, 77-8; e vida privada, 129-31; visitas das, 74-5; terceiro estado, 81, 297n.45
classes sociais, 71, 222-3; de duas frentes, 261-3; *ver também* ordens; classes inferiores
classicismo, 127
coerções, 241-5, 257, 262-5, 272-3
Colbert, Jean Baptiste, 268, 282
começo, 234-5, 239
comércio, 47, 76-7, 87-8, 91-2, 105, 110, 116-20, 133-4, 212-3; rotas de, 168
competição, 47, 105, 110, 116-20, 133-4, 212-3

308 A sociedade de corte

comportamento: na corte, 108-13, 117, 233-5, 241-3; "normal", 108-9, 284-5, 287-8, 289-90
Condé, príncipe de, 184-5, 207, 303n.27
"condições sociais", 156-7
conflito: entre rei e nobreza, 160-72, 174-84, 187-212, 214-5; nas estruturas de poder, 160, 178-80, 274-80; no desenvolvimento social, 223-9; ver também tensões, equilíbrio das
conhecimento, 253-5
conquista e governo, 27-8, 142-3, 144
consciência, 246-8, 251-7
consumo de prestígio e de representação, 82-4, 85-7, 90-2, 94-6, 281-8; nas casas, 79-80, 295n.30; ver também riqueza
continuidade e transformação, 235-40
controles na sociedade, 225-6
corte do Ancien Régime: acomodação, 67-71, 72-6; estrutura social, 66-84, funções, 27; rendimentos, 62-3; governo, estrutura do, 133-59; estrutura e significado, 61-5; séc.XVI, 172-4, 175-6; séc.XVII, 174-5
couchée do rei, 104, 106-7, 203
Crespin ("Oeconomie..."), 282
criados, 68-72, 267; intendente doméstico, 281-7; ver também cargos da corte
cronologia, 39-43
Croy, duque de, 75, 85

d'Abigné, Agrippa (Les aventures du Baron de Foeneste), 234
d'Argenson (Loisirs d'un ministre), 304n.30
d'Urfé, Honoré (Astreia), 248-52, 255-65
delfim (neto de Luís XIV), 122-4, 134-5, 207-9
democratização, 267
dependência ver interdependência
Descartes, René, 254, 255
desenvolvimento biológico e social, 36-9, 289-90
desenvolvimento social: arte e, 246-8; e biológico, 36-9; conflito no, 223-9; continuidade no, 235-40; critérios do, 225-6; do indivíduo, 246-7; e realidade, 251-3
Desportes, 232, 233
distância: entre as classes, 71; da corte, 175-7; e etiqueta, 116-9, 126, 132-3, 166-7; da natureza, 243-51; espacial e social, 71-5
ditadura totalitária, 274-80
domicílios e casas, 66-84; no campo, 67-8, 69; diferentes tipos de, 75-7; maisons particulières, 76, 78; administração dos, 281-6; orna-

mentação, 79-80, 295n.30; palais, 75-6, 79-80; valor de prestígio, 78; reais, 66-8, 98-9 (ver também Versailles); significado dos, 75-6, 80-4; urbanos ver hôtels
drama clássico francês, 127
du Bellay, Joachim, 231-2
du Châtelet, madame, 299n.34
duelos, 241-2

economia: e arquitetura, 77-8; feudal, 168-9, 240-1; da terra, 165-7, 168-9, 172; impostos, 62-3, 165-6, 168-9; ver também dinheiro
economia financeira, 164-6, 168-70, 173-4, 176-7, 192, 241
Edito de Nantes, 191
elites guerreiras, 167-8, 170, 172, 287-8; tranformação em cortesãos, 219-21
Elizabeth Charlotte do Palatinado, 303n.27
Enciclopédia (1777): Diderot e D'Alembert, 68, 69-70, 71, 72, 75-6, 77, 79, 81, 82-3, 93, 108-9, 295, 296n.32 e 36; Marmontel ("Grandes"), 182-3, 293n.6
entrées ao quarto de dormir do rei, 101-3
escrita, 121-2
esfera privada, 74-5, 76-7, 129-31, 151-2; appartements privés, 71-3
Estado nacional, 147-8, 151-4, 210-1, 221-5; conflito estrutural no, 274-80
estados, 76-7, 80-2, 83-4; assembleias dos, 176; conflitos, 89-90; ver também terceiro estado
estados gerais, 175, 180-1; e Henrique IV, 175-6, 190, 191; de 1614, 198-9
estilo, 297n.4; arquitetônico, 295n.30; classicismo, 127
estratificação social: e etiqueta, 103-7; mobilidade e rigidez da, 88-91
ethos econômico: burguês, 83-4, 85-7, 88-9; industrial, 90-1
etiqueta de corte, 97-131; infração à, 104-5, 145-6; caráter de fetiche, 102-3; função e significado, 53-4, 102-13, 116-20, 146; do ponto de vista do rei, 106, 132-59, 203-4; e poder, 132-5, 146-51, 152-4; e privilégios, 212-3; valor do estudo, 33
exército: medieval, 167-8; remunerado, 162-3, 167-9; espanhol, 118-9, 176; regular, 199-200

família, 71-3
figurações: análise das, 213-5, 217-8; desenvolvimento das, 288-90; e indivíduos, 43-6, 50-1, 57-8, 154-9

## Índice remissivo

financistas, 83; *fermiers généraux*, 81, 83-4, 87-8, 270-1
formações de elite, 42-3
formalismo, 124
formas sociais, desenvolvimento das, 36-9
formas sociais feudais, 33-4; vassalos, 166-8, 169-70, 175, 240-1, 286
Francisco I (rei da França), 162, 165, 171-3, 175, 177-8, 305n.51
Frederico II (rei da Prússia), 155, 160, 161, 196
Fronda, 180, 181, 184-5, 206

Genlis, condessa, 104
*gloire*, 148-50
Goethe, Johann Wolfgang von, 50, 300n.43
governo: absolutista *ver* absolutista, governo; carismático, 47, 135-40; e conquista, 28-9, 142-3, 144; conservador, 141-5; despótico (e personalidade), 48; e etiqueta, 149-54; e liberdade, 154-9; em grandes organizações, 153-4; pressões no, 264-5; rotinas, 47-8; estrutura do, 133-41
governo carismático, 47, 135-41
governo despótico: e personalidade, 246-8
governo ditatorial, 48, 274-80; *ver também* absolutista, governo
Gracián (*Oráculo manual*), 124, 300n.39 e 41
grandeza humana, 40-2, 49, 140-1, 180
*grands*, 182-4, 188, 189-90, 199-200, 304n.35
guarda suíça, 70, 143
guerras, 62-3, 149-50; cavaleiros, 162-3, 167; medievais, 167; mercenários, 162-3, 167-8, 172-3; séc.XVI, 167, 172; religiosas, 176-7, 191-2, 248
guerras religiosas, 176, 191-2, 248

Hegel, G.F., 235
Henrique II (rei da França), 302n.15
Henrique IV: ascensão de, 164, 176, 179, 186-7, 238, 248; e nobreza, 161-4, 168-9, 176-7, 189-91, 193-4, 197, 241
Henrique VIII (rei da Inglaterra), 177
história: mudança na, 36-9, 246-7; quadro de referência, 39-42, 50-2; papel do indivíduo na, 30, 40-6, 48-52, 53-8; conhecimento da, 57-9; falta de autonomia da, 31-4; significado da, 30-1; séc.XIX (estudos da), 291n.2; reescrita constantemente, 58-9; e sociologia, 27-59, 222-3, 274-8; sigularidade dos acontecimentos, 30, 34-8, 43-6, 50; valores na, 32-6, 53-4, 58-9, 62-3

historiografia, 30-2, 34-6, 40-1, 49-50, 154-5, 274-7
Hitler, Adolf, 276
Höhne, Heinz, 274-6
honra, 112, 115, 119-20
*hôtels* (casas na cidade), 67-72, 73-4, 75-6; *appartements privés*, 71-4; aposentos de recepção, 73-5; significado dos, 75-6; sob Luís XV, 97-8
huguenotes, 198, 302n.22

Idade Média, 80-1, 161, 240, 245, 252; *ver também* formas sociais feudais
"tipos ideais", 39, 46
Igreja e clero, 176-9, 180, 182
Iluminismo, 128
Império Francês, 98
impostos, 62-3, 165-6, 168; *fermiers généraux*, 75, 81, 87-8, 269
indivíduo: mudança no, 36-9; consciência, 45-7, 251-7; desenvolvimento do, 44-6, 245-7; independência do, 54-8, 155-9, 214-8, 245-6; papel na história, 30, 40-6, 49-52, 54, 59, 180; sigularidade do, 35-7, 38, 43-4, 53-4
Inglaterra: cortes, 62-3, 86-7; "boa sociedade" na, 87, 113-5; rei da (no acampamento do exército), 118-9; séc.XVI, 177; séc.XIX (estudo histórico), 291n.2
intelligentsia, 196-7
intendente doméstico, 69-70, 281-7
interdependências, rede de, 150; e projeto de construção, 92-3; e coerção, 264-5; na corte, 92; e etiqueta, 103-5, 132-5, 145-6; e indivíduo, 53-8, 154-9, 214-8, 244-6; e poder, 171-2; transformação da, 224-9; de valores, 94-6
Itália, cortes da, 64-5

jansenismo, 82
jardins, 230-1
Jurieu, 147

La Bruyère, Jean de, 121, 152, 299n.30
La Rochefoucauld, duque de (filho de François), 205-7, 217
La Rochefoucauld, François (*Máximas*), 121
Leopold, Ludwig (*Prestige*), 299n.29
*levée*: do rei, 101-3; da rainha, 103-4
liberdade individual, 54-7, 157-8, 241-2
literatura, 121-2; drama, 127; *Astreia*, 247-52, 255-65; romântica, 249-50

310 A sociedade de corte

livros, 121-2, 197, 246, 247-8; românticos, 249-50; *ver também* d'Urfé
Luís IX (rei da França), 171
Luís XIII (rei da França), 189, 190, 198, 199-200, 207
Luís XIV (rei da França): e a corte, 42, 97, 98, 100-3, 106-7, 135, 163-6, 189, 207, 227, 241; e a família, 204-5; e Henrique IV, 162-4, 186; como indivíduo, 44-5, 48-9, 140-1, 216; memórias, 132-3, 142-3, 148-9; governo de, 66-7, 88-90, 141-50, 152-4, 194-6, 202-6, 268-9, 271; juventude de, 88-9, 141, 184
Luís XV (rei da França), 97, 104-5, 146-7, 152
Luís XVI (rei da França), 98, 103, 183, 271
Luxemburgo, duque de, 108

Maine, duque de, 97
Maintenon, madame de, 204, 206, 300n.5
Margaret de Valois, 259
Maria Antonieta, rainha, 103, 104, 241
Marly, castelo de, 69, 152, 204
Marmontel, 182-3
Marx, Karl, 235
máscaras, 242-3, 244-5; primitiva, 252; e realidade, 256-7, 258
Mazarin, cardeal Jules, 141, 150, 184-5, 303n.27
metais preciosos, afluxo de, 164-5, 192, 302n.22
Meudon, corte em, 204
Mommsen, Hans, 275-7, 280
monarquia: absoluta, 29, 148-9, 161-2, 177; desenvolvimento na França, 160-3; *ver também* rei
Montespan, madame de, 206
Montesquieu, barão de, 87, 88, 90, 91
Montmorency, duque de (decadência do), 201-2
moralidade, formação da, 257
mulheres, 200-1, 245; casadas, 71-3

nação *ver* Estado
nacional-socialismo, 274-80
Napoleão I, 160, 161
natureza, 229-33, 241, 243-5, 259-60
Necker, Jacques, 297n.6
negócios econômicos: da nobreza, 83-4, 85-92, 109; papel do intendente, 281-6; sob Henrique IV, 191-4; consumo de prestígio *ver* representação, riqueza
nobreza: acomodação, 92-3 (*ver também* hôtels); burguesia, 161-2, 170, 178-82, 185, 187-8, 208-12; e a Igreja, 177-9; conflito com o rei

*ver* rei; coerções sobre a, 261-5; curialização da, 219-67; cultura, 160-2; declínio da, 87-9, 90, 91-2, 200-3, 205, 208-11, 288, 289-90; dependência do rei, 90-1, 107, 116, 171-3, 185, 240-1; desenvolvimento da, 161-3, 170-2; negócios econômicos, 191-4, 198, 281-90 (*ver também* representação); e etiqueta, 132-3; feudal, 166-7, 169-70, 175, 240-1, 286; figuração na corte, 85-96; função para o rei, 210-2; *grands*, 67, 182-4, 187-8, 189-90, 199-200, 304n.35; rendimentos, 165, 166, 168-9; normas e valores, 85-91; ofícios, 174-5, 189-90, 197-8; ossificada, 88-90, 271-2; poder, 114, 163-5, 199-201, 268-73; provinciana, 182, 243; prussiana, 196-7; status e títulos, 83-4, 90, 107-8, 172, 250, 255; *de robe ver* robe; séc.XVI, 170, 172, 194; reivindicações, 195-6; divisão em grupos, 182-5; *d'épée*, 81, 87-9, 90, 91, 182, 196, 198, 288; guerreira (antiga), 167-9, 170, 172-3, 288
nominalismo, 214

observação de pessoas, 120-3
opinião social 108-9, 111-8; alemã, 303n.27; *ver também* prestígio
Oppenheimer, Franz, 62-3
organizações, grandes, 153-4; burocracia, 63-4
Orléans, duquesa de, 97, 103
Orléans, duque de (sobrinho de Luís XIV), 97, 135, 204, 207, 304n.34
Orléans, Gastão de, 199, 205

palácio do rei, 96-104, 152; *ver também* Versailles
*palais*, 76, 79-80
Paris, 67, 69, 162, 174, 178; transferência da corte para, 203, 266; em 1590, 302n.22; em 1650, 184-5
parlamentos, 81, 175-6, 180-2, 184; *ver também* estados gerais
Parsons, Talcott, 58
passado, nostalgia do, 219-21, 226-7, 228-9, 249, 262
*pastorales*, 228-9, 233, 241, 249-51, 256-66
patrimonialismo, 46-7, 66-7
períodos de transição, 171-3, 219-21, 229, 238-40, 248-9, 252-3; distribuição de poder, 168-70
personalidade: e governo despótico, 48; desenvolvimento da, 44, 246-7; valor da, 216; *ver também* indivíduo
pintura, 233, 244, 246, 253-4

Pléiade, 232, 239
poder: centralização, 27-8, 173-4, 220, 243-4, 248-9; e conflito, 178-81, 274-9; e etiqueta, 132-5, 146-51, 152-4; e independência, 157-9; e indivíduos, 40-3; em grandes organizações, 153; monopolização do, 28, 47, 48 (*ver também* governo absolutista);¹e o nacional-socialismo, 274-80; reprodução da distribuição de, 170-1; deslocamentos no, 160-218, 267-73; e status social, 113-4, 267-70; sociologia do, 46-9
poesia, 231-2, 239
posição: hierarquia de, 108-9; e poder, 268-9; e títulos, 173
Potlatch (nas tribos norte-americanas), 86
prestígio, 102-7, 109-10, 116-20, 145, 296n.37; "boa sociedade", 81-3, 97-8, 111-3; e casas, 78; do rei, 147-51; *ver também* opinião
privilégios, 95, 103-4, 105, 212-3, 271
Prússia, 160, 161, 196, 277

quantidade (transformada em qualidade), 236-8

racionalidade, 109-10, 125-9
Ranke, L. Von, 30-2, 34, 162-3, 184, 185, 186, 201, 304n.334
realidade, 251-7, 260, 288-90
reflexão, 244-5, 260-2
rei, posição do, 29, 30, 47-9, 66-8, 88-91, 148-51; quarto de dormir, 100-3, 152; prisioneiro da etiqueta, 132-59; conflito com a nobreza, 160-72, 174-84, 187-212, 214-5; *couchée*, 104, 106-7; favor do, 90, 91-2, 168-9, 240-1; rendimentos, 165-7, 168-9, 172-4, 186, 193-4; como indivíduo, 43-6, 49-50, 179, 216-7; legitimidade, 186-7; *levée*, 101-3; necessidade da nobreza, 170-6, 188-90, 195, 210-2; poder, 29, 30, 47-9, 66-8, 88-91, 149-51, 160-3; *ver também* Luís XIV; monarquia
relações: entre cortesãos, 107-21, 155-9, 240-3; entre as pessoas, 122-5, 126; distância, 243-6; observação de pessoas, 120-2; entre grupos, 187-8; *ver também* sentimentos
relações entre as pessoas, 122-5, 126
relativismo, 287-8
Renascimento, 244-9, 251-2
Revolução, 86, 98, 213, 267-8, 270, 273, 289-90
Richelieu, duque de, 105, 198-202, 241, 292n.4; atitude com relação ao dinheiro, 86
riqueza, 62-5, 69, 75, 82-3; *ver também* consumo de prestígio e de representação

riqueza, atitude em relação à, 90-1, 116; *ver também* consumo de representação
*robe, noblesse de*, 81, 88, 180-1, 187-9, 192, 198, 269-70
romântica, atitude, 221-2, 226-33, 239, 241-2, 244-6, 248-51, 256-65
Ronsard, Pierre de, 232
roubo, punição por, 71
roupas na corte, 234
Rousseau, Jean-Jacques, 128, 229

Saint-Simon, Luois de Rouvroy (duque de), 92, 202, 268, 300; carreira, 42-3, 106-7, 207-8; e o delfim, 122-3, 124, 134, 207-9; e Luís XIV, 135, 154, 207, 230-1; memórias, 230; citações, 108, 117, 121, 134-5, 141, 145, 147, 203, 204, 206, 208-9, 298n.12, 300n.5
*salons* (séc.XVIII), 98
Sannazar (*Arcádia*), 251
sentimentos, expressão ou controle dos, 126, 127-8, 241-5, 252-3, 255-6
sociedade de consumo, 173-4
sociedade de corte: conflito na, 134-6; cultura, 194-5; desenvolvimento da, 171; figuração, 85-96; e "boa sociedade", 97-9, 115-6; herança da, 128-9; indivíduos na, 42-3; multiplicidade da, 27; e outsiders, 175-6, 193-4; ascensão da, 28-9; como forma social, 33-4; estudo social da, 27-8; estrutura, 61-5, 133-5, 202-3; valores, 93-6; *ver também* nobreza
sociedade dinástica, 27-8
sociedades animais, 36-7
sociedades industriais, 90-1, 128-9, 219
sociologia, 154-5, 213-8; e biologia, 37; e história, 27-59, 222-3, 274-8
Sombart, W., 64
Southern, A.W., 291n.2
Staël, Madame de, 299n.34
status *ver* prestígio
Stubbs, William, 291n.2
Sully, Maximilien, 292n.4

Taine, Hippolyte, 86, 196
tensões, equilíbrio das, 135-6, 225, 238-9, 265, 268-73, 274-6
teoria da ação, 154-7
teoria do sistema, 155
terceiro estado, 81, 189, 195, 198-9, 297n.43
terra: rendimentos da, 165-6, 168-9, 172; nostalgia da *ver* vida campestre

trabalho, atitude em relação ao, 91-2

transformações: e continuidade, 235-40; de pessoas, 246-7; do equilíbrio de poder, 267-73; sociais, 219-30

troca: biológica e social, 37-40; índice de, 40; *ver também* desenvolvimento; transformação, períodos de transição

universidades, 196-7

utopismo, 261-4

valores: e arquitetura, 77-8; no julgamento histórico, 35-7, 53-4, 58-9, 64-5, 216-8; interdependência dos, 94-6; de uma pessoa, 216; de prestígio, 102-3

Veblen, Thorstein, 83, 86, 293n.5

Vendôme, duque de, 199

Vendôme, grande prior de, 97

Versailles, 98-101, 152; corte formada em, 203, 265-6; pátios da entrada, 99; jardins, 230-1; quarto de dormir do rei, 100-1, 152; dimensões, 99-100; estrutura, 67-8, 69, 203

vida campestre, nostalgia da, 220-1, 228-30, 231-3, 239-41, 249-51, 256-7, 260, 262-3

Villeroy, marechal de, 208

violência, 267-8, 273, 289-90

Vitry, Philippe de, 239

Voltaire, François, 115, 128, 294n.15, 299n.34

von Behn, M., 293n.4

Weber, Max, 39, 46-7, 63-4, 66, 83, 126, 135-7, 298n.19

1ª EDIÇÃO [2001] 6 reimpressões

ESTA OBRA FOI COMPOSTA POR TOPTEXTOS EDIÇÕES GRÁFICAS EM MINION
E IMPRESSA EM OFSETE PELA GRÁFICA PAYM SOBRE PAPEL ALTA ALVURA
DA SUZANO S.A. PARA A EDITORA SCHWARCZ EM AGOSTO DE 2021

A marca FSC® é a garantia de que a madeira utilizada na fabricação do papel deste livro provém de florestas de origem controlada e que foram gerenciadas de maneira ambientalmente correta, socialmente justa e economicamente viável.